Hubertus Halbfas   Unterrichtswerk für die Sekundarstufe I

Religionsbuch

für das siebte und achte Schuljahr

Teil 1   7. Schuljahr

Inhalt

Inhalt

Weitere Informationen, Anregungen und Internetadressen zu diesem Buch über

http://religionsbuch.de

Ob Gretchen mit Recht so zu Fausten spricht
und ihr Urteil gar uns selber trifft?
Was sagt *ihr* dazu im Religionsunterricht?

Margarete:	Nun sag, wie hast du's mit der Religion?
	Du bist ein herzlich guter Mann,
	allein ich glaub, du hältst nicht viel davon.
Faust:	Lass das, mein Kind!
	Du fühlst, ich bin dir gut;
	Für meine Lieben ließ ich Leib und Blut,
	will niemand sein Gefühl und seine Kirche rauben.
Margarete:	Das ist nicht recht, man muss dran glauben!
Faust:	Muss man?
Margarete:	Ach! wenn ich etwas auf dich könnte!
	Du ehrst auch nicht die heil'gen Sakramente.
Faust:	Ich ehre sie.
Margarete:	Doch ohne Verlangen.
	Zur Messe, zur Beichte, bist du lange nicht gegangen.
	Glaubst du an Gott?
Faust:	Mein Liebchen, wer darf sagen: Ich glaub an Gott?
	Wer empfinden und sich unterwinden
	zu sagen: ich glaub ihn nicht?
	Der Allumfasser, der Allerhalter,
	Fasst und erhält er nicht dich, mich, sich selbst?
Margarete:	Wenn man's so hört, möcht's leidlich scheinen,
	steht aber doch immer schief darum;
	denn du hast kein Christentum.

 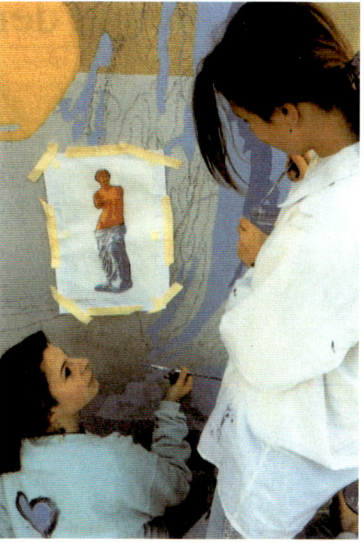 

»Wer nichts als Chemie versteht, versteht auch von Chemie nichts.« Stimmt das?

Wer nichts als Religion versteht, versteht auch von Religion nichts. Stimmt das auch?

Wer von allem etwas versteht, aber nichts von Religion, versteht der etwas vom Ganzen?

Wenn wir Goethe, die Venus von Milo und Comics befragen ...
Wer hört, was sie wortlos in sich selber sagen?

Thema:	**Mensch und Raum**
Motto:	Menschen befinden sich nicht im Raum wie Erbsen in einer Dose.
These:	Gestaltlose Räume machen kaputt. Ihre Langweile kriecht in die Menschen hinein. Eine Umgebung, die voller Anregungen steckt, baut auf.
Analyse:	Seit jeher rächen sich Schüler. Sie quittieren die Aussperrung ihrer besten Möglichkeiten aus der Schulwelt mit Unlust und Unfug.
Regel 1:	Wo Klassenräume leerer als Wartezimmer sind, ohne Möglichkeiten vielfältigen Tuns, ersticken sie Leben. Unterricht lebt von der Anregung der Sinne.
Regel 2:	Nicht der Schuletat bestimmt, was möglich ist, sondern die Phantasie und das Engagement von Lehrern und Schülern.
Regel 3:	Ein Klassenzimmer muss veränderbar, die Zuordnung der Arbeitsplätze variabel sein.
Regel 4:	Ins Klassenzimmer gehören die Dinge des täglichen Lebens: Bücher, Bilder, Pflanzen, Blumen; Teller, Tassen, Haushaltsgerät; Materialien zum Malen, Schreiben, Basteln, Werken; Computer, Spiele, schöne Dinge …
Regel 5:	Gute Klassenzimmer können Wohnraum und Werkstatt in einem sein. Man muss sich in ihnen zu Hause fühlen können. Ihre räumliche Qualität ist aber nicht »herstellbar«; sie wächst mit der Zeit als Resultat gemeinsamen Lebens und Lernens.

Naturreligionen

Die Naturfrömmigkeit indianischer Völker

Die heutigen Weltreligionen sind nicht sehr alt. Um 500 v. Chr. haben sich die ersten entfaltet. Vordem gab es nur Volksreligionen, zum Beispiel eine ägyptische, griechische, römische, israelitische, germanische Religion. Noch früher, bevor große Völker und Hochkulturen entstanden, lebten die Menschen in Stämmen oder noch kleineren Gruppen zusammen. Ihr Lebensraum war die Natur. Ihre Religion verschwisterte sie mit Pflanze und Tier, mit Himmel und Erde, dem Land und den Jahreszeiten. Das Verhältnis dieser Menschen zu ihrer Umwelt war von Respekt und Bescheidenheit bestimmt:

Den Indianern schmecken Erdbohnen besonders gut. Darum versuchen im Herbst die indianischen Frauen möglichst viele Erdbohnen zu ernten. Meistens schicken sie ihre Kinder an die Ufer der Prärieflüsse und an den Rand der großen Wälder, um Bohnen zu sammeln. Das ist aber gar nicht leicht. Die Zweige des Bohnenstrauchs liegen nämlich dicht und fest auf der Erde und schnüren alles ab, was darunter wächst. Wie soll da ein Indianerkind, das für die Mutter Bohnensammeln geht, seinen Korb füllen?

Aber Indianerkinder sind klug. Sie haben beobachtet, dass der Wiesenmaus die Bohnen ebenfalls schmecken; darum heißt sie auch Bohnenmaus bei ihnen. Im Herbst sammelt diese Maus die Erdbohnen in großer Menge und versteckt sie in Erdhöhlen. Wenn dann im Winter der Schnee die Prärie zudeckt, hat sie einen Vorrat, von dem sie leben kann. Darum schleichen in den Herbstwochen die Indianerkinder zu den Flussufern und Waldsäumen und beobachten das Dickicht, um die Bohnen zu finden. Wenn sie Geduld haben – und daran fehlt es einem Indianer nie – sehen sie kleine braune Mäuse, die hin und her huschen und Bohnen zwischen den Zähnen tragen. Flink laufen sie damit zu den Erdkammern, kommen gleich zurück und graben die nächste Schote aus. Nun weiß das Indianerkind, wo der Vorrat steckt. Es braucht mit seiner kleinen Hand nur in die Erdhöhle zu greifen, um die Bohnen herauszuholen.

Wer aber jetzt glaubt, ein Indianerkind würde froh und stolz sein, auf eine so bequeme Art zu köstlichen Bohnen zu kommen, hat sich geirrt. Es wäre Bosheit, denkt der Indianer, der kleinen Bohnenmaus einfach alle Vorräte zu stehlen. Darum wollen sie die Tiere nicht einfach ausrauben, sondern kommen mit der Bitte, teilen zu dürfen. Niemals nehmen sie der Maus alle Vorräte weg und kommen auch nicht ohne Gegengabe. Anstelle der Bohnen legen sie der Bohnenmaus Mais in die Vorratskammern und als besonderen Dank noch ein

Gebet eines Teton-Dakota beim Ausgraben der Vorratskammer einer Bohnenmaus:

Du, die du heilig bist,
habe Mitleid mit mir und hilf mir,
ich bitte dich darum.
Du bist zwar schwach, aber doch
stark genug für deine Arbeit, denn
heilige Mächte stärken dich.
Du bist auch weise, denn heilige
Weisheit ist ständig bei dir.
Möge ich immer weise sein in
meinem Herzen,
denn wenn heilige Weisheit mich
kleidet, wird sich dieses
schattenverwirrte Leben
in beständiges Licht verwandeln.

Nach diesem Gebet begann der Dakota zu graben.

Calumet (»heilige Pfeife«) der Omaha, um 1880. Dieses Calumet wurde im Gegensatz zu verbreiteten Formen nicht zum Rauchen benutzt. Es war in seiner Gestalt als Adler ein heiliger Stab, den man über einem Menschen schwenkte, um ihm Glück und Frieden zuzuwenden.

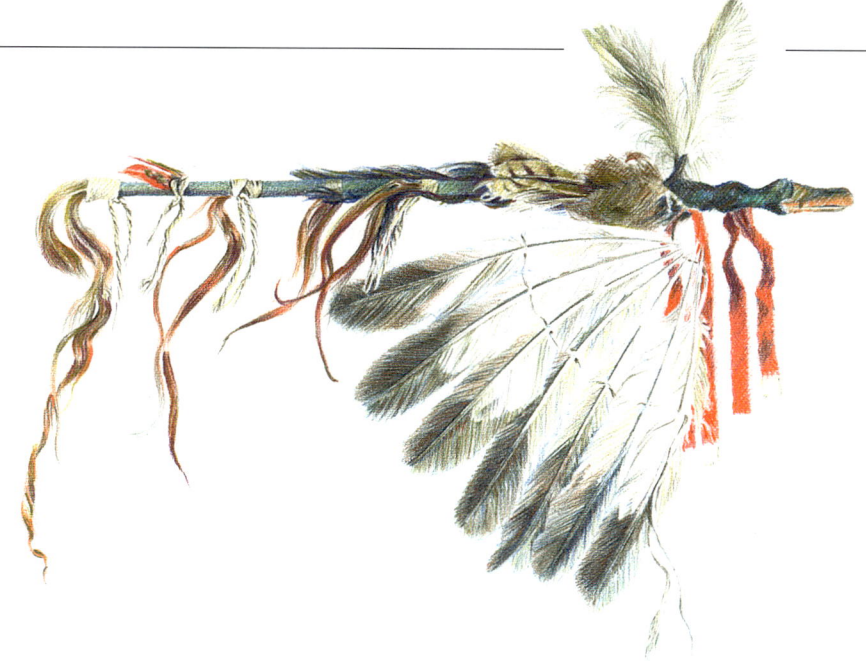

Stückchen Speck oder Fett. Das alles geschieht behutsam, um nichts zu zerstören, denn die Indianer betrachten die Arbeit der Maus mit Ehrfurcht und Bewunderung. Sie wissen: Niemand darf das Gleichgewicht der Schöpfung eigennützig und ungestraft zerstören.

Innenraum eines Mandan-Erdhauses. Zeichnung von Karl Bodmer, 1834.

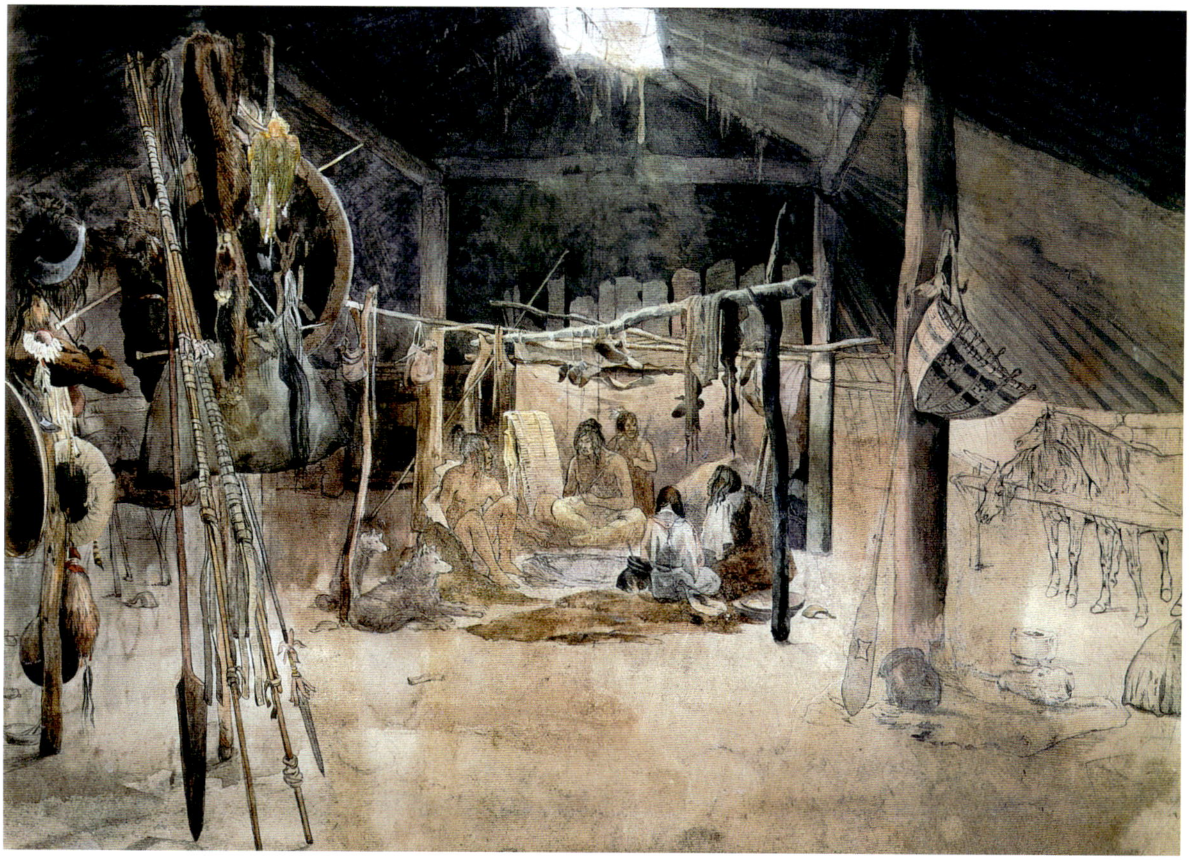

Ein tanzender Zauberer mit Rentier-
geweih, Wolfsohren, Pferdeschweif
und Bärentatzen.

Der linke Arm dieses Menschen läuft
in einem Spirallabyrinth aus, Symbol
für den Weg ins Jenseits.

Bei den Sioux-Indianern war es üblich, wenn sie ihren Kindern einen Schluck Wasser gaben, damit einen Spruch zu verbinden, der von der Herkunft und dem Wert des Wassers erzählte. Und weil Indianer ihre Kinder in Achtung vor allen Gaben der Natur erzogen, lebten auch die Erwachsenen so. Das galt besonders für die Jagd. Als ein junger amerikanischer Wissenschaftler einen Indianer-Schamanen, Juan hieß er, in der Mexikanischen Wüste begleitete, um von ihm zu lernen, sagte Juan:

»*U*m ein Jäger zu sein, muss man im Gleichgewicht mit allem anderen sein. Als wir heute eine kleine Schlange erlegten, musste ich sie um Verzeihung bitten, weil ich ihr Leben so plötzlich und endgültig beendete. Ich tat es im Wissen, dass auch mein eigenes Leben eines Tages auf ganz ähnliche Weise plötzlich und endgültig beendet wird. Wir und die Schlange sind also, alles in allem, gleich. Eine von ihnen hat uns heute ernährt.«

»An ein solches Gleichgewicht habe ich noch nie gedacht«, sagte ich, »wenn ich auf Jagd ging.«

Gegen Ende des Tages hatte Juan fünf Wachteln in einer sehr kunstvollen Falle gefangen.

»Zwei sind genug für uns«, sagte er und ließ die drei übrigen frei. Dann zeigt er mir, wie man Wachteln röstet. Ich hatte ein paar Sträucher schneiden und eine Back-Grube machen wollen, mit grünen Zweigen und Blättern eingefasst und mit Sand bedeckt. Aber Don Juan sagte, es sei unnötig, die Sträucher zu verletzen, nachdem wir schon die Wachteln verletzt hätten …

Als ich am Abend etliche große Zweige von den umstehenden Büschen abbrechen musste, befahl er mir, mich mit lauter Stimme bei den Pflanzen zu entschuldigen, weil ich sie verletzte.

1 Was meint der Häuptling Schwarzer Hirsch, wenn er sich »einen Verwandten von allen« nennt?

2 Der nordamerikanische Dichter Walt Whitman (1819–1892) schreibt in seinem »Gesang von mir selbst«:

Ich verkörpere Gneis, Kohle,
langhaariges Moos,
Früchte, Ähren, essbare Wurzeln,
Ich bin über und über mit dem Leben
von Vierfüßlern und Vögeln erfüllt,
Ich habe, was hinter mir liegt, aus
guten Gründen weit überholt,
Aber ich rufe, wenn ich es will, alles
wieder zu mir heran.

Welche Verbindung zwischen dem Sioux-Indianer und Walt Whitman kannst du erkennen?

Naturreligion ist die Bezeichnung der Religionen schriftloser Völker. Überlieferungen finden nur mündlich statt. Im Allgemeinen sind Naturreligionen an die Ordnung eines Stammes gebunden. Religiöse Ämter wie Berufspriestertum oder Klöster gibt es nicht. Ein strenger Ein-Gott-Glaube ist den Naturreligionen fremd. Bei einigen Völkern finden die Ahnen des eigenen Stammes göttliche Verehrung.

Manche Naturreligionen praktizieren Hexerei, Zauberei und Magie, etwa bei der Bewältigung von Krankheiten oder wenn man glaubt, es gelte einen bösen Fluch abzuwenden. In solchen Strukturen kann sich mit Naturreligionen viel Angst verbinden.

Naturreligiöse Erfahrungen gehören zu den ältesten religiösen Traditionen der Menschheit. Viele dieser Erfahrungen und damit verbundene Bräuche leben in den Universalreligionen weiter, oft unter neuen Namen. Ein bekanntes Beispiel sind die Indios der Anden, die oft unter christlichen Namen ihre alten Traditionen weiterpflegen. Die alten Bräuche können aber auch mit dem neuen Glauben Verbindungen eingehen; dafür sind die Dämonen der alemannischen Straßenfastnacht ein Beispiel.

Indianer waren davon überzeugt, dass Freundschaft zwischen den Menschen und der Natur herrschen müsse, damit ihnen die Gaben des Himmels und der Erde Segen brächten. In feierlichen Gebeten wurde diese Freundschaft dem Kosmos insgesamt zugesichert. So schickte der Sioux-Indianer Schwarzer Hirsch (Religionsbuch 5/6, S. 147) seine Stimme in die vier Weltrichtungen und sprach:

Schamanen vermitteln bei Indianern, in Sibirien und Zentralasien in die Welt der Geister.
Sioux, indianische Stämme, vor allem in den Prärien und Plains Nordamerikas.

Großer Geist, du warst immer und vor dir war keiner. An keinen andern, nur an dich ist ein Gebet zu richten. Du selbst, alles, was du siehst, ein jedes Ding ist von dir geschaffen … Neige dich nah herab zur Erde, auf dass du mein Gebet vernehmest …
Hört mich, ihr Vierteile der Welt – ich bin euer Verwandter! Macht mich stark, über die sanfte Erde zu gehen, ein Verwandter von allem, was ist. Gebt mir Augen zu sehen und die Kraft zu verstehen, dass ich euch gleich sein möge. Mit eurer Macht allein kann ich den Winden standhalten.
Großer Geist, dies ist mein Gebet; erhöre mich! Das Wort, das ich zu dir gesandt habe, ist schwach, doch mit Ernst habe ich gesprochen. Höre mich!

Müsset im Naturbetrachten
Immer eins wie alles achten;
Nichts ist drinnen, nichts ist draußen:
Denn was innen, das ist außen.

Goethe

Die Wildnis, wilde Tiere und die Wilden

Der Häuptling der Ponca, Standing Bear, sagte:

Für uns waren die großen weiten Prärien, die sanft gewellten Hügel und die sich schlängelnden Flüsse mit ihrem wilden Ufergestrüpp nicht *wild*. Nur für den Weißen Mann war die Natur eine *Wildnis*. Er fürchtete sich vor den *wilden* Tieren und verachtete die *rohen* Menschen. Uns war das Land vertraut wie ein Freund. Die Erde war freigebig und wir lebten ohne Sorge von den Segnungen des Großen Geheimnisses. Erst als der behaarte Mann aus dem Osten kam, lernten wir, was Rohheit und Wildheit bedeuten. Erst durch ihn erfuhren unsere Familien, die wir liebten, Ungerechtigkeit und Gewalt. Als sogar die Tiere des Waldes bei seinem Nahen flohen, da erst begann für uns der *Wilde Westen*.

- Was wurde in der Sprache der Europäer alles »wild« genannt?
- Was nennt Standing Bear »wild«?

Die Schlacht am Warbonnet Creek von Frederic Remington. 1876 überrannte US-Kavallerie Cheyenne-Indianer, als sie versuchten, das Land am Powder River zu erreichen, wo Sitting Bull und Crazy Horse ihr Lager hatten.

Wer aus einer so tiefen Naturfrömmigkeit lebte, war verwirrt und entsetzt zu sehen, wie die weißen Eroberer Amerikas das Land behandelten. Um 1840 klagte der Sauk-Häuptling Kenekuk:

Die Weißen verderben unser Land, sie machen die ganze Natur seufzen. Sie töten die Bäume mit mörderischen Eisen, sie tun den Bäumen unrecht, und die Bäume weinen. Sie reißen die Eingeweide der Erde auf, sie tun der Erde weh, und die Erde weint. Sie vergiften das Wasser unserer klaren Flüsse und machen es trübe, die Fische sterben, und die Flüsse weinen.

Im Jahr 1855 hielt der Häuptling Seattle (1786–1866), der trotz böser Erfahrungen freundschaftliche Bindungen zu den USA suchte, eine berühmt gewordene Rede:

Wenn wir euch das Land verkaufen, müsst ihr wissen, dass es heilig ist, und eure Kinder lehren … Wir wissen, dass der weiße Mann unsere Art nicht versteht. Ein Teil des Landes ist ihm gleich jedem anderen, denn er ist ein Fremder, der kommt in der Nacht und nimmt von der Erde, was immer er braucht … Er behandelt seine Mutter, die Erde, und seinen Bruder, den Himmel, wie Dinge zum Kaufen und Plündern, zum Verkaufen wie Schafe oder glänzende Perlen. Sein Hunger wird die Erde verschlingen und nichts zurücklassen als eine Wüste. Ich weiß nicht – unsere Art ist anders als die Eure. Der Anblick eurer Städte schmerzt die Augen des Roten Mannes. Vielleicht, weil der Rote Mann ein Wilder ist und nicht versteht. Es gibt keine Stille in den Städten der Weißen. Keinen Ort, um das Entfalten der Blätter im Frühling zu hören oder das Summen der Insekten. Aber vielleicht nur deshalb, weil ich ein Wilder bin und nicht verstehe … Der Indianer mag das sanfte Geräusch des Windes, der über eine Teichfläche streicht – und den Geruch des Windes, gereinigt vom Mittagsregen oder schwer vom Duft der Kiefern. Die Luft ist kostbar für den Roten Mann, denn alle Dinge teilen denselben Atem – das Tier, der Baum, der Mensch – sie alle teilen denselben Atem.
Lehrt eure Kinder, was wir unsere Kinder lehren: Die Erde ist unsere Mutter. Die Erde gehört nicht den Menschen, der Mensch gehört zur Erde – das wissen wir. Alles ist miteinander verbunden, wie das Blut, das eine Familie vereint. Der Mensch schuf nicht das Gewebe des Lebens, er ist darin nur eine Faser. Was immer ihr dem Gewebe antut, das tut ihr euch selbst an.

Noch heute glauben die Indianer, dass alles um sie herum geschwisterlich zusammenhängt. Selbst Erde, Stein und Wasser sind in diese Verwandtschaft einbezogen. »Bestünde die Erde nicht, gäbe es keine Menschen. Die Menschen sind ihre Kinder und ebenso die Tiere. Die Erde achtet auf alle und versorgt sie mit Nahrung. Die Tiere sind vom gleichen Blut; sie sind Verwandte.«

Diese Sicht zeigt den Kern indianischer Frömmigkeit. Es ist der Glaube an die Einheit des Lebens: Du, Mensch, gehörst in das Welthaus! Du lebst verbunden mit Ameise und Schmetterling, mit Wolke und Morgenröte, Wasser und Wald. Du bist selbst ein Stück Schöpfung, das außerhalb dieser Schöpfung nicht atmen kann.

Je mehr die alte indianische Welt zerstört wurde und unterging, desto klarer haben die späteren Indianer gesagt, wie sie diese Entwicklung sehen. Der zu Beginn des 20. Jahrhunderts geborene Indianer Tahca Ushte/Lame Deer konnte schon nicht mehr in einer heilen indianischen Welt aufwachsen. Bei ihm mischten sich indianische Tradition und *american way of life*. Er arbeitete als Soldat und Tagelöhner, als Schäfer, Schildermaler, Sänger und Polizist, vor allem aber war er ein *wicasa wakan*, ein heiliger Mann der Lakota-Indianer. Lame Deer musste in der Welt der Weißen leben, aber es gelang ihm, darin die Tradition seines Volkes zu bewahren. Nach der Art seines Volkes suchte er auch Erkenntnis in Visionen. In den 1960er Jahren warnte er die Welt der Weißen Menschen:

Die Menschen sind an einem Punkt angelangt, wo sie nicht mehr wissen, wozu sie leben. Sie wissen ihr Gehirn nicht mehr zu gebrauchen, und sie haben das geheime Wissen ihres Körpers, ihrer Sinne und ihrer Träume vergessen. Sie machen keinen Gebrauch mehr von dem Geist, der einem jeden von uns eingegeben wurde. Sie sind sich dessen nicht einmal bewusst, und so stolpern sie blind auf die Straße ins Nichts – einen geteerten Highway, den sie selbst gewalzt und geglättet haben, um schneller zu dem riesigen Loch zu kommen, das sie am Ende alle verschlucken wird. Es ist ein schneller, komfortabler Super-Highway – ich weiß, wo er hinführt. Ich habe es gesehen. Ich war in meinen Visionen bereits dort, und ein Schauer läuft mir den Rücken herunter, wenn ich nur daran denke.

Das Welthaus der Sioux-Indianer

Der Unterschied der Indianer zur westlichen Welt wird am meisten im Blick auf das indianische Welthaus deutlich. Unter Welthaus versteht er den Zusammenhang aller Dinge, der toten und der lebenden. Darin sieht er den Menschen nicht an der Spitze der Schöpfung, sondern in einem geschwisterlichen Verhältnis zu allem. Seine Rechte über die Natur stehen nicht über dem Recht anderen Lebens. Pflanze, Tier und Menschen müssen ihre Ansprüche teilen, wenn es im Welthaus gut zugehen soll.

Das Welthaus ist also ein Symbol für die Ganzheit der Welt, das Universum. Dieses Symbol konnte seine Darstellung finden, wenn im Sommer die Sioux-Indianer vom Stamm der Osagen in die Great Plains zogen und dort ihre Tipis aus Büffelhäuten aufbauten. Der Tipiring des Stammes wurde nie beliebig aufgestellt, sondern in einer Kreisform, die den Ring des Volkes und zugleich das Weltall verkörperte. Eine unsichtbare, aber allen bewusste Linie teilte den Kreis

Sitting Bull auf einer 1884 entstandenen Fotografie. Als Führer der Hunkpapa Sioux war er an der Schlacht am Little Bighorn beteiligt, obwohl er aufgrund seines Alters wohl nicht aktiv an den Kämpfen teilnahm. Nach diesem Sieg der Indianer führte er seine Leute ins Exil nach Kanada. Fünf Jahre später kehrte er zurück, um sich zu stellen. Er wurde von Reservationswachen getötet.

James Holy Eagle vom Volk der Oglala-Sioux im Alter von 102 Jahren, 1992 aufgenommen.

1 Es gibt eine umfangreiche Indianer-literatur, Sachbücher und Erzählungen. Könnt ihr darin etwas über die Glaubenswelt und Naturfrömmigkeit der Indianer erfahren?

2 Kennt ihr auch christliche Heilige, die ein ehrfürchtiges Verhältnis zur Natur kennzeichnete?

3 Deutet folgende Sprichwörter:
– Auf der Erde ist gut gehen.
– Die Erde ist aller Menschen Mutter und auch ihr Grab.
– Erde bist du, von der Erde isst du, Erde wirst du.
– Erde und Haus gehören zusammen.
– Was die Erde gibt, nimmt sie wieder.
– Was auf der Erd' erschaffen ist, das macht der Tod zu Staub und Mist.
– Wer die Erde zum Bett hast, muss sich mit dem Himmel decken.

von Osten nach Westen. Die Tipis der nördlichen Kreishälfte vertraten den Himmel, die Zelte der südlichen Hälfte die Erde. Alle, die im nördlichen Teil wohnten, galten als Himmelsleute, jene im südlichen Halbkreis als Erdleute. Der gesamte Tipiring, also die vollständige Stammesgemeinschaft, vertrat das Universum. So war der Ring des Volkes zugleich ein Abbild des Kosmos, ein Symbol der Schöpfung. Innerhalb dieser Ordnung galten strenge Regeln. Die Himmelsleute und die Erdleute durften nicht untereinander heiraten. Ein Himmelsmann konnte nur eine Erdenfrau, ein Erdenmann nur eine Himmelsfrau heiraten. Jede Ehe sollte Himmel und Erde verbinden. Beide Kreishälften waren nochmals untergliedert. Das südöstliche Viertel der Erdhälfte vertrat die Gewässer der Erde: Meere, Seen, Bäche und Flüsse. Das südwestliche Viertel vertrat das Land mit Bergen, Wäldern und Steppen.

Die Himmelsleute verkörperten Sonne und Mond, Großen Bär und Plejaden, Wolken, Wind und Abendstern … Die Erdleute aber waren Büffel, Wapiti, Schwarzbär, Goldadler, roter, schwarzer, gelber, weißer Felsen …, soweit sie zum Land gehörten; oder aber Biber, Rotfisch, Schwarzfisch, Otter und Muschel …, soweit sie die Wasserwelt vertraten. Jede Sippe war mit einem Ausschnitt der Welt verschwistert. Die Gemeinschaft aller Sippen bildete die ganze Welt, das All mit Himmel und Erde. Die Gesamtheit des Stammes war dafür verantwortlich, dass Blumen und Kräuter, Käfer, Vögel und Tiere aus Wald und Prärie vollzählig erhalten waren. Jede Sippe stand dafür ein, dass die Welt, die sie verkörperte, heil blieb. Wäre durch die Schuld einzelner eine Tierart oder eine Pflanze ausgestorben, wäre die Ganzheit des Lebens verletzt. Wie hätte dann noch das Rote Volk seine heiligen Feiern begehen können?

Die Verbindung zwischen den Sippen und ihrem Schöpfungsbereich war sehr eng, gewissermaßen sakramental. Das indianische Auge sah in den einzelnen Gliedern des Stammes Teile der Welt, mit denen man eins war. Darum heißt der Tipiring des Volkes auch *Welthaus*, weil sich in ihm die Weltsicht des Sioux-Volkes darstellt.

Der Große Geist

Für den Indianer ist die gesamte Natur göttlich durchweht. Der Große Geist ist nicht jenseits der Welt und ihrer Erscheinungen. Stein, Gras, Kraut und Tier werden von diesem Geist beseelt. »*Wakan Tanka* hat ihnen diesen Geist gegeben«, sagt Lame Deer:

Der Geist zerteilt sich in Steine, Bäume, winzige Insekten und macht sie durch seine ständige Gegenwart *wakan*. Und diese Unsumme von Dingen, die das Universum ausmachen, fließt zurück zur Quelle, vereint sich im Großen Geist. Die Götter und Geister sind getrennte Wesen, doch sie sind alle in Wakan Tanka vereint. Der Große Geist ist einer und gleichzeitig viele. Er ist Teil der Sonne, und die Sonne ist Teil von ihm.

Das Wort *wakan* meint, dass die Dinge nicht nur Dinge sind, sondern am Göttlichen Anteil haben. »Jedes Ding in dieser Welt hat einen Geist, und dieser Geist ist *wakan*«, sagen die Sioux-Lakota. *Wakan Tanka* meint alle *wakan*-Wesen, denn sie sind alle wie ein einziges Wesen. Wenn ein Lakota-Indianer zu *Wakan Tanka* betet, so betet er zur Erde, zum Felsen und allen sonstigen guten *wakan*-Wesen. Er kann zu jedem *wakan* beten. *Wakan Tanka* ist der die Erscheinungen in einem Wort zusammenfassende Große Geist.

»*Wer waren Vater und Mutter aller Dinge?*«, wurde ein Lakota gefragt.
»Die *wakan* haben weder Vater noch Mutter. Alles, was eine Geburt hat, wird auch einen Tod haben. Die *wakan* wurden nicht geboren, und sie werden nicht sterben.«
»*Ist irgendetwas an einem Lakota-Indianer* wakan?«
»Ja. Die Seele, der Geist.«
»*Sterben die?*«
»Nein. Sie sind *wakan*.«
»*Was wird aus dem Körper, wenn er stirbt?*«
»Er verwest und wird zu nichts.«

Natürlich können auch Menschen *wakan* sein. Der Indianer weiß, dass er hier nicht nach dem Aussehen urteilen darf. Ein armer, heruntergekommener Indianer kann große Macht besitzen, während ein im öffentlichen Leben angesehener Mensch vielleicht »weniger Macht als ein Maulwurf« hat. Die Erscheinung allein ist trügerisch. Indianer glauben, dass das menschliche Selbst weiterlebt, wenn der Körper begraben ist.

Die nordamerikanischen Indianer bestatteten ihre Toten auf Plattformen, damit der Körper den Elementen ausgesetzt, gleichzeitig aber vor hungrigen Tieren geschützt blieb. Dann, so glaubten sie, konnte die Seele frei dorthin wandern, wo sie herkam: »Sein Geist finde den Weg in die Welt der Ahnen, getragen vom Wind über die Pracht und Schönheit der Erde« (Gelber Wolf, Kiowa, 1920).
Auf dem Bild liegt der Verstorbene in Felle gehüllt auf dem Gerüst. Sein Speer ragt nach oben. An den Tragbalken geopferte Pferdeköpfe und -schwänze. Unter dem Gerüst im Schneesturm ein Angehöriger mit seinem Pferd.
Zeichnung von Blackbear Bosin (Kiowa-Comanche), um 1956.

4 Warum sagen wir »Muttererde« und »Muttersprache«?
5 Welches Schicksal hat die »Mutter Erde« im Umfeld eurer Schule? Ist sie mit Beton oder Asphalt »versiegelt«? Zu »pflegeleichtem« Grün verurteilt? Oder darf sie wenigstens teilweise auch »Naturgarten« sein?
6 Berührt die indianische Vorstellung vom »Großen Geist« euer eigenes Gottesverständnis? Wie?

Der Eine und die Vielen

»Der Große Geist ist einer und gleichzeitig viele«, hat der Sioux-Indianer Lame Deer gesagt (→ S. 13). Auch in anderen Völkern finden wir den Glauben an einen Gott, der die vielen übersteigt. Von den Yoruba, einem afrikanischen Stamm in Nigeria, ist folgende Geschichte überliefert:

Am Anfang gab es nur einen Orisha auf der Erde. Orisha hatte einen Sklaven, den er liebte und der ihm treu diente. Eines Tages bat ihn der Sklave um eine Farm, und der Gott gab ihm ein Stück Land. Der Sklave bestellte seinen Acker und baute sich selbst am Fuß des Hügels eine Hütte. Orisha kam oft vorbei und ruhte sich ein wenig bei seinem Sklaven aus. Der Sklave war aber schlecht und wollte Orisha vernichten. Eines Tages, als er Orisha schon von weitem in seinem weißen Gewand erkannte, eilte er auf den Hügel. Und als Orisha anlangte, rollte der Sklave einen riesigen Felsblock herab: Orisha wurde in Hunderte von Teilen zerstückelt. Als sich die Nachricht von dem Unglück herumsprach, kam Orunmila, der Gott des Orakels, und sammelte so viele Stücke, als er nur fand. Es war mehr als der halbe Orisha. Seit dieser Zeit gibt es mehr als Hunderte von kleineren Orisha in der Welt.

Orisha, die Götter des afrikanischen Yoruba-Volkes in Nigeria.

*Der höchste Gott wird in dreierlei Gestalt dargestellt: Chepra – Symbol des Skarabäus – ist die aufgehende Sonne. Re – Sonnensymbol – ist die Mittagssonne im Zenit. Atum – Mann mit dem Widderkopf – ist die untergehende Sonne des Abends.
Grab Sethos' II., Tal der Könige, West-Theben.*

Der Eine und die Vielen bei den Ägyptern

Bevor sich in Israel der Glaube an den einen Gott durchsetzte, verehrten die Völker der Alten Welt eine Fülle unterschiedlicher Gottheiten. Aber wie die afrikanische Erzählung hinter den vielen Gottheiten letztlich eine einzige vermutet, gab es auch in Ägypten eine ähnliche Geschichte:

Einmal wollte die Göttin Isis, die »alles im Himmel und auf Erden kennt«, nur nicht den verborgenen Namen des Sonnengottes Re, auch dieses größte Geheimnis wissen. Da sprach sie zu Re: »Sage mir deinen Namen, großer göttlicher Vater, denn derjenige, dessen Name genannt wird, wird leben.«

Mit ihrer Zauberkunst schuf sie eine Giftschlange, deren »Feuer« dem Gott die größte Pein bereitete. Allein Isis konnte ihn davon wieder befreien. Da zählte Re eine Fülle von Namen auf, die ihm als Schöpfer und Erhalter der Welt zukommen, zuletzt die Namen seiner drei Haupterscheinungsformen:

»Ich bin es, der Himmel und Erde gebildet hat, der die Berge kettete und schuf, was darauf ist.

Ich bin es, der das Wasser hervorbrachte.

Ich bin es, der den Himmel und die Geheimnisse beider Horizonte, in die ich die Seelen der Götter setzte, entstehen ließ.

Ich bin es, der die Augen öffnete und dadurch das Licht erzeugte, und wenn ich meine Augen schließe, wird es dunkel auf der Welt.

Ich bin es, auf dessen Geheiß das Wasser des Nil fließt, ich, dessen wahren Namen die Götter nicht kennen.

Ich bin es, der das Jahr öffnet und die Fluten strömen lässt.

Am Morgen bin ich Chepra,

am Mittag bin ich Re,

am Abend bin ich Atum.«

Das Gift aber blieb in seinem Körper, weil sich sein eigentlicher Name unter all den Umschreibungen nicht befand. In seiner Not flüsterte er Isis schließlich diesen letzten, geheimen Namen ins Ohr; da erst trat das Gift aus dem »brennenden Gott« heraus und befreite ihn von seiner Pein.

Die großen Götter Ägyptens werden alle mit vielfältigen Namen bezeichnet und auch in unterschiedlichen Gestalten dargestellt. Der Gott Osiris trägt sogar den Titel »Mit vielen Namen«. Und wenn auch der Sonnengott seinen »eigentlichen« Namen der Göttin Isis offenbarte, so weiß die Geschichte ebenso, dass ihn die Menschen nie erfahren können. Das tiefste Wesen Gottes bleibt ein Geheimnis.

Weil der Name immer nur etwas, nie alles über die Gottheit sagen kann, sind viele Namen nötig. Das gleiche gilt für die Gottesbilder. Die Ägypter nannten ihre großen Götter »Vielgesicht« oder auch »Herr von Gesichtern«.

Entsprechend erscheint der Gott Thot im Symbol von Ibis, Pavian und Mond, aber ebenso in Menschengestalt oder in Mischformen. Der Gott Amun begegnet als Mensch, Widder, Nilgans und leiht sich außerdem von Re die Sonnenscheibe. Auch Isis, die »Vielnamige«, wird abgebildet als stillende Mutter, Schlange, Skorpion und Vogel.

Atum (»der Undifferenzierte«), Urwesen und Weltschöpfer, später als abendliche Erscheinungsform des universalen Sonnengottes verehrt und in Menschengestalt abgebildet.

Chepra (»der Entstehende«), die morgendliche Erscheinungsform des Sonnengottes.

Re, der häufigste Name des Sonnengottes, der sich mit vielen anderen Göttern verknüpft; meist menschengestaltig dargestellt und als Schöpfer und Erhalter der Welt verehrt.

Isis, Mutter des Horus (→ S. 18), Schwester-Gattin des → Osiris, die als zauberkundigste Göttin vor Gefahren schützt; sie ist die »Vielgestaltige« schlechthin.

Osiris, der gewaltsam getötete Gott und zugleich der Herrscher der Toten;

seine Zeichen sind Krummstab und Geißel, was auf alte Beziehungen zum König- und Hirtentum verweist.

Sonnengott können viele ägyptische Götter sein, vor allem Re, Atum, Amun (→ S. 21) und Erscheinungsformen des Horus (→ S. 18).

Thot, Mondgott, Götterbote und Herr der Schreibkunst.

Diese Tafel wird die »Stele des Schlangenkönigs« genannt. Da sich Ägypten gerade erst am Anfang der historischen Zeit befand, ist die bildhauerische Qualität der Stele erstaunlich, wenn man bedenkt, dass diese Technik damals noch in den Anfängen stand. Hier jedoch hat der Künstler sein Handwerk völlig beherrscht, wie sich an der feinen Ausbildung der Schlangenschuppen, der Falkenflügel und der Palastfassade ersehen lässt. Die Stele präsentiert den König als irdische Erscheinung des Horus, unter dessen göttlichem Schutz er sich befindet.

Horus (»der Ferne« ?), alter Himmels- und Königsgott, in enger Verbindung mit dem Sonnengott.

Hathor (»Haus des Horus«), universale ägyptische Göttin voll mütterlicher Züge; meist als Frau mit Kuhgehörn, auch als Sonnenscheibe oder ganz als Kuh dargestellt, daneben als Löwin, Schlange, Baumnymphe u.a.m.

Momos, griechischer Gott des Tadels, auch der Nörgelei. Er tadelte alle Götter, aber platzte aus Ärger darüber, dass er an Aphrodite nichts auszusetzen fand.

Zeus, höchster griechischer Gott (römisch: Jupiter), Götterkönig und Vater von Göttern und Menschen.

Gottesbilder in Tier- und Mischgestalten

In den ältesten Zeiten Ägyptens wurden die Götter fast nur tiergestaltig dargestellt. Später entwickelten sich Mischgestalten aus menschlichen und tierischen Elementen. So wurde der falkenköpfige Horus anfangs allein in Falkengestalt abgebildet, später als Mensch mit Falkenkopf.

Die Griechen, die ihre Gottheiten als schöne, strahlende Menschen zeigten, begegneten den Göttern Ägyptens in späterer Zeit mit Ratlosigkeit, Abneigung und Spott. So schrieb Lukian (120–180) ein Stück, in dem sich Momos, der Gott des Tadels, im Himmel über die ägyptische Götterwelt lustig macht:

*M*omos: Du aber, hundsgesichtiger und in Leinen gekleideter Ägypter, wer bist du eigentlich, mein Bester? Wie kommst du Wauwau dazu, ein Gott sein zu wollen?
Ich schäme mich ja, von Ibissen, Affen, Ziegenböcken und anderem noch viel Lächerlicherem zu sprechen, das – ich weiß nicht wie – aus Ägypten in den Himmel hineingeschleust wurde. Wie könnt ihr Götter es geduldig mit ansehen, dass diese im gleichen Maße oder gar noch höher als ihr verehrt werden? Oder du, Zeus, wie erträgst du es, wenn sie dir Widderhörner wachsen lassen?
Zeus: Fürwahr, was du da über die Ägypter bemerkst, klingt hässlich; aber dennoch enthält das Meiste davon eine geheimnisvolle Symbolik. Ein Uneingeweihter sollte sich keinesfalls darüber lustig machen.

Um diese »geheimnisvolle Symbolik« zu verstehen, wählen wir als Beispiel die Göttin Hathor. Oft wird sie dargestellt als schlanke Frauengestalt mit einem Kuhgehörn auf ihrer Perücke und dazwischen die Sonnenscheibe, Sie kann aber auch als Tiergestalt begegnen: als Kuh, an deren Euter der König trinkt; oder als Kuh, die einen Toten in ihren Schutz nimmt. Sie kann sogar als Löwin, als Schlange, als Nilpferd und als Baumnymphe vorgestellt werden.

Wir dürfen nicht annehmen, die Ägypter hätten sich die Hathor als Kuh oder als Frau mit Kuhkopf gedacht. Die Kuh wird hier in ihrer mütterlichen Sanftheit symbolisch verstanden. Aber weil diese Mütterlichkeit nicht ihr einziger Wesenszug ist, erscheint Hathor auch in der Wildheit der Löwin und der Unberechenbarkeit der Schlange. Doch Begriffe wie Mütterlichkeit, Wildheit, Unberechenbarkeit können die gewählten Symbole nicht ausschöpfen. Das Symbol Löwe ist reicher als das Wort Wildheit, und die Schlange bedeutet mehr als Unberechenbarkeit.

Es wäre also falsch, die ägyptischen Götterdarstellungen als Abbilder zu verstehen. Sie sprechen eine symbolische Sprache, welche ein Ägypter sehr wohl verstand. Zwar glaubte er, dass die Gottheit in ihrem Bild Wohnung nehmen konnte, wusste aber zugleich, dass die wahre Gestalt der Gottheit verborgen ist und geheimnisvoll, wie es ägyptische Texte immer wieder betonen. Diese Auffassung gilt gewiss auch für andere Religionen und Gottesvorstellungen.

Torwächter, mit Messern bewehrt, vor einem Schrein des Tut-anch-amun.

Reliefszene aus dem Grab des Haremhab. Der König (mit Kopftuch, Uräus und Zeremonialbart) opfert Weingefäße vor der Göttin Hathor, die unter dem Kuhgehörn und der Sonnenscheibe eine gestufte Perücke trägt. In den Händen hält sie die Zeichen für »Leben« und »Heil«.

Über die Eigenschaften der Götter

Die ägyptischen Götter haben einen Anfang in der Zeit und ein Ende in ihr. Sie werden geboren oder geschaffen, und darum altern sie auch und sterben – Eigenschaften, die unserem Gottesverständnis hart widersprechen.

Nur für die Urgötter und für den Schöpfergott ist der Anfang nicht genau festgelegt. Ihre Wurzeln liegen im Zeitlosen vor der Schöpfung.

Wir wissen nicht, ob die Ägypter auch in ältesten Zeiten mit dem Tod der Götter gerechnet haben. Sie hatten jedoch ein besonderes Verhältnis zum Tod und zu den Toten. Die Götter und ebenso die selig Verstorbenen verjüngen sich durch ihren Tod: »Du schläfst, damit du erwachst. Du stirbst, damit du lebst«, heißt es auf Pyramidentexten. Um sich zu verjüngen, also den Zeitenlauf umzukehren, muss man vorübergehend aus der Zeit austreten. Das gibt die Möglichkeit, wieder jung zu werden.

Die Ägypter haben ein weltfrohes Leben geführt, möglicherweise weil ihnen der Tod stets gegenwärtig war.

Grenzen haben die Götter auch in ihrem Wissen und in ihrer Macht. Selbst der Schöpfergott besitzt keine Allmacht. Außerdem werden die Götter geschlechtlich gedacht, als Mann oder Frau. Die Ägypter haben aber nie geglaubt, etwas Endgültiges über ihre Götter sagen zu können. Darum war ihr Glaube ebenso wenig fertig wie ihre Tempel. Jeder König konnte dem Tempel neue Kulträume, Hallen und Höfe zufügen, ganz im Gegensatz zum griechischen Tempel und dessen Göttern, die als abgeschlossene Form vor uns stehen.

Echnaton

Die lange Geschichte Ägyptens, die etwa 3200 v. Chr. begann, hat an den Göttern des Landes immer festgehalten. Die einzige Unterbrechung dieser Tradition fand in der Mitte des 14. Jahrhunderts v. Chr. statt, als Amenophis IV. Pharao war. Im 5. Jahr seiner Herrschaft begann dieser eine Revolution von oben: statt des bisherigen ägyptischen Götterhimmels wollte er nur noch den alleinigen Gott Aton verehrt wissen, dessen Symbol die Sonnenscheibe war. Zum Zeichen dafür legte er seinen Namen Amenophis – »Amun ist zufrieden« – ab und wollte hinfort Echnaton, »dem Aton gefällig«, heißen.

Echnaton verließ die alten Tempel, schickte den Hohenpriester des Amun, des bisher bedeutendsten Gottes, auf eine Steinbruchexpedition und damit »in die Wüste«. Er ließ eine neue Stadt bauen, Achet-Aton, »Lichtland des Aton«. Von hier aus organisierte er den neuen Glauben: einen strengen Ein-Gott-Glauben (Monotheismus), den ersten der Weltgeschichte.

Zwar gab es auch schon vorher Gottesverehrung im Bild der Sonne, doch aus einem Gott »ohne seinesgleichen« wird ein Gott »ohne einen anderen außer ihm«. Für Echnaton gibt es Götter im herkömmlichen Sinn nicht mehr, sondern nur noch Aton, der alles in sich enthält. Ähnlich wie fast zweitausend Jahre später Mohammed hätte Echnaton sagen können: »Es ist kein Gott außer Aton, und Echnaton ist sein Prophet.«

Die ägyptische Religion war bis zu Echnaton tolerant gewesen. Mit der Beschränkung auf den alleinigen göttlichen Herrscher Aton kam jedoch eine bisher fremde Unduldsamkeit auf. Die alten Götter wurden gewaltsam unterdrückt – beispiellos für Ägypten. Echnatons Steinmetzen schwärmten aus, um Amuns Namen von allen Denkmälern zu tilgen, selbst von den Spitzen der Obelisken und aus den Keilschriftbriefen der Archive. Verboten war sogar, die Mehrzahl »Götter« zu verwenden. Waren bisher der Eine und die Vielen keine wirklichen Gegensätze, so stand jetzt der Eine gegen die Vielen: sie schlossen einander aus.

Echnatons Revolution hatte jedoch nicht lange Bestand. Bald nach seinem Tod kehrte Ägypten zur alten Göttervielfalt wieder zurück. Aber noch jahrelang blieb Aton die führende Gottheit, und nie wurde sein Name später geächtet. Die Ägypter wollten über dem Einen, den sie verehrten, die Vielgestaltigkeit und Vieldeutigkeit des göttlichen Wesens nicht aufgeben.

Echnaton, als Amenophis IV. (1365–1348) in → Theben gekrönt. Nach wenigen Regierungsjahren ersetzte er den ägyptischen → Polytheismus durch einen strengen Monotheismus, den alten Reichsgott → Amun durch → Aton, entmachtete die alte Priesterschaft, verließ Theben, gründete ein neues Reichszentrum (→ Achet-Aton) und nannte sich E., »dem Aton gefällig«. Seine Gemahlin war Nofretete; ihrer Ehe entstammten sechs Töchter. Bald nach E.s Tod setzte sein Nachfolger und Schwiegersohn Tut-anch-Amun (1438–1337) die alten Götter und Priester wieder in ihre Rechte ein und zog nach Theben zurück.

Die Königsfamilie bei einem Opfer für Aton.
Der König wird durch seine Größe hervorgehoben. Er hebt zwei Opfergefäße hinauf
zur Sonne. Mit der gleichen Geste steht hinter ihm seine Gattin Nofretete. Ihr folgt
die kleine Prinzessin Meritaton mit einer Kultrassel in der Hand.
Der eigenartige Stil, der sich unter Echnaton ausbildete, zeigt übersteigerte Formen.
Gewiss hat der König nicht so ausgesehen.
Über der Königsfamilie steht die Sonnenscheibe Atons. Ihre Strahlen, die in mensch-
lichen Händen auslaufen, breiten einen schützenden Fächer um die Königsfamilie.
Zwei der Strahlen halten dem Königspaar ein Lebenszeichen vor ihr Gesicht.

Amarna, Name der heutigen ägyptischen Ortschaft, bei der Echnaton die Stadt → Achet-Aton erbauen ließ. Archäologen nennen die Regierungszeit Echnatons »Amarna-Zeit«.

Amenophis, Name ägyptischer Pharaonen (»Amun ist zufrieden«). → Echnaton bestieg den Thron als Amenophis IV. Er war Nachfolger seines Vaters Amenophis III. (1403–1365).

Amun (»der Verborgene«), wird als Urgottheit schon früh erwähnt. Von etwa 2000 bis zu Echnaton ist er die überragende Gottesgestalt mit allen Attributen des Schöpfers und Welterhalters.

Aton, ägyptische Bezeichnung der Sonnenscheibe, dem Symbol → Echnatons für den einzigen Gott, der sein Licht und seine Gaben in Strahlen ausbreitet, die in offenen Händen münden.

Achet-Aton (»Lichtland der Sonnengottheit«), die von → Echnaton im 5. oder 6. Regierungsjahr neu gegründete Hauptstadt. Nach sechs Jahren Bauzeit waren Tempel und Palast soweit errichtet, dass sich der König mit seinem Gefolge dort niederlassen konnte. Damit wurde der Bruch mit der bisherigen Religionstradition und der Priesterschaft in → Theben endgültig.

Henotheismus, Verehrung eines einzigen Gottes, ohne die Existenz anderer Gottheiten zu leugnen.

Polytheismus (griech./latein. »Vielgottglaube«); in allen Kulturen des Altertums mit Ausnahme der Juden die übliche Religionsform.

Monotheismus (griech./latein. »Eingottglaube«): in der antiken Welt, nach Echnaton, nur von Juden und Christen vertreten. Es gab im → Polytheismus aber zahlreiche Tendenzen, in der Vielheit der Götter ihre tiefere Einheit zu erfassen.

Theben, Hauptstadt des alten Ägypten, auch Hauptsitz des »Reichsgottes« → Amun, rund 740 km südlich von Kairo gelegen; als später die Königsresidenz verlegt wurde, blieb T. königlicher Begräbnisplatz; die Tempel von Karnak und Luxor liegen auf der Ostseite; im Westen, im »Tal der Könige« finden sich die Felsengräber.

Der Gott der Bibel

Von Ägypten richtet sich nun der Blick umso neugieriger nach Israel, dem kleinen Volk in der Nachbarschaft des großen Weltreiches. Wir verstehen dessen Gottesglauben genauer, je deutlicher wir ihn von Ägypten abgrenzen können.

Wie alle anderen Großreiche der Alten Welt hielten die Ägypter ihr Land für die Mitte der Welt. Außerdem glaubten sie, sie seien die einzigen Wesen, die den Namen »Menschen« verdienten. Wie andere Völker haben sie mit dem Wort »Mensch« lange Zeit nur sich selbst gemeint. Demgegenüber sieht die Bibel Gott als den Schöpfer aller Menschen und spricht von der einen Erde für alle Menschen.

Israel hat von Ägypten manches übernommen. So auch das Königtum. In Ägypten galt der König als Abbild der Gottheit: die Verkörperung Gottes auf Erden. Dieser Gedanke wurde in Israel radikal »demokratisiert«: Jeder Mensch ist Gottes »Bild«, weil er Gottes Schöpfung ist.

Marc Chagall (1887–1985), Mose vor dem brennenden Dornbusch, 1966.

Der bildlose Gott

Während die Reiche rings um Israel – Ägypten, Babylonien, Assyrien – in prachtvollem Glanz ihre Götterbildnisse verehrten, hieß es in Israel: »Du sollst dir kein Gottesbild machen« (Ex 20,4). Für Israel war es unmöglich zu glauben, dass Gott sich verfügbar machen lasse. Das Bilderverbot sollte entsprechend jeder Versuchung wehren, sich wie Angehörige anderer Völker Gott »anzueignen«.

Dieser Verzicht auf ein Gottesbild war in der Alten Welt einzigartig und ganz unverständlich. Darum haben später die Römer von den Juden und den frühen Christen gemeint, diese seien ohne Gottesglauben (Atheisten). Ihr Verzicht auf ein Gottesbild sollte den Blick nicht an Stein oder Erz binden. Denn ein Gottesbild, das sich Menschen herstellen, weckt die Ansicht, man könne mit ihm nach Art des Bildes umgehen: Einen Gott, den man sich vor-stellen kann, kann man auch wieder weg-stellen! Viele Menschen geben ihren Glauben an Gott auf, weil die Bilder, in denen sie Gott gezeigt bekommen, nicht mehr genügen. Dagegen gilt: Alle Gottesvorstellungen sind vorläufig und überholbar; man kann sie aufgeben, ohne damit von Gott zu lassen.

Wenn es für den Unfassbaren dennoch ein »Bild« geben darf, so ist es der Mensch, der durch seine Gegenwart auch Gottes Gegenwart bezeugt. Der Gott Israels will durch lebendige Menschen in dieser Welt bezeugt werden.

Der befreiende Gott

Die Selbstvorstellung des biblischen Gottes lautet: »Ich bin Jahwe, dein Gott, der dich aus Ägypten, dem Sklavenhause, herausgeführt hat« (Ex 20,2; Dtn 5,6). Jahwe ist der Gott einer nach Freiheit strebenden Gesellschaft. Er wurde als Befreier von staatlicher Unterdrückung verehrt. Im Namen dieses Gottes gab es Aufstände, als die eigenen Könige die Freiheit und Würde der Menschen zugunsten ihrer Herrschaft einengten (vgl. Religionsbuch 5/6, S. 172 f.)

Die Propheten Israels verstanden sich im Dienst dieses befreienden Gottes. Sie wollten, dass Israel jeden Tag erneut »aus Ägypten zieht«; dass der Dienst dieses Gottes in Menschenachtung und Liebe besteht (vgl. Religionsbuch 5/6, S. 150 ff.), nicht in einem Tempelkult, der für die Schwachen blind und stumm wird:

21 Ich hasse eure Feste, ich verabscheue sie und kann eure Feiern nicht riechen.

22 Wenn ihr mir Brandopfer darbringt, ich habe keinen Gefallen an euren Gaben, und eure fetten Heilsopfer will ich nicht sehen.

23 Weg mit dem Lärm deiner Lieder! Dein Harfenspiel will ich nicht hören, sondern das Recht ströme wie Wasser, die Gerechtigkeit wie ein nie versiegender Bach. *Am 5*

Der gebietende Gott

Der befreiende Gott will vor allem dazu befähigen, anderen Leben und Freiheit zu ermöglichen. Darum werden die Weisungen Jahwes von seinem Volk als Lebenshilfe verstanden. Der Sinn der Tora ist etwas Rettendes, nicht etwas Begrenzendes. Vor diesem Gott gehören Menschendienst und Weltdienst zum Gottesdienst.

Ähnlich wie Amos sind darum in Israel immer wieder Menschen aufgestanden, wenn der Gottesdienst nur dem Modell Ägyptens oder anderer Völker entsprach. »Liebe will ich, nicht Schlachtopfer!« (Hos 6,6). Jesaja führt diese Linie weiter:

15 Wenn ihr eure Hände ausbreitet, verhülle ich meine Augen vor euch. Wenn ihr auch noch so viel betet, ich höre es nicht. Eure Hände sind voller Blut.

16 Wascht euch, reinigt euch! Lasst ab von eurem üblen Treiben! Hört auf, vor meinen Augen Böses zu tun!

17 Lernt, Gutes zu tun! Sorgt für das Recht! Helft den Unterdrückten! Verschafft den Waisen Recht, tretet ein für die Witwen! *Jes 1*

In Ägypten wurde die Kraft Gottes im Bild eines Stieres verehrt. Die Bibel verbindet damit Spott; sie sagt nicht Stier sondern Kalb. Gott ist mit nichts Vorhandenem gleichzusetzen. Er übersteigt alle Worte und Bilder.
Marc Chagall (1887–1985), Die Israeliten beten das Goldene Kalb an, 1931.

Wenn die Propheten einbrächen
durch die Türen der Nacht
mit ihren Worten Wunden reißend
in die Felder der Gewohnheit …
würdest du hören?

Nelly Sachs

Die Gesetzesstele des Hammurabi (1728–1686 v. Chr.) zeigt den babylonischen König vor dem Sonnengott und dem Gott des Rechtes Schamasch, 18. Jh. v. Chr.

Marc Chagall (1887–1985), Mose empfängt die Gesetzestafeln, 1931.

Die Geschichte von Mose, der auf dem Berg Sinai von Gott aus einer Wolke die Gesetzestafeln bekommt, ist kein Bericht. Berg, Wolke und Gesetzestafeln sind Metaphern. »Der Berg Sinai war ganz mit Rauch bedeckt, weil Jahwe im Feuer auf ihn herabgekommen war« (Ex 19,18). Berg heißt der ortlose Ort, an dem der Mensch vor Gott steht. »Ich werde zu dir in einer dichten Wolke kommen …« lesen wir Ex 19,9. Auch Ex 16,10 und an vielen anderen Stellen erscheint »die Herrlichkeit Jahwes in einer Wolke«: Die Wolke verhüllt; sie verweist auf den unseren Sinnen unzugänglichen Gott. Sobald aber Metaphern und Symbole gemalt werden, bekommen sie eine eigene Wirklichkeit, die viele Menschen nicht mehr durchschauen.

Dann sprach Gott: Ich bin Jahwe, dein Gott, der dich aus Ägypten geführt hat, aus dem Sklavenhaus.

1. Du sollst neben mir keine anderen Götter haben. Du sollst dir kein Gottesbild machen.
2. Du sollst den Namen deines Gottes nicht missbrauchen.
3. Gedenke des Sabbats: Halte ihn heilig!
4. Ehre deinen Vater und deine Mutter, damit du lange lebst in dem Land, das der Herr, dein Gott, dir gibt.
5. Du sollst nicht töten.
6. Du sollst nicht die Ehe brechen.
7. Du sollst nicht stehlen.
8. Du sollst nicht falsch gegen deinen Nächsten aussagen.
9. Du sollst nicht begehren deines Nächsten Frau.
10. Du sollst nicht begehren deines Nächsten Hab und Gut.

Vgl. Ex 20,1-17

Und der Prophet Micha sagt zu seinen Zeitgenossen:

Es ist dir gesagt worden, Mensch, was gut ist und was der Herr von dir erwartet: Nichts anderes als dies: Recht tun, Güte und Treue lieben, in Ehrfurcht den Weg gehen mit deinem Gott.   *Mi 6,8*

Der Gott Israels ist der Eine und Einzige nicht dadurch, dass er alles in sich zusammenfasst, was die Götter der anderen Völker sind, sondern dadurch, dass er anders ist als sie. Er ist nicht nur mehr, sondern steht ihnen unvergleichlich gegenüber.

Dem Glauben an Gott folgt der Glaube an den Menschen. Dieser Glaube an den Menschen ist dreifach:

Es ist der Glaube an uns selber, denn wir sind nach dem Bild Gottes geschaffen, und »Jahwe« bedeutet: Ich bin bei dir! Vertrau auf dich und auf deinen Weg! Ich gehe mit dir!

Dann ist es der Glaube an den Mitmenschen: Er ist nach demselben Bild Gottes geschaffen; darum sind wir Menschen einander brüderlich-schwesterlich verpflichtet.

Schließlich ist es der Glaube an die Menschheit: Die Menschen aller Völker und Rassen sind Söhne und Töchter Gottes; ihr Leben hat die gleiche Würde und erlaubt keine Missachtung.

Der Glaube an Gott wird also immer auch als Verantwortlichkeit verstanden. Das eigene Leben, das Leben anderer und das Leben der ganzen Menschheit wird zum Gebot. Aber es ist ein »Gebot«, das den Menschen zur Liebe aus der Mitte seines Herzens führen will:

Höre, Israel,
der Herr ist ein einiger Gott,
und du sollst den Herrn, deinen Gott,
lieb haben von ganzem Herzen, von ganzer Seele,
mit allen deinen Kräften, und deinen Nächsten so wie dich selbst.
Diese Worte, die ich dir gebiete,
sollst du dir zu Herzen nehmen,
diese Worte, die ich dir gebiete,
sollst du deine Kinder lehren.
Wenn du im Haus sitzt oder auf dem Wege gehst,
sollst du davon reden,
wenn du dich hinlegst oder wenn du aufstehst,
sollst du davon reden.
Bind sie zum Zeichen an deine Hände,
dass sie dir vor Augen stehen,
schreib sie an die Pfosten deines Hauses,
dass sie dir vor Augen stehen.   *Vgl. Dtn 6,4-9*

Testfragen zur Überprüfung des eigenen Verständnisses:

1 Kannst du die afrikanische Geschichte von Orishas Zerstückelung interpretieren?
2 Isis wird die »Vielnamige« genannt, und Osiris trägt den Titel »Mit den vielen Namen«. Was bedeutet das?
3 Erkläre den Bedeutungsreichtum der ägyptischen Gottheiten an den Symbolgestalten der Göttin Hathor.
4 Die Bibel verspottet fremde Gottesbilder oft als »Götzen«. Was könnte ein Ägypter darauf erwidern?
5 Beurteile Echnatons Religionspolitik. Worin stimmst du zu? Worin erhebst du Vorbehalte?
6 Erkläre: Monotheismus – Polytheismus.
7 Wie verstanden Ägypter und Römer Religion? Worin liegt für Israel wahrer Gottesdienst?
8 Stelle die Unterschiede zwischen ägyptischem und israelitischem Gottesglauben heraus.
9 Warum kann der biblische Gottesglaube noch heute orientieren, während die ägyptische Götterwelt untergegangen ist?
10 Was heißt, Gott will, dass Israel jeden Tag erneut »aus Ägypten« auszieht?
11 Erkläre den Satz:
»Einen Gott, den man sich vor-stellen kann, kann man auch wieder wegstellen.«
12 Wie hängen der biblische Glaube an Gott und der Glaube an den Menschen zusammen?

Aber die Sterblichen meinen, Götter
würden geboren und hätten ihre Kleidung, Stimme und Gestalt.
Doch wenn Ochsen und Löwen
Hände hätten
oder vielmehr malen könnten
und Kunstwerke herstellen
wie die Menschen,
dann würden Pferde pferdeähnlich,
Ochsen ochsenähnlich
der Götter Gestalten malen
und solche Körper bilden,
wie jeder selbst gestaltet ist.

Xenophanes (etwa 570–480 v.Chr.)

Das Gottesbild

»Du sollst dir kein Gottesbild machen …«, heißt es Ex 20,4 (Dtn 5,8), im ersten der Zehn Gebote. Dieses Verbot hat das Christentum vom Judentum übernommen und zunächst beachtet. Eine gegenständliche Gottesdarstellung, gar eine Menschengestalt, hat es im ersten Jahrtausend christlicher Geschichte nicht gegeben. Allenfalls gab es das Symbol der Gotteshand, um das schöpferische Handeln Gottes anzudeuten.

Allerdings haben sich die Christen bald gefragt, in welcher Beziehung Jesus zu Gott steht. Schon das Neuen Testament verbindet Jesus in einer intensiven Weise mit Gott. So heißt es im Johannesevangelium: »Wer mich gesehen hat, hat den Vater gesehen« (14,9). Zwar hielt man weiter daran fest, dass der ewige Gott in kein Bild zu fassen ist. Man las aber auch: »Was der Vater tut, tut in gleicher Weise der Sohn« (Joh 5,19). Solche Aussagen führten bald dazu, die Beziehung zwischen Jesus und Gott immer enger zu sehen. Im Jahr 325 lehrte das Konzil zu Nicäa das Einssein Christi mit Gott, und so schimmerte im Christusbild das Gottesbild immer deutlicher durch. Als dann Jahrhunderte später die Erschaffung der Welt oder jene der Tiere dargestellt wurde, zeigen die Bilder bis zum Hochmittelalter nicht Gott, sondern ausschließlich Christus als den Schöpfer der Welt.

Hand Gottes, Fresko in San Clemente, Tahull, 1123.

Die Erschaffung der Welt, Titelbild der Bible moralisée (Bilderbibel), Frankreich, um 1270.

Im 13. Jahrhundert kam ein bis dahin unerhörter Bildtyp auf. Es ist der Versuch, die »Dreifaltigkeit« menschengestaltig darzustellen, »Gnadenstuhl« genannt. In den ersten Bildentwürfen dieses Typs zeigt sich der kreuzhaltende »Gottvater« kaum von dem »Sohn« am Kreuz unterschieden, so dass man ihn als eine Art Verdopplung der Christusgestalt ansehen kann. Erst in der Folgezeit arbeitete man den »Generationenunterschied« heraus: Gott »alterte« sichtbar als der Vater eines erwachsenen Sohnes.

Von nun an steigerte sich die Vermenschlichung des Gottesbildes. Als Michelangelo seine grandiosen Deckenbilder in der Sixtinischen Kapelle in Rom malte, war es für ihn kein Problem mehr, Gott von »vorne« wie von »hinten« zu zeigen. Solche Gestaltung mutet heute viele als fragwürdig an. Die Unverfügbarkeit Gottes, wie wir sie in der Bibel und bis zum Tage in Judentum und Islam beachtet sehen, scheint hier aufgegeben. Selbst heute noch werden Kinder bisweilen im Religionsunterricht aufgefordert, zu malen, wie sie sich Gott vorstellen. Besser wäre, mit Dietrich Bonhoeffer zu bedenken, dass Menschen einen Gott, den sie sich vor-stellen, auch wieder weg-stellen können. Letztlich sind alle Gottesbilder menschliches »Gestell«.

Als wäre

Gott
sagt der Mensch
als wäre er
ein Richter
säße im siebten Himmel
seine Aufgabe
Menschen zu verurteilen
oder zu belohnen

Dieser kleinliche Gott
vom Menschen erschaffen

Als wäre nicht
der Mensch
ein Pünktchen auf Erden
die Erde ein Pünktchen
im endlosen Raum
unter unendlichen Welten
die der Mensch
sich nicht einmal
vorstellen kann

Rose Ausländer

Gnadenstuhl, Landgrafenpsalter, 1211–13.

Michelangelo (1475–1564), Erschaffung der Gestirne, Fresko aus der Sixtinischen Kapelle, Rom, Vatikan, 1512–15.

Propheten

Prophet(en). Das griechische Wort P. meint den Deuter göttlicher → Orakel. Die Übersetzer der Bibel aber geben mit dem Wort P. verschiedene hebräische Begriffe wieder, z. B. »Seher«, »Gottesmann« und die an Hof und Heiligtum beschäftigten *Nabis*. An den großen Heiligtümern bildeten sich später Schulen, die zu einem eigenen Berufsstand führten. Auch Prophetinnen sind bezeugt.

Eine neue Art Prophetentum beginnt mit den sogenannten Schrift-P. Die Bibel kennt drei große P.bücher (Jesaja, Jeremia, Ezechiel) und zwölf kleine (→ Religionsbuch 5/6, S. 29). Die Bezeichnung »Schrift-P.« ist jedoch irreführend, da es sich um Männer handelt, deren öffentliche Reden erst nachträglich durch Schülerkreise aufgezeichnet wurden. Die P. haben das religiöse Denken Israels tiefgreifend verändert und wirken bis heute.

Orakel, Praktiken, um die Absicht oder den Willen Gottes zu ermitteln. Dies geschah in Babylonien und Assyrien durch Loswerfen, die Deutung der Eingeweide von Tieren oder die Deutung von Formen, welche Öltropfen im Wasser einnehmen. Ähnliche O.befragungen gab es in Israel auch, z. B. Leberschau, Los- und Baum-O. Die Antwort des O.s galt als Gottesspruch.

Ekstase (von griech. *ekstasis*, »Austritt der Seele aus den normalen Lebensverhältnissen«), ein Zustand, in dem das Bewusstsein teilweise oder ganz aufgehoben ist und der Mensch von Kräften ergriffen wird, die ihm fremd sind und die er als übernatürlich versteht. Für das frühe Prophetentum ist eine E.praxis bezeugt, z. B. durch Musik und Drogen, Tanz und Meditationstechniken. Bei den Schriftpropheten tritt die wilde E. zurück, doch begegnen weiterhin Visionen und Auditionen.

Samuel Bak (geb. 1933), The Observer, 1971.
Rechte Seite: Otto Pankok (1893–1966), Johannes der Täufer, 1936.

Wir können uns die Propheten der Frühzeit als Männer in verwilderter Kleidung vorstellen, die gruppenweise auftraten. Sie steigerten sich unter Musik und Tanz in einen Zustand des von »Gott-besessen-Seins«, verletzten sich dabei, rissen sich die Kleider vom Leib und kamen in Raserei. Man begegnete ihnen mit Vorbehalt.

Die weitere Entwicklungsstufe lässt sich nicht genau verfolgen. Irgendwann bildeten Propheten einen eigenen Berufsstand, der am Königshof und im Tempel Orakelsprüche verkündete. Doch da der Staat diese beamteten Männer bezahlte, sagten sie oft nur das, was im Interesse der Politik lag, auch wenn es quer zum »Willen Jahwes« stand. Geschenke, die sie annahmen, beeinflussten ihre Parteinahme. Das untergrub ihr Ansehen. Zeitweilig wollte Amos deswegen nicht Prophet genannt werden. Micha kritisierte:

[5] So spricht Jahwe gegen die Propheten: Sie verführen mein Volk. Haben sie etwas zu beißen, rufen sie: Friede! Wer ihnen aber nichts ins Maul steckt, dem sagen sie den Heiligen Krieg an. *Mi 3*

Von solchen Männern, die in die eigene Tasche hinein prophezeiten, unterschied sich der aufrechte Prophet dadurch, dass er sich – gelegen oder ungelegen – nur dem Willen Jahwes verpflichtet fühlte. Oft waren dies sogar Männer, die sich diesem Dienst entziehen wollten (Jer 1,6 ff.), weil sie die Last des Auftrags fürchteten, Einzelgänger, unbestechlich und für König und Volk unbequem. Sie konnten sogar an sich selbst irre werden (Jer 20, 7 f.) oder müde und mutlos (Jer 1, 8; 9,1; Ez 2, 6; 3, 8 f.; 21, 5).

Von den Lebensschicksalen der meisten Propheten ist nichts bekannt. Jeremia musste Verfolgung, Kerker und schließlich Verschleppung ertragen. Der Prophet Urija wurde durch König Jojakim hingerichtet (Jer 26, 20ff.). Amos wurde auf Grund einer Anzeige des Oberpriesters von Bet-El des Landes verwiesen, denn der Denunziant hatte gegenüber dem König gemeint: »Das Land vermag alle seine Worte nicht zu ertragen« (Am 7,10-17).

Vereinzelt gab es auch Prophetinnen; doch wenn sie daraus Autorität ableiten wollten, wurden sie erniedrigt (vgl. Num 12).

Der Wortempfang der Propheten setzte innere Erfahrungen voraus, die sie körperlich erschüttern konnten. Durchweg waren die Propheten keine Schriftsteller sondern Redner. Sie schafften sich Gehör durch eine deftige Sprache. Gewöhnlich traten sie öffentlich auf, warnten, drohten, machten Mut oder verurteilten. Nicht Weissagungen über die Zukunft waren ihr Thema, sondern die Probleme der Gegenwart.

Die Aufzeichnung prophetischer Rede geschah erst im nachhinein. Oft war sie eine Notmaßnahme, zum Beispiel wenn der Prophet Redeverbot hatte. Durchweg sind es Einzelsprüche, die notdürftig in größere Zusammenhänge gestellt wurden. Nach heutigem Forschungsstand geht kein einziges Prophetenbuch vollständig auf den Propheten zurück, dessen Namen es trägt. Man kann den Prozess, der vom ursprünglichen Prophetenwort zum Prophetenbuch führte, als eine Auslegung mit mehreren Etappen verstehen:

– Bereits die erste Aufzeichnung eines Prophetenwortes will nicht den ursprünglichen Auftritt des Propheten wiedergeben, sondern die bleibende Gültigkeit dieses Wortes festhalten. Darum handelt es sich meistens nicht um eine originale Wiedergabe.

– Das aufgezeichnete Wort wird – um weiteres Sammelgut bereichert – in Geist und Sprache des jeweiligen Propheten »fortgeschrieben«. Erste Teile des späteren Buches entstehen.

– Die Endgestalt eines Buches haben spätere Redaktionen erarbeitet. Sie aktualisierten das Überlieferte, um das prophetische Erbe auf neue Zeitumstände auszurichten.

Dennoch scheint die öffentliche Anerkennung der Prophetenbücher nicht leicht gewesen zu sein. Dafür war die Kritik der Propheten oft zu scharf und schmerzhaft, als dass man sie gerne gelesen hätte. Während die Tora zwischen 500 und 400 v. Chr. allgemeine Anerkennung fand, wurden die Prophetenbücher erst um 200 v. Chr. als »heilige Schriften« akzeptiert.

Leonard Baskin (geb. 1922), Der Prophet Elija, 1974.

Der Prophet Elija

Elija wird als Zeitgenosse und Gegenspieler des Königs Ahab von Israel (871–852) vorgestellt. Während einer Dürrezeit wird er als Regenmacher bekannt.

Die legendenhaften Wundergeschichten, die sich um Elija ranken, hat eine spätere Zeit entwickelt. Sie verwischen das geschichtliche Bild Elijas. Die heute in den Elija-Texten (1 Kön 17-19; 21 und 2 Kön 1-2) vorliegenden Erzählungen schildern der Kampf eines entschlossenen Außenseiters für den reinen Jahweglauben bei entschiedener Kampfansage gegen die Baalskulte.

Es handelt sich bei den Elija-Erzählungen um Texte, die unterschiedliche Elija-Bilder entwerfen: mal den kompromisslosen Jahweverehrer, mal den machtvollen Wundertäter, mal den »Gottesmann«. Jedes Mal ist seine Gestalt anders profiliert. Unterschiedliche Zeiten und Situationen haben sich je ihr eigenes Bild geschaffen. Das verrät indirekt etwas vom Eindruck, den der geschichtliche Elija hinterließ.

Das Gottesurteil auf dem Karmel

Hinter den Elija-Geschichten wird die Gestalt eines Eiferers für die Alleinzuständigkeit und Alleinverehrung Jahwes in Israel deutlich. Dies zeigt besonders die folgende Erzählung. Gewöhnlich heißt sie: »Das Gottesurteil auf dem Karmel«. Zu Elijas Zeit gab es aber noch nicht den Glauben an den *einen* Gott in Israel. Sogar im Tempel wurden während der gesamten Königszeit unterschiedliche Götter und Göttinnen verehrt, also noch Jahrhunderte nach Elija. Deswegen ist die Erzählung vom Gottesurteil auf dem Karmel erst Jahrhunderte nach Elija entstanden, in einer Zeit, in der sich der Glaube an Jahwe als den einen und einzigen Gott Israels entfaltete.

Baal, bedeutet »Gott«, weil aber in Kanaan die vielen Lokalgötter Baale genannt wurden, von denen sich die Israeliten fernhalten sollten, nahm das Wort die Bedeutung »Götze« an. Der Kampf Elijas gegen → Ahab und den Götterkult, den dessen Frau → Isebel mitbrachte, war der erste große Kampf gegen die Baale Kanaans.

Aschera, kanaanäische Fruchtbarkeitsgöttin, deren Kult in Israel verbreitet war. König Joschija (639–609) bekämpfte diese Kulte, doch fand eine wirkliche Abkehr davon erst nach 500 statt, nachdem das Babylonische Exil eine Wende eingeleitet hatte.

Karmel, ein 20 km langer, bis 550 m hoher Bergrücken an der Mittelmeerküste südlich von Haifa. Der Erzählung 1 Kön 18 zufolge befand sich auf dem K. eine Kultstätte des Gottes Baal und daneben eine damals verfallene Jahwe-Kultstätte.

¹⁶ … Ahab ging Elija entgegen.

¹⁷ Sobald er ihn sah, rief er aus: »Bist du es, Verderber Israels?«

¹⁸ Elija entgegnete: »Nicht ich habe Israel ins Verderben gestürzt, sondern du und das Haus deines Vaters, weil ihr die Gebote des Herrn übertreten habt und den Baalen nachgelaufen seid.

¹⁹ Doch schick jetzt Boten aus und versammle mir ganz Israel auf dem Karmel, auch die vierhundertfünfzig Propheten des Baal und die vierhundert Propheten der Aschera, die vom Tisch Isebels essen.«

²⁰ Ahab schickte in ganz Israel umher und ließ die Propheten auf dem Karmel zusammenkommen.

²¹ Und Elija trat vor das ganze Volk und rief: »Wie lange noch schwankt ihr nach zwei Seiten? Wenn Jahwe der wahre Gott ist, dann folgt ihm! Wenn aber Baal es ist, dann folgt diesem!« Doch das Volk gab ihm keine Antwort.

²² Da sagte Elija zum Volk: »Ich allein bin als Prophet des Herrn übrig geblieben; die Propheten des Baal aber sind vierhundertfünfzig.

²³ Man gebe uns zwei Stiere. Sie sollen einen auswählen, ihn zerteilen und auf das Holz legen, aber kein Feuer anzünden. Ich werde den andern zubereiten, auf das Holz legen und kein Feuer anzünden.

²⁴ Dann sollt ihr den Namen eures Gottes anrufen und ich werde den Namen des Herrn anrufen. Der Gott, der mit Feuer antwortet, ist der wahre Gott.« Da rief das ganze Volk: »Der Vorschlag ist gut.«

²⁵ Nun sagte Elija zu den Propheten des Baal: »Wählt ihr zuerst den einen Stier aus und bereitet ihn zu; denn ihr seid die Mehrheit. Ruft dann den Namen eures Gottes an, entzündet aber kein Feuer!«

²⁶ Sie nahmen den Stier, den er ihnen überließ, und bereiteten ihn zu. Dann riefen sie vom Morgen bis zum Mittag den Namen des Baal an und schrien: »Baal, erhöre uns!« Doch es kam kein Laut und niemand gab Antwort. Sie tanzten hüpfend um den Altar, den sie gebaut hatten.

²⁷ Um die Mittagszeit verspottete sie Elija und sagte: »Ruft lauter! Er ist doch Gott. Er könnte beschäftigt sein, könnte beiseite gegangen oder verreist sein. Vielleicht schläft er und wacht dann auf.«

²⁸ Sie schrien nun mit lauter Stimme. Nach ihrem Brauch ritzten sie sich mit Schwertern und Lanzen wund, bis das Blut an ihnen herabfloss.

²⁹ Als der Mittag vorüber war, verfielen sie in Raserei und das dauerte bis zu der Zeit, da man das Speiseopfer darzubringen pflegt. Doch es kam kein Laut, keine Antwort, keine Erhörung.

³⁰ Nun forderte Elija das ganze Volk auf: »Tretet her zu mir!« Sie kamen und Elija baute den zerstörten Altar Jahwes wieder auf.

³¹ Er nahm zwölf Steine, nach der Zahl der Stämme der Söhne Jakobs, zu dem der Herr gesagt hatte: Israel soll dein Name sein.

³² Er fügte die Steine zu einem Altar für den Namen des Herrn, zog rings um den Altar einen Graben und grenzte eine Fläche ab, die zwei Sea Saat hätte aufnehmen können.

³³ Sodann schichtete er das Holz auf, zerteilte den Stier und legte ihn auf das Holz.

Das kritische Wort der Propheten machte sie nicht beliebt. Darum sagte Jesus: »Nirgends hat ein Prophet so wenig Ansehen wie in seiner Heimat und seiner Familie« (Mt 13,57). Dieses Wort hallt als Sprichwort in zahlreichen Sprachen nach:

– Wo de Profête geboren is, da gelt he nicht.
– Bey seinem volck und vatterland kompt kein prophet zu ehrenstand.
– A prophet is not without honour but in his own country.
– En son pays prophète sans pris.
– In patria natus non est propheta vocatus.

Ahab (um 869–850), König von Israel. Sein Vater Omri hatte das Reich vor dem Abgleiten ins Chaos bewahrt, die Außenpolitik reformiert und Samaria zur neuen Hauptstadt ausgebaut.

Isebel, Frau → Ahabs, des Königs von Israel; Tochter des Königs von Tyrus. Diese Ehe diente der Außenpolitik Israels, führte zu einer Duldung fremder Götterkulte und endete nach 2 Kön 9 in einer Katastrophe.

Sea, Kornmaß, Scheffel, etwa 12 Liter.

Kischon, Bachlauf, der mit zahlreichen Nebenbächen die → Jesreelebene entwässert. Nur in seinem Unterlauf führt er auf einer Strecke von etwa 10 km heute noch dauernd Wasser.

Jesreel, 1. Name einer großen fruchtbaren Ebene zwischen dem Gebirge von Samaria im Südwesten und dem untergaliläischen Bergland im Norden. 2. Ort am Ostrand der nach ihm benannten J.-Ebene. König Ahab baute den Ort zur zweiten Residenz (neben Samaria) aus.

Die Bibel spiegelt natürlich die Anschauungen und Sitten einer alten Zeit. Vieles ist für heutiges Empfinden unerträglich geworden. Auch die Gottesvorstellung hat sich geläutert. Da erscheinen im Rückblick Stellen wie 1 Kön 18,40 abstoßend.

Zugleich stellt sich die Frage nach dem eigenen Gottesbild. Wenn es im Psalm 136,10 und 15 heißt, Gott habe die Erstgeburt der Ägypter geschlagen, »denn seine Güte währet ewig«; er habe den Pharao und sein Heer ins Meer gestürzt, »denn seine Güte währet ewig«, lässt dies uns fragen, was wohl die Ägypter und der Pharao über die Güte Gottes gedacht haben mögen. Oder ist die Frage falsch gestellt?

In einem Vorratskrug aus dem 8./7. Jahrhundert findet sich diese Inschrift:

Ich habe dich gesegnet durch Jahwe und seine Aschera. Er möge dich segnen, und er möge dich behüten …

Auf einer Wand in Chirbet el Kom (bei Hebron) ist zu lesen:

Ein Gesegneter ist Uriyahu durch Jahwe – aus seinen Bedrängnissen hat er ihn durch Aschera gerettet.

---

³⁴ Nun befahl er: »Füllt vier Krüge mit Wasser und gießt es über das Brandopfer und das Holz!« Hierauf sagte er: »Tut es noch einmal!« Und sie wiederholten es. Dann sagte er: »Tut es zum dritten Mal!« Und sie taten es zum dritten Mal.

³⁵ Das Wasser lief um den Altar. Auch den Graben füllte er mit Wasser.

³⁶ Zu der Zeit nun, da man das Speiseopfer darzubringen pflegt, trat der Prophet Elija an den Altar und rief: »Herr, Gott Abrahams, Isaaks und Israels, heute soll man erkennen, dass du Gott bist in Israel, dass ich dein Knecht bin und all das in deinem Auftrag tue.

³⁷ Erhöre mich, Herr, erhöre mich! Dieses Volk soll erkennen, dass du, Herr, der wahre Gott bist und sein Herz zur Umkehr wendest.«

³⁸ Da kam das Feuer des Herrn herab und verzehrte das Brandopfer, das Holz, die Steine und die Erde. Auch das Wasser im Graben leckte es auf.

³⁹ Das ganze Volk sah es, warf sich auf das Angesicht nieder und rief: »Jahwe ist Gott, Jahwe ist Gott!«

⁴⁰ Elija aber befahl ihnen: Ergreift die Propheten des Baal! Keiner von ihnen soll entkommen. Man ergriff sie und Elija ließ sie zum Bach Kischon hinabführen und dort töten.

⁴¹ Dann sagte Elija zu Ahab: »Geh hinauf, iss und trink; denn ich höre das Rauschen des Regens.«

⁴² Während Ahab wegging, um zu essen und zu trinken, stieg Elija zur Höhe des Karmel empor, kauerte sich auf den Boden nieder und legte seinen Kopf zwischen die Knie.

⁴³ Dann befahl er seinem Diener: »Geh hinauf und schau auf das Meer hinaus!« Dieser ging hinauf, schaute hinaus und meldete: »Es ist nichts zu sehen.« Elija befahl: »Geh noch einmal hinauf!« So geschah es siebenmal.

⁴⁴ Beim siebten Mal meldete der Diener: »Eine Wolke, klein wie eine Menschenhand, steigt aus dem Meer herauf.« Darauf sagte Elija: »Geh hinauf und sag zu Ahab: ›Spanne an und fahr hinab, damit der Regen dich nicht aufhält.‹«

⁴⁵ Es dauerte nicht lange, da verfinsterte sich der Himmel durch Sturm und Wolken und es fiel ein starker Regen. Ahab bestieg den Wagen und fuhr nach Jesreel.

⁴⁶ Über Elija aber kam die Hand des Herrn. Er gürtete sich und lief vor Ahab her bis dorthin, wo der Weg nach Jesreel abzweigt. *1 Kön 18*

Die Erzählung entfaltet mehr Lehre als Geschichte.

Auch wenn der erzählte Vorfall nie stattgefunden hat, bleibt doch das Ärgernis, dass auf Glaubensabfall Tod und Ausrottung stehen sollen. Die Erzählung verdrängt, dass sich »Israel« und »Kanaan« in allen Jahrhunderten bis gegen Ende der Königszeit nicht feindlich gegenüberstanden. Die Kultur Israels war kanaanäisch. Erst mit dem Aufkommen des Monotheismus wurde dieser Teil der eigenen Geschichte verleugnet. Weil man von jetzt an ausschließlich Jahwe als dem einen und einzigen Gott dienen wollte, wurde die Vergangenheit als Kampf für diesen Ein-Gott-Glauben umgeschrieben.

Mit der Durchsetzung der Jahwereligion verband sich vor allem die Entthronung und der Ausschluss weiblicher Gottheiten in Israel. Figurenfunde belegen, dass die Aschera in jedem Haus ihren Platz hatte. In der zweiten Hälfte des 8. Jahrhunderts und im 7. Jahrhundert gewann die Verehrung der Göttin größte Popularität. Sie war keineswegs nur eine der vielen Gottheiten außerhalb des Jahwekultes, vielmehr stand sie »an seiner Seite«. So heißt es: »Ich segne euch durch Jahwe von Samaria und durch seine Aschera.« Die Verehrung der Aschera im Tempel zu Jerusalem endete mit dem Reformprogramm unter König Joschija (2 Kön 23, 4 ff.). Der Abschied von dieser »Himmelskönigin«, wie sie genannt wurde, muss vor allem den Frauen schwer geworden sein (Jer 44, 18).

Der Kampf um die Reinheit der Jahwereligion führte zu einer schroffen Abgrenzung nach außen. Alles Fremde erschien nun als Bedrohung der exklusiven Jahweverehrung. Man schottete sich von fremden Bevölkerungsgruppen ab, selbst von denen, die im eigenen Staatsgebiet lebten (Ex 34, 11-14; Dtn 7, 1f).

Der Versuch, die eigenen kanaanäischen Wurzeln abzuschneiden, fand später eine Parallele im Christentum, das ebenfalls bemüht war, die eigene jüdische Wurzel zu vergessen (vgl. Religionsbuch 5/6, S. 52 ff.).

Erst der König Joschija (639–609) machte den Versuch, die vielen im Tempel zu Jerusalem verehrten Gottheiten zu entfernen:

[4] Hierauf befahl der König dem Hohenpriester Hilkija, den Priestern des zweiten Ranges und den Wächtern an den Schwellen, alle Gegenstände aus dem Tempel des Herrn hinauszuschaffen, die für den Baal, die Aschera und das ganze Heer des Himmels angefertigt worden waren. Er ließ sie außerhalb Jerusalems bei den Terrassen des Kidrontals verbrennen und die Asche nach Bet-El bringen.

[5] Auch setzte er die Götzenpriester ab, die von den Königen von Juda bestellt worden waren und die auf den Kulthöhen, in den Städten Judas und in der Umgebung Jerusalems Opfer verbrannt sowie dem Baal, der Sonne, dem Mond, den Bildern des Tierkreises und dem ganzen Heer des Himmels geopfert hatten.

[6] Den Kultpfahl schaffte er aus dem Haus des Herrn und aus Jerusalem hinaus in das Kidrontal und verbrannte ihn dort; er zermalmte ihn zu Staub und streute diesen auf die Gräber des einfachen Volkes.

[7] Ferner riss er die Gemächer der Dirnen am Tempel nieder, in denen die Frauen Schleier für die Aschera webten.

[8] Er holte alle Priester aus den Städten Judas weg und machte die Kulthöhen von Geba bis Beerscheba, auf denen die Priester geopfert hatten, unrein. Er zerstörte die Torhöhen, die am Eingang zum Tor des Stadtobersten Josua auf der linken Seite dessen waren, der das Stadttor betrat.

[9] Doch durften die Höhenpriester nicht an den Altar des Herrn in Jerusalem treten, sondern nur von den ungesäuerten Broten inmitten ihrer Brüder essen.

2 Kön 23

Schlagt auch die übrigen angegebenen Bibelstellen nach und diskutiert von daher, welcher Preis für den Monotheismus gezahlt wurde.

Weibliche Gottheiten (Ascherafiguren) aus Judäa, um 700 v. Chr.

Elija am Horeb

¹ Ahab erzählte Isebel alles, was Elija getan, auch dass er alle Propheten mit dem Schwert getötet habe.

² Sie schickte einen Boten zu Elija und ließ ihm sagen: »Die Götter sollen mir dies und das antun, wenn ich morgen um diese Zeit dein Leben nicht dem Leben eines jeden von ihnen gleich mache.«

³ Elija geriet in Angst, machte sich auf und ging weg, um sein Leben zu retten. Er kam nach Beerscheba in Juda und ließ dort seinen Diener zurück.

⁴ Er selbst ging eine Tagereise weit in die Wüste hinein. Dort setzte er sich unter einen Ginsterstrauch und wünschte sich den Tod. Er sagte: »Nun ist es genug, Herr. Nimm mein Leben; denn ich bin nicht besser als meine Väter.«

⁵ Dann legte er sich unter den Ginsterstrauch und schlief ein. Doch ein Engel rührte ihn an und sprach: »Steh auf und iss!«

⁶ Als er um sich blickte, sah er neben seinem Kopf Brot, das in glühender Asche gebacken war, und einen Krug mit Wasser. Er aß und trank und legte sich wieder hin.

⁷ Doch der Engel des Herrn kam zum zweiten Mal, rührte ihn an und sprach: »Steh auf und iss! Sonst ist der Weg zu weit für dich.«

⁸ Da stand er auf, aß und trank und wanderte, durch diese Speise gestärkt, vierzig Tage und vierzig Nächte bis zum Gottesberg Horeb.

⁹ Dort ging er in eine Höhle, um darin zu übernachten. Doch das Wort des Herrn erging an ihn: »Was willst du hier, Elija?«

¹⁰ Er sagte: »Mit leidenschaftlichem Eifer bin ich für den Herrn, den Gott der Heere, eingetreten, weil die Israeliten deinen Bund verlassen, deine Altäre zerstört und deine Propheten mit dem Schwert getötet haben. Ich allein bin übrig geblieben und nun trachten sie auch mir nach dem Leben.«

¹¹ Der Herr antwortete: »Komm heraus und stell dich auf den Berg vor den Herrn!« Da zog der Herr vorüber: Ein starker, heftiger Sturm, der die Berge zerriss und die Felsen zerbrach, ging dem Herrn voraus. Doch der Herr war nicht im Sturm. Nach dem Sturm kam ein Erdbeben. Doch der Herr war nicht im Erdbeben.

¹² Nach dem Beben kam ein Feuer. Doch der Herr war nicht im Feuer. Nach dem Feuer kam ein sanftes, leises Säuseln.

¹³ Als Elija es hörte, hüllte er sein Gesicht in den Mantel, trat hinaus und stellte sich an den Eingang der Höhle.   *1 Kön 19*

Negev, hebräische Bezeichnung für den Süden, hier für die zerklüftete Wüstengegend um den Hauptort Beerscheba.
Horeb, ein anderer Name für den Sinai, und zwar im Buch Deuteronomium (5. Buch Mose), und in Texten, die damit literarisch zusammenhängen.
Vierzig, eine runde, symbolisch verstandene Zahl, die in der Bibel durchweg als ein runder Zeitabschnitt aufgefasst wird: 40 Jahre Wüstenwanderung, Philisternot, Regierungszeit Davids; 40 Tage war Mose auf dem Sinai, wanderte Elija zum Horeb, fastete Jesus in der Wüste, erschien er seinen Jüngern.
Engel des Herrn, im hebräischen Text: »Engel Jahwes«. Das hebräische Wort *mal'ak* kann mit »Bote« übersetzt werden. Es meint nicht den gewöhnlichen Boten, sondern einen Botschafter, wie ihn die Könige der Stadtstaaten im 2. Jahrtausend senden konnten. Dieser Bote sprach in der Ichform, als wäre er der Auftraggeber selbst. Darum ist in der Bibel oft nicht zu unterscheiden, ob der »Bote Jahwes« oder Gott selbst spricht. Der frühisraelitische Bote wurde als alltägliche Gestalt gedacht: ohne Flügel und irgendeinen Lichtglanz. Beispiele bieten die Hagar-Erzählungen (Gen 16; 21), die Geschichte von Abrahams Gastfreundschaft (Gen 18) oder die vom Kampf Jakobs mit einem Unbekannten (Gen 32).

Der Eifer Isebels, »die Propheten Jahwes« auszurotten, so dass nur Elija überlebte, entspringt dem Feindbild, das voran entworfen wurde. Die erzählte Situation gibt dem Elija jedoch allen Anlass zur Flucht und schließlich auch zur Mutlosigkeit.

Der Weg zum Gottesberg versteht sich symbolisch. Von Beerscheba zieht Elija in den Negev. Der lebensmüde Mann kommt in die lebensfeindliche Wüste. Was kann ihn hier noch ermutigen? Die Sonne brennt, es gibt kein Wasser, die Verlassenheit ist grenzenlos, die Erschöpfung nimmt bald überhand. Er wünscht nur noch zu sterben.

In dieser Situation greift der »Engel Jahwes« ein (→ S. 62) und stärkt Elija für den Weg zum Gottesberg.

Die Vorstellung vom Berg als Wohnsitz Gottes findet sich im gesamten Orient. Sie galt auch für den Tempelberg von Jerusalem und begegnet immer noch im einfachen Denken, in dem der »Himmel« als Wohnort Gottes »oben« ist.

Ort des folgenden Geschehens ist eine Höhle im Gottesberg. (Die Verse 9b und 10 gelten als spätere Einschaltung.) Elija wird aus der schützenden Höhle herausgerufen, um den Vorübergang der Gewalten zu erleben. Ein Sturm kommt, der Berge zerreißt und Felsen zerbricht, aber Jahwe ist nicht im Sturm. Danach ein Erdbeben. Nach dem Beben ein Feuer; aber jedes Mal wird die Anwesenheit Jahwes in diesen Gewalten verneint. Der Mächtigkeit der Geschehnisse wird schließlich »ein sanftes, leises Säuseln«, »eine Stimme verschwebenden Schweigens«, »ein ganz leiser Hauch« entgegengesetzt.

Elija, der in seiner Götterwette auf dem Karmel noch »den Gott, der mit Feuer antwortet« beschwor, erfährt hier eine Korrektur seiner eigenen Vorstellungen. Gott ist das Leiseste, was es gibt. Für alle Lauten und Gewalttätigen mag das verwirrend und unheimlich sein.

René Magritte (1898–1967), Die Beschaffenheit des Menschen, 1948.

Alle unsere Bilder bleiben Bilder unserer *Gedanken, Vorstellungen und Träume.*

Der Prophet Amos

Amos ist der erste Prophet, dessen Sprüche in einem eigenen Buch gesammelt wurden. Er trug seine Kritik an Israel »im Namen Jahwes« vor. Wenn er verkündete: »Ich zerschlage den Winterpalast und die Sommervillen« (3, 15), »ich führe euch in die Verbannung« (5, 27), »ich lasse das sündige Königreich vom Erdboden verschwinden …« (9, 8) – galt das als beschlossen und unwiderruflich. Amos sprach nie für eigene Interessen. Er kämpfte für ein Gottesverständnis, mit dem sich Gerechtigkeit und eine menschenfreundliche Gesellschaft verband.

Die Beugung des Rechts

[11] Weil ihr von den Hilflosen Pachtgeld annehmt und ihr Getreide mit Steuern belegt, darum baut ihr Häuser aus behauenen Steinen – und wohnt nicht darin, legt ihr euch prächtige Weinberge an – und werdet den Wein nicht trinken.
[12] Denn ich kenne eure vielen Vergehen und eure zahlreichen Sünden. Ihr bringt den Unschuldigen in Not, ihr lasst euch bestechen und weist den Armen ab bei Gericht.
[13] Darum schweigt in dieser Zeit, wer klug ist; denn es ist eine böse Zeit.
[14] Sucht das Gute, nicht das Böse; dann werdet ihr leben und dann wird, wie ihr sagt, der Herr, der Gott der Heere, bei euch sein.   *Am 5*

Der wahre Gottesdienst

[21] Ich hasse eure Feste, ich verabscheue sie und kann eure Feiern nicht riechen.
[22] Wenn ihr mir Brandopfer darbringt, ich habe kein Gefallen an euren Gaben und eure fetten Heilsopfer will ich nicht sehen.
[23] Weg mit dem Lärm deiner Lieder! Dein Harfenspiel will ich nicht hören,
[24] sondern das Recht ströme wie Wasser, die Gerechtigkeit wie ein nie versiegender Bach.
[25] Habt ihr mir etwa Schlachtopfer und Gaben dargebracht während der vierzig Jahre in der Wüste, ihr vom Haus Israel?
[26] Ihr werdet (den Gott) Sakkut als euren König vor euch hertragen müssen und den Kewan, euren Sterngott, eure Götter, die ihr euch selber gemacht habt.
[27] Ich will euch in die Gebiete jenseits von Damaskus verbannen, spricht der Herr; Gott der Heere ist sein Name.   *Am 5*

Emil Nolde (1867–1956), Prophet, 1912.

Amos, Rinderzüchter und Maulbeerfeigenpflanzer aus Tekoa im Staat Juda. Um 750 ging er nach Israel, um die dortigen sozialen und religiösen Missstände massiv anzuprangern. Man verwies ihn bereits nach kurzer Zeit des Landes.

Rechte Seite: A. Paul Weber (1893–1980), Blick auf Windsor, 1941.

Amos' Kritik gilt einem sozialen System, das breite Bevölkerungskreise in die Verelendung zwang: Die Reichen erwarben Landgut um
Landgut, bis sie die Herren ganzer Landstriche waren, während die
bisherigen Besitzer zu Schuldnern und Leibeigenen wurden. Dagegen setzt Amos seinen Aufruf zur radikalen Wandlung der Verhältnisse. Auch deckte er die Korruption der Gerichte auf, die das Recht auf
Kosten der kleinen Leute beugten: »Ihr lasst euch bestechen und
weist den Armen ab bei Gericht« (5, 12). So wurden die Gerichte zu
Unterdrückungsinstrumenten der Herrschenden.

Diese soziale Anklage brachte ein neues Bewusstsein in die Weltgeschichte. Wo wurde dergleichen schon vorher gehört? Die Propheten Israels trugen die Forderung nach sozialer Gerechtigkeit wie niemand vor ihnen und niemand nach ihnen in der Alten Welt in den
Gang der Geschichte. Sie taten es in einer Sprache, deren Kraft und
Schärfe bis zum Tage nicht gelitten hat, wenngleich die Botschaft immer noch unterwegs ist, glaubwürdig umgesetzt zu werden.

Die soziale Anklage der Propheten des 8. Jahrhunderts ist in dieser
Entschiedenheit erstmalig. Sie wurde im Namen eines Gottesglaubens erhoben, mit dem sich Würde und Rechte des Menschen verbinden. Und sie war bewusst einseitige Parteinahme. Zwar wendet
die historische Forschung ein, man solle sich hüten, hinter den kritisierten Verhältnissen nur gottlose Bösewichter und Gewalttäter am

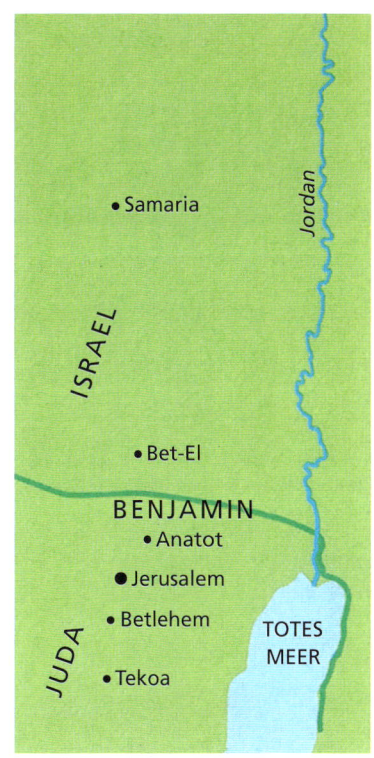

Elfenbeinplakette mit einer Frau am Fenster, 8. Jh. v. Chr. Die Balustrade verweist auf israelitische Palastarchitektur.

Werke zu sehen. Die Oberschicht habe sich durchaus legaler Mittel zur Durchsetzung ihrer Interessen bedient. Wenn auch Rechtsbrüche und Gewalt nicht auszuschließen seien, so hätten sich die eigentlichen Missstände aus den wirtschaftlichen Entwicklungen der Königszeit ergeben. Möglicherweise hätten die Reichen die kleinbäuerlichen Betriebe als überholte Wirtschaftsform angesehen, die sowieso zum Aussterben verurteilt gewesen sei, den eigenen Reichtum aber als Segen Jahwes betrachtet …

Doch solche Rechtfertigungen bewegten Amos nicht. Für ihn waren die ungleichen Verhältnisse ein Skandal. Er warf der Oberschicht vor, das Wertesystem der Gesellschaft korrumpiert zu haben und darüber nicht einmal Trauer zu empfinden. Stand doch mit dem Unrecht zugleich die Gottesbeziehung Israels auf dem Spiel. Für Amos und die ihm folgenden Propheten hatte Israel keine Zukunft mehr, falls die Verantwortlichen des Volkes nicht sofort ihre Schuld einsähen und ihr soziales Handeln änderten:

¹³ Hört und schärft es ein dem Hause Jakob: ¹⁴ Ja, der Tag kommt, da ich Israel für seine Verbrechen strafen werde; dann werde ich zerstören die Altäre von Bet-El; die Hörner des Altars werden abgehauen und fallen zu Boden. ¹⁵ Ich zerschlage den Winterpalast und die Sommervillen, die elfenbeingeschmückten Häuser werden verschwinden, und mit den vielen Häusern ist es zu Ende – spricht Jahwe. *Am 3*

Menschen, die solche Kritik vortragen, sind in keiner Gesellschaft beliebt. Allzu oft werden sie angegriffen, verleumdet, kalt gestellt, ermordet. Auch Amos ließ man nicht lange sein freies Wort sagen:

A. Paul Weber (1893–1980), Fortschritt II, 1980.

¹⁰ Amazja, der Priester von Bet-El, ließ Jerobeam, dem König von Israel, melden: »Mitten im Haus Israel ruft Amos zum Aufruhr gegen dich auf; seine Worte sind unerträglich für das Land.«
¹² Zu Amos aber sagte Amazja: »Geh, Seher, flüchte ins Land Juda! Iss dort dein Brot und tritt dort als Prophet auf!
¹³ In Bet-El darfst du nicht mehr als Prophet reden; denn das hier ist ein Heiligtum des Königs und ein Reichstempel.« *Am 7*

Jerobeam II. (ca. 787–747), König von Israel. Seine lange Regierungszeit ist ein letzter Höhepunkt in der Geschichte Israels, doch machen die Reden des Amos (→ S. 36) deutlich, unter welchen Spannungen das Reich stand. Bereits 25 Jahre später ging das Nordreich Israel unter.

Der Prophet Jeremia

Geboren wurde Jeremia 645 v. Chr. in Anatot, wenige Kilometer von Jerusalem entfernt. »Prophet« zu werden, war nicht sein Wunsch. Auch sein Berufungserlebnis stand quer zu eigenen Erwartungen:

⁴ Das Wort des Herrn erging an mich:

⁵ »Noch ehe ich dich im Mutterleib formte, habe ich dich ausersehen, noch ehe du aus dem Mutterschoß hervorkamst, habe ich dich geheiligt, zum Propheten für die Völker habe ich dich bestimmt.«

⁶ Da sagte ich: »Ach, Herr Jahwe, ich kann doch nicht reden, ich bin ja noch so jung.«

⁷ Aber der Herr erwiderte mir: » Sag nicht: ›Ich bin noch so jung.‹ Wohin ich dich auch sende, dahin sollst du gehen, und was ich dir auftrage, das sollst du verkünden.

⁸ Fürchte dich nicht vor ihnen; denn ich bin mit dir, um dich zu retten – Spruch des Herrn.«

⁹ Dann streckte der Herr seine Hand aus, berührte meinen Mund und sagte zu mir: »Hiermit lege ich meine Worte in deinen Mund.

¹⁰ Sieh her! Am heutigen Tag setze ich dich über Völker und Reiche; du sollst ausreißen und niederreißen, vernichten und einreißen, aufbauen und einpflanzen.«
Jer 1

Diese Begebenheit datiert in das Jahr 627; Jeremia war damals 18 Jahre alt. So früh begann eine Sendung, vor der er nicht weglaufen und sich nicht drücken konnte. Seine Rede stellte ihn in Opposition zu allem, was Rang und Namen hatte. Noch pulsierte in Jerusalem das Leben, da sprach Jeremia bereits von Untergang. Jeremia warnte vor einer Schaukelpolitik, die die großen Nachbarreiche Ägypten und Babylonien gegeneinander auszuspielen trachtete. Während man in Jerusalem glaubte, der Tempel Jahwes sei eine Sicherheitsgarantie für die Stadt, warnte Jeremia davor, den Weltmächten zu trotzen. Seine Rede von einem Untergang Jerusalems und der Zerstörung des Tempels wollte niemand hören:

Die Tempelrede

¹ Das Wort, das vom Herrn an Jeremia erging:

² »Stell dich an das Tor des Hauses des Herrn! Dort ruf dieses Wort aus und sprich: ›Hört das Wort des Herrn, ganz Juda, alle, die ihr durch diese Tore kommt, um dem Herrn zu huldigen.

³ So spricht der Herr der Heere, der Gott Israels: Bessert euer Verhalten und euer Tun, dann will ich bei euch wohnen hier an diesem Ort.

⁴ Vertraut nicht auf die trügerischen Worte: Der Tempel des Herrn, der Tempel des Herrn, der Tempel des Herrn ist hier!

⁵ Denn nur wenn ihr euer Verhalten und euer Tun von Grund auf bessert, wenn ihr gerecht entscheidet im Rechtsstreit,

⁶ wenn ihr die Fremden, die Waisen und Witwen nicht unterdrückt, unschuldiges Blut an diesem Ort nicht vergießt und nicht anderen Göttern nachlauft zu eurem eigenen Schaden,

Jeremia, aus Anatot im Stammesgebiet Benjamin, Prophet im Königreich Juda während dessen Bedrohung, Belagerung und Zerstörung unter den Königen Joschija, Jojakim, Jojachin und Zidkija. Für J. war → Nebukadnezzar von Gott gesandt, um das Reich Juda zu züchtigen und die Gesinnung zu ändern. Er sagte den Fall Jerusalems voraus. Nach der Zerstörung der Stadt 586 blieb er dort, ohne auch jetzt von seinen Zeitgenossen verstanden zu werden. Seine Spur verliert sich auf dem Weg nach Ägypten, wohin er vielleicht verschleppt wurde.

Nebukadnezzar, bedeutendster König (605–562 v. Chr.) des Babylonischen Reiches. Obwohl er Jerusalem eroberte und zerstörte, war er mehr Bauherr als Kriegsherr. Er erweiterte Babylon und schuf glänzende Bauwerke.

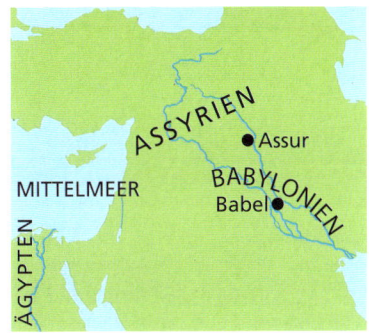

Babylonien, Landschaft in Mesopotamien, von der Stadt Babel abgeleiteter Name. Das Reich der Assyrer war hier zu Hause; das neubabylonische Reich unter → Nebukadnezzar trat das assyrische Erbe an.

A. *Paul Weber (1893–1980),*
Die Kathedrale, 1941.

7 dann will ich bei euch wohnen hier an diesem Ort, in dem Land, das ich euren Vätern gegeben habe für ewige Zeiten.
8 Freilich, ihr vertraut auf die trügerischen Worte, die nichts nützen.
9 Wie? Stehlen, morden, die Ehe brechen, falsch schwören, dem Baal opfern und anderen Göttern nachlaufen, die ihr nicht kennt,
10 und dabei kommt ihr und tretet vor mein Angesicht in diesem Haus, über dem mein Name ausgerufen ist, und sagt: Wir sind geborgen!, um dann weiter alle jene Gräuel zu treiben.
15 Verstoßen werde ich euch von meinem Angesicht, wie ich alle eure Brüder, alle Nachkommen Efraims, verstoßen habe.«   *Jer 7*

Zu dieser Zeit bedrohten die Babylonier Jerusalem. Sie sahen im Staat Juda, als einem damaligen Verbündeten Ägyptens, Feindesland. Im Jahr 598 belagerten sie Jerusalem. Gegen hohe Tributzahlungen und um den Preis einer Verbannung des Königs konnte die Zerstörung zunächst noch abgewendet werden. Die Babylonier setzten an seine Stelle Zidkija als Marionettenkönig ein. Als der erneut begann, das Doppelspiel zwischen beiden Machtblöcken aufzunehmen, wurde Jeremia der Stadt mit seiner Kritik lästig. Man urteilte, er unterlaufe die Staatsinteressen und setzte ihn gefangen. Aber die Partie ging für Jerusalem verloren: Als die Babylonier 587 erneut vor Jerusalem erschienen, blieb eine ägyptische Hilfe aus. Jerusalem wurde belagert, ausgehungert und erobert. 586 fielen Stadt und Tempel in Schutt und Asche. Die Bildungsschicht des Volkes wurde nach Babylonien ins Exil geführt.

Stechbremsen

Es mag sein, dass die Propheten eine Stechbremse auf dem Nacken des Pferdes Israel waren. Aber wenn diese Bremse nicht gewesen wäre, … was wäre dann aus der Substanz des Volkes Israel geworden? Wäre es überhaupt noch da? Wäre ohne diese Stiche, ohne diese beständigen Aufrufe etwas anderes aus Israel geworden als ein östliches Kultürchen, das mit den anderen untergegangen wäre? Es ist das ewige Volk nicht dadurch geworden, dass man es leben ließ, sondern dass man es nicht leben ließ: dadurch, dass man mehr als das Leben von ihm verlangte, gewann es das Leben.

Martin Buber

Propheten heute

Erst nach dem Untergang Jerusalems und der Neubesinnung im Babylonischen Exil gewannen die Propheten Wertschätzung im Judentum. Die Prophetenbücher wurden seitdem häufig abgeschrieben, weil sie in bedrängter Zeit auch einen Weg zeigten, wie es mit Israel weitergehen könnte. Unter diesem Eindruck wurde das sittliche Leben strenger gefasst, als es in der Königszeit der Fall war.

Männer von der Bedeutung der großen Propheten Israels hat es in den letzten Jahrhunderten vor der Zeitenwende nicht mehr gegeben. Jesus darf aber in ihrer Tradition gesehen werden. Er setzte die Linie der Propheten fort und überbot sie. Sein Leben und Wort stifteten eine Nachfolge, die bis heute das prophetische Zeugnis nicht enden lässt.

Aus jüngerer Zeit lassen sich Namen von Personen nennen, die in ihrer Gesellschaft prophetisch gewirkt haben. Als die USA einen grausamen Krieg in Vietnam führten (1965–1975) und sogar Kirchenmänner glaubten, das sei ein ehrenwerter Krieg des Lichtes gegen das Reich der Finsternis, gab es Männer und Frauen, die diesen Krieg als eine Schande für die Vereinigten Staaten betrachteten. Sie erlitten das Schicksal der Propheten.

Als die Schwarzen in den USA um ihre bürgerlichen Rechte kämpften, trat der baptistische Pfarrer Martin Luther King an die Spitze der Protestbewegung. »Ich träume davon«, rief er ins Land, »dass eines Tages Menschen sich erheben und einsehen, dass sie geschaffen sind, als Brüder miteinander zu leben …, dass jeder Schwarze in der Welt nach seinem Charakter anstatt nach seiner Hautfarbe beurteilt wird …« Für diese Vision ließ Martin Luther King sein Leben. Jeder wahre Prophet wirkt über seinen Tod hinaus.

Prophetenkost

Als Heuschrecken unsere Stadt besetzten,
keine Milch mehr ins Haus kam,
die Zeitung erstickte,
öffnete man die Kerker,
gab die Propheten frei.
Nun zogen sie durch die Straßen,
3800 Propheten.
Ungestraft duften sie reden,
sich reichlich nähren von jenem
springenden, grauen Belag, den wir
Plage nannten.
Wer hätte es anders erwartet. –

Bald kam uns wieder die Milch,
die Zeitung atmete auf,
Propheten füllten die Kerker.

Günter Grass

A. Paul Weber (1893–1980), Deutsches Verhängnis, 1932.

Diese Welt:

Der zweite Planet

Richard Oelze (1900–1980), Erwartung, 1935/36.

Die Erdbevölkerung

Über eine lange, lange Zeit lebte der Mensch als Jäger und Sammler. Er durchstreifte auf seiner Nahrungssuche weite Gebiete und konnte darum nicht in größerer Zahl zusammenleben. Auf der ganzen Welt gab es nur einige hunderttausend Menschen, nicht mehr, als heute in einer mittleren Stadt wohnen.

Erst vor kaum zehntausend Jahren wurde der Ackerbau entdeckt. Seitdem können die Menschen dichter zusammenleben: Die neue Ernährungsgrundlage ließ Dörfer entstehen; die Zahl der Menschen nahm zu. Dennoch lag der jährliche Bevölkerungszuwachs weit unter einem Prozent. Um Christi Geburt gab es auf der Erde schätzungsweise 250 Millionen Menschen.

Bis sich die Zahl verdoppelte, mussten mehr als eineinhalb Jahrtausende vergehen. Erst um 1650, nach dem Dreißigjährigen Krieg, war die Erdbevölkerung auf 500 Millionen angewachsen. Die nächste Verdopplung brauchte nur noch 200 Jahre: um 1850 war die erste Milliarde erreicht. Nach weiteren 80 Jahren, um 1930, stieg die Zahl auf zwei Milliarden. Schon 50 Jahre später, 1980, gab es die nächste Verdopplung: vier Milliarden Menschen, und in weiteren 50 Jahren, um das Jahr 2030, sollen acht Milliarden Menschen auf unserem Planeten leben. Derzeit werden es um die sieben Milliarden Menschen sein.

Die Schnelligkeit dieser Entwicklung fordert der Menschheit Lernprozesse ab wie niemals zuvor. Von allen Kulturen, Religionen und Völkern wird die Entwicklung eines neuen Lebensstils verlangt: die Fähigkeit des Menschen, sich zu bescheiden und verträglich miteinander umzugehen – weil es nicht um irgendetwas, sondern um alles geht: um Leben oder Tod für unseren Planeten.

Unsere Erde bietet keine endlosen Vorräte. Bodenschätze und Energievorräte erschöpfen sich. Die Lebensgrundlagen sind nicht unbegrenzt belastbar. Mit welchen Aussichten müssen wir in die Zukunft schauen?

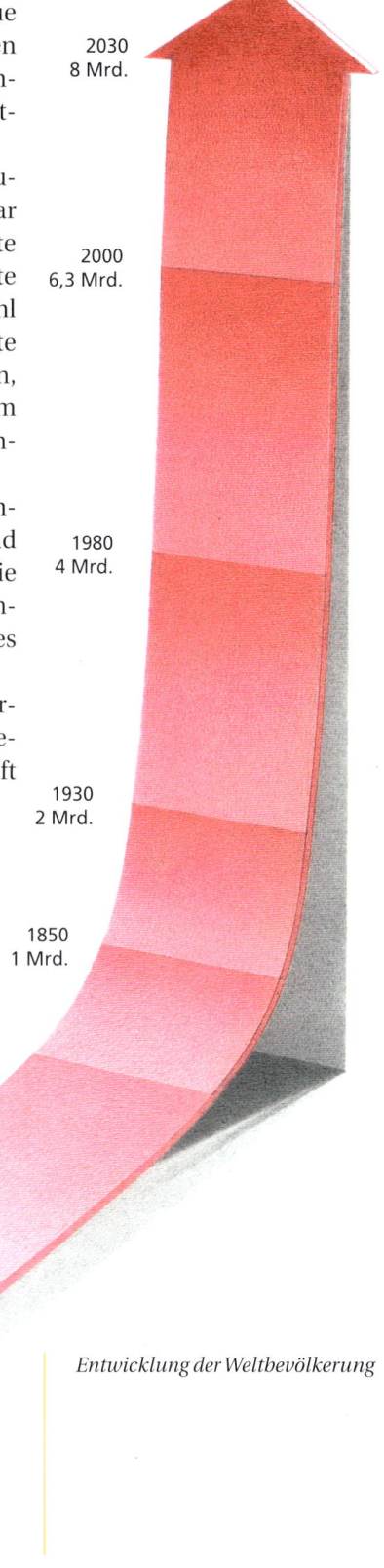

2030
8 Mrd.

2000
6,3 Mrd.

1980
4 Mrd.

1930
2 Mrd.

1850
1 Mrd.

1650
500. Mio.

Um Christi Geburt
250 Mio.

Entwicklung der Weltbevölkerung

43

Nachhaltigkeit

Die Idee der Nachhaltigkeit wurde Anfang des 19. Jahrhunderts in der deutschen Forstwirtschaft entwickelt und 1987 in die politische Debatte eingeführt: »Nachhaltig ist eine Entwicklung, die den Bedürfnissen der heutigen Generation entspricht, ohne die Möglichkeiten künftiger Generationen zu gefährden, ihre eigenen Bedürfnisse zu befriedigen.« Ökologische Nachhaltigkeit heißt erstens, keinen Raubbau an der Natur zu betreiben; zweitens: nicht über die Verhältnisse zu leben. Eine Gesellschaft soll möglichst »von den Zinsen« leben, nicht vom »Kapital«.

Nahrungsmittel

Die nachhaltige Sicherung der Ernährung und die Minderung der Armut ist die wichtigste Aufgabe der Weltgemeinschaft. Rund 80 Prozent der Erdoberfläche sind für eine landwirtschaftliche Nutzung ungeeignet. Von den verbleibenden 20 Prozent (rund 3, 2 Milliarden Hektar) werden etwas mehr als 1, 2 Milliarden Hektar ackerbaulich genutzt. Bei gleichbleibendem Ertrag je Hektar, aber wachsender Bevölkerungszahl ist die Erntemenge pro Kopf darum rückläufig. Während 1980 noch 380 kg pro Weltbewohner erzeugt wurden, sinkt diese Menge bis zum Jahr 2015 auf 266 kg pro Kopf.

Beim UN-Welternährungsgipfel 1996 in Rom verpflichteten sich 186 Länder, Ernährungssicherung für alle Menschen zu erreichen. Bis 2015 soll die Zahl der Hungernden halbiert werden – bei gleichzeitig wachsender Weltbevölkerung. Bis zum Jahr 2050 für zusätzliche drei Milliarden Menschen die notwendige Nahrung bereit zu stellen, wird nur unter erheblichen Anstrengungen möglich sein.

Möglich wird diese gewaltige Produktionssteigerung an Nahrungsmitteln nur durch neue landwirtschaftliche Technologien: bessere Düngemittel, Maschineneinsatz und Fungizide, durch neue Züchtungen von Hochertragssorten für Weizen, Reis und Mais und bei verfügbarer Bewässerung. Was diese Zielsetzung gefährdet, ist die einfache Formel: Hunger produziert Umweltzerstörung und Armut; Umweltzerstörung verursacht Hunger. Bei rasch wachsender Bevölkerung kann es schwierig sein, aus dieser Wechselwirkung auszusteigen.

Heiß umstritten ist der Beitrag der Gentechnik. Hier wird zu 99 Prozent die erhöhte Widerstandsfähigkeit der Ernten gegen Insektenbefall und Krankheiten angestrebt und nur zu einem Prozent die Verbesserung des Nährstoffgehalts oder der Haltbarkeit. Befürworter der Gentechnik glauben, dass die herkömmlichen Methoden der Landwirtschaft nicht ausreichen, um die wachsende Weltbevölkerung zu ernähren. Die Gegner warnen vor den unkalkulierbaren Risiken und den nicht bekannten aber möglichen Folgewirkungen der Gentechnologie.

Bedarf — an Nahrungsmitteln
Angebot —
Wasser, Wald, Anbaufläche, Rohstoffe

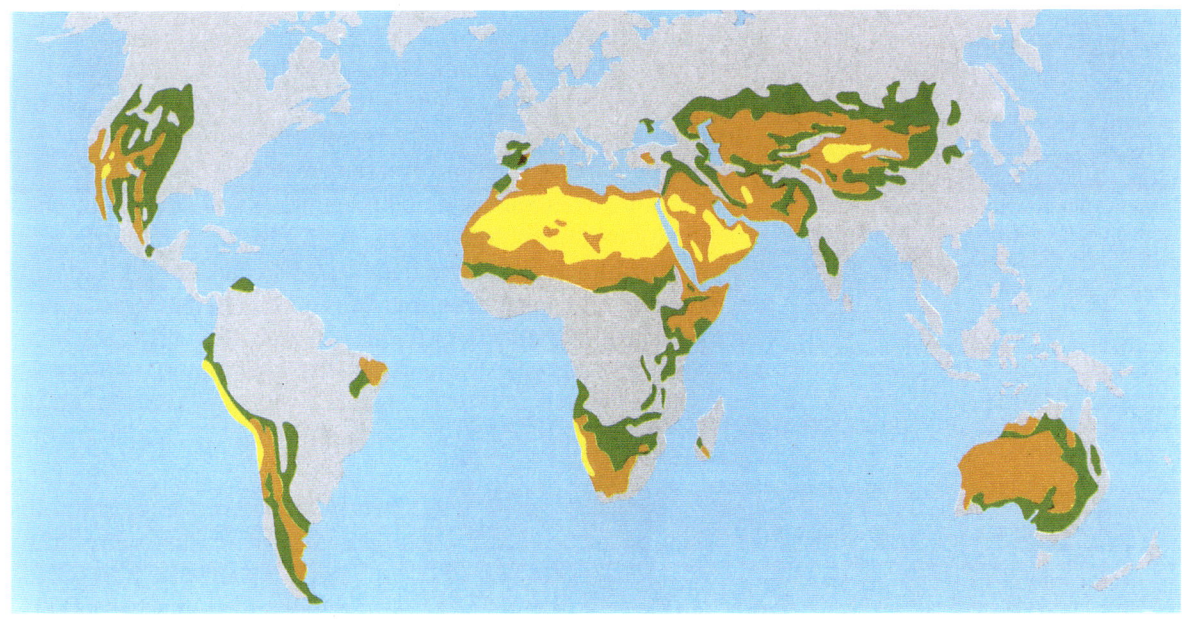

Das Wachstum der Wüsten

Wüste   Stark gefährdete Gebiete   Gefährdete Gebiete

Wälder

Urwälder tragen entscheidend zur Erhaltung unserer Lebensgrundlagen bei. Dennoch werden jedes Jahr riesige Flächen abgeholzt – dreimal so groß wie die Schweiz.

Urwälder beherbergen den größten Artenreichtum der Erde: Millionen Tier- und Pflanzenarten – etwa zwei Drittel aller Lebewesen auf dem Lande – sind in den tropischen Regenwäldern rund um den Äquator zu Hause. 500 verschiedene Baumarten auf nur einem Hektar sind in den Tropen keine Seltenheit. Mit dem Verlust dieser Artenvielfalt gehen auch zahlreiche Pflanzen verloren, die für pharmazeutische Wirkstoffe wichtig sind.

Auch die nördlichen Urwälder von Russland und Sibirien bis Alaska und Kanada sind bedroht. So unterschiedlich ihre Vegetation und Tierwelt auch ist, alle diese Wälder regulieren das Klima der Erde: erhöhen die Luftfeuchtigkeit, bremsen die Winde, mildern extreme Klimaverhältnisse wie Hitze, Frost, Trockenheit und Sturm. Sie filtern die Luft, speichern und reinigen Wasser und verhindern Erosionen. Die verbliebenen Urwälder tragen also entscheidend zur Stabilisierung der Lebensgrundlagen der Erde bei.

Trotzdem werden Urwälder ununterbrochen abgeholzt. Laut Greenpeace fällt alle zwei Sekunden ein Gebiet von der Größe eines Fußballfeldes den Motorsägen, Baggern oder Brandrodungen zum Opfer.

Auch über das Folgende lohnt es sich nachzudenken:

Wenn du heute morgen gesund aufgewacht bist, bist du besser dran als die Millionen von Menschen, die wegen Krankheit das Ende dieser Woche nicht mehr erleben werden.

Wenn du noch niemals die Angst vor einem Krieg empfunden hast, die Einsamkeit der Gefangenschaft, die Todesangst vor Folterung oder den unglaublichen Schmerz des Hungers, geht es dir besser als 500 Millionen Menschen auf der Welt.

Wenn du deine Überzeugung vertreten kannst, ohne Angst haben zu müssen, belästigt, verhaftet, gefoltert oder sogar umgebracht zu werden, geht es dir besser als 3 Milliarden Menschen auf der Welt.

Wenn du etwas zu essen im Kühlschrank hast, Kleidung besitzt und ein Dach über deinem Kopf und einen Platz zum Schlafen hast, dann bist du glücklicher als 75% aller Menschen auf dieser Welt.

Wenn du diese Botschaft lesen kannst, geht es dir besser als den 2 Milliarden Menschen, die nicht lesen können.

45

Einer hat irgendwann mal gesagt:
Darum: Arbeite, als hättest du kein Geld nötig.
Liebe, als wärest du niemals traurig gewesen.
Tanze, als würde dir niemand zusehen.
Singe, als würde keiner zuhören.
Lebe, als hättest du den Himmel auf Erden.
Der Rest ist nur Sand.

Handlungsanweisungen, die aus diesem Kapitel folgen, vgl. S. 224 ff.

Samuel Bak (geb. 1933), Seascape with Melancholia, um 1980.

Die Melancholie sinnt darüber nach, wie es mit der Welt weiter gehen könnte. Die Gletscher schmelzen, die Meere steigen. Was steht bevor?
Die Erde ist kein Apfel, den man angebissen wegwerfen kann, auch ist sie nicht in eckige Form zu bringen, wie es einigen als wirtschaftlich wünschenswert erscheinen mag. Die Menschheit bastelt an ihrem Untergang. Lassen sich Natur und Kultur wieder neu zusammenbringen oder ruiniert vermeintlicher Fortschritt die Natur?

Wasser

Etwa 97, 4 Prozent der weltweiten Wassermenge sind Salzwasser, für Menschen und viele Tier- und Pflanzenarten unbrauchbar. Von den restlichen 2, 6 Prozent werden ca. 2 Prozent dauerhaft im Eis der Gletscher und Polkappen bzw. der Atmosphäre gebunden.

Der weltweite Wasserkreislauf umfasst die Berggletscher ebenso wie die Monsunwolken Asiens, die Flüsse Europas oder den Indischen Ozean. Kaum jemand denkt daran, dass alle Stoffe, die nicht oder nur schwer abbaubar sind, mit dem Wasser in die entlegensten Winkel der Erde transportiert werden. Was einmal in den Kreislauf gelangt ist, ist kaum wieder herauszubekommen. Obwohl das Meer für Millionen Menschen Nahrungsquelle ist, ist es auch die weltweit größte Müllkippe. Von Chemieabfällen bis hin zu Resten aus der atomaren Wiederaufarbeitung wird alles ins Wasser gekippt. »Aus den Augen – aus dem Sinn« scheint der Wahlspruch zu sein.

Innerhalb nur einer Generation hat sich der Wasserverbrauch bis zu 300 Prozent gesteigert. Schon das Bevölkerungswachstum erhöht den Bedarf. Und je mehr sich der Lebensstandard hebt, wächst auch der Wasserverbrauch. Einige Nationen erschöpfen schon heute die Obergrenze ihrer Wasservorräte. Hinzu kommt, dass die Nahrungsmittelproduktion in vielen Ländern künstliche Bewässerung benötigt. Auch Stromerzeugung und Industrie steigern in extremer Weise den Wasserverbrauch. Unter diesen Bedingungen wird das Wasser immer knapper und teurer.

Rohstoffe

Rohstoffe sind Materialien, die noch keine Bearbeitung erfahren haben. Sie bilden die Grundlage jeder Industriegesellschaft. Entweder stammen Rohstoffe aus der lebenden Natur (Agrarprodukte, Holz) oder werden aus der Erdkruste (Erze), von der Erdoberfläche oder aus dem Meer gewonnen.

Eine wichtige Gruppe der Rohstoffe sind die Energieträger (Holz, Kohle, Erdöl, Erdgas, Uranerze), die insbesondere bei der Energieerzeugung (hier vorwiegend elektrische Energie und Wärme) und in der chemischen Industrie Verwendung finden.

Nachwachsende Rohstoffe sind eine weitere wichtige Gruppe. Dazu gehören Holz, Baumwolle, Sisal und Hanf. Um Treibstoffe für Kraftfahrzeuge zu gewinnen, werden Raps oder Zuckerrohr angebaut.

Einer der wichtigsten Rohstoffe ist Eisen. Mengenmäßig sind auch Ton, Sand und Kies im Hoch- und Tiefbau bedeutsam. Die stetig gesteigerte Nachfrage nach Rohstoffen gilt insbesondere für Industrieländer. Bei den mineralischen Rohstoffen (Aluminium, Eisen, Kalium, Phosphor, Fluor, Schwefel, Chrom, Zink, Nickel, Kupfer, Blei, Zinn, Silber, Platin …) scheinen die Vorräte noch ausreichend zu sein, während andere Rohstoffe wie Kupfer Engpässe erwarten lassen. Um neue Vorräte und Fördermengen zu erschließen, sind aufwändige Anstrengungen unvermeidlich. Außerdem verlangt die Gewinnung vieler Rohstoffe einen hohen Energieeinsatz.

Energie

Einen Großteil unseres Energiebedarfs decken wir derzeit aus fossilen Energien wie Kohle, Öl und Gas. Bei ihrer Verbrennung entsteht immer das Treibhausgas Kohlendioxid (CO_2). Das ist schlecht fürs Klima. Bei stark steigenden Preisen nimmt der Energiebedarf weltweit zu. Verbrennen wir alle fossilen Energieträger, die wir zur Verfügung haben, kippt das Klima. Benutzen wir das noch zur Verfügung stehende Uran in Atomkraftwerken, haben wir Berge von strahlendem Müll, dessen Endlagerung völlig ungeklärt ist. Und weil es noch kein Endlager gibt, wird der Atommüll aus den deutschen Reaktoren ins Ausland gefahren, um dort wiederaufgearbeitet zu werden. Der Müll muss aber irgendwann zurückgenommen werden – fährt also ein zweites Mal durch die Lande in ein Zwischenlager. Sollte es einmal ein geeignetes Endlager für den strahlenden Abfall geben, rollt er wohl noch ein drittes Mal über Straßen und Schienen. Dabei können immer schwerwiegende Unfälle passieren, denn die Transportbehälter wurden nur unzureichend auf ihre Sicherheit getestet. Deswegen bleibt nichts anderes übrig, als die Energieversorgung auf erneuerbare Energien umzustellen und den Energieverbrauch zu senken.

Erneuerbare Energien sind die sinnvolle Alternative zu fossilen Energieträgern und Atomkraft: Sonnenenergie, Wind- und Wasserkraft sowie Geothermie (Erdwärme). Bei ihrer Nutzung entsteht weder Kohlendioxid noch jahrtausendelang strahlender Atommüll. Am meisten wird auf die Sonne zu setzen sein.

Klima

In den letzten hundert Jahren stieg die mittlere Oberflächentemperatur der Erde um 0,6 Grad Celsius. Das scheint wenig zu sein, hat aber gewaltige Auswirkungen. Zum Vergleich: Von der letzten Eiszeit, die Nordeuropa unter Schnee und Eis begrub, unterscheiden wir uns heute mit nur knapp vier Grad Celsius im Jahresmittel.

Die Erde erwärmt sich jedoch immer schneller, denn der Ausstoß von Treibhausgasen war im letzten Drittel des vergangenen Jahrhunderts ungleich höher als zu Beginn – und das Klimasystem reagiert träge. Unzählige Untersuchungsergebnisse lassen einen Anstieg der globalen Oberflächentemperatur in diesem Jahrhundert

1 In welchem Zusammenhang stehen die Kapitel »Der zweite Planet« und »Ökologie und Verantwortung« mit den Kapiteln »Naturreligionen« und »Schöpfungsgeschichten«?

2 In einer Ansprache zur »Woche der Welthungerhilfe« sagte Richard von Weizsäcker während seiner Amtszeit als Bundespräsident:
»Wo Armut herrscht, ist die Natur besonders bedroht. Wer seine Kinder vor dem Hungertod retten will, der beutet die Natur bis zum Letzten aus. Er sieht keinen anderen Ausweg. Was sonst soll er tun? Wir würden an seiner Stelle genauso handeln. Wer um sein Überleben kämpfen muss, dem fehlt die Kraft, auch noch an ein gutes Weltklima in der Zukunft zu denken. Deshalb werden auch so viele Regenwälder gerodet, mit katastrophalen Folgen für später …«
Wenn diese Ansicht stimmt, welche Konsequenzen stehen dann an?

3 Tragt in der Klasse Informationen zum Thema zusammen: Legt Mappen mit Zeitschriftenartikeln an. Hängt Nachrichten und Anregungen öffentlich in der Schule aus. Könnt ihr eine Umweltwoche planen? Oder spezifische Projekte, die bei Schülern und Lehrern das Umweltbewusstsein fördern? Borgt euch aus Bibliotheken Fachliteratur, die ihr arbeitsteilig in wichtigen Ausschnitten studiert. Sammelt Broschüren mit Vorschlägen zum Umweltschutz. Überlegt Schlussfolgerungen für den schulischen Alltag. Klärt die Fragen, wie viel Stunden in Klassenzimmern und Fluren die Lampen unnütz brennen? Was mit den täglichen Abfällen geschieht? Wo eure leeren Batterien und Knopfzellen bleiben?

→ religionsbuch.de/oekologie

George Grosz (1893–1959), Silence. Diese »Kreuzigung« hat dem Künstler 1928 einen Prozess wegen Gotteslästerung eingetragen. Grosz wollte die Kreuzigung Jesu in die Gegenwart holen. Wovon spricht seine Darstellung zusammen mit der Kohlendioxid-Grafik?

zwischen 1,4 und 5,8 Grad erwarten. Selbst wenn sich die Steigerung im unteren Bereich der Möglichkeiten bewegt, ist mit drastischen Auswirkungen auf Klima und Leben zu rechnen:

In Europa würde sich der Unterschied zwischen dem trockenerem Süden und dem niederschlagsreichen Norden verschärfen. Mehr Überschwemmungen an Küsten und Flüssen, Auflösung der Gletscher, Verschiebung der Flora- und Faunazonen.

In Afrika ist mit einer weiteren Ausbreitung der Wüsten zu rechnen, mit dem Aussterben von Pflanzen und Tierarten, Einbußen bei Getreideerträgen, mehr Krankheitserregern, einer großen Schwächung der weiteren Entwicklung.

In Asien wäre in den gemäßigten und tropischen Bereichen eine Zunahme der Überschwemmungen, Dürren, Waldbrände und tropischen Stürme zu erwarten. Im Norden dagegen könnte durch höhere Niederschläge die landwirtschaftliche Produktivität wachsen.

In Australien und Neuseeland käme es zu langfristigen Wassereinbußen, also verstärkter Austrocknung, bei gleichzeitig mehr tropischen Stürmen und Überschwemmungen.

Die kleineren Inselstaaten würden wahrscheinlich am stärksten durch den Klimawandel betroffen. Das Ansteigen des Meeresspiegels hätte große negative Auswirkungen: Eindringen von Salzwasser in die Süßwasservorräte, Landverluste, Sturmfluten, Einbußen der Landwirtschaft.

In den Polarregionen käme es zum Abschmelzen des arktischen Eises. Die dort ausgelösten Klimaveränderungen würden über den allgemeinen Temperaturanstieg hinaus lange in der Erdatmosphäre nachwirken.

Erdöl (Treibstoffe), Steinkohle, Erdgas, Brennholz, Braunkohle

Der Kohlendioxid- Ausstoß (CO_2)

Westl. Industrieländer (mit Japan), östl. Länder (ohne China), Dritte Welt

Welche Zukunft haben wir?

Nach Ansicht der meisten Fachleute ist die Möglichkeit, die Weltbevölkerung unterhalb der Zehn-Milliarden-Grenze zu stabilisieren, bereits vertan. Die zunehmenden Spannungen, die dadurch entstehen, führen zu erhöhten Kriegsgefahren. Schnelle und einfache Lösungen gibt es nicht, vor allen da nicht, wo sich Umweltbelastungen bereits häufen. Für die heutige Menschheit muss das zu Konsequenzen führen, die anders und radikaler ausfallen als alles, was unsere Vorfahren unter dem Wort »Verantwortung« buchstabiert haben.

Der Umgang mit Energie, Wasser, Rohstoffen und chemischen Produkten kann nicht kritisch und behutsam genug werden. Ernährungsgewohnheiten müssen sich wandeln. Fleischverzehr ist weitgehend gegen vegetarische Nahrung einzutauschen, weil Viehmast verschwenderischen Umgang mit Nahrungsmitteln und Anbauflächen bedeutet.

Samuel Bak (geb. 1933), Flight from Berlin, 1990-91.

Hier sind nur Ruinen übrig geblieben. Glauben die Menschen in ihrem zusammengezimmerten Fluggerät wirklich, dem Unheil entkommen zu können? Stumpf sitzen sie in ihrem »Vogel« aus Sperrholz. In dieser kaputten Welt erstaunt nur die kleine Pflanze, die im Eimer überlebt.

Kindheitsgeschichten

Meister Gerlachus, Stammbaum Christi, Wurzel Jesse, um 1150. Jes 11,1 heißt es: »Aus dem Baumstumpf Isais wächst ein Reis hervor, ein junger Trieb aus seinen Wurzeln bringt Frucht …« Isai, auch Jesse genannt, ist der Vater Davids. Aus dem »Reis« entfaltet sich ein Baum mit Königen und Propheten. Bekrönt wird der Baum von Christus. Vgl. dazu das Weihnachtslied GL 132.

Vergleiche in der Tabelle die Kindheitserzählungen des Matthäus und des Lukas. Worin unterscheiden sie sich? Worin stimmen sie überein?

Was wissen wir von der Kindheit und Jugend Jesu? Die ältesten Schriften gehen darauf nicht näher ein. Paulus schreibt:

Als aber die Zeit erfüllt war, sandte Gott seinen Sohn, geboren von einer Frau, dem Gesetz unterstellt …   *Gal 4,4*

Das letzte Evangelium spricht in anderen Metaphern:

Das wahre Licht, das jeden Menschen erleuchtet, kam in die Welt. Er war in der Welt …, aber die Welt erkannte ihn nicht …   *Joh 1,9*

Auch im Markusevangelium – es ist das älteste – wird von der Geburt und Kindheit Jesu nichts gesagt. Hier kommt Jesus als erwachsener Mann zu Johannes an den Jordan, um sich taufen zu lassen. Die Fragen, wo er geboren wurde und aufwuchs, wer seine Eltern waren, was er bis dahin gelernt und getan hat, werden nicht gestellt. Vierzig Jahre nach Jesu Tod gab es also noch keine Erzählungen über seine Kindheit.

Diese Erzählungen begegnen erst in den Evangelien nach Matthäus und Lukas, die um die Jahre 80 bis 90 entstanden sind. Einzelne Stücke mögen bereits früher erzählt worden sein. Matthäus hat davon gesammelt, was in seiner Reichweite zu finden war; Lukas tat dasselbe, fand aber ganz andere Geschichten:

Matthäus	Lukas
Stammbaum Jesu (1,1-17) Verheißung der Geburt Jesu an Josef (1,18-25)	Verheißung der Geburt des Täufers (1,5-25)
	Verheißung der Geburt Jesu an Maria (1,26-38)
	Begegnung von Maria und Elisabeth (1,39-56)
	Geburt Johannes des Täufers (1,57-80)
Geburt Jesu (1,18.25) Huldigung der Magier (2,1-12)	Geburt Jesu (2,1-20)
Flucht nach Ägypten. Kindermord, Rückkehr nach Nazaret (2,13-23)	Das Zeugnis des Simeon und der Hanna (2,21-40) Der Zwölfjährige im Tempel (2,41-52)

Die Kindheitserzählungen Jesu sind beeinflusst von den Kindheitsgeschichten der Jüdischen Bibel:

¹⁵ Weiter sprach Gott zu Abraham: Deine Frau Sarai sollst du nicht mehr Sarai nennen, sondern Sara (Herrin) soll sie heißen.
¹⁶ Ich will sie segnen und dir auch von ihr einen Sohn geben. Ich segne sie, so dass Völker aus ihr hervorgehen; Könige über Völker sollen ihr entstammen.
¹⁷ Da fiel Abraham auf sein Gesicht nieder und lachte. Er dachte: Können einem Hundertjährigen noch Kinder geboren werden und kann Sara als Neunzigjährige noch gebären?

Gen 17

³⁰ Da sagte der Engel zu ihr: Fürchte dich nicht, Maria; denn du hast bei Gott Gnade gefunden.
³¹ Du wirst ein Kind empfangen, einen Sohn wirst du gebären: dem sollst du den Namen Jesus geben …
³⁴ Maria sagte zu dem Engel: Wie soll das geschehen, da ich keinen Mann erkenne?
³⁵ Der Engel antwortete ihr: Der Heilige Geist wird über dich kommen, und die Kraft des Höchsten wird dich überschatten …

Lk 1

Matthäus auf den Schultern des Propheten Jesaja, Zeichnung nach einem Fenster der Kathedrale von Chartres.

Das Schema, nach dem hier erzählt wird, lässt sich so beschreiben: Gläubige Eltern haben keine Kinder und können auch keine erwarten; sie sind zu alt (s.o.) oder die Frau ist unfruchtbar (vgl. Gen 25,21; Ri 13,2; 1 Sam 1,2).
1. Ihr Gebet wird erhört und ihnen ein Sohn verheißen durch einen Engel (Ri 13,3) oder durch einen Priester (1 Sam 1,1).
2. Bei dieser Ankündigung wird schon die spätere Bedeutung des Kindes angesagt (Gen 16,12; Ri 13,5).
3. Auch der Name des Kindes wird vorweg bestimmt (Gen 16,11; 17,19).

Die gleichen Kennzeichen sind in den Kindheitserzählungen bei Lukas zu finden:
1. Eine Jungfrau kann ohne Mann kein Kind empfangen. (Lk 1,34)
2. Der Engel des Herrn tritt bei ihr ein und sagt: »Du wirst ein Kind empfangen, einen Sohn wirst du gebären.« (Lk 1,31)
3. »Er wird groß sein und Sohn des Höchsten genannt werden …« (1,32f.)
4. »Du sollst ihm den Namen Jesus geben«. (Lk 1, 31)

Nachdem das Kind geboren ist, treten immer wieder lebensbedrohende Ereignisse ein. Dieses Motiv ist im Matthäusevangelium deutlich aus der Jüdischen Bibel übernommen worden. Vergleiche dazu Gen 21,16-19 und 22,1-14 mit Mt 2,13-18. Matthäus hat dort eine Parallele zur Kindheitsgeschichte des Mose geschrieben. Vgl. Ex 2,1-10.

Synopse (griechisch: »Zusammenschau«), Buch mit der vergleichenden Nebeneinanderstellung der Evangelien nach Matthäus, Markus, Lukas.
Synoptiker, Bezeichnung für Mt, Mk und Lk, deren Texte in einer Synopse nebeneinandergestellt und verglichen werden können.

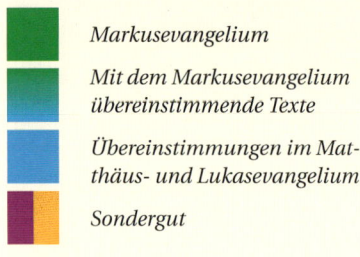

Markusevangelium

Mit dem Markusevangelium übereinstimmende Texte

Übereinstimmungen im Matthäus- und Lukasevangelium

Sondergut

Das Markusevangelium ist das kürzeste; es umfasst nur 661 Verse. Von diesem Material finden sich im *Matthäusevangelium* 600 Verse wieder, im *Lukasevangelium* ungefähr 350 Verse. Außerdem haben Mt und Lk nochmals etwa 240 Verse gemeinsam. Daneben gibt es bei Mt und Lk Stücke, die nirgendwo sonst begegnen. Solche Texte bezeichnet man als *Sondergut*.
Manchmal weichen die Synoptiker auch im Wortlaut der überlieferten Jesusworte voneinander ab. Vergleiche zum Beispiel das Vaterunser bei Mt 6,9-13 und Lk 11,2-4; oder die Worte Jesu am Kreuz: Mk 15,34; Mt 27,46 und Lk 23,34.43.46 (aber auch Joh 19,25-30).

Weitere synoptische Vergleiche
→ religionsbuch.de / synopse

Die synoptischen Evangelien

Im Neuen Testament finden sich die Evangelien in der Reihenfolge: Matthäus, Markus, Lukas, Johannes. Jahrhunderte lang wusste niemand, ob dies auch die Reihenfolge ihrer Entstehung ist. Die Frage wurde dringend, als man deutlicher sah, dass von den vier Evangelien drei eng zusammenhängen und sogar im Wortlaut übereinstimmen. Das folgende Schema gibt einen Überblick:

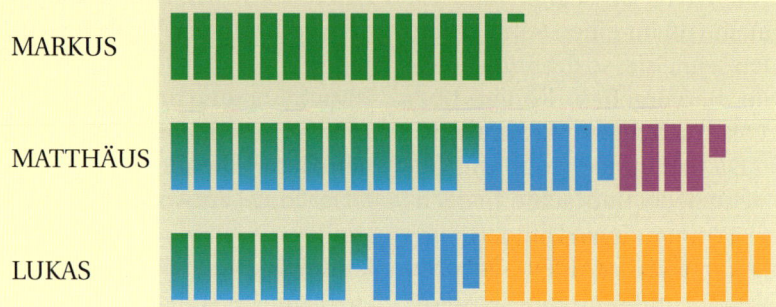

MARKUS

MATTHÄUS

LUKAS

Wie eng die Übereinstimmungen sind, zeigt die dreifach überlieferte Geschichte von Jesus und den Kindern:

Mt 19,13-15; 18,3	Mk 10,13-16	Lk 18,15-17
¹³ Dann brachten sie zu ihm Kinder, damit er ihnen die Hände auflegte und betete. Die Jünger aber wiesen die Leute schroff ab.	¹³ Da brachte man Kinder zu ihm, damit er ihnen die Hände auflegte. Die Jünger aber wiesen die Leute schroff ab.	¹⁵ Man brachte auch kleine Kinder zu ihm, damit er ihnen die Hände auflegte. Als die Jünger das sahen, wiesen sie die Leute schroff ab.
¹⁴ Jesus aber sprach:	¹⁴ Als Jesus das sah, wurde er unwillig und sagte zu ihnen:	¹⁶ Jesus aber rief die Kinder zu sich und sagte:
»Lasst die Kinder und hindert sie nicht, zu mir zu kommen! Denn Menschen wie ihnen gehört das Himmelreich!	»Lasst die Kinder zu mir kommen! Hindert sie nicht! Denn Menschen wie ihnen gehört das Reich Gottes,	»Lasst die Kinder zu mir kommen! Hindert sie nicht daran! Denn Menschen wie ihnen gehört das Reich Gottes.
¹⁸,³ Amen, ich sage euch: Wenn ihr nicht umkehrt und wie die Kinder werdet, könnt ihr nicht in das Himmelreich kommen!« ¹⁵ Dann legte er ihnen die Hände auf und zog weiter.	¹⁵ Amen, das sage ich euch: Wer das Reich Gottes nicht so annimmt wie ein Kind, wird nicht hineinkommen.« ¹⁶ Und er umarmte sie, dann legte er ihnen die Hände auf und segnete sie.	¹⁷ Amen, das sage ich euch: Wer das Reich Gottes nicht so annimmt wie ein Kind, der wird nicht hineinkommen.«

Wegen der hohen Übereinstimmung kann man die Evangelien nach Matthäus, Markus und Lukas in drei Spalten zum wechselseitigen Vergleich nebeneinander drucken. Eine solche Textanordnung heißt *Synopse*. Das Johannesevangelium erlaubt eine solche Gegenüberstellung nicht, da es nur wenige Texte mit den anderen Evangelien gemeinsam hat.

Die Zusammenhänge wie Unterschiede zwischen den drei synoptischen Evangelien sind seit gut 200 Jahren deutlich erkannt. Die Übereinstimmungen hat man schon früh durch »Abschreiben« erklärt. Aber wer hat von wem abgeschrieben? Anders gefragt: welches Evangelium ist das älteste?

Nach langen Untersuchungen stellte sich heraus, dass am Anfang der Evangelienschreibung das kurze Markusevangelium steht. Die später entstandenen Evangelien nach Matthäus und Lukas haben sich auf Markus gestützt. Daneben benutzten sie noch eine zweite Quelle, eine Sammlung von Jesusworten, die man als Spruchquelle oder Logienquelle bezeichnet. Schließlich haben Matthäus und Lukas noch Texte aufgenommen, die sie über jeweils eigene Wege fanden; diese Materialien werden als Sondergut bezeichnet.

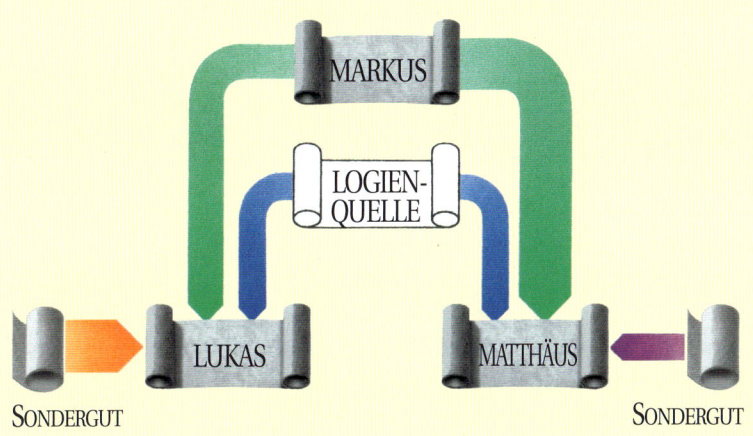

Das Schema zeigt, dass Matthäus und Lukas auf bereits vorhandene Textsammlungen für ihre Evangelien zurückgriffen. Aber auch Markus hat sein Buch nicht aus eigener Kenntnis geschrieben, sondern hat gesammelt, was an Worten und Geschehnissen über Jesus in den Gemeinden erzählt wurde. Die Evangelisten waren ja keine Augen- und Ohrenzeugen des Lebens Jesu. Sie schrieben auf, was Jahrzehnte später über ihn in Umlauf war.

Zweiquellentheorie, um die Mitte des 19. Jh.s entwickelte These, dass Mt und Lk von Mk abhängig sind, außerdem noch eine gesonderte Sammlung von Redetexten (Q) unabhängig voneinander benutzt haben. Die Z. erklärt viele Fragen, wirft aber auch neue auf: Warum wurden manche Mk-Texte ausgelassen? Hatte das Mk seine spätere Fassung noch nicht gefunden? Wie sah die → Spruchquelle aus? Wie erklären sich die Abweichungen aus dieser Quelle bei Mt und Lk? Gewiss war neben den schriftlichen Quellen auch noch eine mündliche Tradition wirksam, aus der Eigenarten der Evangelien zu erklären sind.

Spruchquelle, übliche Abkürzung »Q« (für Quelle), frühe Sammlung von Worten Jesu, die Matthäus und Lukas für ihre Evangelien benutzt haben. Die S. selbst ging verloren, kann aber nach Umfang und Inhalt aus Mt und Lk rekonstruiert werden (→ Zweiquellentheorie). Q ist ein Dokument ersten Ranges für die früheste Jesusbewegung in Palästina. Wandermissionare gaben weiter, was sie von Jesus gehört hatten. Ihr Thema war die Reich-Gottes-Botschaft, nicht das Schicksal Jesu. Passionsgeschichten und Osterbotschaft fehlen in Q.

Thomasevangelium, Sammlung von Worten Jesu, die 1945 in Oberägypten zusammen mit anderen vergrabenen Schriften gefunden wurden. Die mit der Spruchsammlung vergleichbare Schrift hat größte Bedeutung für die Rekonstruktion der frühen Jesusbewegung. Auch das T. klammert Passion, Tod und Auferstehung Jesu aus, bezeichnet ihn auch noch nicht als Messias oder Christus.

Die Kindheitsgeschichten nach Matthäus

Der Stammbaum Jesu

Im Markusevangelium fragen die Menschen in Nazaret:

Ist das nicht der Zimmermann, der Sohn der Maria und der Bruder von Jakobus, Joses, Judas und Simon? Leben nicht seine Schwestern hier unter uns? Und sie nahmen Anstoß an ihm und lehnten ihn ab.

Mk 6,3

So spricht man in einem Dorf, wenn man sagen will: Der ist doch nichts Besonderes! Der stammt doch aus unseren Verhältnissen. Einen ganz anderen Klang aber hat der erste Satz des Matthäusevangeliums:

»Stammbaum Jesu Christi, des Sohnes Davids, des Sohnes Abrahams.«

Damit ist eine Überschrift für das ganze Evangelium gegeben. Hier wird Jesus nicht »privat« gesehen, nicht aus der Dorfsituation, sondern in der Linie der Glaubens- und Hoffnungsgeschichte Israels. Schon der erste Satz zeigt an, worum es geht: dass in Jesus die Geschichte Israels zu ihrer »Erfüllung« kommt.

1 Stammbaum Jesu Christi, des Sohnes Davids, des Sohnes Abrahams:
2 Abraham war der Vater von Isaak, Isaak von Jakob, Jakob von Juda und seinen Brüdern.
16 Jakob war der Vater von Josef, dem Mann Marias; von ihr wurde Jesus geboren, der Christus (der Messias) genannt wird.
17 Im Ganzen sind es also von Abraham bis David vierzehn Generationen, von David bis zur Babylonischen Gefangenschaft vierzehn Generationen und von der Babylonischen Gefangenschaft bis zu Christus vierzehn Generationen.

Mt 1

Dieser Stammbaum wurde von Matthäus sorgfältig durchdacht. Man findet den Schlüssel zu seinem Aufbau nur, wenn man weiß, dass es im alten Hebräisch keine Ziffern gibt, dass vielmehr jeder Konsonant auch einen Zahlenwert vertritt. Der Buchstabe *d* steht für 4 und *v* für 6; die Buchstabenfolge *d-v-d* hat also den Wert 14. Das aber ist der Zahlenwert für David (Vokale wurden im Hebräischen nicht geschrieben).

Der Traum Josefs

Im Matthäusevangelium gibt es keine eigentliche Geburtsgeschichte. Was wir gewöhnlich »Weihnachtsevangelium« nennen, findet sich nur Lk 2. Matthäus erzählt stattdessen von Josefs Problemen, das Kind Marias als sein eigenes anzunehmen, da er es seiner Vaterschaft nicht zuschreibt:

Davidssohn

Jesus in die Nachkommenschaft König Davids zu rücken, ist ein kühnes Stück, das für Juden nicht mehr gesteigert werden kann. Über David wurde gesagt: »Ich will für ihn Vater sein, und er wird für mich Sohn sein ...« (2 Sam 7,14). Gott »adoptiert« den König; alle weiteren Könige in dieser Nachfolge werden ebenfalls »Sohn Gottes« sein (→ S. 64 ff.). Matthäus stellt Jesus in diese Linie. Er macht ihn zum Davidssohn, der die Hoffnungen seines Volkes erfüllt.

Traum und Traumdeutung

Wie alle antiken Völker glaubt auch die Bibel, im Traum eine Stimme Gottes vernehmen zu können. Im Traum kann Unbewusstes oder auch Verdrängtes bewusst werden. Der Traum »offenbart« also, was ein Mensch in seiner Tiefe ahnt oder auch »weiß«, was der Alltag aber oft überdeckt. – Von Träumen ist bei Mt neben 1,20-24 auch 2,12 und 2,19-23 die Rede. Siehe auch Apg 16,9; 18,9; 23,11 und 27,23.

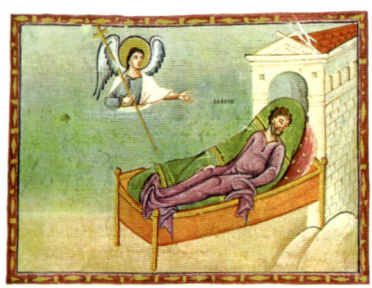

Egbert-Codex, Josefs Traum, um 980.

[18] Mit der Geburt Jesu Christi war es so: Maria, seine Mutter, war mit Josef verlobt; noch bevor sie zusammengekommen waren, zeigte sich, dass sie ein Kind erwartete – durch das Wirken des Heiligen Geistes.

[19] Josef, ihr Mann, der gerecht war und sie nicht bloßstellen wollte, beschloss, sich in aller Stille von ihr zu trennen.

[20] Während er noch darüber nachdachte, erschien ihm ein Engel des Herrn im Traum und sagte: »Josef, Sohn Davids, fürchte dich nicht, Maria als deine Frau zu dir zu nehmen; denn das Kind, das sie erwartet, ist vom Heiligen Geist.

[21] Sie wird einen Sohn gebären; ihm sollst du den Namen Jesus geben; denn er wird sein Volk von seinen Sünden erlösen.

[22] Dies alles ist geschehen, damit sich erfüllte, was der Herr durch den Propheten gesagt hat:

[23] ›Seht, die Jungfrau wird ein Kind empfangen, einen Sohn wird sie gebären, und man wird ihm den Namen Immanuel geben, das heißt übersetzt: Gott ist mit uns.‹«

[24] Als Josef erwachte, tat er, was der Engel des Herrn ihm befohlen hatte, und nahm seine Frau zu sich.

[25] Er erkannte sie aber nicht, bis sie ihren Sohn gebar. Und er gab ihm den Namen Jesus.

Mt 1

Matthäus hat die Davidslinie nicht über Maria, sondern über Josef angeknüpft. Nun muss er freilich erklären, warum Josef, obwohl er nicht den Sohn gezeugt hat, dennoch die Vaterschaft annimmt und bei Maria bleibt. Diesen Konflikt löst Matthäus (hier und noch zwei weitere Mal) durch einen Traum. In der Bibel herrscht nämlich wie bei allen antiken Völkern die Überzeugung:

[14] Denn einmal redet Gott
und zweimal, man achtet nicht darauf.
[15] Im Traum, im Nachtgesicht, wenn tiefer Schlaf
auf die Menschen fällt, im Schlummer auf dem Lager,
[16] da öffnet er der Menschen Ohr
und schreckt sie auf durch Warnung.

Ijob 33

Der »Engel des Herrn« gibt die Lösung an: Maria wird das Kind – »aus Geist ist es, heiligem« – gebären. Es wird ein Sohn sein, den er Jesus nennen soll, das heißt: »Gott rettet«. Damit verbindet sich der Auftrag, Maria in sein Haus zu holen, anders gesprochen: Hochzeit mit ihr zu feiern. So rettet er dem Kind das Leben und tritt in die Vaterschaft ein.

Das Zitat in Vers 23 geht auf Jes 7,14 zurück. Was Josef im *Traum* erfahren hat, soll aus der *Schrift* belegt werden.

Geburt Christi nach Matthäus, Bamberg, 12. Jh.

Der Evangelist sitzt auf deutlich herausgehobener Kathedra (Lehrstuhl) und beschreibt das Ereignis in der Höhle. Auf seiner Schulter die Geisttaube, die sein Buch als göttlich inspiriert ausweist. Die Kathedra wiederholt sich noch einmal – eine Stufe niedriger – im Innern der Geburtshöhle. Hier hat Jesaja Platz genommen, über den hinweg Matthäus den Blick auf das Geschehen gewinnt. Die Darstellung der Maria mit Wickelkind, Ochs und Esel entspricht bereits älterer Tradition. Außerhalb der Höhle flankieren himmlische Heerscharen den Stern. Über dem Evangelisten der Verkündigungsengel.

Anbetung der Magier, 9. Jh.

Heidnische Huldigung und Jerusalemer Erschrecken

Auch die folgende Geschichte ist ohne Gegenstück bei Lukas. Sie führt noch in die Zeit des Königs Herodes, der vom Jahre 40 bis 4 v. Chr. König von Judäa war.

[1] Als Jesus zur Zeit des Königs Herodes in Betlehem in Judäa geboren worden war, kamen Sterndeuter aus dem Osten nach Jerusalem [2] und fragten: »Wo ist der neugeborene König der Juden? Wir haben seinen Stern aufgehen sehen und sind gekommen, um ihm zu huldigen.« [3] Als König Herodes das hörte, erschrak er und mit ihm ganz Jerusalem. [4] Er ließ alle Hohenpriester und Schriftgelehrten des Volkes zusammenkommen und erkundigte sich bei ihnen, wo der Messias geboren werden solle. [5] Sie antworteten ihm: »In Betlehem in Judäa; denn so steht es bei dem Propheten: [6] ›Du, Betlehem im Gebiet von Juda, bist keineswegs die unbedeutendste unter den führenden Städten von Juda; denn aus dir wird ein Fürst hervorgehen, der Hirt meines Volkes Israel.‹«

[7] Danach rief Herodes die Sterndeuter heimlich zu sich und ließ sich von ihnen genau sagen, wann der Stern erschienen war. [8] Dann schickte er sie nach Betlehem und sagte: »Geht und forscht sorgfältig nach, wo das Kind ist; und wenn ihr es gefunden habt, berichtet mir, damit auch ich hingehe und ihm huldige.« [9] Nach diesen Worten des Königs machten sie sich auf den Weg. Und der Stern, den sie hatten aufgehen sehen, zog vor ihnen her bis zu dem Ort, wo das Kind war; dort blieb er stehen. [10] Als sie den Stern sahen, wurden sie von sehr großer Freude erfüllt. [11] Sie gingen in das Haus und sahen das Kind und Maria, seine Mutter; da fielen sie nieder und huldigten ihm. Dann holten sie ihre Schätze hervor und brachten ihm Gold, Weihrauch und Myrrhe als Gaben dar.

[12] Weil ihnen aber im Traum geboten wurde, nicht zu Herodes zurückzukehren, zogen sie auf einem anderen Weg heim in ihr Land.

Mt 2

Herodes I. der Große (um 73–4 v. Chr.), vom römischen Senat im Jahre 40 als König von Judäa eingesetzt, seit 37 im Besitz der Herrschaft. Er baute Jerusalem zu einer glanzvollen Residenz aus. Wegen seiner hellenistischen Kulturpolitik war er unter Juden unpopulär; er errichtete römische Tempel, Theater und Sportstätten, auch ließ er Samaria glanzvoll wiederaufbauen; den Jerusalemer Tempel baute er zu doppelter Größe aus. Die Juden regierte er hart und besteuerte sie hoch, doch profitierte das Land auch vom Ansehen des Königs und vom steigenden Handel. In seiner Familie beargwöhnte er Konkurrenten und ließ eigene Söhne ermorden. Der »betlehemitische Kindermord« findet aber keine historische Stütze.

Messias (hebräisch *maschiach*: »gesalbt«). Ins Griechische wird das Wort mit *christós*, lateinisch *christus* übersetzt. Zunächst ist der König der Gesalbte; so wird Saul der »Gesalbte Jahwes« genannt (1 Sam 24,7), ähnlich der Perserkönig Kyrus (Jes 45,1). Erst in späterer Zeit (noch nicht im AT) begegnet M. als Wort für eine endzeitliche Rettergestalt. Die neutestamentlichen Schriften nennen Jesus den Christus, den »Gesalbten«; der Titel wird bald darauf zum Namensbestandteil.

Die Magier berufen sich auf einen Stern, dessen Bedeutung ihnen so klar war, dass sie »aus dem Osten« aufbrachen, um dem Kind zu huldigen. Über diesen Stern ist viel spekuliert worden, dabei hat die

Rede von ihm bereits seit Num 24, 17 Tradition: »Ein Stern geht in Jakob auf, ein Zepter erhebt sich in Israel …« Der »Stern der Erlösung« ist im Judentum eine bekannte Metapher.

Als Matthäus diese Geschichte in sein Evangelium aufnahm, stand die judenchristliche Gemeinde bereits in Feindschaft zum jüdischen Volk. Sie glaubte schon nicht mehr an die Aufnahme des Evangeliums durch die Mehrheit des jüdischen Volkes und war gerade dabei, »zu allen Völkern zu gehen«. So lässt Matthäus den »Stern des Heiles«, wie ihn Bileam erhoffte, schon bei der Geburt Jesu »allen Völkern« aufgehen. Die Entwicklung, wie sie sich gegen Ende des 1. Jahrhunderts vollzog (→ Religionsbuch 5/6, S. 91), nimmt diese Erzählung von der Berufung der Heiden bereits vorweg. Während das eigene Volk kein Interesse zeigt und Feindseligkeit hegt, kommen die Magier als Vertreter der Heidenwelt von weit her – zum Erschrecken Jerusalems: Krasser lässt sich eine Spannung nicht aufbauen.

Magier, in der Bibel orientalische Wahrsager mit astronomischem und astrologischem Wissen; der »Stern«, dem sie folgen, sollte als ein symbolischer Stern verstanden werden, ähnlich wie dies in einem Text aus Qumran geschieht: »Der ›Stern‹, das ist der Gesetzeslehrer, der nach Damaskus kommt, so wie geschrieben steht: ›Es geht ein Stern aus Jakob auf …‹«

Bileam, ein heidnischer Seher, der Israel verfluchen sollte, zunächst auch blind und taub für den »Engel des Herrn« war, aber schließlich »einen Stern aufgehen sah in Israel«. Lest Num 22-24.

Rogier van der Weyden (1399–1464), Anbetung der Könige, um 1455.

Flucht, Kindermord und Heimkehr

Die restlichen drei Stücke des Kapitels 2 bei Matthäus sind nach dem Vorbild der Mose-Kindheit gestaltet worden (Ex 1 und 2): So wie Mose aus Ägypten kam, sollte auch Jesus als der »zweite Mose« aus Ägypten herausgeführt werden:

¹³ Als die Sterndeuter wieder gegangen waren, erschien dem Josef im Traum ein Engel des Herrn und sagte: »Steh auf, nimm das Kind und seine Mutter, und flieh nach Ägypten; dort bleibe, bis ich dir etwas anderes auftrage; denn Herodes wird das Kind suchen, um es zu töten.«
¹⁴ Da stand Josef in der Nacht auf und floh mit dem Kind und dessen Mutter nach Ägypten.
¹⁵ Dort blieb er bis zum Tod des Herodes. Denn es sollte sich erfüllen, was der Herr durch den Propheten gesagt hat: Aus Ägypten habe ich meinen Sohn gerufen. *Mt 2*

Dieses Stück nimmt auch Bezug auf Hos 11,1: »Als Israel jung war, gewann ich ihn lieb, ich rief meinen Sohn aus Ägypten.« Im Weg Israels aus Ägypten, des biblischen »Sohnes Gottes«, soll der Weg Jesu schon vorweg entworfen sein.

Arcabas (Jean-Marie Pirot, geb. 1926), Der Kindermord in Betlehem.

Der Kindermord in Betlehem

¹⁶ Als Herodes merkte, dass ihn die Sterndeuter getäuscht hatten, wurde er sehr zornig und er ließ in Betlehem und der ganzen Umgebung alle Knaben bis zum Alter von zwei Jahren töten, genau der Zeit entsprechend, die er von den Sterndeutern erfahren hatte.

[17] Damals erfüllte sich, was durch den Propheten Jeremia gesagt worden ist:
[18] Ein Geschrei war in Rama zu hören, lautes Weinen und Klagen: Rahel weinte um ihre Kinder und wollte sich nicht trösten lassen, denn sie waren dahin.

Mt 2

Der jüdische Geschichtsschreiber Flavius Josephus (37–um 100) überliefert eine Erzählung, die im jüdischen Schrifttum noch mehrfach begegnet. Sie bildete das Modell für das Ägypten- und Kindermordmotiv bei Matthäus:

Nun ereignete sich etwas, was den Wunsch der Ägypter, uns zu vertilgen, noch schürte. Einer von ihren Schriftkundigen weissagte dem König, in jener Zeit werde dem Geschlecht der Hebräer ein Knabe geboren werden, der, wenn er erwachsen sein, die Herrschaft der Ägypter brechen, die Israeliten dagegen groß machen werde … Im Folgenden wird von Amaram, einem vornehmen Juden erzählt, dessen Frau schwanger war. Er habe zu Gott um das Leben seines ungeborenen Kindes gebetet. Da sei Gott ihm im Schlaf erschienen und habe ihm die Zusage gegeben: Der Knabe, dessen Geburt die Ägypter so sehr fürchten, dass sie die israelitischen Kinder allesamt töten wollen, wird dir geboren werden. Er wird denen verborgen bleiben, die ihm nachstellen. Auf wunderbare Weise wird er erzogen werden und das Volk der Hebräer aus der ägyptischen Knechtschaft befreien. Und sein Andenken wird lebendig bleiben für alle Zeit.

Die Rückkehr aus Ägypten

Die Rückkehr der Flüchtlinge »in das Land Israel« geht auf eine neue Traumoffenbarung zurück:

[19] Als Herodes gestorben war, erschien dem Josef in Ägypten ein Engel des Herrn im Traum
[20] und sagte: »Steh auf, nimm das Kind und seine Mutter und zieh in das Land Israel; denn die Leute, die dem Kind nach dem Leben getrachtet haben, sind tot.«
[21] Da stand er auf und zog mit dem Kind und dessen Mutter in das Land Israel.
[22] Als er aber hörte, dass in Judäa Archelaus an Stelle seines Vaters Herodes regierte, fürchtete er sich, dorthin zu gehen. Und weil er im Traum einen Befehl erhalten hatte, zog er in das Gebiet von Galiläa
[23] und ließ sich in einer Stadt namens Nazaret nieder. Denn es sollte sich erfüllen, was durch die Propheten gesagt worden ist: Er wird Nazoräer genannt werden.

Mt 2

In allem, was Matthäus erzählt, will er die großen Ereignisse der Geschichte Israels im Leben Jesu wiederfinden. Seine Botschaft lautet: In Jesus erfüllt sich das in der Bibel vorgebildete Geschehen.

Die Parallelität beider Erzählungen lässt annehmen, dass die Szene vom Kindermord in Betlehem nicht historisch ist. V 18 bezieht sich auf Jer 31,15: »Ein Geschrei ist in Rama zu hören, bitteres Klagen und Weinen. Rachel weint um ihre Kinder und will sich nicht trösten lassen, um ihre Kinder, denn sie sind dahin.« Jeremia sah nach der Zerstörung Jerusalems Jakobs Lieblingsfrau Rachel um ihre Nachkommen weinen. Jetzt bezieht Matthäus die Kinder seiner Erzählung in diese Klage ein.

Gislebertus, Flucht nach Ägypten, Kapitell in der Kathedrale von Autun (1120–1130).

59

Das Jesuskind in der Krippe, um 1130, Kirchendecke St. Martin, Zillis/Graubünden.

Geburt Christi, Ikone, um 1500.

Steuererhebung (*Census*). Der Lk 2,1 genannte Befehl des Kaisers, für das ganze Reich eine Steuererhebung durchzuführen, wird von Historikern bezweifelt. Die vorhandenen Quellen berichten nichts von einer solchen Aktion; zur genannten Zeit war auch nicht Quirinius, sondern waren Saturninus und P. Quintilius Statthalter in Syrien. Vor allem aber wäre eine solche Erhebung zu Lebzeiten des Königs Herodes (→ S. 56) nicht statthaft gewesen, da dieser in Geldsachen in Judäa unabhängig war. Erst nach der Amtsenthebung seines Sohnes Archelaus, als Judäa der Provinz Syrien zugeschlagen wurde, kam das Gebiet 6 n. Chr. unter die volle römische Steuerhoheit als Quirinius in Syrien Statthalter war.

Die Kindheitsgeschichten nach Lukas

Die lukanische Kindheitserzählung ist umfangreicher als die nach Matthäus. Darum wird hier nur Kapitel 2,1-20 wiedergegeben, der Text, der allen als »Weihnachtsgeschichte« bekannt ist.

Die Geburt Jesu

¹ In jenen Tagen erließ Kaiser Augustus den Befehl, alle Bewohner des Reiches in Steuerlisten einzutragen.

² Dies geschah zum ersten Mal; damals war Quirinius Statthalter von Syrien.

³ Da ging jeder in seine Stadt, um sich eintragen zu lassen.

⁴ So zog auch Josef von der Stadt Nazaret in Galiläa hinauf nach Judäa in die Stadt Davids, die Betlehem heißt; denn er war aus dem Haus und Geschlecht Davids.

⁵ Er wollte sich eintragen lassen mit Maria, seiner Verlobten, die ein Kind erwartete.

⁶ Als sie dort waren, kam für Maria die Zeit ihrer Niederkunft,

⁷ und sie gebar ihren Sohn, den Erstgeborenen. Sie wickelte ihn in Windeln und legte ihn in eine Krippe, weil in der Herberge kein Platz für sie war. *Lk 2*

Von Gott ist bis hierhin nicht die Rede. Die Umstände der Geburt, von der erzählt wird, sagen nichts über die Bedeutung des neugeborenen Kindes. So wie dieses Kind wurden und werden Hunderttausende in bedrängten Situationen zur Welt gebracht. Dennoch sind einige Beobachtungen bedenkenswert:

Zunächst wird der Kaiser genannt: er hieß Gaius Julius Caesar Octavianus. Lukas zitiert ihn mit seinem Ehrentitel Augustus, »der Überragende«. Mit dieser Nennung will Lukas die Jesusgeschichte in die Weltgeschichte eingliedern. Dem »Überragenden« wird ein Unscheinbarer entgegengestellt.

Dann ist von einer Steuererhebung die Rede, lateinisch *census* genannt. Offensichtlich soll der Zensus erklären, warum Menschen, die in Nazaret wohnen, den weiten Weg nach Betlehem gehen. Historiker melden bei diesem Punkt Einspruch an. Sie sagten, unter Augustus habe es keinen Reichszensus gegeben.

Weil es bei Micha 5,1 heißt: »Du Betlehem, so klein unter den Gauen Judas, aus dir wird einer hervorgehen, der über Israel herrschen soll«, wurde Betlehem als Geburtsort des »Sohnes Davids« angesehen. Hat Lukas deswegen die Geburt Jesu von Nazaret nach Betlehem verlegt?

Trotz unserer Weihnachtskrippen: Von einem Stall ist nicht die Rede. Der griechische Text sagt »Unterkunft«. Auch wurde die Geburt des Kindes erwartet: Es sind Windeln da, es zu versorgen.

Für heutige Europäer ist die Futterkrippe ungewöhnlich. In den Dorfhäusern jener Zeit war sie nichts Besonderes. Mensch und Tier teilten sich das Haus, die Tiere ebenerdig, die Menschen auf einem etwas erhöhten Absatz.

Die folgende Erzählung beginnt mit einem neuen Schauplatz und anderen Akteuren:

Meister Francke (um 1380 – nach 1430), Geburt Christi, um 1424.

Albrecht Dürer (1471–1528), Die Geburt Christi, 1504.

Vier Weihnachtsbilder aus verschiedenen Zeiten:
Wie wechseln die Figuren auf diesen Bildern?
Welche Figuren kommen hinzu oder fallen fort?
Lassen sich alle Figuren oder Figurengruppen benennen?
An welchen Orten findet das Geschehen statt?
Wie deuten die Bilder die Geburt Christi?

Weihnachten. Die Feier der Geburt Jesu am Tag der alten Wintersonnenwende hat symbolische Bedeutung; der tatsächliche Geburtstag Jesu ist unbekannt. Der vorchristliche deutsche Name W. bezeichnete ursprünglich die erste der zwölf »geweihten Nächte« (24.12.–6.1.). In Rom wurde W. als Tag des »unbesiegten Sonnengottes« gefeiert; neben dieses heidnische Fest stellten Christen (seit 336 bezeugt) den Geburtstag ihres Lebensspenders, den sie als »Licht der Welt« und »Sonne der Gerechtigkeit« feierten.

Zeitrechnung. Im Jahr 525 schlug der römische Mönch Dionysius Exiguus vor, eine neue Zeitrechnung einzuführen und als Fixpunkt die Geburt Jesu zu wählen. In seiner Rechnung setzte er jedoch das Geburtsjahr Jesu sechs bis sieben Jahre zu spät an, so dass man heute sagen muss, Jesus sei etwa 6 v. Chr. geboren. Diese Z. wurde im Abendland im 8. Jh., in der Ostkirche erst im 16. bis 17. Jh. allgemein übernommen.

Kalender. Julius Caesar löste den alten römischen Mondkalender ab und führte im Jahr 46 v. Chr. den Sonnenkalender ein mit 365 Tagen und in jedem vierten Jahr einem zusätzlichen Tag. Ihm zu Ehren bekam der siebte Monat seinen Namen, der achte Monat den seines Nachfolgers Augustus.

1582 führte Papst Gregor XIII. einen noch genaueren Kalender ein, wonach der Schalttag des Julianischen Kalenders beim vollen Jahrhundert ausfällt, mit Ausnahme der durch 400 teilbaren Jahre (wie 1600, 2000 usw.)

⁸ In jener Gegend lagerten Hirten auf freiem Feld und hielten Nachtwache bei ihrer Herde.

⁹ Da trat der Engel des Herrn zu ihnen und der Glanz des Herrn umstrahlte sie. Sie fürchteten sich sehr,

¹⁰ der Engel aber sagte zu ihnen: »Fürchtet euch nicht, denn ich verkünde euch eine große Freude, die dem ganzen Volk zuteil werden soll:

¹¹ Heute ist euch in der Stadt Davids der Retter geboren; er ist der Messias, der Herr.

¹² Und das soll euch als Zeichen dienen: Ihr werdet ein Kind finden, das, in Windeln gewickelt, in einer Krippe liegt.«

¹³ Und plötzlich war bei dem Engel ein großes himmlisches Heer, das Gott lobte und sprach:

¹⁴ »Verherrlicht ist Gott in der Höhe und auf Erden ist Friede bei den Menschen seiner Gnade.«

¹⁵ Als die Engel sie verlassen hatten und in den Himmel zurückgekehrt waren, sagten die Hirten zueinander: »Kommt, wir gehen nach Betlehem, um das Ereignis zu sehen, das uns der Herr verkünden ließ.«

¹⁶ So eilten sie hin und fanden Maria und Josef und das Kind, das in der Krippe lag.

¹⁷ Als sie es sahen, erzählten sie, was ihnen über dieses Kind gesagt worden war.

¹⁸ Und alle, die es hörten, staunten über die Worte der Hirten.

¹⁹ Maria aber bewahrte alles, was geschehen war, in ihrem Herzen und dachte darüber nach.

²⁰ Die Hirten kehrten zurück, rühmten Gott und priesen ihn für das, was sie gehört und gesehen hatten; denn alles war so gewesen, wie es ihnen gesagt worden war. *Lk 2*

Hirten wurden in der jüdischen Welt der Antike zu den verachteten Berufen gezählt, weil sie nicht nach der Tora leben konnten und als unrein galten. Warum sind sie dennoch die ersten Adressaten der Engelbotschaft? Stehen sie für die »Armen«, denen sich Jesus später besonders zuwendet?

Bei Matthäus erscheint der »Engel des Herrn« im Traum. Hier spricht er direkt zu den Hirten. In den alten Schriften der Bibel wird der Engel als »Bote Gottes« verstanden, als eine Erscheinungsform Jahwes. Darum macht die Bibel keinen Unterschied zwischen dem, was der »Engel«, und dem, was Gott sagt. Vergleiche V 15, wo die Hirten darüber sprechen, was *der Herr* ihnen kundgetan hat.

Die »Herrlichkeit des Herrn«, welche die Hirten umleuchtet, ist der von der Erscheinung Jahwes ausgehende Glanz, von dem Ex 33,18.22 die Rede ist.

Das Lob des Engelchores verwendet Worte, mit denen auch der Geburtstag des Kaisers gefeiert wurde: Mit der Geburt Jesu ist das verheißene Heil gekommen. Er ist der Retter, und zwar nicht irgendeiner, sondern der erwartete Messias.

Eigenartig ist das Zeichen, das den Hirten genannt wird: »ein Kind, das, in Windeln gewickelt, in einer Krippe liegt«. Ist das nicht eher das Alltägliche und Gewöhnliche? In der Welt der Macht verbindet sich der »Ort Gottes« mit Glanz und Größe. Wo aber sollen diese »Hirten« die Gegenwart Gottes finden?

Der Gesang der Engel besagt: Im Heil des Menschen liegt Gottes Ehre. Die Herrlichkeit des Himmels und der Friede auf Erden sollen von jetzt an zusammenkommen.

Die Verse 15-20 zeigen, wie jene, die diese Kunde als »Wort Gottes« angenommen haben, darauf antworten: Sie eilen, um das Zeichen zu finden und den Eltern das Geheimnis des Kindes zu offenbaren. Ist es nicht seltsam, dass erst die Hirten den Eltern kundtun, was es mit ihrem Kinde auf sich hat? Die Erzählung – für sich allein genommen – legt nahe, dass ihnen ohne die Hirten das Geheimnis des eigenen Kindes unbekannt geblieben wäre.

Das Evangelium von Jesus dem Christus und das Evangelium vom Caesar Augustus

Um das Jahr 9 v.Chr., also zur Zeit des Kaisers Augustus, wurde der Julianische Kalender in Kleinasien eingeführt. Der Neujahrstag war am 23. Oktober. Der Erlass, der diesen Vorgang regelte, wurde 1890 in der Stadt Priene entdeckt. Der Text lautet:

*D*ieser Tag, der Geburtstag des Kaisers, hat der Welt ein anderes Gesicht gegeben. Sie wäre dem Untergang verfallen, wenn nicht in dem heute Gebornen für alle Menschen ein gemeinsames Heil aufgestrahlt wäre …
Wer richtig urteilt, wird in diesem Geburtstag den Anfang des Lebens und der Lebenskräfte für sich erkennen. Es ist unmöglich, in gebührender Weise für so große Wohltaten zu danken, die dieser Tag uns gebracht hat. Die Vorsehung, die über allem Leben waltet, hat diesen Mann zum Heile der Menschen mit solchen Gaben erfüllt, dass er uns und den kommenden Geschlechtern als Heiland gesandt ist. Jedem Krieg wird er ein Ende setzen und alles herrlich machen. In seiner Erscheinung sind die Hoffnungen der Vorfahren erfüllt. Er hat nicht nur die früheren Wohltäter der Menschheit allesamt übertroffen, es ist unmöglich, dass je ein größerer käme. Mit dem Geburtstag des Gottes beginnt für die Welt das Evangelium, das sich mit seinem Namen verbindet.

Hilft diese Ausrufung des kaiserlichen Heils die Botschaft des Weihnachtsevangeliums besser zu erfassen? Wie lautet diese Botschaft? Was ist ihre Wahrheit? Für wen ist sie wahr?

Lotharkreuz, Aachen, um 1000.
Das Bild des Kaisers Augustus in einem reich geschmückten Kreuz – eine verwunderliche Kombination. Otto III., der dieses Kreuz stiftete, sah sich in der Nachfolge des römischen Kaisers und zugleich in der Nachfolge Jesu.
Wie würde Jesus dieses Kreuz sehen?
Wie Augustus?
Geht beides zusammen? Warum?
Geht es nicht zusammen? Warum?

Der Sohn Gottes

Manche Begriffe des christlichen Glaubens sind nur zu verstehen, wenn man den geschichtlichen Weg kennt, den sie genommen haben. So ist es auch mit dem Titel »Sohn Gottes«. Er begegnete bereits im voranstehenden Kapitel (→ S. 54, 58). Aber seinen Ursprung hat er im Alten Ägypten. Um zu begreifen, wie er in die Bibel kommt und was er dort bedeutet, müssen wir zunächst nach Ägypten schauen.

Das Gottkönigtum der Ägypter

Die Könige der ägyptischen Frühzeit trugen den Titel »Horus«. Horus ist der höchste Gott und sein Symbol der Falke (→ S. 18). Dieser Name wies also den König als göttlich aus. Ursprünglich wurde das nicht metaphorisch, sondern buchstäblich verstanden: Der König verkörperte die Gottheit.

Später wurde die Gleichsetzung des Königs mit der höchsten Gottheit abgeschwächt. Man nannte jetzt den Pharao »Sohn des Re«, das heißt des Sonnengottes. Das ist eine deutliche Abstufung: Als »Sohn des Re« war der König nun dem göttlichen Vater für seine Amtsführung verantwortlich. Nur er allein durfte die Gottheit mit »Vater« ansprechen. Der gewöhnliche Ägypter blieb aus der Sohnschaft des Pharao ausgeklammert.

Zwar behielt der König den Titel »Horus«, dennoch hatte der Pharao aufgehört, von sich aus *Horus* zu sein. Es wurde nun aber ein Ritual notwendig, das den Prinzen zum Horus machte. Dieses Ritual entfalteten die Krönungsfeierlichkeiten. Durch ihre Amtshandlungen wurde der König zum »Sohn des Re« gewissermaßen erst eingesetzt.

Von Ägypten ist der Sohn-Gottes-Titel in späterer Zeit für sich zu anderen Völkern gekommen. Kaiser Augustus hat ihn auch beansprucht und sich als »Sohn Gottes« huldigen lassen. Lateinisch nannte er sich *divi filius*, griechisch *theou hyios*. Die Inschrift von Priene spiegelt dieses Selbstverständnis(→ S. 63).

Die Sitzstatue des Königs Chephren (2520–2494) ist die bedeutendste Plastik des Alten Reiches. Die schützenden Schwingen des Königsgottes Horus umfangen das Haupt des Pharao. Die Einheit und Identität von König und Gottheit finden so ihren Ausdruck.

In späterer Zeit zeigt ein Grabrelief, wie der König als »Sohn des Re« an der Schwelle des Jenseits seinem göttlichen Vater entgegentritt.

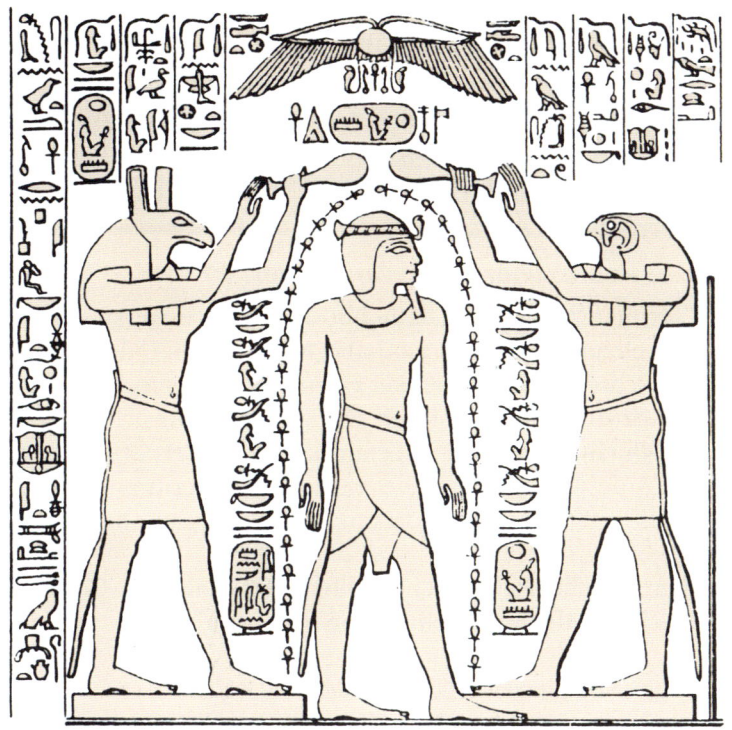

Der davidische König als »Sohn Gottes«

In der Nachbarschaft und vielfachen Abhängigkeit von Ägypten ist das Verständnis des Königtums und der Sohn-Gottes-Titel nach Israel gekommen. Als das Königtum in Israel eingeführt wurde (vgl. Religionsbuch 5/6, S. 170 ff.), stand Ägypten Pate. Der Titel wurde in Israel von Anfang an metaphorisch verstanden: »Sohn Gottes« findet für die Könige in Israel nur Verwendung, wenn von ihrer Erwählung, Anerkennung und Einsetzung durch Gott die Rede ist. Darum heißt es in Psalm 2, 6, der bei der Inthronisation des Königs gesungen wurde:

Jahwe spricht: »Ich selbst habe meinen König eingesetzt auf Zion, meinem heiligen Berg.«

Der israelitische König herrscht nicht aus sich heraus, sondern aufgrund seiner Erwählung. Seine Krönung verleiht ihm Anteil an Jahwes Herrschaftsrecht. Entsprechend heißt es in Psalm 2, 7:

So verkünde ich denn den Beschluss Jahwes: Jahwe sprach zu mir: »Mein Sohn bist du. Heute habe ich dich gezeugt.«

Diese Formel bezieht sich nicht auf die natürliche Zeugung und Geburt des Königs. Sie deutet metaphorisch die Einsetzung des Königs in sein Amt, durch die er seine Anerkennung als »Sohn Gottes« empfängt.

Der Titel »Sohn Gottes« bezeichnet also ein Erwählungsverhältnis. Anders als in Ägypten gilt jedoch nicht der König allein als erwählt, sondern mit ihm auch sein gesamtes Volk. Darum verstand sich ganz Israel – neben dem König – als der von Gott erwählte »Sohn«.

Die Nachzeichnung eines Reliefs aus Karnak zeigt einen Akt der Krönungsfeier: Die Götter Horus und Seth übergießen Amenophis III. (1403–1365) mit Wasser und bereiten ihn für sein Amt vor. Der König ist nicht mehr aus sich selbst heraus Horus; erst das Ritual macht ihn zum Horus.

Pharao Haremhab (1345–1318) sitzt zur Rechten des Gottes Horus.

Pharao (altägyptisch: »Großes Haus«/»Palast«), Titel der ägyptischen Könige. **Ritus** (lateinisch: »Brauch«); die verschiedenen Riten eines → Kultes bilden das Ritual. Die Königsweihe (Inthronisation) bestand aus einer Abfolge unterschiedlicher Riten; deren Summe bildete das Weiheritual. **Kult** (von lateinisch *cultus*, »Pflege«; »Verehrung« einer Gottheit), der geregelte Gottesdienst; *kultisch*: eine gottesdienstliche, meist → rituelle Handlung.

Christusmonogramm im Siegerkranz, Darstellung auf dem Sarkophag der Domitilla, um 360.

Piero della Francesca (um 1420–1492), Taufe Christi, um 1450.

Jesus, Gottes eingeborener Sohn

Die Sohn-Gottes-Formel führt also weit in die Geschichte zurück – über das davidische Königtum bis in die ägyptische Frühzeit. Nach dem Ende des Königtums in Israel blieb die Formel eine Möglichkeit, das eigene Erwählungsverständnis zum Ausdruck zu bringen.

Wie Paulus vom »Sohn Gottes« spricht

Eine neue Möglichkeit dafür bot sich an, als man sagen wollte, welche Bedeutung Jesus habe. Nach seinem Tod am Kreuz herrschte in den Reihen der eigenen Anhängerschaft große Verwirrung und Ratlosigkeit. Die allgemeine Ansicht lautete: »Verflucht ist jeder, der am Pfahl hängt« (Dtn 21, 23; Gal 3,13). Die Auferweckung Jesu aber wurde als Bekenntnis Gottes zu Jesus verstanden und darum schrieb Paulus, dass Jesus

dem Geist der Heiligkeit nach eingesetzt ist als Sohn Gottes in Macht seit der Auferstehung von den Toten.   *Röm 1,3*

Paulus verstand also die Auferweckung Jesu als dessen Einsetzung oder Erwählung zum »Sohn Gottes«. Er war zwar überzeugt, dass Jesus schon von Ewigkeit her Sohn Gottes genannt werden darf, dass ihn Gott aber nach der schimpflichen Kreuzigung mit seiner Auferweckung in die Herrschaft als »Sohn Gottes« anerkannte.

Wie Markus vom »Sohn Gottes« spricht

Als Markus später sein Evangelium verfasste, kam er zu dem Schluss, das sich die Erwählung Jesu nicht erst nach seinem Tod in der Auferstehung zeige, vielmehr der Jesusgeschichte vorangehe. Also schrieb er:

9 In jenen Tagen kam Jesus aus Nazaret in Galiläa und ließ sich von Johannes im Jordan taufen.
10 Als er aus dem Wasser stieg, sah er, dass der Himmel sich öffnete und der Geist wie eine Taube auf ihn herabkam.
11 Und eine Stimme aus dem Himmel sprach: Du bist mein geliebter Sohn, an dir habe ich Gefallen gefunden.   *Mk 1*

Mit dieser Szene eröffnet Markus sein Evangelium *von Jesus Christus, dem Sohn Gottes.* Hier wird Jesus schon bei seiner Taufe vom Geist Gottes ergriffen und zu Gottes »Sohn« erklärt. Damit sagt Markus: Seit seinem öffentlichen Wirken ist Jesus »Sohn Gottes«. Zu beachten bleibt, dass der Titel nun erstmals mit Schwachheit und Machtlosigkeit einhergeht.

Wie Lukas vom »Sohn Gottes« spricht

Bei Lukas wird die Rede vom »Sohn Gottes« nochmals vorverlegt. In seinem Kindheitsevangelium heißt es in der Verkündigung an Maria:

³⁵ Heiliger Geist wird über dich kommen, und die Kraft des Höchsten wird dich überschatten. Deshalb wird auch das Kind heilig und Sohn Gottes genannt werden. *Lk 1*

Die Erwählung wird noch einmal vorverlegt. Das Lukasevangelium betont: Jesus ist von Geburt an der geisterfüllte »Sohn des Höchsten«.

Der »Sohn« und die »Söhne Gottes«

Das Nachdenken ist mit der geschilderten Linie nicht ans Ende gekommen. Paulus erkannte bereits, dass Jesus die »Sohnschaft« nicht für sich, sondern *für andere* empfing. Er fragte sich, was das für jene bedeutet, auf die der Geist Jesu weiterging und schrieb dann an die Römer:

¹⁴ Alle, die sich vom Geist Gottes leiten lassen, sind Söhne Gottes.
¹⁵ Denn ihr habt nicht einen Geist empfangen, der euch zu Sklaven macht, so dass ihr euch immer noch fürchten müsstet, sondern ihr habt den Geist empfangen, der euch zu Söhnen macht, den Geist, in dem wir rufen: Abba, Vater!
¹⁶ So bezeugt der Geist selber unserem Geist, dass wir Kinder Gottes sind. *Röm 8*

Durch die Teilhabe an Jesu Geist schließt Paulus alle in die Sohnschaft mit ein. Diesen Gedanken hat auch das Johannesevangelium beschäftigt. Hier wird ein Unterschied zwischen der Sohnschaft Jesu und der Sohnschaft seiner Jüngerinnen und Jünger gemacht. Während in den synoptischen Evangelien noch alle, die an Jesus teilhaben, »Söhne Gottes« genannt werden, meidet Johannes dieses Wort und sagt stattdessen »Kinder Gottes«. Dadurch hebt er die Einzigartigkeit des Sohnestitels für Jesus hervor. Aus einem ähnlichen Grunde nennt er Jesus den »einziggeborenen Sohn« (1,14; 3,16.18). Auch die Jahrhunderte nach der ersten christlichen Generation haben nicht aufgehört, über Jesus nachzudenken und ihn tiefer zu verstehen. Auf großen Kirchenversammlungen in Nicäa (325) und Chalcedon (451) wurden Glaubensbekenntnisse formuliert, die bis heute gesprochen werden. Das Wort vom »Sohn Gottes« umschrieb das Konzil zu Nicäa so:

Wir glauben an den einen Herrn Jesus Christus, Gottes eingeborenen Sohn, aus dem Vater geboren vor aller Zeit:
Gott von Gott, Licht vom Lichte, wahrer Gott vom wahren Gott, gezeugt, nicht geschaffen, eines Wesens mit dem Vater.

Gewiss wollten die Bischöfe mit dieser Formel nicht über die Aussagen der Schrift hinausgehen, sondern diese für die Menschen ihrer Zeit deutlich machen.

Geertgen tot Sint Jans (um 1460–1495), Geburt Christi, um 1480–1495.

Auch die heutigen Theologen versuchen, das Bekenntnis »Jesus ist der Sohn Gottes« neu auszulegen. Hier sind drei Beispiele:

In Jesus Christus ist Gott ganz und endgültig der Gott-mit-uns …

In Jesus, dem Menschen, wirkt Gott selbst so, dass Jesu Wirken Gottes Wirken an uns und für uns ist. In der Liebe Jesu liebt uns Gott, in unserer Hinwendung zu Jesus wenden wir uns Gott zu …

Unser Bekenntnis zu »Jesus Christus, dem Sohn Gottes« meint keine Wirklichkeit, die einfach neben uns, uns gegenüber stünde; wir alle sind mitgemeint, denn: »Ihr habt den Geist empfangen, der euch zu Söhnen macht, den Geist, in dem wir rufen: Abba, Vater!« (Röm 8,15)

Einsames Zeugnis

Theodor de Bry (1528–1595), Die erste Landung des Kolumbus.

Christoph Kolumbus (span. Cristóbal Colón, 1451–1506) glaubte, über den Atlantik den westlichen Seeweg nach Indien finden zu können. Königin Isabella von Kastilien unterstützte seinen Reiseplan. Auf der ersten Reise entdeckte er 1492 die Bahama-Insel Guanahani, Kuba und Haiti; auf der zweiten Reise die Kleinen Antillen, Puerto Rico und Jamaica; auf der dritten Reise die Orinoco-Mündung und damit Südamerika und Trinidad. Auf seiner vierten Reise legte er an der mittelamerikanischen Küste an. Bis zu seinem Tod blieb er überzeugt, den westlichen Seeweg nach Indien gefunden zu haben; daher nannte er das entdeckte Gebiet »Westindien« und dessen Bewohner »Indianer«.

Hispaniola (spanisch: »La Espanola«, das »Kleine Spanien«). Kolumbus stieß auf diese Insel am 6. Dezember 1492. Sie liegt östlich von Kuba und ist die zweitgrößte Insel der Antillen. Die 1496 dort gegründete Stadt Santo Domingo ist die älteste noch bestehende europäische Siedlung in Amerika und heute Hauptstadt der Dominikanischen Republik, die den Ostteil der Insel einnimmt. Den westlichen Teil bildet heute Haiti.

Im Jahre 1542 schrieb ein Dominikanermönch an den deutschen Kaiser Karl V., der zugleich König von Spanien war, einen Bericht über die Verhältnisse auf der Insel Hispaniola, die Kolumbus entdeckt und erobert hatte:

Die Insel Hispaniola war es, wo die Christen zuerst landeten. Hier ging das Metzeln und Würgen an. Sie war die erste, welche verheert und entvölkert wurde.

Die Christen fingen damit an, dass sie den Indianern ihre Frauen und Kinder entrissen, sich ihrer bedienten und sie misshandelten. Sodann fraßen sie alle ihre Lebensmittel auf, die jene mit viel Arbeit und Mühe angeschafft hatten. Was die Indianer ihnen gutwillig gaben, war ihnen keineswegs genug. Jeder gab zwar nach Vermögen, dies bestand aber immer nur in wenigem; denn sie pflegen niemals mehr anzuschaffen, als was sie unumgänglich nötig haben und ohne viele Arbeit erlangen können … Einige verbargen demnach ihre Lebensmittel, andere ihre Frauen und Kinder, noch andere flüchteten sich in die Gebirge. Die Christen gaben ihnen Ohrfeigen, schlugen sie mit Fäusten und Stöcken und vergriffen sich endlich sogar an den Häuptlingen der Ortschaften.

Nun fingen die Indianer an zu sinnen, womit sie die Christen aus ihrem Land jagen könnten. Sie griffen zu den Waffen, die aber sehr schwach sind, nur leicht beschädigen, noch weniger aber zur Verteidigung dienen. Die Spanier hingegen, welche zu Pferde und mit Schwertern und Lanzen bewaffnet waren, richteten ein gräuliches Gemetzel und Blutbad unter ihnen an. Sie drangen unter das Volk, schonten weder Kind noch Greis, weder Schwangere noch Entbundene, rissen ihnen die Kleider auf und hieben alles in Stücke, nicht anders als überfielen sie eine Herde Schafe, die in Hürden eingesperrt wäre. Sie wetteten miteinander, wer unter ihnen einen Menschen auf einen Schwertstreich mitten voneinander hauen, ihm mit der Pike den Kopf spalten oder das Eingeweide aus dem Körper reißen könne. Neugeborene Geschöpfchen rissen sie bei den Füßen von den Brüsten ihrer Mütter und schleuderten sie mit den Köpfen gegen Felsen. Andere schleppten sie durch die Straßen, warfen sie endlich ins Wasser und sagten: da, zapple nun, du kleiner schurkischer Körper! Sie machten auch breite Galgen, so dass die Füße

Theodor de Bry (1528–1598), Spanier ermorden die auf das Schiff gelockten Indianer, 1594.

beinahe die Erde berührten, hängten zu Ehren und zur Verherrlichung des Erlösers und der zwölf Apostel je dreizehn Indianer an einen Galgen, legten dann Holz und Feuer darunter und verbrannten sie alle lebendig. Anderen, die sie nur deshalb am Leben ließen, hieben sie beide Hände ab, banden sie ihnen an, jagten sie sodann fort und sagten: Gehet hin und bringt euren Landsleuten etwas Neues! Ich kam einmal dazu, als sie vier bis fünf der vornehmsten Indianer auf Rosten verbrannten. Wo ich nicht irre, so nahm ich noch zwei oder drei der gleichen Roste wahr, worauf Leute geringeren Standes lagen. Sie alle machten ein grässliches Geschrei, das dem Befehlshaber lästig fiel. Er gab Befehl, man solle sie erdrosseln. Der Büttel – ich weiß seinen Namen, und seine Verwandten in Sevilla sind mir recht gut bekannt – war weit grausamer als der Henker, welche sie verbrannte; er ließ sie nicht erdrosseln, sondern steckte ihnen mit eigener Hand Knebel in den Mund, damit sie nicht schreien konnten …
Alle diese bisher beschriebenen Gräuel und noch unzählige andere habe ich mit eigenen Augen gesehen.

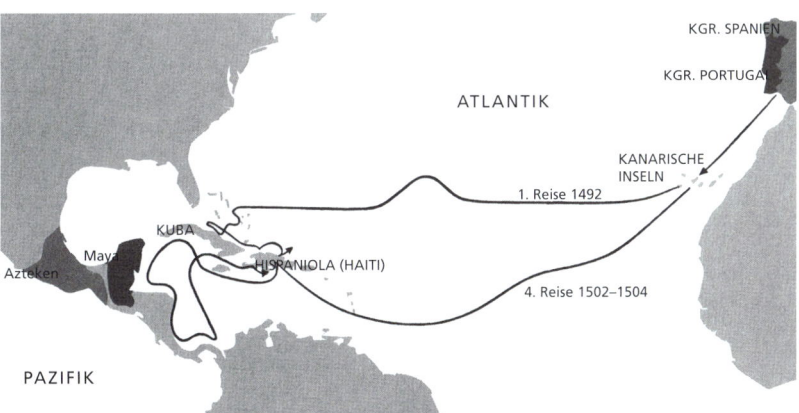

Das Bordbuch von seiner ersten Entdeckungsreise (1492) beendete Christoph Kolumbus (1451–1506) mit dem Wunsch: »Ich will zu Gott hoffen, dass die von mir vollendete Tat zur höchsten Ehre der Christenheit gereichen werde.« Daneben findet sich aber auch der Hinweis für seine königlichen Auftraggeber: »Eines, Erlauchte Fürsten, ist gewiss: In diesen Ländern müssen unermessliche Naturschätze von großem Nutzwert vorhanden sein. Dies alles wird mit der Zeit reichen Gewinn abwerfen.« Und bereits unverhüllt: » Mir genügen fünfzig Mann, um die Eingeborenen bei Gehorsam zu halten und um sie alles tun zu lassen, was man von ihnen haben will.«

Las Casas, Bartolomé de (1474–1566), kam 1502 nach Hispaniola (→ S. 68), wurde 1510 Geistlicher, 1522 Dominikaner, 1544–47 Bischof von Chiapas in Mexiko, sah und kritisierte die Ausbeutung der indianischen Völker und bemühte sich sein Leben lang um deren menschliche Achtung. Auf seinen Kampf gehen die »Neuen Gesetze« von 1542 zurück, die die Indianersklaverei verboten. Sein einflussreicher Gegenspieler war der Hofkaplan Sepúlveda (→ S. 74), mit dem er über die Rechte der Indianer vor → Karl V. disputierte. Sein »Kurzgefasster Bericht« von 1552 wird seitdem in allen Weltsprachen gedruckt.

Konquistadoren (spanisch: *conquistador*, »Eroberer«), die spanischen und portugiesischen Eroberer Mittel- und Südamerikas, welche die Stämme und Völker der dort lebenden Indianer unterwarfen und ausbeuteten.

Der dies schrieb, hieß Bartolomé de Las Casas. Er wurde 1474 in Sevilla als Sohn getaufter jüdischer Eltern geboren. Sein Vater war ein verschuldeter Kaufmann, die Mutter brachte die Familie mit einer kleinen Bäckerei durch.

In diese Armut platzte 1493 eine Sensation: Kolumbus kam aus »Westindien« zurück. Der 19-jährige Bartolomé sah die phantastische Fracht, die er mitbrachte: sieben Indianer im Federschmuck, Masken und Gürtel aus reinem Gold, Edelsteine, einen Papagei sowie »eine Kugel, die von selber wieder hoch hüpft, wenn man sie fallen lässt« – den ersten Gummiball, der nach Europa kam. Alles in allem brachte Kolumbus die Kunde vom unermesslichen Reichtum der neu entdeckten Länder.

Auch Bartolomé erfasste, wie viele andere, der Begeisterungsrausch für die Neue Welt. Spätestens seit 1502 ist seine Anwesenheit dort verbürgt. Er ließ sich dort zum Priester weihen, nahm das Amt aber leichthin. Da er sprachbegabt war, lebte er als Dolmetscher (und lernte im Lauf seines weiteren Lebens mehr als ein Dutzend Indianer-Sprachen). Dabei kam er mit führenden Leute der Conquista zusammen: mit Cortéz, Pizarro, Alvarado, Kolumbus dem Jüngeren. Er dachte und verhielt sich wie die Masse seiner Landsleute. Auf Haiti erwischte er seinen Teil an der Beute, eine Gruben- und Plantagenwirtschaft. Damit war er, wie er selber bekennt, »mehr um sein Gut und seine Gruben als um die christliche Lehre bemüht«.

Als Las Casas im Frühjahr 1512 bei einem Dominikaner seine Osterbeichte ablegen wollte, entstand zwischen ihm und seinem Beichtvater ein wütender Streit, über den er selbst später berichtet hat. Der Streit endete mit einem Herauswurf aus dem Beichtstuhl: »Solange Sie Ihre Verbrechen gegen die Indianer nicht bereuen, kann ich Sie nicht lossprechen. Und wenn Sie Ihre Sklaven nicht freilassen, wird der gerechte Gott Sie in die Hölle stoßen.« Damit war ein Stachel in sein Gewissen gesenkt.

Gräueltaten der Spanier in Mexiko. Kupferstich aus Las Casas, Brevissima relacion de la destruycion de las Indias, dt. Oppenheim 1613 (→ S.74).

Als Las Casas zu Pfingsten 1514, inzwischen 40 Jahre alt, eine Predigt halten sollte, stieß er auf das Kapitel 34 im Buch Jesus Sirach:

²⁵ Kärgliches Brot ist der Lebensunterhalt der Armen, wer es ihnen vorenthält, ist ein Blutsauger.
²⁶ Den Nächsten mordet, wer ihm den Unterhalt nimmt, Blut vergießt, wer dem Arbeiter den Lohn vorenthält.   *Sir 34*

Bald darauf ging Las Casas zum Gouverneur von Haiti und teilte ihm mit, dass er alle seine Indianer freilassen wolle. Das Gold, das er an ihnen verdient habe, solle dazu dienen, am königlichen Hof in Spanien, die Rechte der Indianer zu erkämpfen. So begann er, Briefe zu schreiben und Beziehungen zu knüpfen. Rasch kam er zu der Einsicht, dass das himmelschreiende Unrecht an den Indianern mit dem politischen System ihrer Ausbeutung zusammenhing.
Aber mit dieser Erkenntnis stand er allein. Man hielt ihn bald für toll. Seine Briefe gingen verloren, seine Einkünfte blieben aus, der Versuch, eine Schiffsüberfahrt nach Spanien zu bekommen, stieß auf größte Schwierigkeiten. Las Casas hatte sich nämlich entschlossen, beim König selbst vorzusprechen und das ganze Sklavensystem aus den Angeln zu heben.
Im Sommer 1515 trat Bartolomé de Las Casas die erste der vierzehn Seereisen an, die er insgesamt unternahm, um die indianischen Völker vor Ausrottung zu bewahren. Er erreichte bei König Ferdinand V., dass dieser eine Untersuchungskommission einsetzte. Aber der Tod des Königs, wenige Monate später, machte den schwachen Erfolg wieder zunichte. Ferdinands Nachfolger, Karl V., war damals erst sechzehn Jahre alt. Darum erreichte Las Casas erst 1520 bei diesem eine Audienz und fand dabei auch das Ohr des Königs. Als er aber 1521 nach Haiti zurückkehrte, empfingen ihn dort nur Hohn und Spott. Das bewog Las Casas, sich zu den Dominikanern ins Kloster

Karl V. (1500–1558) deutscher Kaiser (1519–1556), Herr der habsburgischen Erblande und seit 1516 König von Spanien. Seit Karl d.Gr. herrschte er über das nach Bevölkerung, Ausdehnung und Reichtum größte Reich. Die mittelalterliche Kaiseridee drängte ihn, die in der Reformation zerbrochene Glaubenseinheit wiederzugewinnen, die in seinen Augen »Ungläubigen« zu bekämpfen und den christlichen Glauben auszubreiten. Die Förderung der → Konquistadoren gehörte zu diesem Programm (→ S. 251).

Theodore de Bry (1528–1598), Hatuey, der letzte Indianer-Fürst auf Haiti, wird auf dem Scheiterhaufen verbrannt. Ein Franziskaner will ihn im letzten Augenblick »bekehren«. Um 1590.

Die mittelamerikanischen Reiche, welche die spanischen Eroberer kennen lernten, waren hochstehende Kulturen: Das Azteken-Reich im heutigen Mexiko, die Maya-Kultur in Guatemala und das Inka-Reich mit seinem Schwerpunkt in Peru.
Beispiele für die Kunst der Azteken sind die hier gezeigten Skulpturen. Die liegende Gestalt, die auf dem Bauch eine Schale hält, gilt als »Regengott«. – Die kniende Frauengestalt ist Patronin der Fruchtbarkeit: des Ackerbaus und der menschlichen Geburt. – Eindrucksvoll ist der aztekische Adlermann, der um 1450 entstanden ist.

zurückzuziehen – ihnen verdankte er ja seinen Gesinnungswandel – und wurde mit 48 Jahren Mönch. Doch während für ihn zunächst Jahre des Schweigens begannen, ging ringsum das Morden und Rauben weiter.

Mexiko wurde erobert, das Reich der Azteken vernichtet. Auch der Inkakönig und sein riesiges Reich fielen der Habgier, Lüge und Mordlust der Europäer zum Opfer. Nur im Hochland von Guatemala holten sich die Eroberer eine Schlappe nach der anderen. Hier waren die Indianerstämme kriegerisch und sie konnten sich auch wehren. Aber auf die Mahnung Las Casas', sich die Indianer durch friedliche Hilfe zu Freunden zu machen, antworteten die spanischen Landsleute mit Spott: er solle doch selbst in Guatemala zeigen, was seine Methode ausrichte.

Las Casas vereinbarte zunächst mit dem Gouverneur in einem Geheimvertrag, dass die Indios, zu denen er gehen würde, nicht in das spanische Ausbeutersystem einbezogen und nicht zu Sklaven gemacht werden dürften. Für die ersten fünf Jahre sollten Spanier nicht einmal deren Gebiet betreten dürfen. Dieses Land, für das Las Casas seine völlig neue Politik entwickelte, nannte Kaiser Karl V. später »Verapaz«, Land des wahren Friedens.

Als Las Casas 1542 erneut an den königlichen Hof in Spanien kam, empfing man ihn als erfolgreichen »Sachwalter der Indios«. Für eine Weile hatte man bei Hofe verstanden, dass Völkermord gegen die eigene wirtschaftliche und politische Vernunft ist.

Um seinem Kampf für die Rechte der Indios Nachdruck zu geben, schrieb Las Casas 1542, während die Kommission in Spanien noch

über seine Anträge beriet, den »Kurzgefassten Bericht von der Verwüstung der Westindischen Länder«:

D amit ich nicht zum Mitschuldigen werde an den Verderben der Seelen und den Leiden ohne Zahl, habe ich mich entschlossen, davon, was sich in den vergangenen Tagen ereignet hat, etwas aufzuschreiben … Nur ein wenig davon schreibe ich auf, damit Eure Hoheit es leichter lesen mögen … Die törichte und wahnsinnige Habgier jener, die das Vergießen einer unermesslichen Menge Blutes für ein Nichts erachteten und durch Ausrottung von Millionen Menschen so viele Länder ihrer natürlichen Bevölkerung beraubten, wächst von Tag zu Tag an …

Las Casas erreichte mit seinem Bericht, dass Karl V. den »Indischen Rat« aufhob und zwei Mitglieder dieses Regierungsgremiums schwer bestrafte. Im Juni 1543 kam es dann zu den »Neuen Gesetzen«, deren Schlusssatz lautete:

E s soll mit den Bewohnern der Westindischen Länder in allen Dingen so verfahren werden, wie mit den freien Untertanen der Krone; denn zwischen diesen und jenen ist kein Unterschied.

In den amerikanischen Ländern verursachte diese neue Linie große Aufregung. Das Protestgeschrei drang schon bald über den Ozean nach Spanien. Zwar war Las Casas' Ansehen bei Karl V. so groß, dass dieser ihn zum Bischof von Chiapas wünschte, um ihn zu stärken. Doch auch als Bischof war Las Casas zu schwach gegenüber dem

Das hochentwickelte Handwerk der Inkas belegen dieses Mauerwerk und die Goldschmiedearbeit. Da es im Inka-Reich kein Eisen gab, ist die handwerkliche Leistung des Steingefüges unfassbar. Die Fugen sind so vollkommen angepasst, dass nicht einmal eine flache Messerspitze eindringen konnte. Die geschliffenen Seiten der Steine machen jeden Mörtel überflüssig. Die heute noch erhaltenen Bauwerke zeigen, dass der Stein selbst in den rohesten Teilen eines Bauwerks eine vollkommene Bearbeitung gefunden hat. – Das Kultmesser ist ein raffiniertes Beispiel der Goldschmiedekunst aus der letzten Periode vor der spanischen Eroberung.

Las Casas fordert Sepúlveda heraus

Sepúlveda legt das Gleichnis vom Hochzeitsmahl in gottloser Weise aus. Er versucht zu beweisen, der Wille Christi sei es gewesen, dass die Kirche die Menschen zwinge, die Wahrheit des Evangeliums anzunehmen, ... indem ihr Götzendienst ausgerottet und ihre Macht erschüttert werde... Du hättest wirklich, verehrter Doktor Sepúlveda, die Wahrheit erwägen sollen, dass ein Gleichnis eine verschlüsselte Belehrung oder eine Sprachfigur ist. Die Gleichnisse lassen sich tatsächlich auf vielerlei Weise erklären, und ein und dasselbe Gleichnis kann ... auf verschiedene Dinge angewendet werden ... Nun hat es aber unter allen Gelehrten bis heute keinen gegeben, der dieses Gleichnis des Evangeliums auslegt, wie Sepúlveda dies tut, will sagen: dass die Ungläubigen und besonders die Heiden mit militärischem Apparat gezwungen werden sollen, ihrem Götzendienst abzuschwören und in die Kirche einzutreten. Dasselbe gilt für allen äußerlichen und körperlichen Zwang. Es ist also schon eine höchst tollkühne Anmaßung, beweisen zu wollen, durch besagtes Gleichnis habe Christus seiner Kirche befohlen, sich des körperlichen Zwangs gegenüber den Ungläubigen zu bedienen ...

Was hat die Frohe Botschaft mit den Verstümmelungen, Sklavereien, Massakern, Feuersbrünsten, Städteverwüstungen und bekannten Übeln allen Krieges zu tun? In Wahrheit würden die so Missionierten lieber zur Hölle fahren, als die Vorteile des Evangeliums zu genießen. Und was werden die Flüchtlinge erzählen, die aus Furcht vor den Spaniern in die Provinzen anderer Völker fliehen, mit ihren blutenden Köpfen, ihren verstümmelten Händen und ihren zerrissenen Eingeweiden. Was werden sie vom Gott der Christen halten?

Würden vielleicht jene, welche das Gleichnis so interpretieren, wenn sie selbst Heiden wären, wünschen, dass man ihnen die Wahrheit derart verkünde, nachdem ihre Häuser zerstört, ihre Kinder gefangen, ihre Ehefrauen vergewaltigt, ihre Städte entvölkert, ihre Mädchen geschändet und ihre Provinzen verwüstet sind? ...

Titelblatt des »Kurzgefassten Berichts über die Zerstörung der Westindischen Länder«.

Las Casas. Unbekannter Künstler, Ende 17. Jh.

Sturm der Entrüstung, der gegen ihn und die »Neuen Gesetze« ausbrach. Sklavenhalter und Ausbeuter aller Schattierungen verbündeten sich und sandten Abordnungen nach Spanien. »Raus mit dem Verrückten!«, forderten selbst staatliche und kirchliche Würdenträger. Las Casas wurde öffentlich beschimpft: »Ein schlechter Mensch seid Ihr! Ein schlechter Mönch! Ein schlechter, unverschämter Bischof!«

Schließlich hatte das Protestgeschrei auch bei Karl V. Erfolg. Er strich von den »Neuen Gesetzen« das wichtigste über die Abschaffung der Sklavenhaltung. Das bewog Las Casas, erneut an den spanischen Hof zurückzukehren. 1550 kam es zu einem Streitgespräch mit seinem erbittertsten Gegner, dem kaiserlichen Hofkaplan und Geschichtsschreiber Dr. Juan de Sepúlveda, »ob, wie der Doktor behauptet, der Krieg gegen die Indianer rechtens sei; oder, wie der Bischof dagegen vorbringt, jener Krieg tyrannisch, ungerecht und unrechtmäßig«. Im Protokoll über dieses Streitgespräch heißt es:

Doktor Sepúlveda hat nachzuweisen versucht, dass die Kriege gegen die Indios nicht nur erlaubt, sondern auch zuträglich und nützlich sind ... Und was den Erwerb des Goldes anbelangt: dieses Gold rege bei den Soldaten den Eifer an zur Verbreitung des Glaubens unter den Heiden.

Das Streitgespräch dauerte fünf Tage. Sepúlveda vertrat die These des griechischen Philosophen Aristoteles, Gott habe zwei Sorten Menschen erschaffen: »Freie von Natur« und »Sklaven von Natur«. Die Indios seien »Sklaven von Natur«.

Damals war Las Casas 76 Jahre alt. Aber mit Leidenschaft und Geist widerlegte der zahnlose alte Mönch den Gelehrten so überzeugend, dass nie wieder jemand in der Kirche die Behauptung wagte, Gott habe »Sklaven von Natur« erschaffen.

1552 erschien der »Kurzgefasste Bericht«, der ursprünglich nicht für die Öffentlichkeit bestimmt war, erstmals im Druck. Kaum lag er vor, verfasste Sepúlveda eine Gegenschrift »gegen die voreiligen, skandalösen und ketzerischen Behauptungen«, welche Las Casas »ohne Erlaubnis der Behörden drucken ließ«. Der Rat der Stadt Mexiko bat den Kaiser, er möge Las Casas öffentlich tadeln und seine Bücher verbieten. Der spanische Vizekönig von Peru schrieb: »Die Bücher dieses fanatischen und boshaften Bischofs gefährden die spanische Herrschaft in Amerika.«

Mit 85 Jahren vollendete Las Casas eine umfangreiche Geschichte seiner Erfahrungen in der Neuen Welt. Es ist eine so klare Abrechnung mit dem Kolonialismus, dass die spanische Zensur das Buch dreihundert Jahre lang unterdrückte. Selbst heute noch wecken Las Casas' Bücher Widerspruch und Ablehnung, denn sie haben im Freiheitskampf der lateinamerikanischen Staaten immer noch Bedeutung.

Vierzehnmal hat Las Casas die immer lebensgefährliche Reise über den Ozean unternommen, um für die Rechte der Indios zu kämpfen. Mit über 90 Jahren noch stand er vor dem »Indischen Rat«, um Ausbeuter anzuklagen.

Als er im Juli 1566 mit 92 Jahren starb, lag auf seinem Schreibtisch ein unvollendeter Brief an Papst Pius V., in dem er dem Papst vorschlug, in Amerika nur solche Bischöfe zuzulassen, welche die Sprache der Indios beherrschen.

Die Verdrängung und Verleugnung des Bartolomé de Las Casas ging nach seinem Tode weiter. Sein Grab ist unbekannt. Nie wurde ihm in Spanien ein Denkmal gesetzt. Aber er überragt an menschlicher Größe alle Namen seines Zeitalters. »Las Casas ist eine Ehre für das Menschengeschlecht!«, hat die chilenische Dichterin Gabriele Mistral gesagt.

1 Schaut in alle erreichbaren Geschichtsbücher, wie dort über die »Zeit der Entdeckungen und Eroberungen« gesprochen wird. Welche Problemsicht vermitteln diese Kapitel?

2 Zieht zum Vergleich auch Kirchengeschichtsbücher heran.

3 Welche Erwähnung findet Las Casas? Versucht mehr von ihm zu erfahren.

→ religionsbuch.de/LasCasas

4 Hier sind einige Urteile über den »Kurzgefassten Bericht«. Mit welchen Argumenten antwortet ihr?

– Ein kaiserlicher Gutachter: »Der Teufel hat einen durchtriebenen Schachzug getan, indem er diesen verblendeten Mann der Kirche zu seinem Werk- zeug machte.«
– Der Zensor der Inquisitionsbehörde (1659): »Nach meiner Ansicht sind solche Berichte eine Beleidigung für Spanien. Sie müssen deshalb unterbunden werden.«
– Neuere Historiker (spanischer Sprache) nannten Las Casas »einen Geisteskranken« (1927), »einen Prediger des Marxismus« (1937), »einen vom Teufel besessenen Gleichmacher« (1946).
– Hans Magnus Enzensberger, deutscher Schriftsteller (1966): »Das Buch, das Las Casas uns hinterlassen hat, ist ein Skandal. Die Gelehrten, die uns vor ihm warnen wollen, haben sich in jenes alte *skandalon* verstrickt. Der Prozess, der mit der Eroberung begann, ist nicht zu Ende. Er wird in Südamerika, in Afrika und Asien geführt. Nicht wir sind es, denen das Urteil über den Mönch aus Sevilla zusteht. Vielleicht hat er das unsrige gesprochen.«

5 Im Religionsbuch 5/6 heißt ein Kapitel »Kirche der Schwachen«. Welchen Zusammenhang seht ihr zwischen diesem Kapitel und dem Lebenswerk des Bartolomé de Las Casas?
Im gleichen Buch heißt ein anderes Kapitel: »Der Ort Gottes«. Wo ist der »Ort Gottes« innerhalb der Eroberungsgeschichte Amerikas zu finden?

Gibt es auch Querverbindungen zu Kapiteln im vorliegenden Religionsbuch? Zu welchen?

Indianisches Paar unter Baldachinen und mit den Symbolen europäischer Kultur: Buch und Rosenkränzen

Gespräch zwischen einer Inkafrau und einem Spanier über das Gold:
»Ist das Gold, das du isst?« – »Ja, dieses Gold essen wir…«

Lebenszeit und Lebenswenden:

Das Sakrament der Vergebung

René Magritte (1898–1967), Die verbotene Wiedergabe, um 1937–1939.

Wie verhalten sich dieser Spiegel von Magritte und das Spiegeltor von Michael Ende zueinander?

Angenommen, es gibt einen solchen Spiegel, in dem man nicht sein Äußeres, sondern sein wahres Wesen sieht – würden die Leute davor wohl Schlange stehen, um sich selbst zu erkennen? »Spieglein, Spieglein, an der Wand, wer ist die Schönste im ganzen Land?«, wollte die alternde Königin wissen, und sie ertrug es nicht, wenn die Antwort lautete, eine andere sei tausendmal schöner als sie. Nichts tut so weh, als den eigenen Schwächen zu begegnen, und erst recht einer eigenen Schuld. Darum gibt es so viele Techniken, einer Begegnung mit sich selbst auszuweichen.

Das Spiegeltor

Der Lebensweg des Menschen führt immer wieder vor Türen und Tore, die nicht leicht zu öffnen sind. Es kommt aber alles darauf an, sich nicht abweisen zu lassen, damit die eigene Entwicklung und Reifung kein vorzeitiges Ende findet.

Von einem besonderen Tor erzählt die folgende Geschichte. »Real« gibt es dieses Spiegeltor nicht, in einem tieferen Verständnis haben wir oft damit zu tun:

Dieses Tor ist sowohl offen als auch geschlossen. Hört sich verrückt an, wie? Vielleicht sagt man besser, es ist weder geschlossen noch offen. Obwohl es dadurch nicht weniger verrückt wird. Kurzum: Es handelt sich dabei um einen großen Spiegel oder so was, obwohl die Sache weder aus Glas noch aus Metall ist. Woraus, hat mir nie jemand sagen können. Jedenfalls, wenn man davor steht, dann sieht man sich selbst – aber eben nicht wie in einem gewöhnlichen Spiegel, versteht sich. Man sieht nicht sein Äußeres, sondern man sieht sein wahres inneres Wesen, so wie's in Wirklichkeit beschaffen ist. Wer da durch will, der muss – um es einmal so auszudrücken – in sich selbst hineingehen.«

»Jedenfalls«, meinte Atréju, »scheint mir dieses Zauber Spiegel Tor leichter zu durchschreiten als das große Rätsel Tor.«

»Irrtum!«, rief Engywuck und begann wieder aufgeregt hin und her zu laufen, »ganz gewaltiger Irrtum, mein Freund! Habe erlebt, dass gerade solche Besucher, die sich für besonders untadelig hielten, schreiend vor dem Ungeheuer geflohen sind, das ihnen in dem Spiegel entgegengrinste. Manche mussten wir sogar wochenlang kurieren, ehe sie überhaupt wieder in der Lage waren, die Heimreise anzutreten … Andere haben offenbar noch viel Schrecklicheres gesehen, hatten aber den Mut, trotzdem durchzugehen. Für manche war es auch weniger erschreckend, aber Überwindung kostete es jeden. Man kann darüber nichts sagen, was für alle Geltung hätte. Ist für jeden anders.«

»Gut«, sagte Atréju, »aber man kann jedenfalls hindurchgehen durch diesen Zauberspiegel?«

»Kann man«, bestätigte der Gnom, »natürlich kann man, sonst wär's ja kein Tor. Logisch, nicht wahr?«

»Man kann ja auch außen herumgehen«, meinte Atréju.

»Kann man«, wiederholte Engywuck, »kann man durchaus! Nur ist dann dahinter nichts mehr. Das nächste Tor ist erst da, wenn man durch dieses gegangen ist, wie oft muss man dir das noch sagen?«

Vor ihm, nur etwa zwanzig Schritte entfernt, stand nun dort, wo zuvor nur die endlose leere Ebene zu sehen gewesen war, das Zauber Spiegel Tor. Es war groß und rund wie eine zweite Mondscheibe und glänzte wie blankes Silber. Es war schwer zu glauben, dass man gerade durch diese metallene Fläche sollte hindurchgehen können, doch Atréju zögerte keinen Augenblick. Er rechnete damit, dass ihm, wie Engywuck es beschrieben hatte, irgendein Entsetzen erregendes Bild seiner selbst in diesem Spiegel entgegentreten würde, doch das erschien ihm nun – da er alle Furcht zurückgelassen hatte – kaum noch der Beachtung wert.

Indessen, statt eines Schreckensbildes sah er etwas, worauf er ganz und gar nicht gefasst gewesen war und das er auch nicht begreifen konnte. Er sah einen Jungen – etwa so alt, wie er selbst …

Hier können wir uns aus der Geschichte ausklinken, um die eigene damit zu verbinden. Wie würde sie verlaufen, wenn es sich um die unsrige handelte? Wer hätte den Mut, auf das Spiegeltor zuzugehen? Welches Gesicht würde uns daraus anschauen? Könnte es so fremd, unheimlich und schreckerregend erscheinen, dass es nur zu Verwirrung und Flucht, nicht aber zur Erkenntnis seiner selbst beitrüge? Wie lässt sich dieser Test durchführen?

Techniken, sich selbst aus dem Wege zu gehen:
– Dem Nachdenken über sich selbst ausweichen.
– Die Stille und das Nicht-Tun meiden (Nicht-Tun ist etwas anderes als nichts tun!)
– Sich mit Lärm und allerhand Zerstreuungen ablenken und jede Besinnung als langweilig abweisen.
– »Sein« gegen »Haben« vertauschen: dann sind Kleider, Geld und Besitz wichtiger als der eigene Charakter.
– Sich vor jeder freiwilligen Aufgabe drücken und ein Engagement scheuen; also weder aktiv für Umweltverantwortung eintreten, noch an Not, Hunger und Frieden in der Welt Anteil nehmen. Auf diese Weise stumpfen die Sinne für das Zusammenleben der Menschen am wirksamsten ab.

René Magritte (1898–1967), Die unerwartete Antwort, 1933.

Narkissos

es war einmal ein junger mann
der war sehr schön
und er wusste
dass er sehr schön war!
morgens wenn er aufstand
war das erste
was er tat:
er trat an seinen waschtisch
und über dem waschtisch
war ein spiegel
er schaute da hinein
und sagte leis für sich hin
wie schön bin ich
oder wie intelligent sehe ich aus
er nannte seinen spiegel
über dem waschtisch
kontrollscheibe
in diesem spiegel kontrollierte er
1000mal am tag
seine schönheit
der junge mann hatte
aber nicht nur einen spiegel
er hatte eine ganze sammlung spiegel
wie andere junge männer
sehr viel geld ausgeben
sich eine sammlung pfeifen zuzulegen
so hatte dieser junge mann
in jeder tasche und für jeden anzug
einen spiegel zwei spiegel drei spiegel
überall konnte er sich spiegeln
auch wenn er in seinem bmw fuhr
spiegelte er sich
wenn es eben ging
er beugte sich nach rechts
und spiegelte sich im rückspiegel
er hatte eine richtige sehnsucht
nach sich selbst ...
die sammlung der spiegel
wurde immer größer
der junge mann spiegelte sich in allem
wenn er über die kö ging
spiegelte er sich
in den schaufensterscheiben
er blieb öfter stehen
und genoss seine schönheit
das fiel nicht auf –
das war das schlimme –
aber er spiegelte sich
nicht nur in schaufensterscheiben
er spiegelte sich in allem und jedem
er spiegelte sich auch
in den anderen menschen
bald war für diesen jungen mann
die ganze stadt
die ganze welt
zu einem spiegelkabinett geworden
und dieses spiegelgefängnis

Selbstbespiegelung

Die alten Griechen erzählten von Narkissos, der die Liebe verschmähte und deshalb durch unstillbare Selbstliebe bestraft wurde: Als er sich zum Trinken über eine Quelle bückte, verliebte er sich in sein eigenes Bild und verzehrte sich vor Gram, weil ihm der Gegenstand seiner Sehnsucht ewig unerreichbar blieb.

Mit sechzehn bereits wies er herzlos alle Liebe zurück; er war von trotzigem Stolz auf seine eigene Schönheit erfüllt. Auch die Nymphe Echo verliebte sich in ihn. Echo war mit dem Verlust ihrer Sprache bestraft worden – sie konnte nur die Rufe anderer wiederholen. Eines Tages ging Narkissos zur Hirschjagd. Echo folgte ihm leise durch den weglosen Forst und wollte mit ihm sprechen. Sie konnte aber das Gespräch nicht selbst beginnen. Endlich rief Narkissos, als er sich verirrt hatte: »Ist jemand hier?« »Hier!«, antwortete Echo zur Verwunderung des Narkissos, da er niemanden sah. »Komm!« »Komm!«
»Warum meidest du mich?« »Warum meidest du mich?«
»Lass uns hier zusammenkommen!«
»Lass uns hier zusammenkommen!«, wiederholte Echo und rannte voller Freude aus ihrem Versteck, um Narkissos zu umarmen. Roh schüttelte er sie von sich und lief davon. »Ich würde eher sterben, als mit dir liegen!«, rief er. »Mit mir liegen!«, flehte Echo. Doch Narkissos war bereits fortgegangen, und Echo verbrachte den Rest ihres Lebens in einsamen Schluchten. Dort siechte sie vor Liebeskummer dahin, bis von ihr nichts mehr da war als nur ihre Stimme.

Die Göttin Artemis strafte Narkissos hierfür mit unerfüllbarer Selbstliebe. Zu Donakon in Thespien fand er eine Quelle, klar wie Silber. Noch nie war sie von Vieh, Vögeln, wilden Tieren oder selbst von den fallenden Zweigen der Bäume, die sie beschatteten, gestört worden. Er warf sich erschöpft nieder. Da verliebte er sich in sein eigenes Spiegelbild. Zuerst versuchte er den schönen Knaben, den er im Wasser vor sich sah, zu umarmen und zu küssen. Aber bald erkannte er sich selbst, lag da und schaute Stunde um Stunde verzückt auf das Wasser. Wie konnte er es ertragen, seine Liebe zu besitzen und doch nicht zu besitzen? Kummer quälte ihn endlos, doch er erfreute sich an der Qual. Wenigstens wusste er, dass sein Bild ihm treu bliebe, was immer auch geschehe.
Echo hatte Narkissos nicht vergeben, doch sein Leid schmerzte sie. Als er sich einen Dolch in die Brust stieß, echote sie: »Weh! Weh!«; und als er starb: »O Jüngling, Geliebter, lebe wohl!« Sein Blut tränkte die Erde. Ihr entsprang die weiße Narzisse mit rotgoldenen Herzblättern.
Das klare Wasser, in dem sich Narkissos spiegelte, gab wie ein gewöhnlicher Spiegel nur sein Äußeres wieder, nicht sein wahres inneres Wesen. Narkissos war also in sich selbst gefangen. Was hättest du Narkissos geraten, sich von sich selbst zu befreien und sich in seiner tieferen Wirklichkeit sehen zu lernen?

Gewissensspiegel

Eine andere griechische Sage erzählt von Perseus, der im Kampf der Medusa das Haupt abschlug. Medusa war ein Ungeheuer mit glühenden Augen, riesigen Zähnen, einer hervorhängenden Zunge und Schlangen statt Haaren auf dem Kopf. Wer dieses Gesicht in seiner vernichtenden Bosheit anschaute, wurde zu Stein. Die Göttin Athene hatte Perseus vor dem Kampf gewarnt, Medusa direkt anzuschauen, sondern nur ihr Spiegelbild: Wer das Böse sehen will, muss sich selbst daneben sehen. Noch besser ist es, dies zusammen mit anderen zu tun. Allein ist der Mensch dem Bösen oft nicht gewachsen.

Weil sich die Menschen vor einem Spiegel fürchten, in dem sie sich sehen können, wie sie wirklich sind, versuchen sie sich ein eigenes Bild von sich zu machen. Es gibt ja viele Möglichkeiten, ein Versagen zu verharmlosen oder eine Schuld zu leugnen. Durch Verdrängung und Selbsttäuschung können sich Menschen ein Leben lang etwas vormachen. Kein Wunder, dass sie sich dann vor Krämpfen winden, wenn sie doch einmal das eigene Spiegelbild sehen – nicht das des Narkissos – sondern jenes, das sie so zeigt, wie sie in Wahrheit sind.

wurde schließlich
zu einer spiegelhölle
und diese spiegelhölle
wurde schließlich
zu einem spiegelirrenhaus
der junge mann
wurde immer mehr von spiegeln
eingekreist
immer enger wurde es um ihn
immer nur sieht er sich selbst
immer sich selbst immer sich selbst
immer nur sieht er sich selbst
immer ich
und ich
und ich und nochmal ich
und schließlich verhungerte er in sich
und starb
oder ertrank er in sich
wie der griechenjunge narziss
der sich auch so schön fand
und schließlich
in einem tiefen brunnen sein bildnis
sah
und sich hinunterbeugte
bis er das übergewicht bekam
und er in sein spiegelbild
hinunterstürzte
und in sich
unterging

Nach Wilhelm Willms

Edward Burne-Jones (1833–1898), Das Schreckenshaupt, 1886/87.

Perseus betrachtet mit seiner geliebten Andromeda das Medusenhaupt.

Wege der Selbsterfahrung

– Sitze fünf Minuten lang still und horche auf die Verdauungsgeräusche des Hauses, in dem du wohnst.

– Was ist dein größter Wunsch? Kennst du ihn?

– Geh in die Nacht hinaus, wenn ein funkelnder Sternenhimmel ist, und bleibe so lange draußen, bis du gemerkt hast, dass der Weltraum bis zu dir reicht. Das ist gar nicht schwierig.

– Leg dich auf den Teppich und spiel den Toten.

– Wenn du mit jemandem um ein Spielzeug streitest, hör plötzlich auf zu schreien: »Das gehört mir!« Sag: »Wenn du es willst, schenk ich es dir!«

– Nachdem die Sonne untergegangen ist, mach kein Licht in deinem Zimmer. Erlebe die Dämmerung, bis es ganz dunkel geworden ist.

– Geh langsam in der Wohnung herum und suche einen Platz auf dem Boden, wo du wirklich gerne sitzen möchtest. Mach es dir nicht zu leicht, bis du deinen Ort gefunden hast. Dann setz dich hin und genieße es, endlich dort angekommen zu sein.

– Mach dich an einem Tag der Woche innerlich unabhängig von Radio, Fernseher und Musikwiedergaben.

– Kannst du es »ohne irgendetwas« aushalten? Lass die Musik weg beim Lesen. Schau nicht in den Fernseher beim Essen.

– Lass abends vor dem Einschlafen noch einmal den Tag an dir vorüberziehen. Bist du mit allem einverstanden, was du gesagt und getan hast? Wo hast du dich selbst verfehlt? Wie kannst du die gleiche Situation künftig vermeiden?

Alle diese Vorschläge sind Spiegeltore, in denen jeder, wenn er nicht vorher davon läuft, die Wahrheit über sich selbst erfahren kann. Man kommt also nicht nur einmal oder gelegentlich auf seinem Lebensweg an diesen bemerkenswerten Ort, sondern alle Tage – und hat alle Tage Gelegenheit, sich daran vorbeizumogeln.

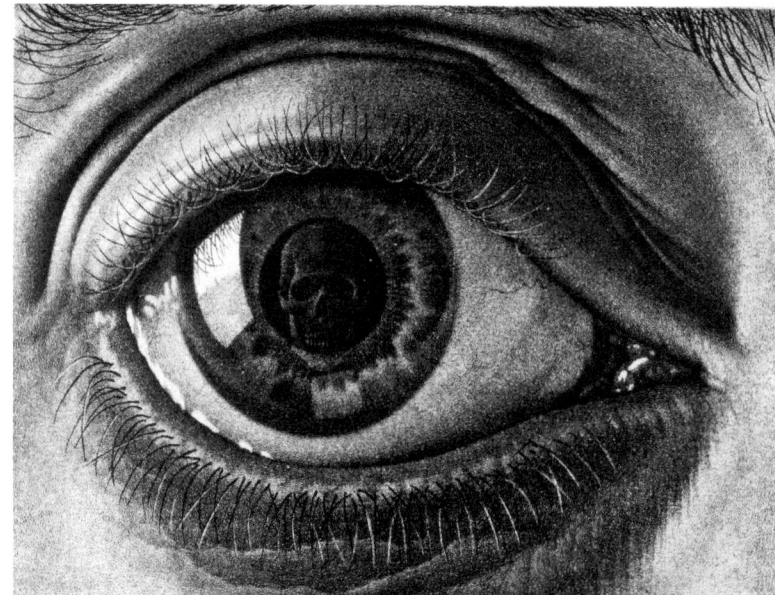

Maurits Cornelis Escher (1898–1972), Auge, 1946.

Rückspiegel

Bedenkt und besprecht folgende Annahmen:

Das Verhältnis zur Wahrheit

Eine Klassenarbeit ist »mangelhaft« benotet. Müssen die Eltern es wissen? Es gibt doch nur Gezeter.

Ein Teller vom guten Service ist hingefallen. Schnell die Scherben verschwinden lassen, dann merkt Mutter (vielleicht lange Zeit) nichts.

Vater braucht seine Ruhe. »Wenn das Telefon klingelt, sagt: Er ist nicht da!«

Dass wir DVD's angeschaut haben, sage ich besser nicht: »Wir sind zum Sportplatz gegangen.«

Das alte Auto ist verkauft worden; vor einem Jahr hatte Vater einen Unfall damit. Es wurde repariert und neu lackiert; man sieht nichts mehr von dem Schaden. Man hört auch kein Wort darüber.

Ich bekomme etwas geschenkt. »Wunderschön!« Hinterher: »Was soll ich nur damit? Diese Farben kann ich nicht ausstehen.«

Das Verhältnis zu fremdem Eigentum

Im Supermarkt: Süßigkeiten, irgendeine andere Begehrlichkeit gehen in der Hosentasche oder unterm Anorak mit.

Ich bekam letzte Woche zwei Euro geliehen. Nur zurückgeben, wenn es verlangt wird?

Dass aus Mutters Geldbeutel hin und wieder Kleingeld verschwindet, fällt nicht weiter auf.

Verantwortungsbereitschaft

Gerade wird das Speiseeis ausgepackt; das Papier fliegt auf die Straße.

In der Schule brennt oft stundenlang die elektrische Beleuchtung, obwohl das Tageslicht sie überblendet: niemand schaltet die Lampen aus.

Vor der Schule wartet jeden Mittag irgendein Vater auf sein Kind; er sitzt im Auto bei laufendem Motor. Noch nie ist jemand zu ihm gegangen und hat gesagt: »Stellen Sie bitte den Motor ab, solange Sie warten!«

Erstes Ziel: mit achtzehn den Führerschein und dann ein Auto? Jeden übrigen Euro in den Unterhalt des Wagens? Allen Bewegungsüberschuss auf den Straßen abreagieren?

Spannende Romane verschlingen, aber zu träge, um regelmäßig Informationen über Umweltschutz zu studieren? Ist Informationsbereitschaft eine sittliche Pflicht?

Maurits Cornelis Escher (1898–1972), Hand mit spiegelnder Kugel, 1935.

Zerrspiegel

Wenn Menschen Fehler machen, kommt es darauf an, den Fehler zu erkennen und künftig zu meiden. Was aber, wenn es nicht um Fehler, sondern um Schuld geht, vielleicht sogar schwere Schuld? Die Geschichte vom Spiegeltor zeigt, dass Menschen geneigt sind, ihre Schuld herunterspielen und zu verdrängen. Sie tun dann alles, sich selbst nicht erkennen zu müssen.

Es gibt aber auch Menschen, die eine eigene Schuld vergrößern und dann fortwährend unter diesem Schuldbewusstsein leiden, ohne ihren inneren Frieden zu finden. Manchmal liegt das daran, dass sie unter einem düsteren Gottesbild groß geworden sind, das ihnen die Freude am Leben nahm:

Weißt du, was das Schlimmste ist, das sie mir über dich erzählt haben? Es ist die tückisch ausgestreute Überzeugung, dass du alles hörst und alles siehst und auch die geheimen Gedanken erkennen kannst… In der Kinderwelt sieht das dann so aus, dass man sich elend fühlt, weil du einem lauernd und ohne Pausen des Erbarmens zusiehst und zuhörst und mit Gedankenlesen beschäftigt bist …

Fast zwanzig Jahre lang war es mein oberstes Ziel, dir zu gefallen. Das bedeutet nicht, dass ich besonders brav gewesen wäre, sondern dass ich immer und überall Schuldgefühle hatte ... Du hast mir so gründlich die Gewissheit geraubt, mich jemals in Ordnung fühlen zu dürfen, mich mit mir aussöhnen, mich o.k. finden zu können ...
Ich saß wie in einer Falle mit dir: alle mir wichtigen Menschen zeigten keinerlei Zweifel, dass es dich gebe und du ansprechbar, verständnisvoll, gütig, gerecht, gar »lieb« und »barmherzig« seist, wenn auch mit dem Hintergrund düsterer Strafen ... Das brachte mich in die Lage einer keuchenden Ratte, die ihre Tretmühle in wachsender Panik immer schneller tritt ...

Ein solches Gottesbild ist krankhaft. Es hat in der Geschichte des Christentums viele Menschen verletzt, obwohl es doch kein christliches Gottesbild ist. Zu einem Gott, hinter dem nur Autorität, Kontrolle und Strafe gesehen wird, hat Jesus nicht »Abba« gesagt. Für Jesus ist Gott ein Gott der Liebe. Der durch Jesus vermittelte Gott steht unter allen Umständen auf Seiten der Menschen, wie es die folgende Szene beschreibt:

3 Die Schriftgelehrten und die Pharisäer brachten eine Frau zu Jesus, die beim Ehebruch ertappt worden war. Sie stellten sie in die Mitte
4 und sagten zu ihm: » Meister, diese Frau wurde beim Ehebruch auf frischer Tat ertappt.
5 Mose hat uns im Gesetz vorgeschrieben, solche Frauen zu steinigen. Nun, was sagst du?«
6 Mit dieser Frage wollten sie ihn auf die Probe stellen, um einen Grund zu haben, ihn zu verklagen. Jesus aber bückte sich und schrieb mit dem Finger auf die Erde.
7 Als sie hartnäckig weiterfragten, richtete er sich auf und sagte zu ihnen: »Wer von euch ohne Sünde ist, werfe als Erster einen Stein auf sie.«
8 Und er bückte sich wieder und schrieb auf die Erde.
9 Als sie seine Antwort gehört hatten, ging einer nach dem anderen fort, zuerst die Ältesten. Jesus blieb allein zurück mit der Frau, die noch in der Mitte stand.
10 Er richtete sich auf und sagte zu ihr: »Frau, wo sind sie geblieben? Hat dich keiner verurteilt?«
11 Sie antwortete: »Keiner, Herr.« Da sagte Jesus zu ihr: »Auch ich verurteile dich nicht. Geh und sündige von jetzt an nicht mehr!«

Joh 8

Jesus

Einer kam
und zeigte,
wie ein Blitzlicht,
einen Bruchteil
der Geschichte,
was ein Mensch
sein könnte.

Martin Gutl

Dass da Einer ist da oben,
den wir alle lieben müssen, müssen,
weil er uns sonst in die Hölle steckt.
Dass da oben Einer ist,
den wir alle fürchten müssen, müssen
weil wir ihn sonst nicht richtig lieben,
dass wir fürchten müssen,
was wir lieben müssen.
Heute fürchte ich, was ich liebe.

Brigitte Schwaiger

Max Beckmann (1884–1950), Christus und die Sünderin, 1917.

Unaufhaltsam

Das eigene Wort,
wer holt es zurück,
das lebendige
eben noch ungesprochene
Wort?

Wo das Wort vorbeifliegt
verdorren die Gräser,
werden die Blätter gelb,
fällt Schnee.
Ein Vogel käme dir wieder.
Nicht dein Wort,
das eben noch ungesagte,
in deinen Mund.
Du schickst andere Worte
hinterdrein,
Worte mit bunten, weichen Federn.
Das Wort ist schneller,
das schwarze Wort.
Es kommt immer an,
es hört nicht auf
anzukommen.

Besser ein Messer als ein Wort.
Ein Messer kann stumpf sein.
Ein Messer trifft oft
am Herzen vorbei.
Nicht das Wort.

Am Ende ist das Wort,
immer
am Ende
das Wort.

Hilde Domin

Vertrau dich einem Menschen an

Vertrau dich einem Menschen an,
der im Geist des Evangeliums
mit dir umgeht;
dich anhört, dir zuhört;
der wohlwollend
mehr zuhört, als du sagen kannst
im Augenblick.
Das Evangelium steht immer auf
deiner Seite,
egal wie schuldig du bist.
wie schuldig du zu sein glaubst,
egal für wie schuldig dich einer hält,
wie schuldig das Gesetz dich spricht.
Vertrau dich einem Menschen an,
der wie ein Grab schweigen kann
und der aus Liebe schweigt,
der im Geist des Evangeliums schweigt,
der so schweigt wie Gott.
Da sprich dich aus.

Vergebung und Versöhnung

Weil das tiefste Geheimnis dieser Welt Liebe heißt, soll kein Mensch an seiner Schuld verzweifeln. Gott schreibt ihn nicht ab, also soll auch er sich selbst nicht aufgeben. Jede Schuld, selbst die abgrundtiefe, kann vergeben werden.

Doch wie geschieht das? Wie erlangt der Mensch Vergebung seiner Schuld, wenn sie ihn drückt und quält? Die christliche Glaubensgeschichte kennt vielfältige Formen der Vergebung, in denen sich die eine Vergebung Gottes mitteilt. Vielleicht sind dies die wichtigsten:

Versöhnung durch Erinnerung

Vergebung durch Verdrängung gibt es nicht. Wer dem Spiegel der inneren Wahrheit ausweicht, wer zu sich selbst »Schwamm drüber« sagt, weil er meint, durch Vergessen und Verschweigen ließe sich etwas ungeschehen machen, betrügt sich und zugleich seine Mitmenschen.

Nach 1945 wollten viele Deutsche von den ungeheuren Nazi-Verbrechen nichts mehr hören. Man müsse endlich mal einen Schlussstrich ziehen, sagt man bis zum heutigen Tag immer wieder. Das deutsche Volk habe es verdient, nicht immer wieder neu an vergangene Gräueltaten erinnert zu werden. Demgegenüber sagen die Opfer der Nazi-Gewalt, Vergeben sei nur möglich, wenn nicht zugleich vergessen werde: »Das Geheimnis der Versöhnung heißt Erinnerung!«

Versöhnung durch Entschuldigung

Manche Schuld hängt an Schäden, die niemand mehr rückgängig machen kann. Davon weiß das Gedicht von Hilde Domin: »Wo das Wort vorbeifliegt, verdorren die Gräser, werden die Blätter gelb …« Worte können verletzen, eine Beziehung zerstören, Frieden vernichten … Wenn das geschieht, bleibt dann nicht als einziger Weg zur Versöhnung ein neues Wort: eins der Reue, des Bedauerns, der Bitte um Vergebung?

Und was ist, wenn durch eigene Schuld ein fremdes Leben zerstört wurde, wenn lebenslange Krankheit die Folge ist – oder gar der Tod? Wiedergutmachen lässt sich das nicht. Hier hat nur noch das schuldbewusste, um Verzeihung bittende Wort eine Chance.

Vergebung durch Wiedergutmachung

Eine Bitte um Vergebung ist zu leicht, wenn sie nicht durch Haltung und Tat beglaubigt wird. Was gestohlen wurde, muss zurückgegeben werden. Was zerstört wurde, muss wiederhergestellt oder ersetzt werden. Wenn sich Menschen so begegnen und darin einander ihre Schuld erlassen, ist sie ihnen von Gott in gleicher Weise erlassen. In unserer Vergebung vergibt Gott.

Versöhnung durch Freundlichkeit und Liebe

Immer wenn der Mensch über sich selbst hinauskommt, indem er sich auf einen anderen einlässt, sich für ihn engagiert, öffentliche, soziale und politische Verantwortung übernimmt, sind ihm in dieser Liebe – in der Gott mitliebt – seine Sünden vergeben, auch wenn er sich dabei nicht ausdrücklich auf Gott beruft.

Versöhnung durch Jesus Christus

Durch Jesus wurde die Menschenfreundlichkeit Gottes offenbar. Indem Gott Jesus zu seinem »Sohn« erwählte, sind wir alle als Söhne und Töchter Gottes angenommen. Im Hören und Aufnehmen dieses Evangeliums begegnen wir der göttlichen Vergebung. Beim Lesen dieser Frohen Botschaft, im Gespräch darüber und im Gebet vollzieht sich ebenso Vergebung wie im sakramentalen Geschehen.

Versöhnung im Sakrament der Buße

Das Bußsakrament wäre am wenigsten verstanden, wenn man meinte, hier sei es »besonders einfach, seine Sünden loszuwerden«. Wäre es nicht ein Widerspruch, wollte jemand eine Beleidigung beichten, es aber unterlassen, den Beleidigten um Verzeihung zu bitten? Einen Diebstahl zu bekennen, aber keine Widergutmachung anzustreben? Wer Schuld im Beichtgespräch bekennt, will gerade dadurch, dass er diese Schuld ausspricht, vor Gott ganz ehrlich sein. Vor Gott ehrlich sein, heißt auch, vor sich selbst ehrlich zu sein; sein »wahres inneres Wesen, so wie's in Wirklichkeit beschaffen ist« zu erkennen.

Und weshalb gibt es in der katholischen Kirche Umkehr und Buße als Sakrament? Die Sakramente betreffen wichtige Stufen und Zeitpunkte im Leben der Christen, nähren und fördern das Glaubensleben. Sie geben allen großen Wirklichkeiten im menschlichen Leben Gestalt: dem Lebensbeginn, dem Wachstum, der Einheit von Mann und Frau, der Berufung, der Gemeinschaft des Mahles, der Krankheit. Eine bedeutsame Lebenswende ist es auch, wenn ein Mensch schuldig geworden ist und Vergebung sucht. Dafür ist das Bußsakrament ein Ort der Heilung und Wiederversöhnung.

Sünde verwundet auch das Leben der Kirche. Aber die Kirche will Zeichen und Werkzeug der Versöhnung und Heilung sein. Im Sakrament der Buße findet der Sünder zum Frieden mit Gott, zum Frieden mit sich und zum Frieden mit der Gemeinschaft der Kirche zurück.

Jedem, der umkehrt, sagt die Kirche:

Gott, der barmherzige Vater, hat durch den Tod und die Auferstehung seine Sohnes die Welt mit sich versöhnt und den Heiligen Geist gesandt zur Vergebung der Sünden.
Durch den Dienst der Kirche schenke er dir Verzeihung und Frieden. So spreche ich dich los von deinen Sünden im Namen des Vaters und des Sohnes und des Heiligen Geistes.

Nur wer sich ausspricht, wird das los,
was ihn bedrückt,
was ihn ängstigt,
was ihn unfrei sein lässt,
was krank macht,
was lähmt,
was klein macht.
Nicht das Gesetz hat das letzte Wort
über unsere Schuld oder Unschuld,
nicht die Leute haben das letzte Wort,
nicht einmal unser Gewissen
hat das letzte Wort.
Keiner hat das letzte Wort.
Das Evangelium spricht uns frei.
Wer ohne Schuld,
der werfe den ersten Stein.
Ein Mensch,
der aus dem Geist des Evangeliums
lebt und spricht, sagt nicht:
»Das war nicht so schlimm.«
Er sagt: »Das war schlimm,
aber so ist der Mensch.
Geh in Frieden,
geh und verzeih anderen,
verzeih überschwänglich,
denn wer überschwänglich verzeiht,
dem wird überschwänglich verziehen.«
Unsere Schuld, unsere Fehler,
unsere Vergehen,
wir müssen sie erkennen und
bekennen.
So werden wir sie los.
Das Evangelium spricht uns frei.
Das Evangelium heilt uns.
Öffne dich einem Menschen,
der im Namen Jesu
und im Auftrag der Kirche
dich freispricht und dir sagt:
»Die ganze Kirche,
alle Christen auf der ganzen Welt,
sprechen durch mich
und bei Jesus Christus
und seinem Evangelium:
Du bist freigesprochen!
Geh, wie du bist, geh in Frieden,
und sei barmherzig,
wie Gott barmherzig ist.«

Nach Wilhelm Willms

Freundschaft und Liebe

Ob ich ihr sag, dass ich sie mag?
Ein schüchternes Liebeslied

Ich mag, wie sie lacht
und wie sie schaut.
Was sie auch macht,
was wie auch tut,
ich seh sie an
und mir geht es gut.
Ob ich ihr sag,
dass ich sie mag?

Ich möchte laut singen,
ich möchte laut pfeifen,
möchte hoch oben
nach Sternen greifen.
Wär es nicht schön
zusammen zu sein?
Wär es nicht schön,
mit ihr zu gehen?
Ob ich ihr sag,
dass ich sie mag?

Ich möchte laut singen,
möchte vor Freude
am liebsten zerspringen.
Wohin ich schau:
Die Welt steht Kopf
– alles ist neu.
Ob ich ihr sag,
dass ich sie mag?

Ich mag, wie sie lacht
und wie sie schaut,
was sie auch macht,
was sie auch tut.
Sie sieht mich an
und ich fühl mich gut.
Wär es nicht schön,
mit ihr zu gehen?
Sie sieht mich an
und ich fühl mich gut.

Ob ich ihr sag,
dass ich sie mag?

Christine von dem Knesebeck

Seit zwei Wochen lehnt jeden Morgen, wenn ich zur Straßenbahnhaltestelle komme, ein irrer Typ an der Stange mit der Haltestellentafel. Er ist groß, hat blonde Haare und kaut unentwegt Kaugummi. Wenn er sich bewegt, wirkt das sehr elegant-lässig. Ich schätze ihn auf sechzehn Jahre. Meistens hat er eine Zeitung unter den Arm geklemmt. Schultasche hat er keine. Aber das sagt nicht viel. Der Typ steigt immer mit mir in denselben Wagen ein und stellt sich neben mich. Er tut so, als würde er Zeitung lesen. Aber er schielt über den Rand der Zeitung zu mir her. Und zweimal schon, als ich zur Haltestelle kam und mir eine Straßenbahn gerade vor der Nase wegfuhr, stand der Typ auch da. Er hat die Straßenbahn sausen lassen, um auf mich zu warten. Das steht eindeutig fest. Warum redet er dann nicht mit mir? Ob er schüchtern ist? Auch ein Mädchen kann einen Jungen ansprechen, wenn er ihr gefällt, aber wie – um Himmels willen – soll ich ihn denn anquatschen?

Wie heißt du? Oder: Wo fährst du hin? Oder: Gehst du auch in die Schule? Oder gar: Heute ist aber echtes Sauwetter! Das klingt doch alles urblöd! Und die Wahrheit sagen, nämlich: DU GEFÄLLST MIR UNHEIMLICH GUT!, das bringe ich nicht. Die Corinna meint, ich solle so tun, als suche ich etwas in meiner Geldbörse. Und dann solle ich ein paar Münzen fallen lassen. Und dann, meint sie, würde sich der Typ nach dem Geld bücken und es aufheben und mir zurückgeben. Und ich würde mich bedanken, und das Gespräch – wenn er an einem Interesse hat – wäre schon im Gange. Aber ich muss etwas anderes fallen lassen. Ich bin so total pleite, dass ich nicht einmal ein paar Münzen zum Anbandeln habe …

»Kommt ein Vogel geflogen.«

Was sollen wir Julia raten? Bei ihren Eltern glaubt sie sich hier nicht recht aufgehoben:

Was ich echt mit jemandem bereden möchte, sind sowieso keine Themen für Mutti. Ich glaube, wenn ich sie fragen würde, wie ich mit dem Typ aus der Straßenbahn in Nahkontakt treten könnte, trifft sie glatt der Schlag! »Aber Julia, aber Julia …«, würde sie stammeln, »du bist doch erst vierzehn!« Mutti hatte ihren ersten Freund mit sechzehn gehabt und schließt daraus, dass sechzehn Jahre das richtige Alter für die erste Liebe ist.

Offensichtlich haben Kinder immer schon Last mit ihren Eltern gehabt. Davon wissen sogar Grimms Märchen:

Als einmal ein alter König zum Sterben kam, ließ er seinen liebsten Diener, den getreuen Johannes, zu sich rufen und sprach: »Ich habe keine andere Sorge als um meinen Sohn; er ist noch in jungen Jahren, wo er sich nicht immer zu raten weiß. Nach meinem Tod sollst du ihm das ganze Schloss zeigen, alle Kammern, Säle und Gewölbe und alle Schätze, die darin liegen; aber die letzte Kammer in dem langen Gange sollst du ihm nicht zeigen, worin das Bild der Königstochter vom goldenen Dache verborgen steht. Wenn er das Bild erblickt, wird er eine heftige Liebe zu ihr empfinden und wird ihretwegen in große Gefahren geraten; davor sollst du ihn hüten.«
Als nun die Zeit der Trauer vorüber war und der junge Königssohn heranwuchs, sprach der treue Johannes zu ihm: »Es ist nun Zeit, dass du dein Erbe siehst; ich will dir dein väterliches Schloss zeigen.« Da führte er ihn überall herum, auf und ab, und ließ ihn alle die Reichtümer und prächtigen Kammern sehen; nur die eine Kammer öffnete er nicht, worin das gefährliche Bild stand. Der junge König aber merkte wohl, dass der getreue Johannes immer an einer Tür vorüberging, und sprach: »Warum schließest du mir diese niemals auf?« – »Es ist etwas darin«, antwortete er, »vor dem du erschrickst.« Aber der Königssohn antwortete: »Ich habe das ganze Schloss gesehen, so will ich auch wissen, was darin ist«, ging und wollte die Türe mit Gewalt öffnen. Da hielt ihn der getreue Johannes zurück und sagte: »Ich habe es deinem Vater vor seinem Tode verspro-

Bildnis der schönen Frau
Der treue Johannes soll dem Jungen »das ganze Schloss zeigen, alle Kammern, Säle und Gewölbe, und alle Schätze die darin liegen« – eine Umschreibung der Welt in ihren zugänglichen und auch verborgenen Reichtümern.
Allein die eine Kammer mit dem Bildnis der schönen Frau soll er nicht kennenlernen. Der Vater wusste, dass die Suche nach ihr das Herz unruhig macht und der Weg voller Gefahren ist.
Aber würde sich der junge Mensch daran halten, wie verliefe dann sein Leben?

Die meisten Liebesgeschichten beginnen mit einem Bild, das schöner ist als die Wirklichkeit. Wenn sich die Liebenden auf ihrem Weg zueinander aber wirklich finden und alle Gefährdungen unterwegs meistern, kann der andere noch schöner sein, als ein noch so schönes Bild. Darum heißt es zum Schluss: »Der König sah, dass ihre Schönheit noch schöner war, als das Bild sie dargestellt hatte …«

Es ist nicht schwer, diese Geschichte auf Julias Situation zu beziehen. Aber sie hat auch ihre eigene Aussagen. Was bedeutet die verschlossene Kammer? Warum war diese Kammer dem Jungen nicht länger zu verheimlichen? Und warum wird der Weg, auf den sich der »Königssohn« macht, nachdem »das Bild des Mädchens« in sein Herz gefallen ist, ein Weg »großer Gefahren« genannt?

chen, dass du nicht sehen sollst, was in der Kammer steht; es könnte dir und mir zu großem Unglück ausschlagen.« – »Ach nein«, antwortete der junge König, »wenn ich nicht hineinkomme, würde ich Tag und Nacht keine Ruhe haben, bis ich's mit meinen Augen gesehen hätte. Nun gehe ich nicht von der Stelle, bis du aufgeschlossen hast.«

Da sah der getreue Johannes, dass es nicht mehr zu ändern war, und suchte mit schwerem Herzen aus dem großen Bund den Schlüssel heraus. Als er die Türe geöffnet hatte, trat er zuerst hinein und dachte, er wolle das Bildnis bedecken, dass es der Königssohn nicht vor ihm sähe; aber was half das? Der Königssohn stellte sich auf die Fußspitzen und sah ihm über die Schulter. Und als er das Bildnis des Mädchens erblickte, nahm es ihm die Sinne. Der getreue Johannes hob ihn auf und dachte: Das Unglück ist geschehen, Herr Gott, was will daraus werden? Als er dann wieder zu sich selbst kam, war sein erstes Wort: »Ach! wer ist das schöne Bild?« – »Das ist die Königstochter vom goldenen Dache«, antwortete der treue Johannes. Da sprach der Königssohn weiter: »Meine Liebe zu ihr ist so groß, wenn alle Blätter an den Bäumen Zungen wären, sie könnten's nicht aussagen; mein Leben setze ich daran, dass ich sie erlange.«

So dramatisch wie für den jungen Königssohn scheint sich für Julia die Sache nicht anzulassen, obwohl es auch für sie genug Aufregung gibt. Inzwischen hat sie erfahren, wie der »irre Typ« heißt:

Er heißt Stefan. Am zwanzigsten September hat er Geburtstag. Siebzehn Jahre wird er dann. Er hat eine große Schwester und einen kleinen Bruder. Und seine Eltern dürften nicht gerade die allerangenehmsten sein, die man ergattern kann auf Erden. In der Schule hat er fast nur gute Noten. Wenn er schlechte Noten hätte, dann dürfte er gar nicht in die Schule gehen, hat er gesagt, dann hätte ihn sein Vater in eine Lehre gesteckt.
Was weiß ich sonst noch von Stefan? Wenn er lacht, bekommt er drei Grübchen. Eines im Kinn und eines in jede Wange. Wenn er nachdenkt, bekommt er eine Senkrechtfalte auf der Stirn, und wenn er verlegen ist, zupft er am rechten Ohrläppchen herum. Geld hat er genauso wenig wie ich. Und das Haus, in dem er wohnt, ist das Haus gegenüber der Straßenbahnhaltestelle. Ich bin heute am Morgen zu früh zur Straßenbahn gekommen. Der Stefan lehnte noch nicht an der Haltestellentafel. Ich warte zwei Straßenbahnen ab, dann war es drei Minuten vor acht Uhr, und ich wollte wieder kehrtmachen und heimgehen wegen meines kranken Fußes, der mir unheimlich weh tat, als Stefan aus dem Haus kam. Die Fußgängerampel war auf Rot. Er konnte nicht über die Straße gehen. Und genau in diesem Augenblick kam die Straßenbahn. Da niemand außer mir bei der Haltestelle stand und auch niemand aussteigen wollte, hielt der Fahrer bloß sehr kurz und fuhr weiter, bevor die Fußgängerampel grün wurde.

»Wenn ich bloß das Zauberwort wiederfände!«

Jetzt musste dem Stefan sonnenklar sein, dass ich auf ihn wartete. Peinlich, peinlich! Aber schließlich war ja auch mir klar, dass er schon zweimal auf mich gewartet hatte. Und mir ist er deswegen ja auch nicht blöd vorgekommen! Stefan kam, als die Ampel grün war, über die Straße zu mir her. Diesmal grüßte er mich. »Servus, Julia«, sagte er. Er hatte sich also nach meinem Namen erkundigt. Und dann sagte er noch: »Ich habe nämlich verschlafen.« Ich nickte wie eine Blöde. Er schaute auf meinen Fuß. »Tut er noch weh?«, fragte er.

Fast hätte ich wieder wie eine Blöde genickt, doch das verbot ich mir und sagte: »Ich gehe heute gar nicht in die Schule. Ich bin noch krank gemeldet. Ich wollte bloß ausprobieren, wie ich gehen kann.« Das war ja nun eindeutig eine Idiotenausrede. Wer probiert schon um acht Uhr am Morgen, mit einem Rucksack in der Hand, ob er wieder laufen kann? Aber es war auch eindeutig ein Angebot, und ich bekam rasantes Herzflattern vor Spannung, ob Stefan dieses Angebot annehmen werde.

Stefan bekam die Senkrechtfalte naseaufwärts. »Ach so«, sagte er. »Gehst du wieder heim?« »Schön langsam«, sagte ich.

Er schaute zu seinem Haus hinüber. »Ich hätt' eigentlich auch keine Lust auf die Schule«, sagte er. »Bloß steht meine Mutter am Fenster da drüben.« Er deutete zum ersten Stock. »Die braucht das nicht unbedingt zu wissen. Ich steige in die nächste Straßenbahn und fahr eine Haltestelle. Dann komm ich zurück. Wo treffen wir uns?«

Störung

Ich liebe dich.
Du liebst ihn.
Er liebt mich.
Und dennoch kann ich
nicht einfach sagen:
Wir lieben uns.

Hans Manz

»Ach, wenn er bloß nicht so wild wäre!«

Hier ist Julias Tagebuch noch einmal zu unterbrechen und ein anderes Stück aus Grimms Märchen einzuschieben. Die Bekanntschaft von Julia und Stefan macht ja Fortschritte, darum sollte die Zwischenfrage erlaubt sein, was es eigentlich bedeutet, wenn einem Mädchen gewünscht wird, dass es sich »in seinem fünfzehnten Jahr an einer Spindel stechen und in hundertjährigen tiefen Schlaf fallen« soll?

Und der Schlaf verbreitete sich über das ganze Schloss. Rings um das Schloss aber begann eine Dornenhecke zu wachsen, die jedes Jahr höher ward und endlich das ganze Schloss umzog und darüber hinauswuchs, dass gar nichts mehr davon zu sehen war, selbst nicht die Fahne auf dem Dach. Es ging aber die Sage in dem Land von dem schönen schlafenden Dornröschen, denn so ward die Königstochter genannt, also dass von Zeit zu Zeit Königssöhne kamen und durch die Hecke in das Schloss dringen wollten. Es war ihnen aber nicht möglich, denn die Dornen, als hätten sie Hände, hielten fest zusammen, und die Jünglinge blieben darin hängen, konnten sich nicht wieder losmachen und starben eines jämmerlichen Todes.

Schlaf: Eine Phase innerer, ungestörter, aber durchaus auch aktiver Entwicklung; eine Zeit der Wandlung zu tieferer eigener Entfaltung.

Darf man Julia mit dem Dornröschen vergleichen? Sie selbst würde sich bestimmt dagegen wehren. An anderer Stelle schrieb sie zwar in ihr Tagebuch: »Ich will nicht, dass er glauben kann, ich renne hinter ihm her!« Darum ließ sie es auch sein, Stefan anzurufen: »Dreimal war ich schon beim Telefon und wollte anrufen. Einmal habe ich sogar schon die ersten vier Ziffern gewählt und dann wieder aufgelegt.« Nach einem schlafenden Dornröschen sieht das nicht aus.

Überhaupt, Dornröschen! Warum sollen es immer nur die Mädchen sein, die sich von Jungen wach küssen lassen? Kann es nicht auch umgekehrt gehen? Was mag Dornröschens Schlaf bedeuten? Ein Schlaf von »hundert Jahren«? Und wie ist die Dornenhecke zu verstehen? Die sehr eiligen, denen die Zeit zu lang wurde, und die deswegen mit Ungestüm durch die Hecke dringen wollten, »blieben darin hängen, konnten sich nicht wieder losmachen und starben eines jämmerlichen Todes«. Wieso?

Lieben heißt
das
Rechnen verlernen:

Eins plus Eins gleich Eins
Eins minus Eins gleich Zwei
Eins mal Eins gleich Unendlich
Eins durch Eins gleich Glücklich

Robert Gernhardt

Nach langen, langen Jahren kam wieder einmal ein Königssohn in das Land und hörte, wie ein alter Mann von der Dornenhecke erzählte, es sollte ein Schloss dahinter stehen, in welchem eine wunderschöne Königstochter, Dornröschen genannt, schon seit hundert Jahren schliefe. Er wusste auch von seinem Großvater, dass schon viele Königssöhne gekommen wären und versucht hätten, durch die Dornenhecke zu dringen, aber sie wären darin hängen geblieben und eines traurigen Todes gestorben. Da sprach der Jüngling: »Ich fürchte mich nicht, ich will hinaus und das schöne Dornröschen sehen.«

Nun waren aber gerade die hundert Jahre verflossen, und der Tag war gekommen, wo Dornröschen wieder erwachen sollte. Als der Königssohn sich der Dornenhecke näherte, waren es lauter große schöne Blumen, die taten sich von selbst auseinander und ließen ihn unbeschädigt hindurch, und hinter ihm taten sie sich wieder als eine Hecke zusammen. Da ging er, und alles war so still, dass einer seinen Atem hören konnte, und endlich kam er zu dem Turm und öffnete die Türe zu der kleinen Stube, in welcher Dornröschen schlief. Da lag es und war so schön, dass er die Augen nicht abwenden konnte, und er bückte sich und gab ihm einen Kuss. Wie er es mit dem Kuss berührt hatte, schlug Dornröschen die Augen auf, erwachte und blickte ihn ganz freundlich an …

Ich hab's geschafft. Ganz cool habe ich beim Stefan angerufen. Ich glaube, er hat sich gefreut. Morgen um zehn Uhr treffen wir uns auf dem Platz vor der Kirche. Den Treffpunkt hat Stefan vorgeschlagen … Der Stefan ist tatsächlich aus der Kirche gekommen! Mir war das so fremd, dass ich gar nicht gewusst habe, wie ich ihn begrüßen soll. Kommt einer aus dem Kino, kann man ihn fragen: War's spannend? Kommt einer aus der Schule, kann man ihn fragen: War's arg? Kommt einer vom Fußballplatz, kann man ihn fragen: War's aufregend? »War's heilig?«, kann man aber wohl nicht gut fragen … Er muss anders sein, als ich ihn mir vorgestellt habe. Blödsinn! Eigentlich habe ich ihn mir ja überhaupt nicht vorgestellt. Eigentlich habe ich mich bloß verliebt in ihn, weil er so ausschaut, wie er ausschaut, und sich so bewegt, wie er sich bewegt.

Ich bin mit dem Stefan drei Stunden lang herumgegangen. Zuerst im Park. Dann sind wir stadtauswärts marschiert, am Friedhof vorbei bis zum Wald. Dort haben wir uns auf eine Wiese gesetzt, und der Stefan hat einen Arm um meine Schultern gelegt. Ich habe gespürt, dass er mich küssen will! Aber dann hat er den Arm wieder von meiner Schulter genommen und gesagt: »Gehen wir besser weiter!«
Wie wir aufgestanden sind, war ein Weberknecht auf meiner Hose. Und ich habe natürlich wieder meine Spinnenpanik bekommen. Ich wollte mich beherrschen, doch das ist mir nicht gelungen. Ich habe herumgezappelt und igittigitt gekreischt. Ein anderer hätte mich garantiert ausgelacht. Der Stefan hat bloß den Weberknecht von meiner Hose genommen und ins Gras gesetzt. Und hat gesagt, dass ich mir nichts draus machen soll, weil ein jeder Mensch irgendeinen Tick hat, nur geben das die meisten Leute nicht zu. Und dann hat er so geseufzt, als ob er auch viele Ticks hätte …
Heute ist so viel passiert, dass ich gar nicht weiß, wo ich mit dem Aufschreiben anfangen soll. Doch! Ich weiß es! Mit dem wichtigsten Ereignis des Tages natürlich, und das ist: Der Stefan hat mich geküsst! Auf dem Heimweg vom Bad hat er mich geküsst. Wir sind alle zusammen aus dem Bad die Straße hinuntergegangen. Der Stefan und ich sind langsamer gegangen und haben zu den anderen einen immer größeren Abstand gehalten. Und dann sind wir einfach in einen Schrebergartenweg eingebogen. Und dann sind wir stehen geblieben und haben uns angeschaut. Und der Stefan hat ein bisschen meine Haare gestreichelt. Sanft und zärtlich. Und ich habe alle meine telepathischen PSI-Kräfte eingesetzt. Ganz fest habe ich ihm in die Augen geschaut und ganz stark habe ich mir gedacht: Jetzt küsse mich! Jetzt küsse mich sofort! Und es hat gewirkt. Der Stefan hat die Hände aus meinen Haaren genommen und auf meine Schultern gelegt und mich geküsst. Wie der Kuss war, kann ich schwer beschreiben. Schön war er. Sehr schön sogar. Aber der Stefan hat mich gleich wieder losgelassen und wir sind weitergegangen. Bei der Straße oben haben die anderen auf uns gewartet. Wir sind mit ihnen zum Eissalon gegangen und ich habe gelitten wie ein Schwein. Ich wäre mit meinem ersten Kuss gerne ein bisschen allein gewesen.

Ich will dich heut nicht sehen

Ich will dich heut nicht sehen
und sag dir ins Gesicht:
Ich will dich heut nicht sehen.
Ich mag dich heute nicht.

Ich kann dich heut nicht riechen,
du machst dich nicht beliebt.
Mach bitte eine Fliege,
bevor es Ärger gibt.

Ich möchte heut allein sein
und sag dir ins Gesicht:
Ich hab heut schlechte Laune
und mag mich selber nicht.

Ich will dich heut nicht sehen.
Ich weiß, das klingt gemein.
Doch kann ich heute leider nicht
auf Knopfdruck lustig sein.

Hast du mal schlechte Laune,
dann kann ich dich verstehn.
Und spätestens heut Abend
möchte ich dich wiedersehn.

Bernhard Lins

Dieses kleine Gedicht
kann dir den Kopf verdrehen:
ich
hcid ebeil

Peter Jepsen

Morgens und abends zu lesen

Der, den ich liebe
Hat mir gesagt
Daß er mich braucht.
Darum
Gebe ich auf mich acht
Sehe auf meinen Weg und
Fürchte von jedem Regentropfen
Daß er mich erschlagen könnte.

Bertolt Brecht

Trennung als Aufgabe

Da haben sich also zwei junge Menschen gerade gefunden, als etwas dazwischentritt, was beide auseinanderreißt. Sie glaubten sich am ersehnten Ziel und stehen unerwartet vor neuem Suchen und Sehnen.

Das Glück ist verwirkt, wenn Joringel sich nicht auf neue Wege macht, um die blutrote Blume zu finden, die er »im Traume« sah.

Nachdem Joringel die erste Lähmung überwunden hat, geht er fort und hütet eine lange Zeit die Schafe. Er lässt sich auf die erzwungene Einsamkeit ein und flieht sie nicht. Er sucht keine Ablenkung, keine neue Beziehung; Joringel hält es bei sich aus. Das ist auch die Bedingung für seine innere Reifung. Aber natürlich vergisst er seine Geliebte nicht, sondern umrundet immer wieder das Schloss und die ihm damit gestellte Aufgabe.

Waren damit für Julia und Stefan die »hundert Jahre«, die Dornröschen warten musste, vorüber? Spiegelt sich möglicherweise ihre weitere Beziehung in der folgenden Geschichte?

Dereinst lebte ein Mädchen, das hieß Jorinde. Es war schöner als alle anderen Mädchen. Jorinde hatte einen Freund, der hieß Joringel. Beide hatten sich einander versprochen, und sie fanden ihr größtes Vergnügen eins am andern. Damit sie nun einsmalen vertraut zusammen reden könnten, gingen sie in den Wald spazieren.

Es war ein schöner Abend, die Sonne schien zwischen den Stämmen der Bäume hell ins dunkle Grün des Waldes. Jorinde und Joringel setzten sich in den Sonnenschein, aber beide waren traurig. Sie hatten das Gefühl, als bedrohe irgendetwas ihr gemeinsames Glück. Noch halb stand die Sonne über dem Berg, und halb war sie unter. Joringel sah durchs Gebüsch und sah die alte Mauer des Schlosses. Er erschrak. Er wusste, dass niemand ohne Gefahr diesem Schloss im Walde nahen durfte. Wer ihm auf hundert Schritte nahe kam, musste stille stehen und konnte sich nicht mehr von der Stelle bewegen, bis die Alte ihn lossprach. War es aber ein keusches Mädchen, so verwandelte sie es in einen Vogel. In ihrem Schloss hatte sie wohl siebentausend Käfige mit solchen Vögeln. Gerade sang Jorinde:
Mein Vöglein mit dem Ringlein rot
singt Leide, Leide, Leide:
es singt dem Täublein seinen Tod
singt Leide, lei-
Da hörte sie auf zu singen, und wo Jorinde gesessen hatte, sang eine Nachtigall »ziküth, ziküth, ziküth!« Eine Nachteule mit glühenden Augen flog dreimal um sie herum und schrie dreimal »schu, hu, hu, hu!« Und ehe Joringel die Nachtigall fassen und mit ihr flüchten konnte, stand er da wie ein Stein, konnte nicht weinen, nicht reden, nicht Hand noch Fuß regen. Nun war die Sonne unter; die Eule flog in einen Strauch, und gleich darauf kam eine alte krumme Frau aus diesem hervor, gelb und mager: große rote Augen, krumme Nase, die mit der Spitze ans Kinn reichte. Sie murmelte, fing die Nachtigall und trug sie auf der Hand fort. Joringel konnte nichts sagen, nicht von der Stelle kommen; die Nachtigall war fort.

Endlich kam das Weib wieder und sagte mit dumpfer Stimme: »Grüß dich, Zachiel, wenn's Möndel ins Körbel scheint, bind lose Zachiel, zu guter Stund.« Da wurde Joringel los. Er fiel vor dem Weib auf die Knie und bat, sie möchte ihm seine Jorinde wiedergeben, aber sie sagte, er sollte sie nie wiederhaben, und ging fort. Er rief, er weinte, er jammerte, aber alles umsonst.

Joringel ging fort und hütete die Schafe lange Zeit. Oft ging er rund um das Schloss herum, aber nicht zu nahe dabei. Endlich träumte er einmal des Nachts, er fände eine blutrote Blume, in deren Mitte eine schöne große Perle war. Die Blume brach er ab, ging damit zum Schlosse: Alles, was er mit der Blume berührte, ward von der Zauberei frei; auch träumte er, er hätte seine Jorinde dadurch wiederbekommen.

Gedicht für jeden Tag im Jahr

Jeder wünscht sich jeden Morgen
Irgendetwas – je nachdem.
Jeder hat seit jeher Sorgen,
Jeder jeweils sein Problem.

Jeder jagt nicht jede Beute.
Jeder tut nicht jede Pflicht.
Jemand freut sich jetzt und heute.
Jemand anders freut sich nicht.

Jemand lebt von seiner Feder.
Jemand anders lebt als Dieb.
Jedenfalls hat aber jeder
Jeweils irgendjemand lieb.

Jeder Garten ist nicht Eden.
Jedes Glas ist nicht voll Wein.
Jeder aber kann für jeden
Jederzeit ein Engel sein.

Ja, je lieber und je länger
Jeder jedem jederzeit
Jedes Glück wünscht, umso enger
Leben wir in Einigkeit.

James Krüss

Vierundzwanzig Stunden täglich
Denk ich an dich.
Nur noch an dich.
Nur noch an dich.
Vierundzwanzig Stunden täglich,
Nachts noch im Traum.
Nichts hat neben dir noch Zeit und
Raum.
Ob ich glücklich bin? Na, ganz
unsäglich!
Volle vierundzwanzig Stunden
täglich.
– Wissen möchte ich, was ich früher
All die Zeit gemacht,
Eh ich vierundzwanzig Stunden
Nur an dich gedacht.

Mascha Kaléko

Des Morgens, als er erwachte, fing er an, durch Berg und Tal zu suchen, ob er eine solche Blume fände; er suchte bis an den neunten Tag, da fand er die blutrote Blume am Morgen früh. In der Mitte war ein großer Tautropfen, so groß wie die schönste Perle.

Das Mittelalter

Das Reich Karls des Großen hatte über dessen Tod hinaus nicht lange Bestand. In seinen letzten Lebensjahren verließ Karl kaum noch die Gegend um Aachen. Mancherorts kam es zu Missständen. Der Vertraute des Kaisers, Alkuin, schrieb an den Erzbischof von Salzburg: »Der Kaiser hat nicht so viele Helfer zur Gerechtigkeit, als es Leute gibt, die sie untergraben.« Bald nach Karls Tod zeigten sich Zerfallserscheinungen im Lande. Als schließlich das Reich unter die drei Enkel Kaiser Karls geteilt werden sollte, zerfiel es bald. Frankreich, Deutschland und Italien sind aus den Bruchstücken des großen Frankenreiches hervorgegangen. Das Kaiserreich Karls des Großen hat im folgenden Jahrhundert nicht einmal mehr dem Namen nach bestanden.

Auch die Schulen, die Karl gegründet hatte, verloren ihre Bedeutung. Die Kunst des Lesens und Schreibens schwand bis auf einige Klöster dahin. Aus dem Norden kamen Dänen und Normannen, die man Wikinger nannte, und machten die Küstenstädte unsicher. Noch heute hat die Normandie in Frankreich ihren Namen von diesen plündernden Nordmännern. Ein Chronist schrieb:

Nachdem die Normannen festgestellt hatten, dass die christliche Bevölkerung träge und zum Kampf unfähig war, verließen sie ihre Schiffe, drangen nach allen Seiten vor und begannen, da sie auf keinen Widerstand trafen, Gefangene zu machen, Männer und Frauen abzumurksen, Klöster, Kirchen und Landgüter zu verwüsten und anzuzünden und das Vieh zu stehlen.

Aber nicht alleine Frankreich lernte die Wikinger kennen. In England errichteten die Dänen gleich ein eigenes Königreich, das ein halbes Jahrhundert lang Bestand hatte. Die Norweger überfielen Irland und Schottland, besiedelten Island, plünderten die Küsten der Gascogne, Galiziens, Portugals und Marokkos und fuhren die Rhône bis Valence hinauf. Von Schweden aus drangen die Nordmänner – unter dem Namen »Waräger« – bis zum Kaspischen Meer vor. Nach den anfänglichen verheerenden Grausamkeiten und Plünderungen entwickelten sich später Handelsbeziehungen, und auch die Kultur erfuhr neue Impulse. Im elften Jahrhundert erfolgte dann die langsame Annähe-

Der Bug des Oseberg-Schiffs endet in einem Schlangenkopf. Beide Seiten von Bug und Heck sind mit Friesen verschlungener Tiere verziert. Es kann nur wenige Wikingerschiffe gegeben haben, die so verschwenderisch wie dieses mit Schnitzereien geschmückt waren. Es war vermutlich ein königliches Prunkschiff, das für Fahrten auf geschützten Gewässern vorgesehen war.

rung der Normannen an das Christentum. Der große Stein von Jellinge auf Jütland kündet heute noch von der Taufe des Dänenkönigs Harald »Blauzahn« im Jahr 960.

Dennoch: die Verluste waren groß. Klöster gingen in Flammen auf, Bibliotheken wurden vernichtet, Mönche in alle Welt zerstreut. Doch waren es die Abteien, in denen sich auch die Kräfte der Reform wieder sammelten.

Auch von anderer Seite drohte Zerstörung. Kaum hundert Jahre nach Karls Tod, etwa seit dem Jahr 900, drangen Magyaren, wilde Reiterhorden, vom Osten her vor. Sie waren fast nur mit dem Bogen bewaffnet, plünderten das Land und verbreiteten Schrecken. Da einigten sich die deutschen Stämme auf einen gemeinsamen Führer und wählten 919 den Herzog der Sachsen, Heinrich, zu ihrem König. Nachdem dieser sich gut zum Kampf gerüstet hatte, besiegte er die Magyaren. Bei nochmaligem Vordringen der Magyaren bis Augsburg, besiegte sie Otto der Große 955 auf dem Lechfeld; danach wurden sie endgültig sesshaft. Ihre Nachkommen sind die heutigen Ungarn.

Otto der Große

Als Nachfolger Heinrichs wurde dessen Sohn Otto gewählt. Der Mönch Widukind von Corvey schildert König Otto sehr anschaulich:

Otto, der oberste Gebieter … war vor allem ausgezeichnet durch Frömmigkeit, in Unternehmungen ausdauernder als irgendjemand; immer freundlich, im Geben mild, im Schlafen mäßig … und von mehr als menschlicher Treue …

Seine Geistesgaben sind höchst bewunderungswürdig; er lernte die Schrift, welche er vorher nicht kannte, so gut, dass er vollkommen Bücher lesen und verstehen kann. Außerdem versteht er, in romanischer und slawonischer Sprache zu reden. Auf die Jagd geht er häufig, das Brettspiel liebt er, kunstvolles Reiten übt er zuweilen mit königlichem Anstand … Die Brust ist wie mit einer Löwenmähne überdeckt, der Leib wohlgestaltet, der Schritt sonst rasch, jetzt gemessen; seine Kleidung die heimische, nie hat er fremdländische getragen. Sooft er aber die Krone tragen muss, lässt er, wie man für wahr berichtet, stets ein Fasten vorausgehen.

Doch schon bald gab es eine starke Auflehnung gegen den einstimmig gewählten König, so dass Otto sein Königtum nur durch Kampf behaupten konnte. Er betrieb aber eine kluge Politik. Land, das er eroberte, behielt er nicht einfach für sich, sondern verlieh es an jene Fürsten, die er für besonders zuverlässig hielt. Dadurch band er sie eng an sein Königtum. Dieses Land, das der König verlieh, nannte man *Lehen;* es war gewissermaßen nur »geliehen«, doch konnte es von den Lehensnehmern an die eigenen Söhne vererbt werden. Die Lehensnehmer mussten dem König nicht einmal etwas dafür bezahlen; sie waren aber mit allen Bauern, die das Land bewirtschafteten, verpflichtet, dem König in den Krieg zu folgen.

Der Stein von Jellinge/Jütland wurde von Harald Blauzahn nach seinem Übertritt zum Christentum nach 960 gestiftet. Er trägt die Inschrift: »König Harald befahl, dieses Denkmal zu errichten für Gorm, seinen Vater, und Thyra, seine Mutter, jener Harald, der sich unterwarf ganz Dänemark …« Das älteste Christusbild des Nordens hat Kreuzgestalt und ist in ein kunstvolles Geflecht eingebunden.

Heinrich I. (um 876–936), deutscher König (919–936), der seine Autorität erst nach langen Kämpfen durchsetzen konnte. Er besiegte 928/29 die Slawen und 933 die einfallenden Magyaren an der Unstrut vernichtend.

Magyaren (Ungarn), Reiternomadenvolk, das vom mittleren Donauraum aus Kriegszüge nach allen Seiten unternahm und auch deutsche Städte überfiel, bis ihnen → Otto I. 955 auf dem Lechfeld bei Augsburg eine so große Niederlage beibrachte, dass sie danach endgültig sesshaft wurden.

Otto I., der Große (912–973), deutscher König (936–973) und Kaiser (seit 962), baute die deutsche Reichskirche als Stütze der Königsgewalt aus; er förderte energisch die Slawenmission und errichtete neue Bistümer, insbesondere das Bistum Magdeburg.

Lehen, eins vom Lehnsherrn an einen Lehnsmann (Vasallen) gegen Dienst und Treue verliehenes Gut. Für dieses Gut galt Nutzungs- aber nicht Eigentumsrecht.

Petrus überreicht Karl dem Großen die Fahne und Papst Leo III. die Stola als Zeichen weltlicher und geistlicher Macht. Mosaik, Lateranpalast, um 799 (später rekonstruiert).

Heiliges Römisches Reich Deutscher Nation wurde mit der Kaiserkrönung Ottos I. geschaffen. Schon Karl d.Gr. hatte sich »Lenker des Römischen Reiches« genannt. Es vereinte mehrere Völker zu einem Reich, das sowohl römisch wie christlich war. Damit verband sich die Idee des kaiserlichen Schutzes für die Gesamtkirche. Der Name *Imperium Romanum* setzte sich immer mehr durch; der Zusatz »heilig« (*sacrum*) kam unter Friedrich Barbarossa auf und betonte die christliche Tradition des Kaisertums seit Konstantin d. Gr. Die weitere Ergänzung »deutscher Nation« wurde erstmals 1483 verwendet aber unterschiedlich ausgelegt.

Die Fürsten gaben ihr Land an Bauern weiter, die ihnen dafür von den Erträgen der Felder und Ställe regelmäßige Abgaben entrichteten. Der Lehnsherr bot ihnen als Gegenleistung sicheren Schutz. Das war in kriegerischen Zeiten kein geringes Gut und verlockte sogar freie Bauern, allen Besitz einem adligen Herrn zu unterstellen, meist gegen geringe Abgaben und Dienstleistungen. Jedoch verloren sie so ihre Freiheit und verschmolzen bald mit den übrigen »Hörigen«. Die hörigen Bauern sind nicht den Sklaven des Altertums gleichzusetzen. Ihr Grundherr durfte sie weder verkaufen noch töten, wenn er ihnen auch fast alles andere befehlen konnte.

Der König verlieh seine Länder aber nicht nur an Fürsten. Otto I. begann damit, immer öfter und immer lieber das Land auch an Bischöfe zu vergeben. Weil die Bischöfe nicht verheiratet waren, konnten sie ihr Land nicht vererben, sodass der König es nach ihrem Tod zurückerhielt und immer wieder neu an andere geben konnte. Das war für ihn vorteilhaft. Für die Bischöfe hatte es jedoch andere Folgen. Sie waren jetzt nicht allein Diener der Kirche, sondern nun auch Männer des Staates. Sie wurden Landesfürsten und zogen fortan an der Spitze ihrer hörigen Bauern in den Krieg.

Anfangs hat der Papst in Rom zu diesen Veränderungen nichts gesagt. Es war ihm eigentlich recht, denn die Päpste fanden sich in jenem Jahrhundert ständig von Gegnern bedroht. Deswegen schätzten sie es, wenn der König stark war und ihre Rechte verteidigen konnte.

König Otto I. – und viele seiner Nachfolger – sind oft über die Alpen nach Italien gezogen, um dem bedrängten Papst zu Hilfe zu kommen. Im Jahr 960 sandte der Papst wieder einmal einen Hilferuf zum König, sodass Otto im folgenden Jahr mit einem großen Heer nach Italien aufbrach. Hier wurde er im Februar 962 »unter begeisterten Zurufen des ganzen römischen Volkes und des Klerus vom Papst Johann zum Kaiser und Augustus ernannt und geweiht«. Damit begann die Geschichte des »Heiligen Römischen Reiches Deutscher Nation«.

Wichtigstes Kennzeichen dieses Reiches war seine universale Ausrichtung: es sollte »römisch« und »christlich« sein, also multinational. Gleichzeitig verband sich mit der Idee dieses Reiches die kaiserliche Verantwortung für den Schutz der Universalkirche, was eine wechselseitige Abhängigkeit zur Folge hatte. Fortan konnte kein deutscher König ohne Zustimmung des Papstes Kaiser werden und ebenso bedurfte die Papstwahl kaiserlicher Zustimmung.

Der Investiturstreit

Zunächst schien dies eine hilfreiche Lösung, aber schon bald zeigte sich, wie viel Konfliktstoff darin lag. Die Bischöfe, welche der König mit seinen Besitztümern belehnte, wurden nicht mehr von der Kirche ausgesucht und ernannt. Wir haben ja bereits gehört, dass sie ein kirchliches und ein weltliches Amt zugleich wahrnahmen. Das führte fast immer zu einem Übergewicht des weltlichen Amtes, denn Macht, Reichtum, Ansehen und äußerlicher Glanz können schnell in ihren Bann nehmen. Der Sinn für das Evangelium, das ja den Armen eine Frohbotschaft sein will, geht darüber verloren.

So war es auch diesmal. Die Bischöfe kümmerten sich mehr um Politik und eigene Interessen als um Seelsorge und das Leben ihrer Gemeinden. So entstanden Unzufriedenheit und der Wunsch nach einer Reform der Kirche. Als schließlich in Rom ein ebenso kluger wie frommer Mönch als Gregor VII. Papst wurde, wollte er diese Dinge ändern: Alle kirchlichen Amtsträger sollten fortan ausschließlich der kirchlichen Gewalt unterstellt sein, nicht der staatlichen. Darum bestritt er dem deutschen König das Recht, jemanden zum Bischof zu wählen. Der König suchte sich nämlich Männer seiner Wahl aus und nahm sie in die Pflicht mit der Übergabe von Ring und Stab (Investitur); damit wurde der künftige Bischof bereits vorwegbestimmt. Das aber war eine Entscheidung, die der Papst dem König nicht länger zugestehen wollte. Andererseits waren die Bischöfe aber auch Landesfürsten, die das Vertrauen des Königs brauchten. Jeder König musste darauf bedacht sein, auch weiterhin zu bestimmen, wer in seinem Land regieren sollte. Wie war da eine Lösung möglich?

Zu dieser Zeit war ein Mann König, der ebenso groß wie Gregor VII. von seiner Verantwortung dachte. Es war Heinrich IV. Als nun der Papst erklärte, er allein könne Bischöfe ernennen und absetzen, fühlte sich Heinrich in seinen Königsrechten getroffen. Und als Gregor VII. dann noch sagte, der Papst bestimme auch über den Kaiser, er könne Kaiser erwählen und zugleich wieder absetzen – da brach der Streit offen aus.

Kaiser Otto II. (973–983) übergibt einem Mann seiner Wahl den Bischofsstab und bestimmt damit, wer Bischof sein soll.

Sakramentar Heinrichs II., Krönung des Königs durch Christus, Regensburg, 1002–1014.

Heinrich IV. (1050–1106), Deutscher König (1056–1106) und Kaiser (1084–1106). H. kam mit der kirchlichen Reformbewegung in Konflikt, als → Gregor VII. dem König das Recht zur Einsetzung von Bischöfen in ihr Amt bestritt. Der dadurch ausgelöste Investiturstreit erschütterte seine Stellung schwer. Die spätere päpstliche Politik und die Eigeninteressen der deutschen Fürsten schwächten H.

Gregor VII. (um 1030–1085), Papst (1073–85), Sohn einer armen Familie aus der Toskana, als Mönch Hildebrand im Dienst mehrerer Päpste, Diplomat und treibende Kraft der kirchlichen Reformbewegung. Er schloss bestechliche Kleriker aus, kämpfte gegen die Priesterehe und entwarf ein Programm der geistigen Herrschaft des Papsttums über die weltlichen Herrscher. Dieser Kampf entwickelte sich zum Investiturstreit.

Bann bzw. *Exkommunikation*, Ausschluss einer Person aus den Lebensvollzügen der Kirche. Sie darf nicht mehr die Sakramente empfangen, am Gottesdienst teilnehmen und mit anderen Christen Umgang haben. Einem gebannten Herrscher gegenüber wurden die Treueverpflichtungen aufgehoben.

Heinrich IV. bittet Abt Hugo von Cluny und die Markgräfin Mathilde von Tuszien, Herrin der Burg Canossa, um Fürsprache bei Papst Gregor VII., Buchmalerei, 1114.

Letztlich ging es um die Frage, wer die Christenheit führen sollte: Kaiser oder Papst? Die Verbindung, die Kirche und Staat unter Kaiser Konstantin eingegangen waren, hatte zu so engen Verflechtungen geführt, dass der Streit nun unvermeidbar wurde. Es entstand eine unerhörte Aufregung in der Welt, aber eine Lösung war fern. Viele hielten zu König Heinrich, viele hielten zum Papst. Nachdem der Papst dem König den Kirchenbann angedroht hatte, antwortete ihm Heinrich in maßlosem Zorn:

Du Verfluchter, durch unser und aller Bischöfe Gericht Verdammter, steige herab! Verlasse den angemaßten Apostolischen Stuhl! Ein anderer soll ihn besteigen, der nicht mit dem göttlichen Wort seinen Übermut einhüllt. Ich, Heinrich, durch Gottes Gnade König, und alle unsere Bischöfe sagen dir: Steige herab, steige herab!

Der Papst antwortete in Gebetsform:

Ich widersage dem König Heinrich, der sich gegen deine Kirche in unerhörtem Stolz erhoben hat, die Regierung in dem ganzen deutschen Reiche und in Italien und löse alle Christen von dem Banne des Eides, den sie ihm geschworen haben oder schwören werden, und verbiete, dass jemand ihm des Königs Dienste leistet.

Heinrichs Brief und des Papstes Antwort, beides war unerhört. Einen gesalbten König abzusetzen, hatte noch nie ein Papst versucht. Die deutschen Fürsten taktierten zu eigenen Gunsten. Sie drohten Heinrich mit Abwahl, wenn er gebannt bliebe. So hatte Heinrich keine andere Wahl, als demütig zum Papst zu gehen, ihn um Entschuldigung zu bitten, damit er den Bann wieder löse. Die Fürsten aber sperrten für Heinrich die Alpenpässe. Darum musste dieser große Umwege gehen, zumal er ohne Heer nach Italien reiste, um den Papst zu treffen. Im eiskalten Winter zog Heinrich über die Alpen. Als der Papst von seinem Kommen hörte, floh er in die Burg Canossa in Oberitalien. Er glaubte, Heinrich zöge bewaffnet heran. Als er sah, dass

Heinrich ohne Heer kam, war er erstaunt und erfreut. Dennoch ließ er den König drei Tage lang im Bußgewand bei winterlicher Kälte – es war im Januar 1077 – im Vorhof der Burg warten. Erst dann erbarmte er sich und hob den Bann auf.

Noch heute spricht man von einem »Gang nach Canossa«, wenn man sagen will, dass sich jemand demütigt und einen Gegner um Nachsicht bitten muss. Auf den ersten Blick hat also der Papst gesiegt.

Erste Reihe: Heinrich IV. (neben ihm der von ihm gestützte Gegenpapst Guibertus) verjagt Papst Gregor VII. aus Rom (1083). Zweite Reihe: Der Papst bannt Heinrich; er stirbt im normannischen Salerno.

Ein Freund des Königs schildert den Canossa-Gang aber folgendermaßen:

Als Heinrich erkannte, wie schlecht seine Lage war, fasste er heimlich einen sehr schlauen Plan. Plötzlich und unerwartet reiste er dem Papst entgegen. Dadurch erreichte er zwei Vorteile auf einmal: Er wurde vom Bann gelöst und verhinderte durch sein persönliches Erscheinen, dass der Papst mit seinen Feinden zusammentraf, was für ihn gefährlich gewesen wäre.

Aus dieser Sicht hat der König den Papst um seinen Vorteil gebracht. Welche Sicht ist richtig?

Mit dem vordergründigen Friedensschluss in Canossa war der Streit noch nicht zu Ende. Noch lange über die Lebenszeit von Gregor und Heinrich hinaus ging das Tauziehen weiter. Zwar hat Heinrich am Ende über den bedeutenden Papst gesiegt, so dass Gregor in der Verbannung starb, doch drang der Wille Gregors allmählich in der Christenheit durch: Die Bischöfe wurden von der Kirche gewählt, der Kaiser durfte nur sagen, ob er der Wahl zustimme. Dennoch blieb das Bischofsamt geistlich *und* weltlich. Eine befriedigende Lösung überstieg die Möglichkeiten des Mittelalters.

Die Kreuzzüge

Die Zeit, von der hier die Rede ist, nennen manche auch Ritterzeit. Das Wort Ritter kommt von Reiter und tatsächlich hat es mit dem Reiten angefangen. Wer ein Pferd besaß, um damit in den Krieg zu ziehen, war ein Ritter, wer zu Fuß gehen musste, war keiner. Die Vornehmen, denen der König Länder verliehen hatte, waren Ritter und ebenso ihre Beamten.

Anfänglich wohnten die Ritter noch nicht in stolzen Burgen. Das kam erst später, nachdem sie immer mehr leibeigene Bauern, Knechte und Mägde hatten. Die mussten Steine brechen, auf hohe Berge schleppen und aufeinandersetzen. Wahrscheinlich haben oft sogar die Frauen und Kinder der Leibeigenen dabei mithelfen müssen.

Als Heinrich IV. König war, begannen die Ritter eigene Ehrvorstellungen zu entwickeln. Sie kämpften gerne und wollten besonders für Gott und die Christenheit streiten. Die Geschichten von König Artus und den Rittern seiner Tafelrunde waren ihnen sehr lieb, auch die von Parzival und dessen Weg zum Heiligen Gral oder die Sagen von Siegfried, dem Drachentöter. Der christliche Glaube wurde diesen Männern umso zugänglicher, je mehr sie ihn mit Kampf und Heldentum verbinden konnten.

1 Seit Kaiser Konstantin sind Kirche und Staat miteinander verbunden. Das Miteinander war oft auch ein Gegeneinander. Der Schaden lag mehr aufseiten der Kirche: Stets war sie in Gefahr, sich der Macht zu bedienen, statt den »Ort Gottes« bei den Armen und Ohnmächtigen zu suchen. Der französische Kardinal Suhard schrieb 1947, die Kirche werde dann ihre Krise überwinden, »wenn sie es ablehnt, sich in den weltlichen Dingen häuslich einzurichten. Sie fürchtet Nero weniger als Konstantin!« Wieso muss sie Nero weniger als Konstantin fürchten?

2 Staat und Kirche sind heute getrennt. Dennoch gibt es Überschneidungen staatlicher und kirchlicher Bereiche, es gibt weiterhin gemeinsame Interessen und auch Interessenkonflikte. Wisst ihr Beispiele?

3 Die Trennung zwischen Kirche und Staat ist in Frankreich besonders streng. Darum gibt es in französischen staatlichen Schulen keinen Religionsunterricht. In anderen Ländern gibt es keinen kirchlichen Religionsunterricht. In der Bundesrepublik Deutschland ist der Religionsunterricht in öffentlichen Schulen »ordentliches Lehrfach«. Er wird in Übereinstimmung mit den Grundsätzen der Religionsgemeinschaften erteilt. Eine Abmeldung »aus Gewissensgründen« ist deshalb durch die Eltern möglich oder durch Schüler, die älter als 14 Jahre sind. Wie diskutiert ihr die Sache?

Urban II. (um 1035–1099), Mönch und Prior in Cluny, als Papst in der Tradition Gregors VII. (→ S. 98), rief 1095 auf der Synode zu Clermont (Frankreich) zum 1. → Kreuzzug auf.

Kreuzzüge, die zwischen dem 11. und 13. Jh. vom christlichen Westeuropa aus unternommenen Kriegszüge zur Eroberung des »Heiligen Landes«.
Der 1. K. führte zur Eroberung Jerusalems;
der 2. K., durch Bernhard von Clairvaux (→ S. 107) beworben, wurde eine militärische Katastrophe;
zum 3. K. brachen Friedrich I. Barbarossa, auch die Könige von Frankreich und England auf; der Kaiser ertrank; es gab kleine Erfolge;
der 4. K. fand keine deutsche Beteiligung; er richtete sich gegen das christliche Kaiserreich von Konstantinopel und führte zur Errichtung eines lateinischen Kaiserreiches; 1212 kam es zu einem verlustreichen Kinderkreuzzug;
der 5. K. wurde durch Friedrich II. ohne Waffengewalt diplomatisch ausgetragen;
den 6. und 7. K. unternahm der französische König Ludwig IX. ohne Erfolg. – Der K.gedanke bestimmte auch den Albigenserkrieg (→ S. 105).

Bald nach Gregor VII. gab es einen Papst, der diesen Rittern ein Programm vorstellte, das sie mit stürmischer Begeisterung aufgriffen. Er hieß Urban II. und rief im Jahr 1095 die Ritterschaft aller westeuropäischen Völker zu einer »bewaffneten Wallfahrt« nach Jerusalem auf, um dort die Heiligen Stätten »aus der Hand der Ungläubigen«, der Muslime, zu befreien. In Clermont (Südfrankreich) forderte der Papst vor einer großen Menschenmenge dazu auf, »dieses gemeine Gezücht« aus dem Heiligen Land zu verjagen:

Die Wiege unseres Heiles hat ein gottloses Volk in seiner Gewalt… Ziehet aus und der Herr wird mit euch sein … Wir aber erlassen allen gläubigen Christen, die gegen die Heiden die Waffen nehmen und sich der Last dieses Pilgerzuges unterziehen, alle Strafen, die die Kirche für ihre Sünden über sie verhängt hat. Und wenn einer dort in wahrer Buße fällt, so darf er fest glauben, dass ihm Vergebung seiner Sünden und die Frucht ewigen Lebens zuteil wird.

Aber noch bevor sich die Ritterheere organisiert hatten, war ein fanatisierter Pöbel zusammengeströmt und in wilden Horden aufgebrochen. Bereits auf ihrem Weg durch Deutschland machten sie ihrer schwelenden Judenfeindschaft Luft. Sie überfielen die jüdischen Gemeinden in den rheinischen Städten und »wollten sie zwingen, an den Herrn Jesus Christus als Gott zu glauben, oder sie sollten zur Stunde ihr Leben verlieren«. Mit ihren Frauen und Kindern wurden die Juden überfallen und ermordet. Nur wenige kamen lebend davon. Zügellos zogen die Horden dann weiter durch Ungarn und Bulgarien, wurden dabei immer mehr aufgerieben und kamen schließlich weit vor dem Ziel in Kleinasien ums Leben.

Christus als Anführer des Kreuzfahrerheeres, englische Miniatur, 1. Hälfte 14. Jh.

Rechte Seite unten: Unter der Führung Gottfrieds von Bouillon greifen die Kreuzfahrer Jerusalem an. Buchmalerei, 1377.

Die Ritterheere, vor allem aus Frankreich, versammelten sich zu ihrem Zug in Konstantinopel. 1097 begann ihr Weg durch Kleinasien. Man griff die dort lebenden Völker an, eroberte deren Land und gründete eigene Fürstentümer. 1099 stand das Heer vor Jerusalem. Die Stadt wurde belagert und am 15. Juli gestürmt:

Als dann die Stunde kam, in der Unser Herr Jesus Christus es zuließ, dass er für uns den Kreuzestod erlitt … erkletterte einer unserer Ritter die Stadtmauer. Bald nachdem er hinaufgestiegen war, flohen alle Verteidiger von den Mauern durch die Stadt, und die Unsrigen folgten ihnen und trieben sie vor sich her, sie tötend und niedersäbelnd, bis zum Tempel Salomos, wo es ein solches Blutbad gab, dass die Unsrigen bis zu den Knöcheln im Blut wateten … Nachdem die Unsrigen die Heiden endlich zu Boden geschlagen hatten, ergriffen sie im Tempel eine große Zahl Männer und Frauen und töteten und ließen leben, wie es ihnen gut schien. Bald durcheilten die Kreuzfahrer die ganze Stadt und rafften Gold, Silber, Pferde und Maulesel an sich; sie plünderten die Häuser, die mit Reichtum überfüllt waren. Dann, glücklich und vor Freude weinend, gingen die Unsrigen hin, um das Grab unseres Erlösers zu verehren, und entledigten sich Ihm gegenüber ihrer Dankesschuld.

Der Sieg über Jerusalem war kein endgültiger Sieg. Man gründete zwar ein Königreich Jerusalem, aber fern von Europa konnte sich der kleine, schwache Staat nicht halten, wie auch alle übrigen Eroberungen stets unsicher blieben. Darum sind in den folgenden zwei Jahrhunderten ständig weitere Züge nach Palästina gezogen, um Nach-

Die Kreuzzüge gehören zum Thema »Christentum und Krieg«. Darüber kann gar nicht genau genug nachgedacht werden. Zur weiteren Information beschafft euch ausführlichere Bücher. Diskutiert folgende Aufgaben:

1 In der Bergpredigt findet sich die grundsätzliche Antwort Jesu zu Gewalt und Feindschaft. Lest dazu noch einmal im Religionsbuch 5/6, S. 130–137. Bedenkt dazu das Wort des Bischofs Johannes VI. von Meißen: »Sooft ich in der Bibel lese, finde ich eine ganz andere Religion, als wir jetzt haben.«

2 Kommentiert die zitierten Sätze aus einem Bericht über die Eroberung Jerusalems.

3 Mk 8,34 heißt es: »Wer mein Jünger sein will, der verleugne sich selbst, nehme sein Kreuz auf sich und folge mir nach!« Wenn ein Kreuzfahrer dieses Wort für sich in Anspruch genommen hätte, was wäre heute eure Antwort?

4 Im Christentum wurden in der Vergangenheit oft Kriege »Im Namen Gottes« geführt. Der Ruf der Kreuzfahrer lautete: »Gott will es!« Auf den Koppelschlössern der deutschen Wehrmacht im 1. und 2. Weltkrieg stand: »Gott mit uns!« Im Islam rufen einige Kreise auch heute noch zu »Heiligen Kriegen« auf. – Welches Gottesverständnis steht hinter solchem Denken?

5 Von »Kreuzzügen« wird im übertragenen Sinne immer noch gesprochen. Da sollen Kreuzzüge gegen Armut, Unaufgeklärtheit, Alkohol und anderes mehr geführt werden. Was steckt hinter diesem Wortgebrauch?

6 Wie erklärt ihr euch die Judenmorde in den rheinischen Städten Mainz, Worms, Speyer zu Beginn der Kreuzzüge? (Vgl. Religionsbuch 5/6, S. 52) Unterscheidet zwischen tieferen Ursachen und aktuellem Anlass.

7 Beachtet, mit welchen Begriffen Urban II. von den Muslimen in Palästina sprach. Nehmt zu diesen Begriffen Stellung. Bezieht euer Wissen über den Islam (Religionsbuch 5/6, S. 180–203) mit ein.

8 In heutigen Geschichtswerken begegnen folgende Bewertungen der Kreuzzüge:

(a) Sie seien »eine Folge des kirchlichen Aufschwungs und der religiösen Verinnerlichung«.

(b) Es handle sich bei ihnen um den »großartigsten Ausdruck« der »Einheit des christlichen Abendlandes«. Außerdem werden die kulturellen Anregungen, welche die islamische Kultur geboten hat, herausgestellt.

(c) Anderswo wird gesagt: »Die Kreuzzüge vertieften den Gegensatz zum Islam.«

Aus welcher Sicht können die Kreuzzüge als eine große Zeit gefeiert werden? Schaut in weitere Bücher hinein und diskutiert deren Urteile.

Der englische König Richard Löwenherz lässt 1191 vor muslimischen Zeugen Geiseln enthaupten. Der christliche Chronist sagt, es seien 2700 Männer, Frauen und Kinder gewesen. Dies geschah, weil bei einem Gefangenenaustausch wichtige Personen und eine Kreuzesreliquie fehlten. Das Bild entstand erst um 1490. Dem Maler war eher eine europäische als eine islamische Stadt vertraut.

schub zu bringen und die Kämpfenden zu stützen. Kaum gab es ein Jahr, in dem nicht neue Menschengruppen nach Osten aufbrachen. Einerseits war für sie Jerusalem die »Mitte der Welt« und ein Ziel gläubiger Sehnsucht. Andererseits trieben Abenteuerlust und Hagier die Kreuzfahrer an. Das Morgenland hatte eine überlegene Kultur und verlockte mit vielen Reichtümern, die man sich ohne Reue und Buße glaubte nehmen zu dürfen.

In den Geschichtsbüchern werden die neun Kreuzzüge gezählt, doch darf man nicht vergessen, dass es ein unaufhörliches Strömen kleiner und größerer Gruppen nach Palästina gab. Gegen Ende des 14. Jahrhunderts fanden die letzten Züge statt. Aber längst vorher war Jerusalem wieder verloren gegangen, nämlich schon 1187, und alle Versuche einer Rückeroberung scheiterten. Doch das Denken in kriegerischen Bahnen blieb der Christenheit so sehr eigen, dass sich in der Folgezeit »Kreuzzüge« sogar gegen Mitchristen richteten, vor allem gegen abweichende Glaubensbewegungen (→ S. 105-106; 246-247).

Die Entstehung der Städte

In der frühen Kreuzfahrerzeit gab es noch keine Städte in Deutschland. Da waren riesengroße Wälder, zwischenhin kleine Felder und sonst nur Dörfer, Klöster und Burgen. Zwar lebten nach dem Zerfall des Römischen Reiches immer noch Menschen in den alten römischen Städten, so in Trier, Köln, Mainz, Basel, Augsburg …, aber der Glanz dieser Städte war vorbei, die Bevölkerung schrumpfte, Bauten zerfielen, Gras wucherte über die vergangene Herrlichkeit. Das Reich der deutschen Könige bestand aus Bauernland. Bautätigkeit entstand nur um Klöster und Burgen. Die steinernen romanischen Kirchen waren meistens von strohgedeckten Holzhäusern umgeben.

Anders in Italien. Hier sind die römischen Städte nie ganz verfallen. Viele wurden Bischofssitze und entwickelten sich zu neuem Leben. Andere Städte lagen am Meer, hatten sichere Häfen und betrieben mit fernen Ländern Handel. Auch brachen viele Kreuzfahrer von Italien aus über das Mittelmeer ins Morgenland auf. Das belebte die Schifffahrt und bald entstand ein reger Handel, der nie gesehene Waren in die christlichen Länder brachte: farbenreiche, kostbare Stoffe, seltene Speisen, kunstvoll geschmiedete Waffen. Von den Hafenstädten aus verkaufte man diese Waren ins Land hinein, nach Florenz und Rom, nach Paris, das damals schon eine Großstadt war. Aber nur wenig davon kam nach Deutschland. Hier gab es nämlich kaum Geld, um diese Dinge zu bezahlen. Man lebte meist noch vom Tauschhandel; kostbare Gewürze, Stoffe und Schmuck konnte man nicht gegen ein Schaf oder eine gegerbte Schweinshaut tauschen.

Die Kaiser freilich brauchten inzwischen Geld und hielten sich deswegen an die italienischen Städte. Und als Römische Kaiser wollten sie auch in Italien etwas zu sagen haben und verlangten darum Steuern von den Bürgern. Die italienischen Städte aber weigerten sich. So zog erstmals Kaiser Friedrich Barbarossa mit einem Heer über die Alpen, belagerte die Stadt Mailand und zerstörte sie, um allen anderen Städten zu zeigen, unter wessen Herrschaft sie standen.

Sein Enkel, Friedrich II. von Hohenstaufen, lebte schon gar nicht mehr in Deutschland. Er war in Sizilien aufgewachsen, in der Nachbarschaft zu arabischer Kultur und Sprache, und regierte von dort aus das Reich.

Die Geldwirtschaft und der Fernhandel mit reichen Ländern veränderten das bisherige Leben. Es entstanden Märkte und mit den Märkten wuchsen die Städte. Damals sagte man: »Stadtluft macht frei«. Stadtbürger unterstanden nämlich keinen Landesherren, waren nicht »hörig«. Sie konnten gehen, wohin sie wollten, konnten auf eigene Rechnung arbeiten und Handel treiben, wenn sie nur den König anerkannten. Das machte die Städte attraktiv; sie blühten zu einem bunten, reichen Leben auf mit Kaufleuten und Handwerkern, Zünften und Bruderschaften, Kirchen, Domen, Markthallen und Spitälern.

Anfangs geht es um die Schutzfunktion der Stadt. Von der »burchmura« und dem »burctor« ist vor allem die Rede. Die Bewohner heißen »burgliute«, Bürger, und deren Stadtrecht heißt Burgrecht. Die Stadt muss »halten«, auch wenn sie monatelang belagert wird. Man fragt, wie dick und hoch die Mauern sind (vgl. S. 106).

Als 1120 die Stadt Freiburg gegründet wird, heißt es in der Urkunde: »Wer aber über Jahr und Tag in der Stadt gewohnt hat, ohne dass irgendein Herr ihn als Leibeigenen gefordert hat, der genießt von da an sicher und unangefochten die Freiheit.« Mit dem freien Bürger setzt sich eine neue Kultur durch. Hinter den Mauern hört man Madrigalchören zu oder liest sich aus den »bouchen« vor. Ständig wird gebaut.

Das Leben in der Stadt ist nicht nur von Ordnung und Frieden geprägt. Oft steigern sich soziale Spannungen zu tätlichen Auseinandersetzungen.

Die Juden

Seit jeher hatte es in Deutschland auch Juden gegeben. Nachdem Jerusalem im Jahre 70 durch die Römer zerstört und die Juden in alle Welt zerstreut worden waren, kamen sie mit dem Römischen Reich auch an den Rhein. Dort lebten sie über die Jahrhunderte und bildeten vor allem in Mainz, Speyer und Worms lebendige Gemeinden. Die Christen aber hatten längst verdrängt, dass sie über Jesus mit allen Juden verwandt sind (vgl. RB 5/6, S. 59f.; 88-91).

Sie lasteten den Tod Jesu dem jüdischen Volk an und behandelten ihre jüdischen Mitmenschen immer schlechter. Man erlaubte ihnen nicht, Felder zu besitzen, sie durften nicht Bauern sein, aber auch nicht Ritter. Sogar das Handwerk war ihnen verwehrt. Was blieb da noch übrig? Allein der Handel. Die meisten Juden ernährte diese Tätigkeit nur schlecht, aber einige wurden reich, so dass Ritter und Bürger bei ihnen Schulden machten und bald nach Gründen suchten, die Juden herabzusetzen oder loszuwerden. Darum fiel das Volk bei Unruhen immer wieder über die Juden her, drangsalierte sie und erzählte erlogene Geschichten, die erneut die Feindschaft schürten. In einigen Städten entstanden geschlossene Judenviertel, die man später Gettos nannte und in denen sie in großer Enge zusammengedrängt waren. Das 4. Laterankonzil verordnete 1215, dass alle Juden (und Sarazenen) eine eigene Kleidung zu tragen hätten, die sie sichtbar von Christen unterscheide, damit der »verfluchte Verkehr zwischen ihnen und Christen durch Irrtum« verhindert werde. Damals wurden Judenzeichen – ein gelber Ring auf der Kleidung – verpflichtend, zumindest in der Theorie. Der spätere Judenstern der Nazis hat hier einen Vorläufer.

Holzschnitt aus einem Passionsbericht, der den Juden wahrheitswidrig unterstellt, sie hätten den Christenjungen Simon von Trient ermordet, 1475-76.

Die Juden sind für die Christen immer wieder die »Sündenböcke« gewesen. Der Ausdruck bezieht sich auf Lev 16,21f. Lest dazu die Erzählung von Max Frisch »Der andorranische Jude«.

Ketzer auf dem Scheiterhaufen in Anwesenheit des französischen Königs Philipp, 14. Jh.

Ketzer und Inquisition

In den Jahrhunderten des hohen und späten Mittelalters stellten immer häufiger neue Gedanken und abweichende Lehren die Einheit des Glaubens infrage. Das sahen Kirche wie Staat als Bedrohung an, denn die Gemeinsamkeit des Glaubens galt ihnen als Grundlage des öffentlichen Lebens.

Die neuen Bewegungen hatten unterschiedliche Ursachen. Es ist zwar immer so, dass Menschen gegensätzliche Meinungen entwickeln. Jetzt aber brachte der Reichtum der Kirche, ihre Verquickung mit staatlichen Ämtern und Interessen, eine Verdunklung des Evangeliums mit sich, unter der gerade nachdenkliche und fromme Menschen litten. So entstanden Reformbewegungen *in* der Kirche, aber auch Untergrundbewegungen, welche die Kirche ablehnten. Eine solche Gegenbewegung waren die *Katharer,* von denen sich das Wort *Ketzer* (Irrlehrer) herleitet. Sie folgten leibfeindlichen Anschauungen aus vorchristlicher Zeit, die nie richtig verarbeitet worden waren und die jetzt zusammen mit radikalen Vorstellungen von Entsagung und Armut zu einer Herausforderung der Kirche wurden. Diese Herausforderung verschärfte sich durch den Erfolg und die Förderung, welche die Katharer in manchen Gegenden fanden. Als schließlich um die Stadt *Albi* herum in Südfrankreich organisierte Gemeindeformen entstanden und dabei sich Aufruhr gegen Kirche und Staat regte, rief der Papst zu einem Kreuzzug gegen die Katharer auf, die man hier *Albigenser* nannte. Es entstand ein fürchterliches Blutbad.

Albigenser, nach der südfranzösischen Stadt Albi benannte → Katharer. Nachdem die Versuche, sie für die Kirche zurückzugewinnen, erfolglos blieben, wurden sie mit größter Härte verfolgt.

Katharer (griechisch: »die Reinen«), Selbstbezeichnung der größten → Ketzerbewegung des Mittelalters, die sich auch »Christiani« und »Boni homines« (gute Menschen) nannten. Vom Balkan kommend, verbreiteten sie sich seit dem 12. Jh. in Deutschland, Südfrankreich und Oberitalien. Die K. wollten arm und glaubwürdig leben, hatten aber auch leibfeindliche Ansichten, die alles Körperliche dem Bösen unterstellte.

Ketzer, von → *Katharer* abgeleitete Bezeichnung für Irrlehrer (Häretiker). Bereits im christlichen Altertum wurden gegen Menschen, die abweichende Glaubenslehren vertraten, kirchliche Strafen ausgesprochen. Nachdem der christliche Glaube Staatsreligion geworden war, verfolgte der Staat Irrlehrer als Staatsfeinde. Nachdem die großen Ketzerbewegungen der → Albigenser und Waldenser (→ S. 106) politisch und kirchlich nicht mehr zu steuern waren, kamen Kaiser und Papst überein, eine Behörde zu schaffen, um das Ketzertum systematisch zu verfolgen: die *Inquisition* (lat.: »Untersuchung«). Kaiser Friedrich II. wies seine Beamten an, die K. aufzuspüren. Papst Gregor IX. betraute die Dominikaner (→ S. 109) mit der Inquisition. Seit Innozenz IV. war auch die Folter erlaubt. Infolge des Fanatismus und des gewaltsamen Todes des Inquisitors Konrad von Marburg verlor die I. in Deutschland ihren Einfluss und lebte erst nach Jahrhunderten zur Zeit des Hexenwahns wieder auf.

Waldes, wahrscheinlich *Petrus* († vor 1218), Kaufmann aus Lyon, der seinen Besitz aufgab, um seit 1175 ein Leben in Armut zu führen. Mit gleichgesinnten Männern und Frauen, die sich *Arme von Lyon* oder *Arme Christi* nannten, zog er durch das Land und warb für ein einfaches christliches Leben. Nachdem den »Waldensern« das Recht zur Predigt abgesprochen wurde, lösten sie sich von kirchlicher Zustimmung und bildeten eigene Gemeinden, teilweise unter dem Einfluss der Katharer (→ S. 105). Später schlossen sie sich der Reformation an. Die vielen Verfolgungen überstanden die Waldenser nur in abgelegenen Bergtälern der Alpenländer. Waldensische Gemeinden gibt es heute noch.

Inquisition (lat.: »Untersuchung«), die amtliche Ketzerverfolgung der Kirche seit Papst Innozenz III.

Die Frage nach der Wahrheit führt auch heute noch unter Christen zu Streit und Trennung.
Wie viel Unterschied im Glaubensverständnis verträgt die Kirche?
Wie soll sie gegen Menschen vorgehen, die Abweichendes lehren?
Wie wird diese Frage unter gläubigen Juden entschieden? Wie im Islam?
Formuliert klare Fragen und stellt sie Erwachsenen. Vergleicht die Antworten und diskutiert sie.

Mit der Verfolgung Andersdenkender haben die Menschen bis heute nicht aufgehört. Viele sitzen ihrer Gesinnung wegen im Gefängnis. Über amnesty international könnt ihr von aktuellen Situationen erfahren. Nehmt Kontakt auf und schreibt einigen Gefangenen, die ihrer Überzeugung wegen in Haft sind, einen Brief. Wenn ihr hört, dass Gefangene gefoltert werden, schreibt einen Protestbrief an die Botschaft jenes Landes. Amnesty international gibt euch Hinweise und Anschriften.
→ religionsbuch.de/ai

Die südfranzösische Stadt Carcassonne. Die im 19. Jh. wieder errichtete doppelte Stadtmauer konnte dem Kreuzzugsheer nicht widerstehen.

Ebenfalls in Frankreich, in Lyon, verteilte der reiche Kaufmann Peter Waldes sein Vermögen unter die Armen und predigte als Laie das Evangelium des einfachen Lebens. Er sah in der Armut ein Ideal, das die Kirche retten könnte und den Christen wieder Glaubwürdigkeit gäbe. Viele Menschen griffen seine Botschaft auf und trugen sie durch ganz Europa, gemischt mit Kritik an den übersatten kirchlichen Verhältnissen. Als die Kirche hier Grenzen ziehen wollte, kündigten die *Waldenser* den Gehorsam. Sie wurden verfolgt und viele von ihnen erlitten den Märtyrertod. Aber selbst heute noch gibt es Waldensergemeinden in Italien.

Auch an anderen Orten regte sich Kritik und eigene Meinung. Es entstanden Lehren, die das Christentum zu spalten drohten. Kirche und Staat sahen darin einen Angriff auf die Einheit des Reiches. Zwar gab es die Mahnung: »Der Glaube will keinen Zwang, sondern sanfte Überredung.« Aber Kaiser Friedrich II. ging mit Folter und Feuertod gegen die Ketzer vor, und der Papst beauftragte die Bischöfe mit der Bekämpfung der Ketzerei. Man spricht von der *Inquisition,* wenn man die Anstrengungen der Kirche meint, Irrlehrer und Irrlehren zu bekämpfen. Anfänglich begnügte sich die Kirche damit, einen Ketzer zu bannen. Später wurde die Verfolgung immer härter und grausamer. Um Geständnisse und Selbstbeschuldigungen zu erpressen, gehörte die Folter zu den bösen Methoden der Inquisition. In Deutschland war Konrad von Marburg, der Beichtvater der Landgräfin Elisabeth von Thüringen, mit der Inquisition betraut. Wegen seiner erbarmungslosen Härte konnte er jedoch nur zwei Jahre der Ketzerverfolgung nachgehen. Der Volkszorn hat ihn eines Tages eingeholt und er wurde erschlagen.

Reformversuche

Natürlich haben sich nicht nur Katharer und Waldenser Sorgen um den christlichen Glauben gemacht. Es gab auch in der Kirche viele Menschen, die intensiv darüber nachdachten, wie das Evangelium wieder glaubwürdig gelebt werden könnte. Die ersten Bemühungen setzten bei den Benediktinern an.

Die Zisterzienser

Wir wissen, dass die Benediktiner ein großer, mächtiger Orden geworden waren und dass ihre Klöster die wichtigsten Zentren des Landes wurden. Aber wo sich Macht ballt und Liebe der Macht weicht, schmilzt das Christentum dahin. Darum taten sich 1098 einige Mönche zusammen und zogen in die äußerste Armut und Einsamkeit des Waldes, um dort die benediktinische Regel wieder ganz ernst zu nehmen. Ihr Kloster entstand in Cîteaux in Burgund; das reformierte Mönchtum, das sich von hier aus verbreitete, wurde als Orden der Zisterzienser bekannt.

Die Zisterzienser tauschten die schwarze Kutte gegen ein Gewand aus grauer, ungebleichter Wolle. Sie suchten nicht mehr herrschaftliche Plätze für ihre Klöster, sondern drangen in sumpfige Täler und Einöden ein, die sie fruchtbar machten. Sie bauten bescheidene Häuser. Selbst ihre Kirchen sollten einfach bleiben. Darum durften keine Türme gebaut werden, allenfalls ein kleiner Dachreiter für das Glöckchen, das zum Gebet rief.

Bernhard von Clairvaux (1090–1153), erster Abt des Zisterzienserklosters Clairvaux, Schriftsteller und ungekrönter Führer der abendländischen Christenheit. Er gründete 68 neue Klöster seines Ordens. B. war der einflussreichste Propagandist des 2. Kreuzzugs.

Zisterzienserabtei Fontenay (Frankreich), die 1181 von Bernhard von Clairvaux gegründet wurde.

Im Anschluss an das Kapitel über Benedikt von Nursia und die Benediktiner (Religionsbuch 5/6, S. 214–223) hatten wir euch vorgeschlagen, auf einer Karte eurer Heimat alle früheren und heutigen Benediktinerklöster einzutragen. Sicherlich hat es aber auch – mehr oder weniger nah – bei euch Zisterzienserklöster gegeben. Viele von ihnen existieren nicht mehr. Tragt nun auf einer Karte alle Zisterzienserklöster eurer Heimat ein. Was könnt ihr über deren Geschichte erfahren? Wen könnt ihr zum Gespräch darüber gewinnen? Zisterzienserklöster sind im deutschsprachigen Raum seltener als Benediktinerklöster. Wo ist das nächste für euch? → religionsbuch.de/Zisterzienser. Könnt ihr einen Besuch dort machen? Wenn ja, meldet euch schriftlich an und sagt, mit welchen Interessen und Fragen ihr kommen möchtet.

Abteikirche Fontenay, Mittelschiff.

Zisterziensermönch, Wandmalerei, Sorø, 1425.

Der bedeutendste Zisterziensermönch hieß Bernhard von Clairvaux (1090–1153). Ihm gelang es, die Reformidee des Ordens über ganz Europa zu verbreiten. Er wurde ein Lehrer der Völker und ein Berater der Päpste. Dem Papst Eugen III. schrieb er:

Es gibt kein Eisen und kein Gift, das ich so sehr fürchte, wie die Leidenschaft zu herrschen. Über das Irdische zu richten, sind Könige und Fürsten eingesetzt; warum greift ihr also in die Grenzen einer fremden Gewalt ein? Bedenke, dass du nicht Herr der Bischöfe bist, sondern einer von ihnen, ein Bruder derer, die Gott lieben.

Die Zisterzienser haben der Kirche erneut gezeigt, welche Kraft von einem Leben ausgeht, das nur Gott will. Als später auch hier der Reichtum die Kraft des Anfangs lähmte, verlor der Orden an Bedeutung.

Die Bettelorden

Mit dem Aufstieg der Städte war besonders in Italien ein Luxus entstanden, der die Sehnsucht nach Einfachheit, Armut und Nächstenliebe auch in den Städten weckte. Es genügte nicht mehr, dass in entlegenen Klöstern Männer und Frauen Armut gelobten, solange nicht jeder Christ davon berührt wurde und die Kirche sich selbst an Haupt und Gliedern erneuerte. So entstanden ganz neue Formen christlicher Gemeinschaft, die sich nicht mehr auf den Mönchsvater Benedikt stützten, sondern auf Franz von Assisi (→ S. 124 ff.) und den Spanier Dominikus. Beide erkannten, dass nicht mit Gewalt, sondern nur durch eigene Glaubwürdigkeit zu überzeugen sei. Sie wollten das Evangelium wieder zu einer frohen Botschaft für die Armen machen. Darum wollten sie selbst arm sein und arm unter den Menschen leben.

Für ihre Gemeinschaften verzichteten sie auf jeden Besitz. Nicht nur der Einzelne, auch das Kloster sollte arm sein. Sie zogen sich auch nicht mehr in die Einsamkeit zurück, sondern lebten inmitten der Städte und dienten den Menschen durch Seelsorge und Unterricht. Beide Orden heißen bis heute nach ihren Gründern: *Franziskaner* und *Dominikaner*. Ohne den Einsatz der Bettelmönche, die nur von dem lebten, was andere ihnen für den Tag schenkten, wären die Verhältnisse schon damals unerträglich geworden. Das von Franz angeschlagene Thema »Armut und Liebe« hielt die Kirche weiterhin in Spannung.

Dominikus, Domingo de Guzman (um 1180–1221), Gründer des → Dominikanerordens. Auf einer Reise lernte er die Katharer (→ S. 105) in Südfrankreich kennen; drei Jahre später begann er, dort zu predigen und die Idee eines radikal armen Ordens zu entwickeln. Er reiste durch ganz Europa, errichtete Ordenshäuser in Paris, Bologna, Madrid und Rom und hielt seine Mönche zu Studium, Lehrtätigkeit und Predigt an.

Dominikaner, zur Zeit der Albigenser-Ketzerei entstandener Orden. Auf Armut und Bettelerwerb gegründet, sollten die Mönche durch Studium und Lehrtätigkeit einer neuen christlichen Lebendigkeit dienen. Die D. brachten auch bald die größten Philosophen und Theologen hervor, wie Albertus Magnus und Thomas von Aquin. Sie waren dem Papst direkt unterstellt und dienten ihm als »Kampftruppe« an vielen Fronten, zumal als Kreuzzugsprediger und später als Ausüber der Inquisition (→ S. 105 f.).

Franziskaner → S. 130.

Die Häuser der Franziskaner findet ihr an anderen Orten und in anderen Größen als die alten Abteien: → religionsbuch.de/Franziskaner. Wie unterscheiden sie sich? Wenn ihr eins der Häuser aufsuchen könnt, versucht einen Vergleich zu den Benediktinern. Gibt es auch in der Organisation des Klosterlebens Unterschiede?

Was wisst ihr von den weiblichen Orden: von Zisterzienserinnen, Franziskanerinnen, Dominikanerinnen? Wo findet ihr ihre Klöster? → religionsbuch.de/Dominikaner. Unterhaltet euch mit den Klosterfrauen über ihren Berufsweg. Wie sind sie dazu gekommen, ins Kloster zu gehen? Was tun sie dort? Welche Urteile und Vorurteile findet ihr in eurer Gegend über diese Klosterleute? Könnt ihr solchen Ansichten nachgehen und sie durch eigene Gespräche überprüfen?

Franz und seine Gefährten pflegen Aussätzige.

Die gotische Kathedrale

Fensterrose der Kathedrale von Chartres. Schönheit erscheint hier als vollkommene mathematische Gesetzmäßigkeit.

Kaum hatte man in Deutschland gelernt, romanische Kirchen einzuwölben, als in Frankreich eine neue Richtung des Kirchenbaus entstand. Manche Leute sagen, romanische Kirchen erkenne man am Rundbogen, während der Spitzbogen das Merkmal gotischer Kirchen sei – eine ziemlich grobe Regel, mit der sich kein tieferes Verständnis verbindet. Man kann auch nicht sagen, die Gotik sei aus der Romanik hervorgegangen. Um gotisch bauen zu können, musste man in vielen Fällen die romanischen Kirchen sogar wieder abreißen.

Was ist anders? Für den bisherigen Kirchbau waren tragende Mauern selbstverständlich. Oder ist es nicht selbstverständlich, dass ein Gebäude Mauern hat, in denen man Türen und Fenster ausspart und auf die man oben ein Dach setzen kann? Wenn ihr euch im Religionsbuch 5/6 noch einmal die Basilika von Maria Laach anschaut, seht ihr, wie viel Mauerwerk diese Kirchenburg hat. Die Fenster in den Wänden beanspruchen nur einen geringen Teil der Fläche. Hätte man den Erbauern gesagt, sie möchten die Wände auflösen und gläserne Häute dafür einsetzen, so hätten sie wohl spöttisch gelacht und gemeint, so etwas sei unmöglich; man könne doch einen gewölbten Steinbau nicht auf schwache Stützen stellen.

Genau das aber wird jetzt unternommen. Die gotische Kathedrale ist ein Bau, den nicht mehr Wände, sondern Stützen tragen. Die Last der steinernen Gewölbe ruht ausschließlich auf Pfeilern, und damit die Pfeiler unter dem Druck und Seitenschub von Gewölben und Dach nicht umfallen, wird ein System stützender Bögen (Strebebögen, Schwibbögen) und außenstehender Pfeiler entwickelt, die den Riesenbau stabil halten.

Das zweite Merkmal, welches die gotische Architektur von der romanischen abhebt, ist die Bedeutung des Lichtes. Dieses Merkmal hängt natürlich mit dem ersten zusammen. Die Gotik entwickelt eine transparente Architektur: Glas statt Mauerwerk. Das Bauwerk wird durchsichtig, es spielt mit dem Sonnenlicht. Diese Durchsichtigkeit gilt in mehrfacher Hinsicht: die gotische Kathedrale will nicht alleine für das Tageslicht transparent sein, sondern möchte transparent für eine unsichtbare Wirklichkeit sein, für das Jenseits, für das göttliche Licht. Erst wenn der Besucher gotischer Dome diese Transparenz sehen lernt, beginnt er, die neue Kunst zu verstehen.

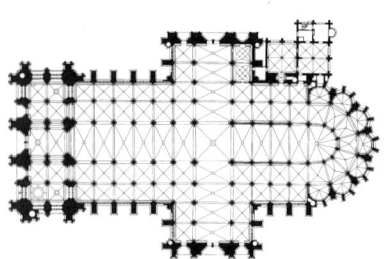

Der Bau der Kathedrale

Wir sprechen von *Kathedralen*, weil das in Frankreich die übliche Bezeichnung für gotische Bischofskirchen ist (*Cathedra* heißt der »Lehrstuhl« des Bischofs). Die Gotik ist hier entstanden und immer noch sind die französischen Kathedralen die berühmtesten der Welt. Die neue Baukunst hat sich von Frankreich aus verbreitet, vor allem nach Deutschland und England, in mancherlei Abwandlungen aber auch nach Italien und Spanien.

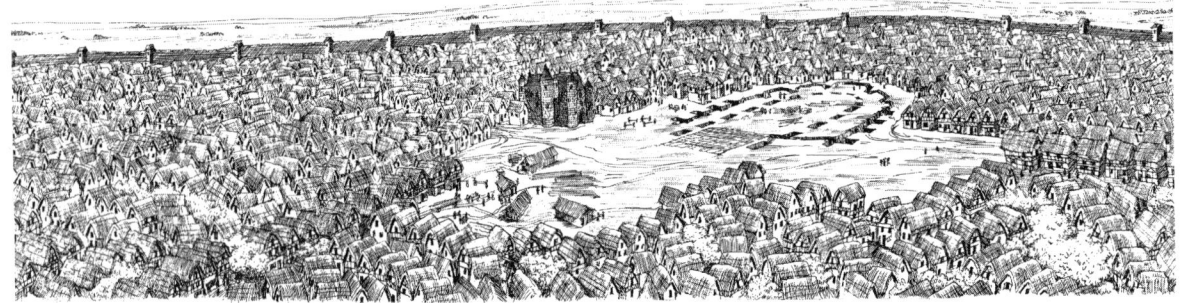

Der Bauplatz

Kathedralen entstanden in Städten. Sie sind nicht nur Bischofskirchen, sondern zugleich Kirchen der Bürgerschaft; ohne die Begeisterung und Opferbereitschaft der ganzen Stadt gäbe es keine Kathedralen. Die Städte waren also vor den Kathedralen. Die umgebenden Wehrmauern schlossen die kleinen niedrigen Wohnhäuser eng zusammen und machten den Platz knapp und kostbar. Das erste große Problem war darum die Beschaffung des Baugeländes. Der Platz, auf dem die bisherige romanische Kirche stand, reichte nicht aus. Zusätzlich mussten ganze Straßenzüge abgerissen werden. Wenn selbst das nicht genügte, blieb keine andere Wahl, als die Stadtmauer niederzulegen. Das Gelände, auf dem der Bau entstehen sollte, musste etwa 200 m lang und 80 m breit sein, doppelt so groß wie der spätere Grundriss, um die Bauhütten, Werkstätten und Materiallager unterzubringen. Trotzdem wird die Enge des Baubetriebes fürchterlich gewesen sein.

Wie bei vielen großen Werken ist das Nicht-Sichtbare die Voraussetzung des Gelingens. Um ein allmähliches Absacken des hochstrebenden Bauwerks zu verhindern, waren tiefe, gut gemauerte Steinfundamente nötig, in moorigem Gelände ein dichter Pfahlrost von Eichenstämmen für die Türme.

Das nächste Problem stellte die Materialbeschaffung. Welcher Stein war geeignet? Damit das Transportproblem nicht alles verteuerte und kompliziert machte, sollte der Steinbruch möglichst nahe gelegen sein. Dennoch waren 20 km Entfernung und mehr die Regel. Von dort bis zur Baustelle entwickelte sich dann eine Art Ameisenstraße, auf der allerlei Karren, von Ochsen, Eseln und Pferden gezogen, sich hin und her bewegten.

Die Handwerker

Auf dem Bauplatz aber entstand eine kunterbunte Budenstadt. Hunderte von Arbeitern drängten sich hier: Maurer, Steinmetzen, Mörtelmischer, Zimmerleute, Schmiede, Glasbläser … Damit die Behinderung nicht überhand nahm und auch keine überflüssigen Lasten transportiert wurden, arbeiteten die Steinmetzen bereits im Steinbruchbereich. Jeder Stein bekam seine Markierung für den künftigen Platz am Bau. Die Hütten der Bildhauer aber waren auf dem Baugelände. Wenn das Figurenprogramm für eine Kathedrale rund 2000 Statuen umfasste (in Reims sind es 2300), wie viele Steinmetzen mussten dann an der Arbeit sein? In Rouen haben an den 34 großen Statuen des Portals 15 Steinmetzen mit ihren Gehilfen 15 Jahre gearbeitet. Zu welchen Zahlen mag da eine Hochrechnung führen? Über die Figuren hinaus ist zudem *jeder* Stein an der Kathedrale mit Hammer und Meißel behandelt: die Blöcke für Pfeiler und Säulen, Rippen und Schlusssteine, das Maßwerk der Fenster – ein handwerklicher Masseneinsatz, der für heute unvorstellbar wäre.

Neben hochwertigem Steinmaterial brauchte man für den Bau Unmengen Holz für den Gerüstbau, für Leitern, Lastenaufzüge, Dächer, Buden und Lagerschuppen. Die riesigen Dachstühle über Chor und Mittelschiff nannten die Franzosen bezeichnenderweise *forêts*, Wälder.

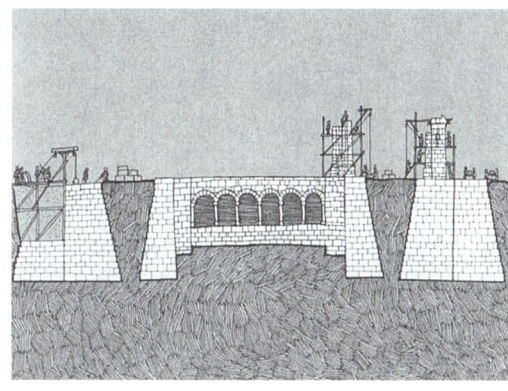

113

Der Bauvorgang

Der Bau der Kathedrale begann gewöhnlich mit den östlichen Teilen. Zuerst wurde der Chor errichtet. Der Altar mit dem Tabernakel und die Reliquien der Heiligen sollten am schnellsten ihr neues Haus finden. Erst danach folgte das Langhaus mit den Seitenschiffen für die Gemeinde. Der gotische Bauplan sah keine Krypta mehr vor, doch blieb beim Abriss der romanischen Kirche die Krypta unter dem Chor meistens erhalten. Die Reliquien ließ man aber gewöhnlich nicht in diesen Grabkirchen, sondern holte sie ans Licht: Sie fanden nun ihren herausgehobenen Platz in einem goldenen Schrein im Chor.

Der Baufortschritt war sehr unterschiedlich. Die großen französischen Kathedralen sind oft innerhalb eines Jahrhunderts vollendet worden. Die Kathedrale von Salisbury in England stand sogar nach einer Rekordzeit von 38 Jahren. Aber so ging es nicht immer. Der Grundstein zum Kölner Dom wurde 1248 gelegt, der Chor 1322 geweiht und mit Brettern abgeschlossen. Danach begann man mit dem Langhaus und dem Südturm, aber nach der Reformation war um 1550 aller Schwung dahin. Man stellte die Arbeit ein, der Dom blieb für Jahrhunderte unvollendet, bis schließlich im 19. Jahrhundert die Arbeiten erneut aufgenommen wurden und 1880 ihren Abschluss fanden.

Die Arbeit an der Kathedrale verlangte höchste Genauigkeit und Könnerschaft. Je höher das Bauwerk wuchs, umso gefährlicher wurde sie. Mit primitiven Aufzügen, großen Treträdern, in denen mehrere Männer liefen, wurden die Lasten hochgehoben. Die Einwölbung von Chor und Mittelschiff war eine halsbrecherische Arbeit. Sie ging unter dem Schutz des bereits errichteten Daches in Höhen von 30 oder gar 40 m vor sich.

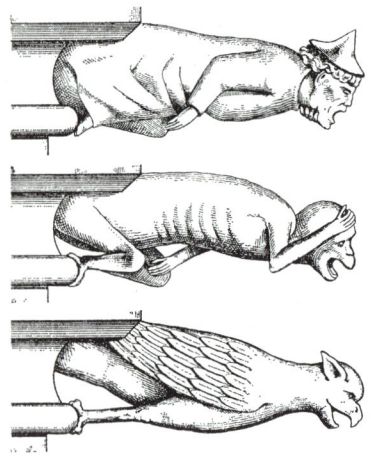

Wasserspeier

Kapitelle

Es ist selbstverständlich, dass ein so ungewöhnlicher Bau wie die gotische Kathedrale ungewöhnliche Baumeister verlangt. Dennoch wissen wir nur wenig von ihnen. Die meisten sind namentlich unbekannt. Sie begannen durchweg als gewöhnliche Steinmetzen im Steinbruch. Die Tüchtigen wurden »Freimaurer« und durften nach Modell Rippen oder Schmuckkapitelle hauen. Die nächste Stufe war der Figurenbildhauer. Erst danach konnte einer zum Baumeister aufsteigen, doch gehörten dann solide Kenntnisse in Geometrie und Mathematik hinzu, ergänzt mit einem Wissen über Zahlen und Proportionen in Musik und Astronomie. Die gotische Kathedrale ist nämlich voll wunderbarer Zahlenverhältnisse, und wer diese näherhin studiert, kann staunenswerte Geheimnisse kennenlernen.

Verborgene Zahlen und Maße

Die gotischen Baumeister waren überzeugt, dass die Ordnung des Himmels und der Erde auf mathematischen Gesetzen beruht, die allen vollkommenen Gestalten ihre Harmonie geben. Darum waren sie bemüht, diese Gesetze zu studieren. Sie fanden in den Proportionen der musikalischen Akkorde Entsprechungen zu geometrischen Maßverhältnissen. »Maß, Zahl und Gewicht« (Weish 11,21) waren von größter Bedeutung für ihre Architektur. Die Kathedrale sollte in allen Maßverhältnissen ein Modell der Ordnung sein, die der forschende Geist im Kosmos wiederfindet. Zahlen bedeuteten keineswegs nur irgendwelche Mengen, vielmehr schloss jede grundlegende Zahl Bedeutungen ein, von denen her sich das ganze Weltbild ordnete.

Der mittelalterliche Mensch hat viel über Zahlen nachgedacht. Die ersten Zahlen der Zahlenreihe – Eins, Zwei, Drei, Vier – sind für ihn die größten und inhaltsschwersten, die späteren Zahlen Kombinationen und Summierungen davon; meist deckt die Quersumme oder ihre Wurzel deren Geheimnis auf. Für den heutigen Menschen ist diese Einstellung zur Zahl verloren gegangen. Es ist aber wichtig zu wissen, dass die Maße der Kathedralen wie die Gesetze der Musik einer Harmonie entsprechen, für die Zahlenordnungen den Schlüssel bieten. Darum sagte man, die Kathedrale sei »gebaute Musik«, und Goethe meinte: »Ich glaube gar, der ganze Tempel singt«.

Grundmaß der Vollkommenheit war für die Baumeister das Quadrat. Aus den Zahlenverhältnissen des Quadrats wurden die Proportionen am Bau abgeleitet; man sagte, es sei *ad quadratum* zu bauen. Der Aufriss wurde aus dem Grundriss entwickelt. Beispielsweise wurde für die Höhe einer Fiale die Seitenlänge eines Grundquadrats mal 6 genommen. Die Entwürfe für Fassaden, Türme, Fenstermaßwerk, Strebesystem bauen sich aus solchen Verhältnissen auf.

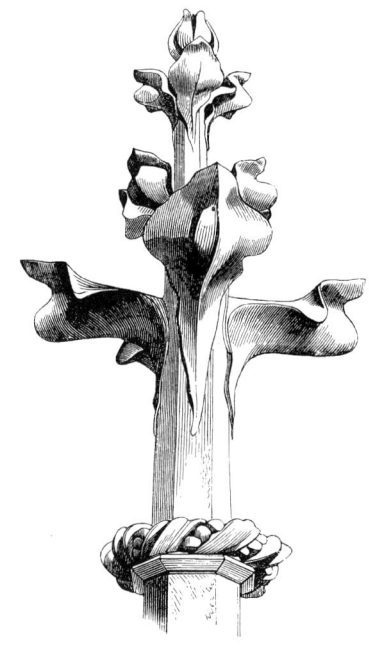

Kreuzblume

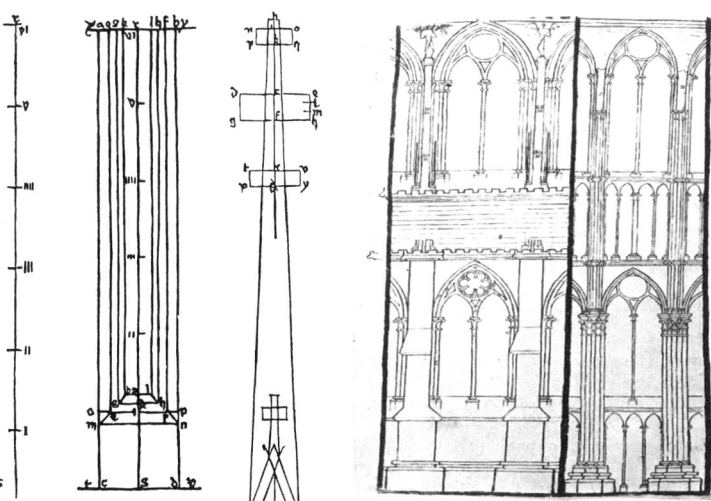

Konstruktion und Aufbau einer Fiale. Aus: Matthäus Roriczers »Büchlein von der Fialen Gerechtigkeit«, 1486.

Joch der Kathedrale von Reims. Links: Aufriss von außen, rechts: von innen. Zeichnung im »Bauhüttenbuch« des Villard de Honnecourt.

117

Die Symbolwelt der Kathedrale

Die Türme

Höher als die wehrhaften Türme der romanischen Kirche ragen die gotischen Türme in den Himmel. Ihre Architektur ist immer noch von atemberaubender Kühnheit. Das sollte man nicht allein dem Foto ablesen. Man muss es selbst erleben, indem man Stufe um Stufe hinaufsteigt, etwa wie in Ulm auf den schmalen, luftigen Treppen des offenen Turmhelmes.

In ihrer Zeit waren die Türme Symbole der Aufrichtigkeit: ebenso soll der Christ in der Zeit stehen. Sie galten zugleich als Hinweise auf das Göttliche: dass niemand nur dem Nächstliegenden und Alltäglichen verhaftet lebe, sondern sich darüber hinaus erheben kann.

Für die Bettelorden und die christliche Armutsbewegung waren die neuen Türme überflüssig. Man sah sie als Ärgernis eines ungerechten städtischen Wohlstands. Im Bauernkrieg von 1525 wollte man darum den Freiburger Münsterturm zusammenschießen. Und in Münster in Westfalen wurden 1534 tatsächlich die Kirchturmhelme gekappt, »weil das Hohe erniedrigt und das Niedrige erhöht werden müsse« (Lk 1,52). In Freiburg aber fand der Turm durch alle Kriege hindurch Schutz. Nach dem Bombenangriff, der 1944 die ganze Innenstadt in Schutt und Asche legte, blieb er allein aufrecht. Ein Freiburger erzählt: »Als ich aus dem Keller hervorgekrochen war, galt der erste Blick dem Münsterturm. ›Er steht, die Stadt ist nicht verloren!‹, sagte mein Vater neben mir.«

Die Portale

Schon vor der Gotik waren Kirchentüren ein Symbol Jesu: »Ich bin die Tür«, heißt es Joh 10,9, »wer durch mich eingeht, wird gerettet.« Jetzt wird das Portal zugleich als *porta coeli*, als Tor zur Himmelsstadt der Kathedrale verstanden.

Die Gesamtheit der Portale weitet sich zu einem großartigen Programm. In den Gewändestufen reihen sich Propheten und Heilige nebeneinander und vertreten die Gemeinschaft der Heiligen. Im Tympanon des Hauptportals findet sich eine Darstellung der Hoheit Christi oder des Weltgerichts. An den übrigen Portalen begegnen weitere Themen des christlichen Glaubens. Indem der Gläubige diese Türen durchschreitet, soll er in die innere Wirklichkeit seines Glaubens geführt werden.

Nicht alle Portale dienten der gleichen Nutzung. Sie waren ja mehr als nur »Eingänge«. Zusammen mit den vorgelagerten Plätzen (oder Vorbauten) waren sie Orte für Amtseinführungen, Eidesleistungen, Gerichtssitzungen, Eheschließungen … Bei großen Kathedralen verteilten sich diese Aufgaben auf einzelne Portale. So gab es ein besonderes Brautportal oder ein eigenes Gerichtsportal. Das Figuren- und Bildprogramm eines Portals war auf dessen jeweilige Nutzung ausgerichtet. Um das Bildprogramm aller Portale einer Kathedrale zu lesen, bedarf es langer geduldiger Betrachtung.

Das Ulmer Münster

Man baute die Türme nicht nur zur Ehre Gottes, sondern auch zum Ruhm der eigenen Stadt. Die Anstrengungen der Städte und ihre Konkurrenz untereinander lassen an die Geschichte vom Turmbau zu Babel denken.

In Straßburg wächst über die Plattform des Nordturmes ein achteckiger Turmaufbau (Oktogon) hinaus, der mit der abschließenden pyramidenförmigen Turmbekrönung in 142 m Höhe die Stadt überragt. Mit dieser Höhe war der Straßburger Münsterturm 1439 der höchste der ganzen Christenheit. Aber der Ehrgeiz anderer Städte wollte ihn übertreffen. Die Marienkirche in Stralsund bekam 1478 einen Turm von 151 m, und 1569 baute man in Beauvais den Vierungsturm der Kathedrale 153 m hoch. Aber das war zu viel. Schon vier Jahre später stürzte der Turm von Beauvais ein, 1647 brannte der Stralsunder Turm ab, und so blieb bis ins 19. Jahrhundert der Münsterturm zu Straßburg der höchste Kirchturm der Welt. Diesen Rekord wollten die Ulmer nicht stehen lassen. Sie beauftragten den berühmtesten Baumeister jener Zeit, Ulrich von Ensingen, ihnen ein Münster zu bauen, so groß, »dass es dem Straßburger Münster als Futteral dienen könne«. Allerdings blieb ihr Turm für Jahrhunderte auf halber Höhe stecken. Erst im 19. Jahrhundert ist er mit 162 m Höhe vollendet worden.

Die Kathedrale als Weg

Die Kathedrale behält als Grundriss die Kreuzgestalt der romanischen Kirche bei. Dabei wird die Längsachse, der Weg vom Westportal zum Chor besonders betont. Wir können die Kathedrale sogar als Weg-Architektur verstehen. Mit drei oder gar fünf Portalen öffnet sie sich im Westen und führt durch die hohe schlanke »Palmenallee« zum Altar im Chorraum. Die Kathedrale fordert zum Gehen auf; sie will durchschritten werden; der Mensch soll »näher« kommen.

Der Chor

Das gotische Bauprogramm sah keine Krypta mehr vor, bewahrte aber meistens die Unterkirchen aus der romanischen Zeit. Die Reliquien, die vordem in der Krypta ihren Platz hatten, wurden nun nach oben geholt, aus dem Dunkel ins Licht, und am Hauptaltar in einem goldenen Schrein aufgestellt. Mit größter Kostbarkeit wurde dieser Ort ausgestattet, da er im Mittelalter mehr als alles andere die Menschenmassen in die Kathedrale zog. In Aachen war es der Schrein mit den Gebeinen Karls des Großen; im Kölner Domchor der Schrein der Heiligen Drei Könige. Die Lichtwände des Chores umgeben diesen Platz wie ein zweiter, gläserner Schrein.

Das Licht der Kathedrale

Nichts an der Kathedrale ist ohne symbolischen Sinn. Wer das übersieht, bleibt für das gewaltige Bauwerk blind. In einer besonderen Weise gilt dies für das Licht. Als moderne Menschen können wir nicht mehr nachempfinden, wie Menschen des 13. und 14. Jahrhunderts das farbige Licht erlebt haben. Es wird ihnen ein Schein des Himmels gewesen sein.

Glas war im Mittelalter ein kostbares Material, beinahe »körperlos«, weil die Sonne es durchdringen kann, so wie das göttliche Licht den Menschen innerlich erleuchtet. »Das Licht, welches das Glas durchdringt, ohne es zu zerbrechen, gleicht dem Wort Gottes, dem Licht des Vaters«, hieß es. Gelesen werden die hohen Fenster in ihren Bildfolgen von unten nach oben. Der Betrachter braucht eine gute Bibelkenntnis, wenn er Szene um Szene erkennen und verstehen will.

Die großen Fensterprogramme findet man in Chartres und Reims. Auch in Köln und Straßburg ist noch etwas vom Geheimnis des ursprünglichen Lichts zu spüren, in das die alten Kathedralen getaucht sind: rubinrot, saphirblau, smaragdgrün, amethystfarben und goldschimmernd. Durch Kriege und andere Schäden sind viele Glasfenster zerstört worden. Spätere Zeiten haben hellere Fenster eingesetzt, die dem Inneren der Kathedrale oft einen veränderten Charakter geben. In Chartres sind an den Hochfenstern noch über 2000 Quadratmeter farbig leuchtende Fläche erhalten geblieben; das ist nahezu die halbe Größe eines Fußballfeldes.

Die Fensterrose

Die Fenster über den Portalen nach Süden, Westen und Norden wachsen nicht mehr von unten nach oben; es sind Räder, eine Strahlensonne, eine Rose. Wie Blüten schimmern und leuchten diese Rundformen, die ganz in sich ruhen – wie Gott. Von der Mitte geht alle Bewegung aus. In der Mitte treffen sich die Speichen des Rades. Die Fensterrose erlaubt ein meditierendes Betrachten: Außen und Innen, Peripherie und Zentrum, Ruhe und Bewegung halten einander von der Mitte her. Für jeden Menschen geht es darum, Mitte zu finden. Was ist seine Mitte? (→ Religionsbuch 5/6, S. 77)

Am häufigsten begegnet die Fensterrose an der Westfront. Die Strahlen der sinkenden Sonne bringen bei ihrem Scheiden das Lichtrad zu höchster Strahlkraft.

Wenn das Leben sinkt, wenn Abend und Tod nahen, verheißt die erblühende Wunderblume göttlichen Glanz.

Triumphierender Christus (Majestas Domini), Reichenau, kurz vor 969.

Der Schmerzensmann, Umbrien, um 1480.

Die Entwicklung des Christusbildes

Weil die Evangelien über die äußere Gestalt Jesu schweigen, entwickelten sich die ersten Christusdarstellungen nach den Vorstellungen der griechischen und römischen Antike. Das führte schließlich zum Typ des Pantokrators (»Allherrschers«), in dem sich zugleich die kaiserliche Herrschaft überhöhte und selbst feierte (Religionsbuch 5/6, S. 96-99). Die frühmittelalterliche romanische Kunst hielt an dieser Tradition fest. Sie betont in ihren Bildern weiterhin den unnahbaren Gebieter, vor allem in monumentalen Darstellungen für große Kirchenräume. Diese Bilder zeigen einen Christus, der außerhalb von Raum und Zeit der Menschen lebt. Er thront in einem Jenseits, vom dem aus er die menschliche Geschichte regiert.

Das krasse Gegenteil zu dieser Sicht schuf das Hochmittelalter mit einer betonten Vermenschlichung und Verinnerlichung des Christusbildes. An die Stelle des Weltenherrschers tritt der erniedrigte Mensch. Die Herrschafts- und Gerichtsbilder weichen den Bildern des geschundenen Heilands. Dabei wird der leidende Jesus immer mehr dem körperlichen Schmerz unterworfen, auch der Rohheit der ihn quälenden Menschen und der Brutalität seiner Kreuzigung. Bei Grünewald ist er schließlich jeder Erhabenheit entkleidet und nur noch als ein von Wunden und Schmerzen entstellter Menschenleib (→ S. 191).

Solch grausam realistische Bildwerke finden wir stärker in den Ländern des Nordens als in jenen des Südens. Eine neue Entwicklung bringt die Kunst der Renaissance, die selbst die Kreuzigung Jesu dem antiken Schönheitsempfinden unterstellen möchte (→ S. 236 f.). Raffael (1483–1520) stellt einen schwebenden Christus dar, mit dem er Auferstehung und Vergöttlichung verbindet. Seine Schwerelosigkeit, die leuchtenden Gewänder und das verklärte Antlitz lassen eine österliche Deutung durchscheinen. Die Armhaltung spielt zwar auf die Kreuzigung an, ist aber zugleich Ausdruck überwundener Not und einer Aufwärtsbewegung in ein neues Dasein.

Anders wiederum die Darstellung des Lucas Cranach (1472–1553). Sein Bild »Lasset die Kinder zu mir kommen« zeigt keinen jenseitigen Christus. Es schildert die Szene der Kindersegnung, wie sie bei Mk 10,13-16 beschrieben wird. Hier sind lauter Mütter mit ihren kleinen Kindern Jesus zugeströmt. Einer Frau hat Jesus das Kind abgenommen, um es mit größter Zärtlichkeit an sich zu drücken: Eine Szene, die in den vorangegangenen Jahrhunderten keinen Vorentwurf fand. Sie verdankt sich der neuen Zuwendung zur Bibel, wie sie während der Reformationszeit stattfand.

Insgesamt kennzeichnen die Jahrhunderte des Mittelalters und der beginnenden Neuzeit außerordentliche Gegensätze und Spannungen im Christusbild zwischen höchster Betonung seiner Göttlichkeit und drastischer Schilderung seiner Menschlichkeit.

Raffael (1483–1520), Verklärung Christi, um 1518–20.

Lucas Cranach d. Ä. (1472–1553), Lasset die Kinder zu mir kommen.

Franz von Assisi und Elisabeth von Thüringen

Franz von Assisi, Kloster S. Benedetto bei Subiaco, um 1224.

Franz von Assisi

Im hohen Mittelalter, als die Städte aufblühten und durch Handel und Gewerbe reich wurden, entstand ein bis dahin unerhörter Wunsch: Die Menschen wollten wissen, wie spät es ist. In Tournai (Belgien) hängten die Bürger 1188 eine Glocke auf, die allen in der Stadt die Stunde ansagen sollte. Das Bedürfnis nach einer mechanischen Uhr war geboren. Bis dahin war die Zeitmessung grob: Es war Morgen, es war Mittag, es war Abend, es war noch früh oder schon spät …, und im Sommer waren die »Stunden« länger als im Winter. Jetzt kam es aber darauf an, die Tage in kleinere Zwischenzeiten einzuteilen, weil die Geschäfte und Termine zahlreicher wurden, weil es mehr Verabredungen, mehr Eile und mehr Geld gab, das den Handel antrieb.

In dieser Zeit wurde dem Kaufmann *Pietro Bernardone*, Tuchhändler in Assisi, ein Sohn geboren. Die Mutter stammte aus der Provence in Südfrankreich. Dort hatte Pietro Bernardone sie auf einer Handelsreise kennengelernt. Er nannte den Jungen, der den Namen Giovanni bekommen hatte, immer nur »Französlein«, Francesco.

Wie jeder Vater, dessen Geschäft gut geht, wünschte sich Bernardone nichts mehr, als dass der Sohn es erfolgreich weiterführe. Das schien auch möglich. Franz wurde im Wohlstand groß, hatte einen weiten, offenen Freundeskreis, feierte gerne mit den Altersgenossen, oft gab er selber Feste. Er konnte sich Großzügigkeit leisten, denn er war im väterlichen Geschäft tätig und hatte wohl auch Zugang zur Kasse. Seine Großzügigkeit galt aber nicht nur Freunden. Armen gegenüber zeigte er sie ebenso. Als er einmal einen Bettler knapp abgefertigt hatte, reute ihn hinterher sein Verhalten; er nahm sich vor, »in Zukunft keine Bitte mehr abzuschlagen«. Diese Freigebigkeit kennzeichnete ihn zeitlebens.

Das lustig-oberflächliche Treiben der zahlreichen Feste fand er im Fortgang der Jahre freilich immer schaler. Bei einem Krieg zwischen Assisi und der Nachbarstadt Perugia kam Franz in Gefangenschaft, die ihm im Gefängnis Zeit zum Grübeln gab. Zwar kaufte der Vater ihn los. Aber Franz kehrte krank zurück und genas nur langsam. Offensichtlich war es eine jener Krankheiten, die zur Überprüfung des bisherigen Lebens führen. Franz suchte nach einem neuen Weg.

Eine Schande für die Familie

Damals stand er eines Tages unverhofft vor einem Aussätzigen, vor deren Schorf Franz seit jeher Ekel empfunden hatte. Auch jetzt musste er sich überwinden, den Mann überhaupt nur anzuschauen. Allein der Gestank seiner wunden Glieder widerte ihn an. Aber sein Nachsinnen über das eigene Leben, das ihn seit Monaten beschäftigte, ließ ihn diesmal – zur eigenen Verwunderung – standhalten: »Er gab dem Mann ein Geldstück und küsste ihm die Hand. Und auch jener gab ihm den Friedenskuss.« Das war für Franz ein Erlebnis, das ihn wandelte. Er konnte sich seitdem dem Elend der Ärmsten stellen, ohne sich innerlich von ihnen abgestoßen zu fühlen. Von da an war ihm der Weg zu den Leprosen möglich. »Ich begann sie zu pflegen, und das, was mir schwer fiel, wurde leicht und machte mich froh.«

Giotto di Bondone (1267–1337), Das Kruzifix von San Damiano, um 1290.

Eine zweite, mehr innere Erfahrung hatte keine geringere Bedeutung für Franz. Einmal betrachtete er das Kruzifix in dem zerfallenen Kirchlein San Damiano. Da »sprach« der Gekreuzigte zu ihm: »Franz, siehst du denn nicht, wie mein Haus zerstört wird? Geh und baue es wieder auf!« Was kann man besser verstehen: dass Millionen Menschen oftmals in ihrem Leben romanische Kreuze, gotische Kreuze, barocke Kreuze anschauen oder gar ein goldenes Kreuz am Hals tragen und sich nie dabei etwas denken? Oder dass es unmöglich ist, das Kreuz wirklich anzuschauen, ohne sich herausgefordert zu fühlen? Dem väterlichen Geschäft wollte er nicht länger dienen, begann vielmehr, im Alleingang zerfallene Kirchen zu reparieren und zu säubern. Franz verstand seinen Anruf zunächst wörtlich: Er trug eigenhändig Steine herbei, mischte Mörtel und baute das Kirchlein wieder auf. (Erst im Laufe seines weiteren Lebens erkannte er langsam, dass die unter vielen Schäden zerrüttete Kirche seiner bedurfte.)

Wie würde man heute einen solchen Menschen nennen? Verrückt? Ausgeflippt? Der Vater fand die fromme Liederlichkeit unerträglich. Es kam zum Bruch mit ihm; sein Hass und der Hohn der ganzen Stadt wandten sich gegen Franz. Man lachte ihn aus. Die Kinder riefen »Pazzo! Pazzo!« hinter ihm her und warfen mit Steinen auf den einsam Gewordenen. Franz sagte, es sei Jesu Wille, »ein frisch gebackener Narr (*pazzo*) in der Welt« zu sein.

Seitdem blieb Franz unruhig; immerfort fragte er sich, was sein Weg sei. Am 24. Februar 1208 ging er in die unterhalb der Stadt gelegene Portiuncula-Kapelle und hörte dort die Lesung:

Der Verzicht auf allen Besitz

125

Der Traum des Papstes Innozenz III.

Die Bestätigung der Ordensregel

⁷ Geht und verkündet: Das Himmelreich ist nahe.

⁸ Heilt Kranke, weckt Tote auf, macht Aussätzige rein, treibt Dämonen aus! Umsonst habt ihr empfangen, umsonst sollt ihr geben.

⁹ Steckt nicht Gold, Silber und Kupfermünzen in euren Gürtel.

¹⁰ Nehmt keine Vorratstasche mit auf den Weg, kein zweites Hemd, keine Schuhe, keinen Wanderstab … *Mt 10*

Thomas von Celano, Franzens späterer Gefolgsmann und Biograph, berichtet, Franz habe auf dieses Evangelium geantwortet: »Das ist's, was ich will; das ist's, was ich suche; das verlange ich aus Herzensgrund zu tun.« Die Verse wurden ihm eine Richtschnur seines Lebens, die er wörtlich befolgte. Fortan trug er einen Kittel aus grobem Tuch, den nur ein Strick umgürtete, ging barfuß und suchte eine Armut, die radikaler war als je im Mönchtum. Darum konnte er auch nicht in eins der vielen Klöster eintreten. Er wollte auf der untersten Ebene der menschlichen Lebensmöglichkeit anfangen.

Das Leben der Minderen Brüder

Seine Radikalität fand bald Beachtung und sogar Nachfolge. Zwar hatte Franz nicht beabsichtigt, einen neuen Orden zu gründen, aber junge Menschen scharten sich um ihn, und er wies sie nicht ab. Die Legende erzählt, wie die ersten drei Gefährten, noch im Zweifel, was für sie wichtig sein sollte, das Neue Testament wie ein Orakel befragten. Franz öffnete das Buch und las: »Willst du vollkommen sein, so gehe hin, verkaufe alles, was du hast und gib das Geld den Armen« (Mt 19, 21). Beim zweiten Mal schlug er auf: »Ihr sollt nichts mit euch auf den Weg nehmen …« (Lk 9, 3). Und beim dritten Mal las er dort: »Wer mein Jünger sein will, verleugne sich selbst …« (Mt 16, 24). Franz ermutigte die neuen Gefährten zu wörtlichem Gehorsam. »So beeilte sich nun Herr Bernardo von Quintavalle, der sehr reich war, und verkaufte seine ganze Habe. Als er das Geld beisammen hatte, verteilte er alles an die Armen der Stadt …«

Dennoch war dieser Anfang nicht ermutigend. Als er seine ersten Gefährten ins Land schickte, den Ernst des christlichen Glaubens zu predigen, gab es nur Misserfolg. Die Leute betrachteten sie misstrauisch:

Aus manchen Gegenden vertrieb man die Brüder, weil man annahm, sie wären Ketzer. Deshalb mussten die Brüder von Geistlichen und Laien viel Ungemach erleiden. Verängstigt und hart mitgenommen, auch von Räubern verprügelt, kehrten sie in tiefer Traurigkeit zu Franz zurück.

Laienpredigt gilt oft als Kennzeichen für Irrglauben und Ungehorsam gegenüber der Kirchenleitung. Selbst dort, wo man den Laien das Wort in der Kirche nicht grundsätzlich bestreitet, ist eine solche Konkurrenz eher unbeliebt. Franz erfuhr dies mehrfach.

Dennoch waren die folgenden Jahre voller Glück. Mit der wachsenden Schar seiner Minderbrüder zog er durch Umbrien. »Manchmal nahm er ein Holzstück von der Erde auf, legte es über den linken Arm, fasste mit der Rechten einen Stock, der ihm als Bogen diente und strich über das Scheit, als ob er auf einer Geige spielte.« In seiner Freude an der Welt wurde er zum Dichter. Sein »Sonnengesang« ist das älteste Lied in italienischer Volkssprache. Bekannt ist sein brüderliches Verhältnis zur Natur, zu Pflanzen und Tieren. Nicht minder anrührend sein fürsorglicher Umgang mit den Menschen. Unerbittlich aber war Franz in seiner Liebe zur Armut. Er wollte für sich und alle seine Gefährten vom Geld loskommen. Er durchschaute den Zusammenhang von Geld, Besitz, Waffen, Streit und Krieg: »Wollten wir etwas besitzen, so müssten wir auch Waffen zu unserer Verteidigung haben.« Franz wollte deshalb keine Vorratswirtschaft. Seine Brüder sollten von ihrer Arbeit leben. Wenn es dazu nicht reichte, ließ er sie ohne Scheu, aber als Übung der eigenen Demut, ihre Mitmenschen um Nahrung bitten. Als die Gemeinschaft bereits angewachsen war und eines Tages ein festes Haus geschenkt bekam, verwehrte Franz diesen Besitz. Wer ein Haus hat, meinte er, der sammelt auch Schätze. In diesem Geist der Armut schrieb er die erste Regel für die Gemeinschaft der Minderbrüder. Viele fanden sie zu streng. Franz aber sagte schroff: »Wer die Regel nicht halten will, soll den Orden verlassen.«

Franz und Klara

Im Winter 1210 tauschte ein junger Adeliger – sein stattlicher Name: Rufino di Scipione di Offreduccio – die elegante Garderobe gegen die Kutte der Franz-Gemeinschaft. Dieser Rufino hatte eine außerordentlich schöne Cousine, Chiara, die sich als 16-jähriges Mädchen ein Gespräch mit Franz vermitteln ließ. Franz und Klara sprachen nicht über die edle Minne, sondern über die Mittel und Wege, als Frau so zu leben, wie Jesus es anregte und wie Franz es tat. Offensichtlich waren die bestehenden Orden auch für eine konsequent denkende junge Frau keine Verlockung mehr. Sie wollte nicht »versorgt« sein. Franz und Klara haben sich damals mehrfach über eine Lösung unterhalten. Darüber verging das Jahr 1211 und erneut wurde es Winter. Die Gespräche zwischen Franz und Klara waren für unbeteiligte Leute wohl Anlass, sich das Maul zu zerreißen. Eine Legende verarbeitet diese Erinnerung so:

Franz und Klara wanderten von Spello nach Assisi, in großer Unruhe des Herzens. Sie waren nämlich unterwegs in ein Haus getreten, hatten dabei boshafte Blicke auf sich gezogen und ein Getuschel mit versteckten Anspielungen hinnehmen müssen.

Sonnengesang

Höchster, allmächtiger, guter Herr,
dein sind Ehre, Lob und Ruhm und aller Segen.
Du allein bist würdig, sie zu empfangen
und kein Mensch ist würdig,
dich zu nennen, o Höchster!

Gelobt seist du mein Herr!
Mit all deinen Geschöpfen,
vor allem mit der edlen Schwester Sonne.
Sie bringt uns den Tag und das Licht,
sie ist schön und strahlt in mächtigem Glanz,
von dir, du Höchster, ein Gleichnis.

Gelobt seist du mein Herr!
Durch Bruder Mond und die Sterne.
Du hast sie am Himmel gebildet,
klar und kostbar und schön.

Gelobt seist du mein Herr!
Durch Bruder Wind und die Luft,
durch bewölkten und heiteren Himmel
und jegliches Wetter;
so erhältst du deine Geschöpfe am Leben.

Gelobt seist du mein Herr!
Durch Schwester Wasser,
so nützlich und demütig, so köstlich
und keusch.

Gelobt seist du mein Herr!
Durch Bruder Feuer;
mit ihm erleuchtest du uns die Nacht.
Er ist schön, gewaltig und stark.

Gelobt seist du mein Herr!
Durch unsere Schwester, die Mutter Erde;
sie trägt und erhält uns,
bringt vielerlei Früchte hervor
und Kräuter und Blumen.

Gelobt seist du mein Herr!
Durch alle, die vergeben in deiner Liebe,
die Krankheit und Trübsal ertragen.
Selig, sie dulden in Frieden;
sie werden von dir, o Höchster, gekrönt.

Gelobt seist du mein Herr!
Durch unseren Bruder, den leiblichen Tod;
kein lebender Mensch kann ihm entrinnen.
Weh denen, die sterben in tödlichen Sünden.
Selig, die der Tod trifft in deinem heiligsten Willen;
denn der zweite Tod kann ihnen nichts antun.

Lobt und preist meinen Herrn und
dankt und dient ihm in großer Demut.

*Franz nimmt von Klara das Ordens-
versprechen entgegen.*

So gingen sie schweigend ihren Weg weiter. Das Land ringsum war schon mit Schnee bedeckt. Schon begann es zu dunkeln, da sagte Franz: »Hast du verstanden, was die Leute über uns gesagt haben?« Klara gab keine Antwort. Ihr Herz krampfte sich zusammen und sie fühlte sich den Tränen nahe.

»Es ist Zeit, uns zu trennen«, sagte Franz schließlich. »Du wirst noch vor der Nacht im Kloster sein. Ich werde allein gehen.« Da warf sich Klara mitten auf dem Weg in die Knie, fasste sich nach einer Weile und ging mit gesenktem Kopf weiter, ohne zurückzuschauen. Der Weg führte durch einen Wald. Auf einmal aber hatte sie nicht mehr die Kraft, so ohne Trost und Abschied von ihm zu gehen. Sie wartete, bis Franz nachkam. »Wann werden wir uns wiedersehen?« »Im Sommer, wenn die Rosen blühen.«

Da geschah etwas Wunderbares. Plötzlich schien es beiden, als blühten ringsum auf den Wacholdersträuchern und auf den Hecken voller Raureif eine Unzahl Rosen. Nach dem ersten Staunen eilte Klara hin, pflückte einen Strauß und legte ihn Franz in die Hände. Von diesem Tage an aber waren Franz und Klara nie mehr getrennt.

Das ist die Sprache der Legende. Die Gesinnung, den gleichen Weg einer konsequenten Jesus-Nachfolge zu gehen, verband Franz und Klara so stark miteinander, dass hinfort weder Zeit noch Raum zwischen ihnen stand.

Im Frühling 1212 waren dann Klaras Pläne gereift. Aus dem Palazzo der Offreducci in Assisi fand ein weiblicher Auszug statt, den Klara anführte: Drei hochadelige Schwestern samt Mutter und Cousine ließen fröhlich allen Luxus hinter sich, um in Zukunft ein karges, armes Leben zu führen. Im Fackellicht jener Nacht legte Klara allen Schmuck ab, ließ sich das Haar von Franz schneiden, tauschte die vornehmen Kleider gegen eine raue Kutte und suchte vorübergehend Unterkunft im Frauenkloster San Paolo. Die Männer des Hauses Offreducci brauchten vier Tage, um Klaras Aufenthaltsort auszukundschaften, doch gelang es ihnen nicht, sie zurückzuholen. In San Damiano fand die kleine Frauenkommune eine erste Bleibe. Weitere Mädchen und Frauen aus der Oberschicht von Assisi kamen hinzu. Sie lebten von der eigenen Arbeit und kümmerten sich um die Aussätzigen. So entstand der zweite Orden des Franz von Assisi. Nach Klara nennt man dessen heutige Mitglieder Klarissen.

Den Wolf umarmen

William Colby, der von 1973–1976 Direktor des CIA war, nannte in einem Interview Franz von Assisi sein Vorbild. Warum gerade ihn? »Wegen seiner Demut«, sagte Colby, »der heilige Franz war ein Pazifist. Ich bin zwar kein Pazifist, aber ich bewundere Menschen, die größere Idealisten sind als ich.« Diese Bewunderung zieht Franzens Friedfertigkeit ihren Stachel. Wahrscheinlich wäre Franz im CIA eine große Gefahr, weil er das ganze Gefüge durcheinander brächte. Wahrscheinlich ist Franz überhaupt ein Sicherheitsrisiko, weil er –

und seinesgleichen – nicht bereit sind, Feindbilder zu übernehmen. Als die christliche Welt kriegerisch ins Heilige Land zog, um die muslimische Herrschaft zu brechen, zog auch Franz – waffenlos – dorthin. Es war im Jahr 1219. Den christlichen Kreuzfahrern, deren Treiben ihn entsetzte, sagte er ihre Niederlage voraus. Sein Versuch, die christlichen Ritter davon abzubringen, die belagerte Stadt Damiette anzugreifen, beantworteten diese mit Gelächter. Franz vermied es, das dann folgende Gemetzel mit anzusehen. Er drang zum Sultan vor, obwohl man ihm sagte, dies würde ihn sein Leben kosten. Der Sultan, Melek-al-Kamil hieß er, war ein gebildeter Mann; er empfing Franz zu mehreren Ge-

sprächen. Offensichtlich erkannte er, dass in dem christlichen Sonderling ein anderer Geist wirkte als in den tollen Kreuzfahrerhorden. Ohne dass Franz ein Leid geschah, kehrte er nach Italien zurück. Eine »Bekehrung« hatte er allerdings nicht erreicht. Wie hätte auch der Sultan über den ungewöhnlichen Franz die ganz und gar gewöhnlichen christlichen Angreifer vergessen können?

Diese Art, sich von keinem Feindbild beirren zu lassen und trotz aller Massenängste auf den gefürchteten Gegner zuzugehen, hat die Erinnerung an Franz in einer schönen Legende verarbeitet:

Franz sucht vergeblich, die Kreuzfahrer am Kampf zu hindern; er sagt den Christen ihre Niederlage voraus.

Bei der Stadt Gubbio trieb sich ein grimmiger Wolf umher, der auch Menschen anfiel und fraß. Alle Bürger lebten darum in beständiger Angst, und keiner verließ unbewaffnet die schützenden Mauern der Stadt. Schließlich hatte die Furcht alle Bürger ergriffen, so dass sich niemand mehr sicher fühlte.

Als nun Franz einmal nach Gubbio kam, beschloss er, sich zu dem Wolf auf den Weg zu machen. Die Bürger waren über diesen Vorsatz entsetzt und beschworen Franz, sich doch nicht mutwillig dem sicheren Tod preiszugeben. Dann aber stiegen sie auf die Dächer ihrer Häuser, um aus sicherer Ferne Franz auf seinem Weg zu dem Ungeheuer zu beobachten.

Schon eilte der schreckliche Wolf mit offenem Rachen auf Franz zu, als dieser zu ihm sprach: »Komm zu mir, Bruder Wolf! Im Namen Christi befehle ich dir, weder mir noch sonst jemand ein Leid anzutun!« Und in der Tat, das Untier schloss den aufgerissenen Rachen und trottete gesenkten Kopfes heran. Franz umarmte es und ging Seite an Seite mit dem Wolf in die Stadt hinein zum Marktplatz, wo alle Bürger zusammenliefen. Hier handelte Franz einen Friedensvertrag aus: Die Bürger sollten den Wolf ernähren und der Wolf wollte niemandem noch ein Leid antun. Und wunderbar, niemals bellte auch nur ein einziger Hund gegen ihn. Als der Wolf schließlich an Altersschwäche starb, empfanden die Menschen große Trauer. Seine friedliche Anwesenheit und sanfte Geduld hatte sie an die Tugend desjenigen gemahnt, der seine Wildheit zähmte.

Die Totenklage der Klarissen

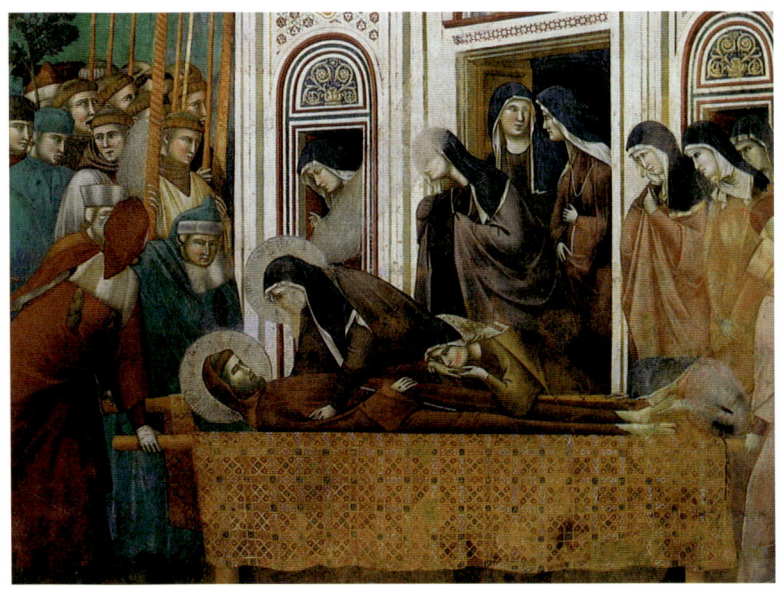

Heute
bewusst arm leben – wie könnte
das aussehen?

Heute
bewusst einfach leben – können
das auch Wohlhabende?

Die Nachfolger des Franz von Assisi
findet ihr heute noch in zahlreichen
Gemeinschaften von Männern und
Frauen. Meistens sind es kleinere Häuser, in denen ihr sie antrefft, nicht vergleichbar mit großen Benediktiner-
oder Zisterzienser-Abteien. Tragt auf
der Karte eures erweiterten Heimat-
raumes alle Orte franziskanischen Lebens ein.
Erkundigt euch, welchen Aufgaben
an diesen Orten nachgegangen wird,
und überlegt, ob ihr einem der Häuser
einen Besuch machen wollt. Für diesen Fall bereitet euch mit Kenntnissen
und Fragen sorgfältig vor. Wenn
Journalisten ein Interview planen, studieren sie alle Sachverhalte gründlich,
damit sie kritisch sein können.
Schreibt eure wichtigsten Fragen bereits zu Hause auf; ohne eine Liste eigener Interessen und Vorbehalte wäre euer Besuch im Kloster wenig
sinnvoll. Ihr sollt auch eure Gesprächs-
partner nicht schonen. Schließlich
wollt ihr wissen, wie diese den mittel-
alterlichen Franz von Assisi in unsere
Zeit übersetzen. Und die Klosterleute
sollen erfahren, welche Gedanken
heutige Schüler bewegen.

→ religionsbuch.de/franziskaner
→ religionsbuch.de/kapuziner

Das Lebensende

Die letzten Lebensjahre waren für Franz voller Bedrängnis und Leid.
Der allzu große Andrang, der jetzt die Zahl der Minderbrüder ver-
mehrte, machte ihm Sorgen. Er fürchtete, die weitere Entwicklung
seiner Gemeinschaft könnte zu studierten Lehrern und faulen Bet-
telmönchen führen. »Ich habe stets mit meinen Händen gearbeitet
und will arbeiten. Ich wünsche, dass auch meine Brüder arbeiten,
wie es sich ziemt. Die es nicht können, sollen es lernen.« Noch und
noch schärfte er ihnen Armut ein: »Die Brüder sollen darauf achten,
dass sie Kirchen, ärmliche Wohnungen und was man sonst für sie
einrichtet, nicht annehmen.«

Doch er sieht nicht mehr alles, was um ihn her geschieht. Sein Au-
genlicht erlischt. Auch ist sein Leib durch ständige Entsagung so
geschwächt, dass seine Lebenskraft schwindet. Er lebt jetzt zurück-
gezogen in der felsigen Waldlandschaft am Berg La Verna. Im Spät-
sommer 1224 kommt es zu der geheimnisvollen Stigmatisation: An
der Seite öffnet sich eine blutende Wunde; Hände und Füße tragen
schwärzliche Nagel-Male. Aus seiner einzigartigen Christusliebe
trägt er nun dessen Wunden. Franz hat versucht, diese Kennzeich-
nung geheim zu halten.
Von jetzt an siecht er dahin. Im Frühjahr 1226 wird sein Zustand kritisch. Man bringt ihn nach Assisi. Längst haben die Bürger ihn erwartet und willkommen geheißen. Der Spott der frühen Jahre ist tiefer Verehrung gewichen. Am 3. Oktober 1226 stirbt Franz, auf der
nackten Erde liegend, bettelarm noch im Sterben. Bereits nach zwei
Jahren nimmt ihn die Kirche in die Schar ihrer Heiligen auf. Heute
erhebt sich über seinem Grab ein kunstvoller Dom, zu dem die Menschen kommen und gehen. Assisi lebt großenteils von ihm, dem
Ärmsten. Selbst im Tod gehört der arme Franz sich nicht selbst.

Elisabeth von Thüringen

Über Elisabeth von Thüringen soll an dieser Stelle nicht ebenso erzählt werden wie über Franz von Assisi. Es folgen Hinweise auf ihr Leben und Werk, die ihr zu einer Lebensgeschichte Elisabeths vervollständigen könnt.

Sie sandte mit dem Kind unzählige goldene und silberne Trinkgefäße, Kränze und Kronen, viel verzierte Fingerringe und Spangen mit edlen Steinen und schön getrieben; viel bunte Bänder und reiches Gewand aus Pelz, golddurchwirkte Tücher und Baldachine. Außerdem tausend Mark in feinem Silber. Dazu einen Badekübel aus Silber, darin das Mägdlein baden sollte.

Als das Kind eintrifft, ist der ganze Hof eingeladen und die vornehmsten Bürger dazu, damit sie das Kind sehen und begrüßen können. Später legt man den eigenen Sohn und das »Mägdlein« in dasselbe Bett: »den Knaben Bräutigam und das Kindchen Elisabeth in Vorbedeutung der zukünftigen Hochzeit«. Doch neun Jahre danach stirbt der »Verlobte« des Mädchens, das man nun in ihre Heimat hätte zurückschicken können.

Als das Kind im siebten Lebensjahr ist, wird die leibliche Mutter ermordet. Vier Jahre später stirbt der spätere Schwiegervater, geistig umnachtet und im Bann der Kirche. Von ihm sagt Walther von der Vogelweide: »Ich kenne seinen üppigen Lebensstil: Selbst wenn ein Fuder guten Weins tausend Pfund kostete, stünde trotzdem keines Ritters Becher leer.«

Elisabeth, Elisabethkirche Marburg, um 1480.

Sie heiratet, als sie vierzehn Jahre alt ist; ihr Mann ist zwanzig. Sie reden sich auch jetzt noch mit »Bruder« und »Schwester« an. Ein Jahr später gebiert sie auf der Creuzburg an der Werra einen Sohn. Er wird nach dem verstorbenen Burgherrn benannt.

Die Welt, in welcher das junge Paar lebt, kennt Reichtum und Armut dicht beieinander. Man gründet Klöster und baut Kirchen und glaubt, darin Gott zu dienen. Die junge Frau sieht, dass Speisen auf den Tisch kommen, die von den Hörigen des Landes erpresst werden. So geschieht es, dass sie an festlicher Tafel sitzt und manchmal nichts zu sich nimmt, ja sogar Hunger leidet. Zu jener Zeit ist sie bereits die Landesherrin.

131

Das Gebiet der Landgrafen von Thüringen war, wie die Karte zeigt, weit zersplittert. Es war auf unterschiedlichen Wegen über Generationen zusammengebracht worden: durch Rodung herrschaftsfreier Räume, durch Bau oder Erwerb von Burgen, durch Klostergründungen und den Ausbau von Städten, durch Heiratspolitik. Damit einher ging ein steter Zuwachs an Autorität und politischem Einfluss.

Landgraf Hermann I., der spätere Schwiegervater Elisabeths, stellte jedoch den krassen Fall eines Reichsfürsten dar, der eine Schwächeperiode des Königtums zum eigenen Vorteil ausnutzte. Daneben aber war er ein lebenslustiger Mensch, großzügiger Gastgeber und Förderer der Kunst. Walther von der Vogelweide schildert den Trubel an Hermanns Hof: »Wer in den Ohren krank an Süchten ist, /das ist mein Rat, der bleibe dem Hofe zu Thüringen ferne. / Denn kommt er dahin, er gerät wahrhaftig von Sinnen. / Eine Schar fährt aus, die andere ein – Nacht und Tag. / Ein großes Wunder ist's, dass da noch einer zuhört.«

In diesem höfischen Klima wuchs die junge Elisabeth heran. Aber sie fand dort auch die Mutter ihres zukünftigen Gatten, die Landgräfin Sophia, die dem lauten und oft wohl auch rauen Klima eine feste Frömmigkeit entgegenstellte. Nach dem Tod Hermanns I. übernahm ihr späterer Gemahl Ludwig IV. im Alter von 17 Jahren die Herrschaft; damals war Elisabeth erst 10 Jahre alt. Als Witwe verließ sie die Burg im Winter 1227/28, weil sie für ihr Leben dort kein Verständnis mehr fand. 1521/22 war die Wartburg Zufluchtsort Luthers. Hier begann er mit der Übersetzung der Bibel ins Deutsche.

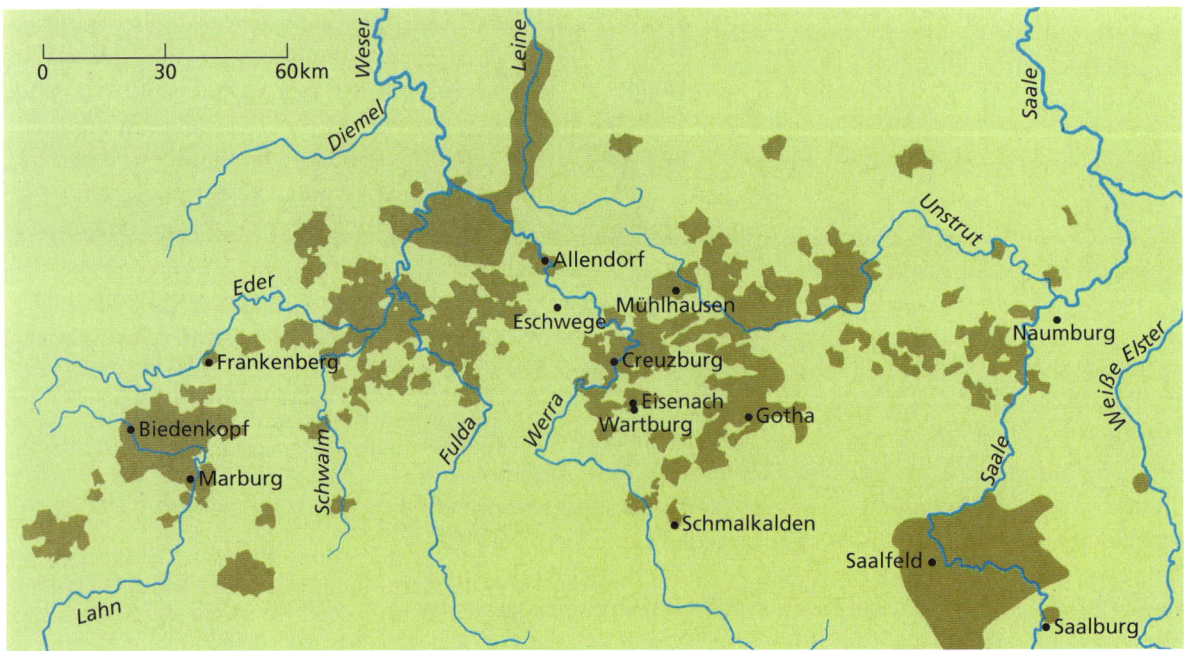

Als der Gemahl 1225 für drei Jahre zu Kaiser Friedrich II. von Hohenstaufen geht, ist die junge Frau alleinige Herrin über alle Güter und Einkünfte. In diesem und dem folgenden Jahr entsteht eine große Hungersnot, verbunden mit Überschwemmungen, die ihrerseits wieder Seuchen im Gefolge haben. Armut und Elend breiten sich aus. Die Herrin wird zur Landesmutter: Am Fuß der Burg lässt sie ein Hospital bauen und speist dort täglich neunhundert Arme aus den Erträgnissen und Vorräten der Burg. Sie selbst spinnt Wolle, näht Leichenkleider für die Toten, sorgt für die Wöchnerinnen. Als ihr Gemahl heimkehrt, sind die Scheunen leer. Die Finanzleute des Hofes verklagen sie wegen verschwenderischer Sorge; er aber findet ein zufriedenes Volk. Sein Kommentar: »Drei Dinge sind Gott besonders genehm: Eintracht der Brüder, Liebe und Treue unter den Mitchristen, ein Mann und ein Weib, die wahrhaft eins sind.«

Das junge Ehepaar genießt seine Gemeinsamkeit. Aber 1227 trennt sie die Teilnahme des Mannes an einem Kreuzzug. Elisabeth ist untröstlich. Soeben erwartet sie ihr drittes Kind. Es wird im gleichen Monat geboren, in dem der Vater in Otranto stirbt. »Tot ist er, tot!«, ruft sie. »So ist mir die Welt tot und alles, was süß an ihr ist.« Jetzt wandeln sich alle Verhältnisse. Der Schwager wird ihr Vormund, zugleich ist er nun Regent und Verwalter des Familienbesitzes. Er fühlt sich im Recht, wenn er ihrer Freigebigkeit Grenzen setzt. Er lässt ihre Einkünfte aus den Witwengütern sperren, aber gewährt ihr den Unterhalt aus der eigenen Küche. Die junge Witwe findet

diese Zustände innerlich untragbar. Sie verlässt die Burg. Am Karfreitag 1228 (oder 1229) gelobt sie in der Kapelle der Minderbrüder zu Marburg an der Lahn vollständige Armut. Ihr Beichtvater zieht sie gewaltsam vom Altar zurück, damit sie nicht auch noch gelobt, auf alle ihre Besitztümer zu verzichten. Von da an arbeitet sie für ihr tägliches Brot. Sie pflegt jene Kranken, von denen sich andere abgestoßen fühlen. In dieser Arbeit verbraucht sie ihre Gesundheit. Sie liegt fünfzehn Tage krank. In der Nacht vom 16. zum 17. November 1231 stirbt sie, erst 24 Jahre alt. Am 19. November wird sie in der Kapelle des von ihr gegründeten Franziskanerklosters beigesetzt. Ihre Heiligsprechung drei Jahre später fällt zusammen mit der Überführung ihrer Gebeine in eine neu erbaute frühgotische Kirche. Kaiser Friedrich II. geht barfuss und in grauem Zisterzienserhabit hinter ihrem Sarg her. Man legt die Gebeine in einen goldenen Schrein, der heute noch bewundert wird, aber nicht mehr ihre Überreste birgt.

Der nebenstehende Text hat Informationslücken und stellt deshalb Fragen. Um sie beantworten zu können, müsst ihr entweder im Unterricht weiter ausholen, oder ihr informiert euch über → religionsbuch.de / Elisabeth

– Wer konnte wohl das Bettzeug aus purpurner Seide bezahlen und den teuren Hausrat?
– Wohin ging die Sendung?
– In welchem Jahr war das?
– Wer waren die Eltern des Kindes und wie hießen sie?
– Wie alt war das Kind?
– Welcher Hof und die Bürger welcher Stadt begrüßten das Kind?
– Was bedeutete die Kindsverlobung?
– Wie hieß der Verlobte?
– Wie hieß ihr Mann?
– In welchem Amt stand der Bräutigam mit seinen zwanzig Jahren?
– Was weiß man von der jungen Ehe?
– Wie hieß das Land, dem das junge Herrscherpaar voranstand?
– Wie weit reichte der Besitzstand?
– Könnt ihr mehr über den Landesherrn erfahren?
– Wo ist der verstorbene Landgraf endgültig beigesetzt worden?
– Wie hieß sein Nachfolger auf der Burg?
– Von welchen Witwengütern ist die Rede?
– Wohin ging die Witwe, als sie die Burg verließ?
– Was war das Schicksal ihrer drei kleinen Kinder?
– Wie überlagern sich die Lebensdaten dieser Frau mit jenen des Franz von Assisi? Welche inneren Berührungspunkte gibt es? Welche äußeren?
– Wie hieß Elisabeths Beichtvater? In welchem anderen Kapitel dieses Religionsbuches ist von ihm die Rede?
– In welchem Hospital hat Elisabeth ihre letzten Witwenjahre verbracht?
– Wo starb sie, und welche Kirche, nach ihr benannt, wurde die Stätte ihrer Beisetzung? Warum ist der goldene Schrein heute leer? Vergleicht das Schicksal der Gräber jener beiden, von denen dieses Kapitel erzählt.

Grabmal von Elisabeths Gemahl, Ludwig IV. von Thüringen.

Die Legende

Wenn man sagt, diese oder jene Überlieferung sei ja »nur eine Legende«, ist gemeint, die Geschichte stimme nicht; sie sei nicht historisch sondern »erfunden«. Seit einem halben Jahrtausend gilt der Legende Misstrauen. Man versteht ihre Sprache nicht mehr und kann ihren Sinn nicht erfassen. Darum soll es hier um die Wahrheit der Legende und ihre symbolische Sprache gehen.

Geschichtliche und symbolische Wahrheit

Das erste Hindernis für das Verständnis einer Legende ist die Ansicht, sie müsse historisch wahr sein. Dann wäre die Christophoruslegende wertlos, weil sie zweifellos eine symbolische Erzählung ist, deren Gültigkeit darin liegt, dass sie tiefe Lebenserfahrungen erschließt (→ Religionsbuch 5/6, S. 122f.). Wie sich Geschichte und symbolische Wahrheit, Bericht und Legende zueinander verhalten, kann die folgende Gegenüberstellung zeigen. Beide Spalten erzählen auf unterschiedliche Weise von der Christenverfolgung unter Kaiser Diokletian:

Geschichtlicher Bericht

Kaiser Diokletian verlangte im Jahre 303, zum Erweis der Staatstreue dem Kaiser mit göttlichen Ehren zu opfern. Das brachte viele Christen in Verlegenheit. Der politische Druck ließ manch einen schwach werden und das geforderte Opfer darbringen. Doch eine große Zahl beugte sich nicht. Deren Schicksal hieß: Kerker, Folter und Tod, meistens als Verurteilung zu den wilden Tieren. Diese Verfolgung dauerte mehrere Jahre, wurde aber allmählich lascher. Zehn Jahre später erfolgte eine Neuorientierung der Politik: 313 gab es in Mailand ein Abkommen, das dem Christentum erstmals Religionsfreiheit zuerkannte. Nach weiteren zwölf Jahren übernahm der Kaiser sogar den Vorsitz einer großen Kirchenversammlung in Nicäa: Das Christentum hatte sich durchgesetzt, die alte römische Religion begann zu schwinden.

Legende

Felix war ein Hauptmann im römischen Heer. Er war Christ und stand treu zu seinem Glauben wie zu seinem Kaiser. Als aber ein neuer Kaiser kam, verlangte dieser von allen Christen, dass sie ihm als Zeichen ihrer Treue opferten. Felix weigerte sich, dem Befehl zu folgen. Da ließ ihn der Kaiser gefangen nehmen und auf einem *Rad mit scharfen Klingen* martern.

In seinen Qualen hörte Felix *eine Stimme vom Himmel:* »Fürchte dich nicht, ich bin mit dir!«

Nach der Folter wurde Felix in den Tempel geführt, damit er jetzt opfere. Felix aber machte das Zeichen des Kreuzes über den Gott aus Erz und sprach: »Allein dem lebendigen Gott diene ich.« *Da zerbarsten alle Götterbilder im Tempel* in Stücke. Die Tempelpriester aber enthaupteten Felix auf Befehl des Kaisers.

Bericht wie Legende sprechen von derselben Zeit, aber jeweils auf eigene Weise:

Die vielen schlimmen Leiden, von denen die Geschichtsforschung weiß – Verhaftung, Kerker, Folter, Hinrichtung in allen Teilen des Reiches – fasst die Legende in ein einziges symbolisches Bild: *das Rad mit scharfen Klingen.*

Die zahllosen Namen der christlichen Märtyrer rafft die Legende in einem einzigen zusammen: dem Schicksal des *Felix*.

Die innere Kraft, welche die Christen aus ihrem Glauben schöpfen, nennt die Legende: *eine Stimme vom Himmel*.

Die Erfahrung, dass die römische Religion nach 313 so schnell dem Christentum unterlag, übersetzt die Legende in ein anschauliches Bild: *alle Götterbilder im Tempel zerbersten*.

Es zeigt sich, dass die Legende also durchaus von geschichtlichen Erfahrungen erzählt, dass sie diese aber in symbolische Bilder übersetzt und verdichtet.

In unserem Beispiel heißen die Symbole: das Rad mit scharfen Klingen; eine Stimme aus dem Himmel; die Götterbilder im Tempel zerbersten.

Vergleicht beide Spalten miteinander. Was verbindet die unterschiedlichen Darstellungen, was unterscheidet sie? Zu welcher Darstellungsform passt besser die Fotografie, zu welcher die Malerei?

Deutet die Symbole Rad, scharfe Klingen, Stimme vom Himmel, zerberstende Götterbilder genauer und versucht eine Antwort auf die Frage: Wozu wird ein Bericht geschrieben, und wozu eine Legende erzählt? Wer könnten die Adressaten beider Gattungen sein?

Neben der Christophorus- und Georgslegende wird auch von Katharina von Alexandrien erzählt, sie sei »gerädert« worden. Bilder stellen sie immer mit einem Rad dar. – Historisch steht dagegen, dass es im römischen Gerichtswesen die Strafe des Räderns nicht gab. Spätere Jahrhunderte haben für die Erzählweise der Legende aber keinen Sinn mehr gehabt und sie wörtlich (miss)verstanden. So verband sich die germanische Strafpraxis des Räderns mit dieser Legende.

Seht euch die Legende »Franz und der Wolf von Gubbio« an (→ S. 129). Sicherlich wird hier kein historisches Ereignis erzählt. Dennoch geht es um eine Wahrheit, die auch heute noch gilt.

Bedenkt auch die Legende von Elisabeth und dem Aussätzigen, den sie in ihr Bett hineinholt (Religionsbuch 5/6, S. 14). Hier ist (unausgesprochen) von einem Verhalten die Rede, das sich fremde Hilflosigkeit gerne vom Leibe hält. In Elisabeth erlebten ihre Zeitgenossen aber eine Frau, die sich die Not anderer auf den Leib rücken lässt. Welche geschichtliche Wahrheit kann das Symbol des Aussätzigen im Ehebett haben?

Zentral für die Elisabeth-Legende ist die Verbindung des Aussätzigen mit dem gekreuzigten Christus. Dieses Motiv begegnet ähnlich in der Martinslegende und in der Legende des Placidus/Eustachius/Hubertus (Religionsbuch 5/6, S. 129). Lest dazu Mt 25,31-40. Worin unterscheiden sich die Legenden? Worin sind sie gleich? Wie beurteilt ihr die Wahrheit dieser Geschichten?

Sammelt Legenden, die in der eigenen Heimat Beachtung finden.

Stellt eine Liste auf, wo in eurem Umfeld Legenden in Werken der bildenden Kunst nacherzählt werden. In manchen Gegenden handelt es sich um so schöne Stücke, dass sich ihre fotografische Darstellung lohnt.

Fragt auch, welche Bräuche auf Legenden zurückgehen oder diese im Spiel darstellen. Die meisten Bräuche sind um Nikolaus und Martin entstanden. Aber auch zu Barbara, Luzia, Franz von Assisi und Georg gibt es Bräuche, in denen sich sinnvolle Legenden spiegeln.

Die Wahrheit der Legende

Jener Felix, den die Legende nennt, ist keine Einzelperson. Er ist eine kollektive Gestalt: In ihm sind die vielen Männer und Frauen mit gemeint, die dem Kaiser nicht als Gott opfern wollten. Legenden müssen also nicht »historisch« sein und können trotzdem in einem *verdichteten* Sinne Geschichte überliefern.

Es gibt freilich auch Legenden, die keine inneren Erfahrungen mehr zum Ausdruck bringen, sondern nur das Verwunderliche oder gar Sensationelle suchen. Solche Legenden hat Martin Luther »Lügenden« genannt. Sie entstanden im späten Mittelalter, als die Gattung Legende von vielen nicht mehr »geistlich« verstanden wurde und darum zerfiel. Im eigentlichen Sinn aber ist die Legende eine Erzählform, die tiefer blickt, als es die Berichterstattung kann. Berichte folgen dem äußeren Geschehen, Legenden wollen den inneren Kern einer Erfahrung zeigen.

Weil es in Legenden nicht darum geht, Informationen »zur Kenntnis zu nehmen«, sondern eine tiefere Wahrheit in das eigene Herz zu lassen, hat diese Erzählform den Namen Legende erhalten. Legende kommt vom lateinischen *legendum*, »das zu Lesende«, besser übersetzt: *das immer wieder zu Lesende*. Man soll Legenden nicht wie Zeitungsnachrichten lesen. In der Tageszeitung geht es um Informationswissen, von dem man vieles wieder vergessen *muss*. Legenden stellen demgegenüber ein anschaubares Wissen vor die Seele, das meditiert werden möchte, damit der Mensch mit seinem Herzen in die erzählte Wahrheit hineinwächst.

Aus dem gleichen Grunde sind Legenden tausendfach gemalt worden. Wir finden sie in Büchern und an den Wänden von Häusern und Kirchen. Gleicherweise begegnen legendarische Gestalten aus Holz oder Stein in vielen alten Dörfern und Städten, an Toren, auf Bildstöcken und Altären, in Stadtwappen und Siegeln, als Brunnenfiguren und Standbilder.

Die Legende von Georg dem Drachentöter

Mehr als andere Legenden hat über Jahrhunderte die Geschichte vom Drachenkampf des heiligen Georg die Menschen beschäftigt. Die älteste Überlieferung weiß freilich nichts von einem Drachenkampf, sondern kennt nur einen Märtyrer, der zur Zeit des Diokletian hingerichtet wurde. Das Motiv vom Drachenkampf kam erst viele hundert Jahre später hinzu. Wahrscheinlich haben es Kreuzfahrer im Osten kennengelernt und dann in ganz Europa verbreitet. In einem Volksbuch von etwa 1260 wird die Legende so erzählt:

Georgius, der Ritter, kam einst in das Land Lybia, in die Stadt Silena. Nahe bei der Stadt war ein See, so groß wie ein Meer. Darin wohnte ein giftiger Drache, der hatte schon das ganze Volk in die Flucht getrieben, sooft es gewappnet wider ihn zog. Dann kam er bis unter die Mauern der Stadt und verpestete alles mit seinem Gifthauch. Also gaben ihm die Bürger täglich zwei Schafe, dass sie seinen Grimm stillten. Als aber der Schafe wenig wurden, kam man überein, dass man dem Wurm täglich einen Menschen opfern sollte und ein Schaf. Also warf man das Los, welchen Mann oder welche Frau man dem Drachen geben sollte. Und niemand konnte dem entrinnen. Als nun schon fast alle Söhne und Töchter der Stadt geopfert waren, geschah es, dass das Los auf des Königs einzige Tochter fiel. Da ward der König traurig und sprach: »Nehmt mein Gold und Silber und die Hälfte meines Königreiches, aber lasst mir meine Tochter.« Das erzürnte das Volk und sie sprachen: »König, du hast das Gebot selber gegeben; wir mussten alle unsere Kinder verlieren und du willst deine Tochter behalten? So du an ihr das Gesetz nicht erfüllst, das du uns gegeben hast, verbrennen wir dich und dein Haus.« Als der König ihren Ernst sah, hub er an, seine Tochter zu beklagen: »Weh mir, mein Kind, was soll ich mit dir tun, was soll ich sprechen? Ach, nimmer werde ich deine Hochzeit sehen.«
Und zum Volke sprach er: »Ich bitte euch, lasst sie mir noch acht Tage, dass ich um sie klage.«

Die Uroboros-Schlange (griech. oura = Schweif, boros = verschlingend) findet sich in den Vorstellungen vieler Kulturen. Sie ist ein vieldeutiges Symbol: In ihrer geschlossenen Kreisgestalt verweist sie auf Ewigkeit; auf altägyptischen Särgen steht sie für ein Leben, das sich selbst aufzehrt und zugleich neu zeugt; sie kann auch ein Bild dessen sein, was »am Anfang« war, als noch keine Gegensätze erkannt waren, also ein Symbol des Ursprungs.

Der Drache verkörpert im Mythos das Böse, wie es in kosmischen Katastrophen begegnet und das Leben der Menschen und die Ordnung des Staates gefährdet. In der Szene auf der linken Seite (um 2200 v.Chr.) kämpfen Götter gegen einen siebenköpfigen Drachen.
Auf dem ägyptischen Papyrus (um 1000 v.Chr.) kämpft Seth, der Helfer des Sonnengottes Re, am Bug der Sonnenbarke gegen die Riesenschlange Apophis. Auch dieses Ungeheuer verkörpert die dunklen Mächte, die der lebenspendenden Sonne gefährlich werden können.

137

Dass auch der Held, der den Drachen besiegt, etwas von dessen Art haben muss, zeigt die Siegfriedsage. Hier wälzt sich der Sieger im Drachenblut und wird dadurch unbesiegbar – nur jene Stelle am Rücken, die ein Blatt abdeckte, bleibt der verwundbare Punkt.

Das gewährten sie ihm. Aber am achten Tag kam das Volk zu Hauf und schrie im Zorne: »Warum verdirbst du dein Land um deiner Tochter willen? Denn wir müssen alle von dem Anhauch des Drachens sterben.« Da sah der König, dass er seine Tochter nicht erretten konnte. Er ließ ihr königliche Kleider anlegen, umarmte sie und küsste sie und rief: »O Tochter, ich wäre besser vor dir gestorben!« Da fiel sie zu des Vaters Füßen nieder und bat um seinen Segen. Den gab er ihr unter Tränen und sie machte sich auf zu dem See.

Da kam Sankt Georg von ungefähr dahergeritten, und da er sie weinen sah, fragte er, was ihr wäre. Sie antwortete: »Guter Jüngling, steiget schnell auf euer Ross und fliehet oder ihr werdet mit mir verderben.« Sprach Georg: »Ich werde nicht eher von diesem Ort gehen, bis du mir sagst, was dir sei.« Da erzählte sie ihm alles. Da sie noch sprachen, siehe, so hob der Drache sein Haupt aus dem See. Die Jungfrau zitterte vor Schrecken und rief: »Flieh, guter Herr, flieh so schnell du magst.« Aber Georg sprang auf sein Ross, machte das Kreuz vor sich und ritt gegen den Drachen. Er schwang die Lanze mit großer Macht, befahl sich Gott und traf den Drachen so schwer, dass er zu

Paolo Uccello (1397–1475), Der heilige Georg tötet den Drachen, um 1456.

Boden stürzte. Dann sprach er zu der Jungfrau: »Nimm deinen Gürtel und wirf ihn dem Wurm um den Hals und fürchte nichts.« Sie tat es und der Drache folgte ihr nach wie ein Hündchen. Als sie ihn nun in die Stadt führte, erschrak das Volk und floh auf die Berge und in die Höhlen und sprach: »Weh uns, wir sind alle verloren.« Da winkte ihnen Sankt Georg und rief: »Fürchtet euch nicht, denn Gott, der Herr, hat mich zu euch gesandt, dass ich euch erlöse von diesem Drachen. Darum glaubet an Christum und empfanget die Taufe allesamt, so will ich diesen Drachen erschlagen.« Da ließ der König sich taufen und alles Volk mit ihm und Sankt Georg zog sein Schwert und erschlug den Drachen.

Der Drache als Symbol

Bevor der Drache in die Legende kam, begegnet er in alten Menschheitsüberlieferungen. Das Wort »Drache« (griechisch: *drakon*) bedeutet ursprünglich Schlange. Darum spricht die Legende auch wechselweise von einem Drachen und von einem Wurm. Der Drache verkörpert die rohe Gewalt, die Schlange mehr die heimtückische List.

Wikingerschiffe auf dem Teppich von Bayeux

Der Drache in den Überlieferungen der Völker

Zweifellos ist der Drache in den Überlieferungen der Völker ein Inbegriff des Unheimlichen und Ungeheuren, des Bedrohlichen und Bösen – jedoch nur in der westlichen Welt. In Ostasien hat der Drache eine zumeist positive Bedeutung: Die Fruchtbarkeit der Erde verbindet sich mit ihm, die kaiserliche Macht und das Schöpferische; außerdem ist der Drache Hüter verborgener Schätze. Als ein Schweizer Künstler für die katholische Kathedrale in Kyoto ein Glasfenster mit dem Drachentöter St. Georg entworfen hatte, stieß er auf völliges Unverständnis der japanischen Christen, diese sahen den Drachen ausschließlich positiv.

Dass die Macht des Drachenhaften auch Gutes in sich trägt, lässt die Vorstellung der Wikinger ahnen. Wenn sie das wilde, verschlingende Meer befuhren, auf dessen Grund der Drache ruhte, gaben sie ihren Booten durch Köpfe am Steven Drachengestalt. Auch hießen die Schiffe Orm, »Schlange«, Draken oder Drakkare, also »Drache«: Im Bild des Drachen sollte der Drache bezwungen werden. Später endeten die Giebel der skandinavischen Stabkirchen in Drachenköpfen. Diese Stabkirchen waren nie Mittelpunkt einer Siedlung, sondern standen einsam in der wilden Natur. Sie mussten dem Anstürmen bedrohlicher Mächte trotzen können; deshalb stehen am First Kreuz und Drachenköpfe nebeneinander.

Norwegische Stabkirche mit Drachenköpfen

Der Drache in der Bibel

Auch in der Bibel lassen sich Spuren der alten Drachentradition verfolgen:

– Die Erzählungen der Völker vom Sieg eines Gottes über das Chaosungeheuer haben hier deutlichen Widerhall gefunden, sind aber nicht einfach übernommen worden. Die Bibel machte anderes daraus. Lest Gen 1,2: »Die Erde war wüst *(tohu)* und leer *(bohu)*, und Finsternis lag über dem Urmeer *(tehom)*, und ein Gottessturm bewegte sich unruhig über den Wassern.« Die Urflut *(tehom)* ist der Nachhall des urweltlichen Chaosdrachen. Die lichte Schöpfung wächst aus dem Drachengrunde.

– In der Sündenfallgeschichte wird das Motiv der Drachentötung auf den Kopf gestellt: Gen 3,1-7. Hier besiegt nicht ein Mensch die Schlange, vielmehr wird erzählt, warum der Mensch sich zeitlebens mit der Schlange herumschlagen muss und sie nie besiegen wird.

– Im letzten Buch der Bibel, der Offenbarung des Johannes, findet sich in Kapitel 12 eine Vision vom Drachenkampf. Im ersten Traum erscheint eine Frau »mit der Sonne bekleidet, den Mond unter den Füßen und einem Kranz von zwölf Sternen auf dem Haupte«: das Urbild des Gottesvolkes, aus dem der Messias hervorgehen soll. Der Drache tritt auf als Widersacher Gottes. Seine rote Farbe deutet auf Aufruhr, Feuer und Blut hin. Die Häupter und Hörner sind Ausdruck seiner Macht. Er will die Schöpfung wieder ins Chaos stürzen.

– Da aber entbrennt im Himmel ein Kampf: Michael und seine Engel erheben sich, um mit dem Drachen zu kämpfen ..., und er wird gestürzt, der große Drache, die alte Schlange, die Teufel oder Satan heißt und die ganze Welt verführt (7-12). Vgl. dazu Lk 10,18; 12,31; 16,11; 22,31.

Der auf die Erde geworfene Drache verfolgt das Weib, aber ihr wachsen Adlerflügel, damit sie »in die Wüste« fliegen kann, wo sie vor dem Drachen sicher ist.

Das folgende Kapitel 13 erzählt den Endkampf gegen den Drachen. Dem Meer entsteigt ein Tier, dem der Drache »seine Gewalt, seinen Thron und seine große Macht« verleiht. »Die ganze Erde sah dem Tier staunend nach. Die Menschen werfen sich vor dem Drachen staunend nieder ... und sie beten das Tier an und sagen: Wer ist dem Tier gleich und wer kann den Kampf mit ihm aufnehmen?«

Sodann folgt ein zweites Tier; dieses steigt »aus der Erde herauf«. Es lässt dem ersten Tier ein Bild errichten, dem es Leben einhaucht. Wer es nicht anbetet, wird getötet. Beide Tiere vertreten und verkörpern den Drachen.

Nach dem Sieg über das Tier und seinen Propheten (19,11-21) kommt ein Engel mit dem Schlüssel zum Abgrund. Der nimmt den Drachen gefangen und verschließt ihn für tausend Jahre im Abgrund. Nach diesen tausend Jahren erhebt sich der Drache noch einmal, aber »Feuer vom Himmel« verzehrt seinen Anhang, und der Drache wird endgültig »in den See von brennendem Schwefel« geworfen (20,7-10). Damit ist aller Krieg am Ende, auch der Tod ist überwunden (20,14), und Gottes Herrschaft über eine neu geschaffene Welt beginnt. Dies ist das Ziel der Geschichte Gottes mit den Menschen: eine Welt ohne Tod, Angst und Leid.

Der Drache im Märchen

Ihr könnt auch dem Drachenkampf im Märchen nachgehen. Es ist ein Lieblingsmotiv der europäischen Märchen, auch wenn in ihnen nicht immer »Drachen« auftreten, sondern unterschiedliche Gestalten, von denen das Böse ausgeht. Dementsprechend fällt auch der »Drachenkampf« unterschiedlich aus.

Im Märchen von den zwei Brüdern, dem längsten aller Grimmschen Märchen finden sich alle wichtigen Motive des Drachenkampfes:
– Der Drache, der hier das Land beherrscht, und der alle Jahr eine reine Jungfrau haben muss, weil er sonst Verwüstung ausspeit.
– Daneben ein neues Motiv: Die hilfreichen Tiere; wer sich ihren Dank und ihre Hilfe erwirbt, siegt immer.
– Der Schlaf nach dem Kampf ist gefährlich: Der Held hat nicht die Kraft, die gerade gerettete Jungfrau heimzuführen. Er muss einem anderen die Szene überlassen ...
– Mit der Hochzeit ist diesmal das Märchen nicht am Ende. Der Kampf geht weiter. Nunmehr verliert ihn der Held und wird von einer Hexe versteinert: Arglosigkeit am falschen Ort hat eine Lähmung aller Geisteskräfte zur Folge.
– Das Märchen weiß, wie gefährlich die Drachenmacht des Bösen in dieser Welt ist. Es weiß aber auch, dass man sie im Bunde mit hilfreichen Mächten besiegen kann. Wie übersetzt man diese Sprache des Märchens in das eigene Leben?

Linke Seite:
Albrecht Dürer (1471–1528), Sonnenfrau und Drache (Offb 12,1-6) und der Kampf des Erzengels Michael gegen den Drachen (Offb 12,7-12), 1489.

Der Stein von Jellinge (→ S. 95) zeigt auf seiner zweiten Seite den Kampf mit einem Drachen.

Die Schnitzarbeit an der Tür einer Stabkirche in Norwegen, um 1200, erzählt von Sigurd, wie er einen Drachen mit dem Schwert durchbohrt.

Welche anderen Namen könnte der Drache bekommen?
Im Kapitel über das Sakrament der Buße steht die Geschichte vom Spiegeltor. In diesem Spiegel sieht sich mancher selbst als drachenhaftes Ungeheuer. Wo würdet ihr den Drachen zunächst suchen?

Die Sprache der Legende

Die bisherigen Hinweise zum Verständnis des Drachenkampfes sind
Hilfen, die Legende von Georg dem Drachentöter zu verstehen. Hier
folgen die wichtigsten sprachlichen Wendungen, die für eine Deutung der Legende zu beachten sind:

»Nahe bei der Stadt war ein See, so groß als ein Meer, darin wohnte
ein giftiger Drache«:

Im Buch Ijob (38,16f) werden des »Ozeans Tiefe« und die »Totenwelt« miteinander verbunden. Für Kelten und Germanen geht der
Weg in die Totenwelt über das Meer. Der See, über den Jesus nach Mt
14,25 wandelt, ist verschlingender Abgrund, Grab, Todesschlund.

»Er verpestete die Luft mit seinem Gifthauch«:

Vom Drachen geht Verderben und Tod aus. Von vorne versengt sein
Feueratem, von hinten erschlägt sein Schweif. Das Böse, das der
Drache verkörpert, bedroht mit Auslöschung.

»Des Königs einzige Tochter«:

Das Mittelalter hat in ihr die einzelne Menschenseele gesehen, die
aus der Gewalt des Bösen befreit wird. In der Johannes-Offenbarung
ist die Frau das Gegenbild zum Drachen; kommt der Drache aus der
Unterwelt, so kommt sie vom Himmel. Steht die Königstochter für die Mächte des Guten, die schwach sind und
doch nicht unterliegen müssen?

»... und du willst deine Tochter behalten?«:

Wer festhält, verliert; wer loslässt, gewinnt. Dem König fällt
nichts Neues ein. Er klammert sich allein an seinen »Besitz«;
diese Enge seiner Haltung »verdirbt das Land«. Tränen
und Trauer retten nicht vor dem Drachen.

»Ich will dir helfen im Namen Christi«:

Im Märchen könnte dieses Wort nicht stehen; für die Legende ist es kennzeichnend, denn Legenden sind Erzählungen, die den christlichen Glauben »ins Bild setzen«. Der Sieg über den Drachen geschieht »im Namen Christi«.

»Nimm deinen Gürtel und wirf ihn dem Wurm um den Hals«:

Der Gürtel, mit dem der Mensch sich gürtet, steht für alles, was ihm innere Ordnung, Halt und Kraft gibt. Warum kann ein solcher »Gürtel« den Drachen zähmen, dass er der »Jungfrau« folgt »wie ein Hündchen«?

»Da ließ der König sich taufen und alles Volk mit ihm«:

Im Märchen würde der Held nun die befreite Königstochter heiraten und selbst König werden. An die Stelle der Hochzeit tritt in der Legende die Taufe. Offensichtlich sieht die Legende hierin ihr Ziel: Die »ganze Stadt«, »alles Volk« wird durch die Taufe dem Drachen entrissen; es gehört auf die Seite Christi.

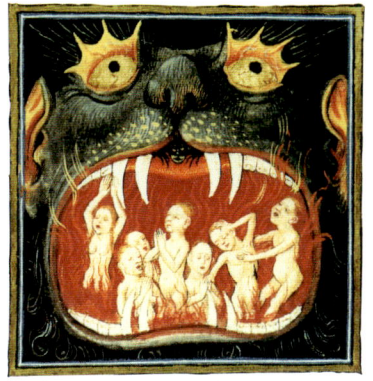

Gemarterte Sünder in der Hölle, Stundenbuch der Katharina von Kleve. Detail, um das Jahr 1440.

Eine kritische Frage zuletzt

Die Georgslegende hat im Christentum eine problematische Anwendung gefunden. Der Drachenkampf, von dem hier erzählt wird, ist ein geistlicher Kampf: »Wir haben nicht gegen Menschen aus Fleisch und Blut zu kämpfen, sondern gegen Mächte und Gewalten, gegen die Beherrscher der finsteren Welt« (Eph 6,12).

Aber kaum hatte das Christentum über das Heidentum gesiegt, begann es, andere Menschen als »Drachen« zu bezeichnen, statt den Drachen in der eigenen Seele zu besiegen: Kaiser Konstantin ließ zur Erinnerung an seinen Sieg über den Mitkaiser Maxentius im Palast von Konstantinopel ein Gemälde anbringen, das ihn selbst als Drachenbezwinger zeigt, der seinen als Drachen dargestellten Gegner durchbohrt. Aber auch Maxentius hatte die Christenverfolgung eingestellt, Kircheneigentum zurückgegeben und ebenso wie Konstantin eine christenfreundliche Politik betrieben. Nun stellt sich der Sieger als Lichtgott dar, den Besiegten deutet er als Chaosdrachen.

Der Sieger über den Drachen verwandelte sich anschließend selbst in einen Drachen, der fortan das Land bedrückte: Konstantin ließ unliebsame Verwandte umbringen, und die christlichen Sieger verfolgten hinfort Juden und Heiden, wie sie zuvor selbst verfolgt worden waren: Heidnische Tempel wurden geschlossen oder niedergerissen, kostbare Schätze eingezogen, Juden in ihren Rechten eingeschränkt.

Zur Zeit der Kreuzzüge fand die Drachentöterlegende größte Verbreitung. Sankt Georg wurde zum Schlachtenhelfer, der die Kreuzritter ermutigte, Jerusalem zu erobern und die Feinde niederzumachen (→ S. 99 ff.). Ganz ähnlich wurde der Erzengel Michael zum Heerführer gegen den Islam.

Wie muss die Legende ausgelegt werden, damit der Drachentöter nicht selber zum Drachen wird? Schreibt folgende Texte untereinander: Mt 5,38-42; 43-48; 26,51f; Lk 23,34; Joh 18,36; Sach 4,6; Eph 2,14.16b.

Bedenkt dazu den Satz des damaligen amerikanischen Militärbischofs Francis Kardinal Spellman, der den katholischen Soldaten im Vietnam-Krieg (den die USA von 1964–1973 führten) sagte, sie seien nicht nur Soldaten der US-Army, sondern auch Soldaten Christi: »Ich glaube, dass ihr nicht nur eurem Lande dient, sondern ihr dient auch Gott, weil ihr die Sache der Gerechtigkeit, die Sache der Zivilisation und die Sache Gottes verteidigt.« Nehmt Stellung zu diesem Satz.

Bezieht in eure Überlegung ein Wort von Martin Luther King ein, das er im amerikanischen Rassenstreit gesprochen hat: »Wir befreien uns nie von einem Feind, wenn wir Hass mit Hass vergelten. Wir entledigen uns seiner nur, wenn wir uns von der Feindschaft freimachen.« Wo also ist der Drachenkampf zu führen?

143

Religionsbuch

für das siebte und achte Schuljahr

Teil 2   8. Schuljahr

Die Wahrheit des Mythos

Hans Erni (geb. 1909), Wandstillleben, 1975.
Dreieck, Kurvenlineale und Zirkelrisse verweisen auf die machbare Welt, die Welt des Logos. Der Engel steht für das, was dieser Welt unverfügbar ist.
Der hier flüchtig mit einer Nadel an die Wand geheftete Engel stammt von Piero della Francesca (um 1420–1492). In einer Ausstellung über Engel sagte jemand: »Malen Sie mal einen Ton!« Hat Piero mit seinem Engel »einen Ton« gemalt?

Ein Wort ist nicht wie das andere. Das haben die alten Griechen sehr scharf erfasst. Für sie gab es verschiedene Sprachebenen, die keine Verwechslung erlaubten. Die eine Sprachform nannten sie Mythos, die andere Logos. Bei der Übersetzung ins Deutsche geht diese Unterscheidung verloren, denn wir können gleichmachend immer nur »Wort« sagen, obwohl das Wort als Mythos etwas anderes ist als das Wort, das die Griechen Logos nannten.

Mythos und Logos

Als der Philosoph Protagoras einmal eine Sache erklären sollte, fragte er seine Schüler: »Wollt ihr es als Mythos hören oder als Logos?« Zu jener Zeit war das logische Denken modern geworden, darum neigten die Schüler dem Logos zu. Protagoras aber riet ihnen, die Sache im Mythos darzustellen: »Das ist angenehmer zu hören!«, sagte er.

Mythos heißt eine erzählende Rede. Logos ist eine begriffliche, lehrhafte Rede. In den ältesten Zeiten hatte die mythische Sprache Vorrang: Die Menschen deuteten die Welt und ihr eigenes Leben in symbolischen Bildern und Geschichten. Definitionen, Formeln und

Lehrsätze waren ihnen noch fremd. Aber die symbolischen Erzählungen sprachen ihre Seele an, verschmolzen mit ihren Träumen, die ihren Wünschen, Freuden und Ängsten Ausdruck gaben. Was zwischen Geburt und Tod und über den Tod hinaus wichtig war, verarbeiteten sie in Symbolen. Aber die Menschen wussten nicht, dass es Symbole waren. Sie konnten Wort und Bedeutung noch nicht unterscheiden.

Für Homer war der Mythos wichtiger als der Logos. Er schätzte die Erzählung, das Lied, ein Gedicht, die Kunst höher als Lehrsatz und Regel. Im Symbol erkannte er tiefere Wahrheiten als in einer »wissenschaftlichen« Formel.

Das änderte sich, als das untersuchende, erklärende Denken stärker wurde. Die griechischen Philosophen haben damit zuerst begonnen. Sie suchten für die Vorgänge in der Natur nach Gesetzen, entwickelten die Mathematik und das physikalische Wissen. Die damit verbundene Sprache konnte nicht mehr erzählend und symbolisch bleiben. Sie wurde begrifflich, nüchtern und argumentierend.

Logos heißt darum das Wort als beweisbare Rede. Logos ist das Erforschte und Berechnete, das wissenschaftliche Wort. Mathematik- oder Physikbücher bewegen sich im Logos. Es ist klar, präzise, überprüfbar.

Mythos ist das symbolische, deutende, sinnstiftende Wort. Die Sprache des Mythos will nicht beweisen. Sie kann sagen: »Ich liebe dich!« Wenn aber die Antwort lautet: »Gib mir Beweise!«, wird eine Ebene gewählt, die nicht mehr dem Mythos zugehört. Gedichte, Lieder und Gebete sprechen im Mythos. Sie wollen anders gelesen und bedacht werden als die begriffliche Sprache des Logos.

Im Logos sind die Wissenschaften zu Hause, im Mythos die Künste und die Dichtung. Der Logos führt zur Erkenntnis, er macht wissend,

Ordnet folgende Sätze dem Wort als Mythos oder dem Wort als Logos zu:
– Jeder Umfangswinkel über einem Durchmesser ist ein rechter Winkel.
– Der Zug fährt um 13:24 Uhr.
– Es ist fünf Minuten vor zwölf.
– Man sieht nur mit dem Herzen gut.
– Auf drei Teile Sand kommt ein Teil Wasser.
– Wer uns wählt, wählt eine glückliche Zukunft.
– Wir haben die absolute Mehrheit gewonnen.
– Es war einmal ein Prinz im Märchenlande.
– Wo die Güte und die Liebe, da ist Gott.
– Du bist beslozzen in minem herzen …
– Der Mond ist aufgegangen.
– Wie schön leuchtet der Morgenstern, voll Gnad und Wahrheit von dem Herrn.
– An der Sonne öffnet sich die Rose.

Homer, griechischer Dichter des 8. Jahrhunderts v. Chr., dem die großen Erzählungen *Ilias* und *Odyssee* zugeschrieben werden.

Schaut euch die Bilder (S. 146-149) an und erklärt, warum einige für den Mythos-, andere für den Logos-Aspekt der Wirklichkeit stehen.

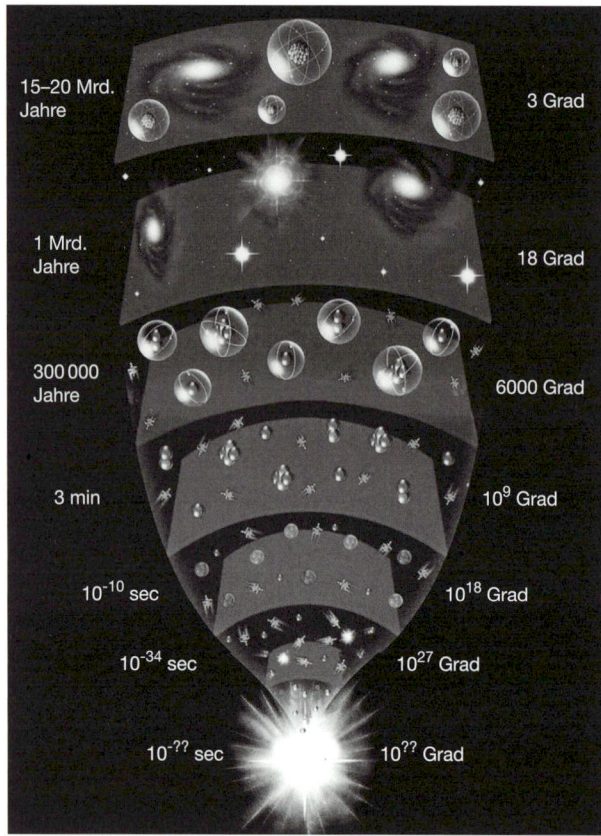

Nähere Informationen zu diesem Prozess:
→ religionsbuch.de/urknall

Urknall, engl. Big Bang, meint den Beginn des Universums als die Entstehung von Materie, Raum und Zeit aus einem gemeinsamen Anfang. Das Schema zeigt, wie sich das Universum mit der Zeit ausdehnt und zugleich abkühlt. Ein hoch komplizierter Vorgang wird in einem abstrakten Modell dargestellt.
Anders der »sechste und siebte Schöpfungstag« von Edward Burne-Jones (1833-1898). Engel präsentieren in gläsernen Kugeln das Schöpfungswerk im Schema der »sieben Tage«. Am »sechsten Tag« tritt der Mensch als Mann und Frau ins Dasein; in der unteren Bildhälfte verweist der sitzende Engel mit seinem Musikinstrument auf den siebten Tag als Ruhetag.
Das physikalische Modell verbindet kosmische Zeitabläufe mit Temperaturen. Der Maler hingegen erzählt Geschichten: In zauberhaften Kugeln entfalten sich die Wunder der Schöpfung, und jugendliche Engel präsentieren diese entstehende Welt in symbolischen Bildern. Beide Darstellungen schildern Wirkliches, jedoch sehr unterschiedlich: welche »Wahrheit« kommt der einen und welche der anderen Sichtweise zu?

Edward Burne-Jones (1833–1898), Der sechste und der siebte Schöpfungstag, 1870–76.

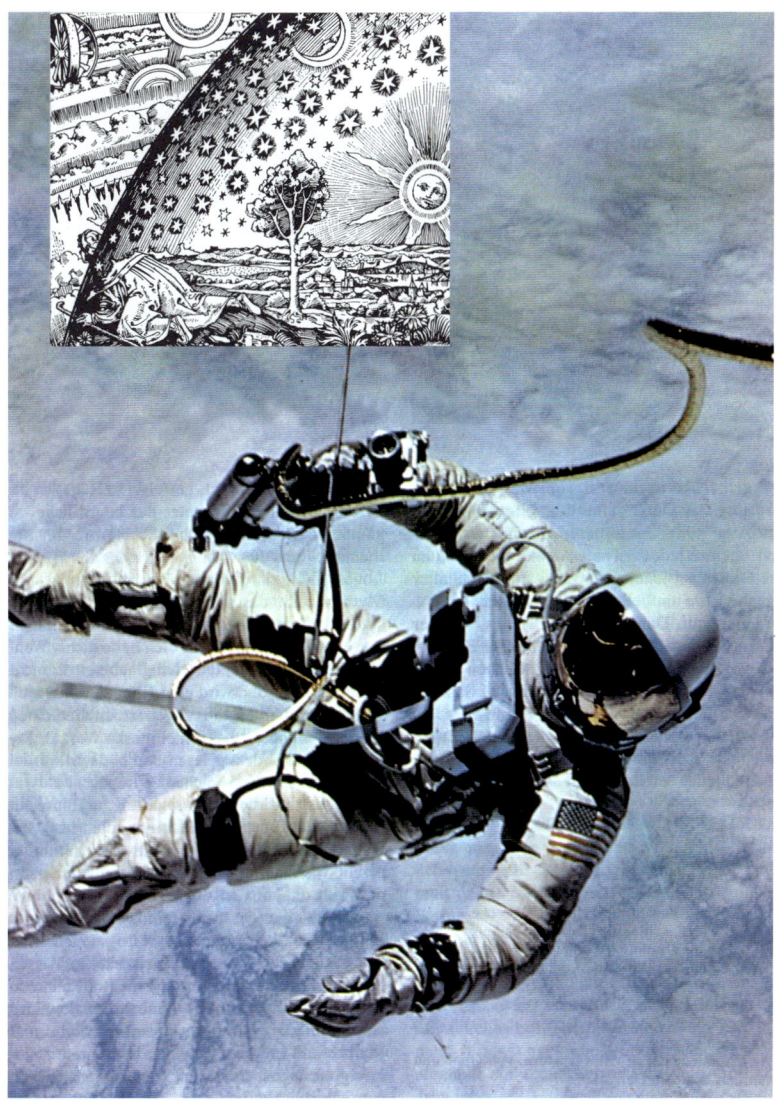

Setzen wir einmal den Logos mit der Außenhaut der Dinge gleich – was nicht immer und um jeden Preis stimmt – und den Mythos mit der Innenseite.

Dann heißt von außen sehen: genau beobachten, vergleichen, zählen, messen … Ein Mikroskop, ein Fernrohr, ein Fotoapparat helfen dabei.

Von innen sehen würde bedeuten: ruhig werden, schweigen, mit dem Herzen sehen. Man braucht keine Geräte dazu. Nicht einmal eine Brille.

1 Ordnet folgende Verben dem bisher dargestellten Verständnis von Mythos und Logos zu: betrachten, beobachten, wahrnehmen, wahr-nehmen, meditieren, untersuchen, zählen, erzählen, forschen, rechnen, malen, singen, konstruieren, arbeiten, feiern, bergsteigen, träumen.

2 Welchem Bereich weist ihr folgende Begriffe zu: Drache, Heimat, Passbild, Porträt, Fahne, Computer, Glück, Geld, Liebe, Gott, Lebenssinn, Lehrer, Christbaum, Heißluftballon, Blumenstrauß, Klassenbuch, Erntefest, Sternsingen, Hochzeit, Tod.

3 Wie bestimmt ihr – im Blick auf Mythos und Logos – das Verhältnis dieser Begriffe zueinander: Arbeit, Muße; Meditation, Konzentration; Geschäft, Hobby; Rechnung, Geschenk; Eile, Ruhe.

4 Beschreibt, welche Eigenschaften eine Tätigkeit kennzeichnen, die dem Logos untersteht, und welche Merkmale Tätigkeiten haben, die mehr dem Mythos zugehören.

der Mythos zielt auf umfassenden Sinn und macht weise. Mythos und Logos sind aber einander nicht feind. Es gibt keinen Mythos ohne Logos-Anteil und Logos nicht ohne Beteiligung des Mythos: Auch exakte Wissenschaften können die Sinnfrage nicht ausblenden, so wenig Religion heute ohne rationale Kritik auskommt. Die Religionen der Welt bestimmen ihr Verhältnis zu Mythos und Logos unterschiedlich. Das Christentum ist dem Logos besonders verpflichtet. Es ist aber falsch, Mythos und Logos gegeneinander zu richten. Erst ihr Zusammenspiel erschließt die ganze Wirklichkeit.

In allen Völkern werden die mythischen Strukturen der Welt übereinstimmend dargestellt. Immer steht der Kreis für die Erde und das Universum. Das Quadrat vertritt die Grundordnung im All; das Zentrum ist Nabel, Achse und haltende Mitte; die Weltachsen binden in den Kosmos ein.

Der Mythos als Weltbild

Ältere Werke messen den Mythos nur an der historischen Wahrheit. Tut man das, nennt man ihn »erfunden«, »ungeschichtlich«, »unwahr«. Solche Urteile sind ihrerseits falsch, weil sie den Mythos als symbolische Rede verkennen. Mythische Sprache ist immer symbolisch. Also darf man sie nicht im alltäglichen Sinne wörtlich nehmen. Nun lebten allerdings die frühen Völker in einem ganz symbolischen Weltverständnis, ohne dass sie dessen Bilder und bildhaften Geschichten als Symbole erkennen konnten. Wenn sie erzählten, »ein Adler« habe ihnen »die heilige Gabe des Festes« geschenkt, sahen sie im Adler keine symbolische Gestalt. Wahrscheinlich können auch heute viele Menschen nicht sagen, was der Adler als »Hoheitszeichen« auf Wappen, Geldmünzen, Behördenschildern oder an der Stirnwand des Deutschen Bundestages bedeutet. Dennoch ist es ihnen in jener Tiefe, aus der die Träume kommen, einsichtig, dass der Adler den Himmel, die Sonne und die Herrschaft vertritt.

Alte Weltbilder erzählen davon, dass der Mensch in »Midgard« lebt, das heißt in der Mitte der Welt, während rings um ihn, den Rändern zu, Feinde und Dämonen hausen. Der runde Horizont schafft die Vorstellung, umschlossen zu sein. Darum spielt in diesem Denken die Symbolik der Mitte eine große Rolle. Die Mitte wird auch als Nabel verstanden, die mit einer Nabelschnur, der symbolischen Weltachse, an den Himmel angebunden ist. So bauten viele Völker ihre Behausungen, Städte und Heiligtümer nach diesem Bild der Welt.

Alte Völker sahen sich selbst immer in der Mitte der Welt. Der innere Ring, der die geflügelte Sonne mit Himmel, Erde und Totenwelt umschließt, bedeutet Ägypten. Er ist mit den 41 Zeichen der ägyptischen Gaue ausgefüllt. Der nächste Ring stellt die Fremdländer dar, die sich rings um Ägypten lagern. Der äußerste (leere) Ring vertritt den Ozean. Aus dessen Innenseite treten zwei Frauengestalten heraus mit den Zeichen für Osten und Westen. Sie leiten das Sonnenschiff vom Aufgang zum Untergang.

Auch diese Stadtansicht zeigt eine mythische Struktur. Der deutsche Holzschnitt von 1524 schildert die Stadt Tenochtitlan (das heutige Mexiko-City), die der spanische Eroberer Hernándo Cortéz im August 1521 in seine Gewalt brachte. Cortéz berichtete an Kaiser Karl V.: »Die Hauptstadt Tenochtitlan liegt in einem salzigen Landsee. Sie hat vier Zugänge, alle über Steindämme führend, die etwa zwei Reiterlanzen breit sind.«

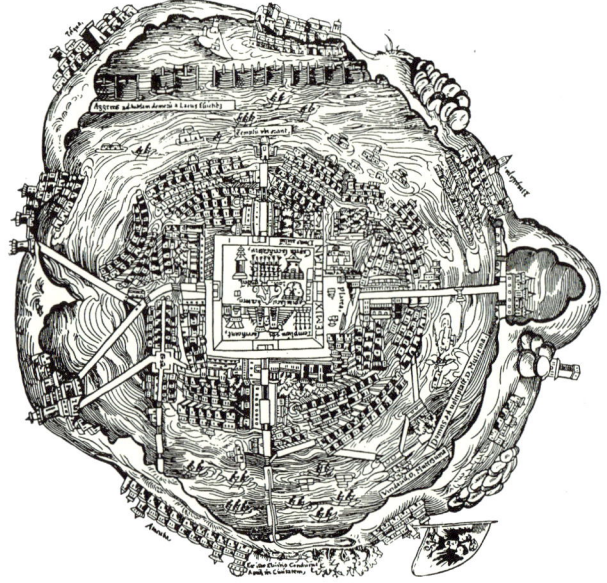

Die Wissenschaft hat dieses mythische Weltbild zerbrochen. Andererseits ist erst dadurch dessen bleibende Wahrheit gewonnen worden: als symbolische Wahrheit. Denn immer noch suchen und brauchen Menschen eine »Mitte« für ihr Leben. Sie nennen diese Mitte Heimat. Heimat gibt es räumlich, aber auch in einem seelischen und geistigen Sinne. Man muss bei sich selbst zu Hause sein, eine innere Mitte haben; man muss zu anderen Menschen gehören, muss eine geistige und religiöse Mitte haben. Wir haben den symbolischen Wert des mythischen Weltbildes erkannt: Dessen Grundfiguren dienen heutigen Menschen der Meditation und einer inneren Lebensorientierung.

Was ist eine Mythe?

Wenn das Wort Mythos ein frühes Weltbild bezeichnen soll, steht es für einen Gesamtzusammenhang. Dann bildet die Summe aller Anschauungen, Sitten, Gebräuche, Geschichten und Feste diesen Mythos. Wenn es sich dagegen um einzelne Erzählungen aus diesem Zusammenhang handelt, sprechen wir von Mythen.

Mythen wollen nicht unterhalten, sondern das, was stets gültig ist, zur Sprache bringen. Eine Mythe holt den Anfang in die Gegenwart. Mythen sind Geschichten des »mitlaufenden Anfangs« (vgl. Religionsbuch 5/6, S. 30).

In Mythen erzählen die Völker, was ihr Leben trägt und orientiert. Sie beschreiben, was von Anfang an gültig war und immer gültig bleibt. Darum gehört zu jedem religiösen Fest eine Mythe, die das Ereignis darstellt, in dem das Fest wurzelt. Immer wenn das Fest neu gefeiert wird, feiert man die anhaltende Gegenwart dieses Ereignisses. Die folgende Mythe ist dafür ein Beispiel:

Nachschlagewerke geben oft eine andere Erklärung des Mythos. Zum Beispiel:

– Überlieferung eines Volkes über die Entstehung der Welt, seine Götter, Dämonen usw.
– Bildhafte Vorstellungen vom Ursprung und Ende und vom Wesen der Welt und der Menschen.
– Eine Aussage, die letztgültig sein soll und die Existenz von Welt und Mensch auf das Handeln von Gottheiten zurückführt.
– Die aus der naiven Schau eines Volkes geborene, bildhafte Deutung der Welt und ihrer Entstehung.
– Die oft sagenhaften Geschichten aus der Götter-, Menschen- und Naturwelt eines Volkes.

Das Kapitel »Naturreligionen« (S. 8-15) veranschaulicht ein mythisches Weltbild. Die Begriffe Mythos und mythisch werden dort zwar noch nicht benutzt, in der Sache aber dargestellt.

1 Welche Folgen hätte es, wenn das mythische Wort von der »Mutter Erde« für die Menschheit nichts mehr bedeutete?

2 Für das indianische Welthaus ist der Kreis eine wichtige Symbolstruktur. Worin zeigt sich das? Gibt es Parallelen dazu in unserer Gesellschaft und im eigenen Verhalten?

3 Nenne Orte, die als »Mitte der Welt« galten oder weiterhin gelten. In welchen Denkformen und Bräuchen findet ihr die Symbolik der Mitte bei uns?

Es war einmal eine Zeit, da die Menschen keine Freude kannten. Ihr Leben bestand aus Arbeit, Essen, Verdauung und Schlaf. Ein Tag verging wie der andere – und ihr Sinn verzehrte sich in Einförmigkeit. In diesen Zeiten lebte ein Mann mit seiner Frau und dem Sohn Teriaq, einsam, nicht weit vom Meer entfernt. Eines Tages war Teriaq auf Rentierjagd. Da erblickte er einen gewaltigen Adler, der über ihm kreiste. Der Adler senkte sich herab und setzte sich auf die Erde. Er streifte seine Kapuze vom Kopf und wurde zum Menschen. Und er sprach zum Rentierjäger und sagte: »Versprich mir, Gesangfeste zu feiern, sobald du nach Hause kommst.« »Ich begreife nicht, was du sagst. Was ist Gesang? Was ist Fest?« »Wenn du mir folgst, wird meine Mutter dich lehren, was du nicht verstehst.« »Ich komme mit«, antwortete Teriaq.

Dann brachen sie auf. Der Adler war jetzt kein Vogel mehr, sondern ein großer und kräftiger Mann im schimmernden Gewand aus Adlerfedern. Sie gingen und gingen weit bis zu einem hohen Berge, den sie zu besteigen begannen. Aber als sie sich dem Berggipfel näherten, hörten sie einen pochenden Laut, der immer stärker wurde, je näher sie dem Gipfel kamen. »Es ist meiner Mutter Herz, das klopft«, sagte der Adler. Dann kamen sie zum Haus des Adlers. Drinnen saß ganz allein die Mutter des Adlers, alt, hinfällig und betrübt. Nun ergriff der Sohn das Wort und sagte: »Hier ist ein Mann, der versprochen hat, ein Gesangfest zu halten, wenn er nach Hause kommt. Aber er sagt, dass die Menschen nicht verstehen, Worte zu einem Gesang zusammenzusetzen, und sie verstehen auch nicht, die Trommel zu schlagen und vor Freude zu tanzen. Mutter, die Menschen verstehen nicht, ein Fest zu feiern, und nun ist dieser junge Mann gekommen, um es zu lernen!« Diese Worte brachten großes Leben in die alte, hinfällige Adlermutter und ihre müden Augen leuchteten plötzlich auf, während sie sagte: »Zuerst müsst ihr ein Festhaus bauen, in dem sich viele Menschen versammeln können.«

Nun bauten die beiden jungen Männer das Festhaus, das größer und schöner ist als gewöhnliche Häuser. Und als es fertig war, lehrte sie die Adlermutter, Worte und Töne zu einem Gesang zusammenzufügen, sodass sie zu Melodien wurden. Sie fertigte eine Trommel an und lehrte sie, die Trommel im Takt zu den Liedern zu schlagen, und sie zeigte ihnen, wie man zu den Gesängen tanzen muss. Als Teriaq all das gelernt hatte, sagte sie: »Vor jedem Fest sollt ihr viel Fleisch sammeln und dann viele Menschen einladen.«

»Aber wir wissen von keinen anderen Menschen als von uns selbst«, antwortete Teriaq.

»Die Menschen sind einsam, weil sie noch nicht die Gabe des Festes erhalten haben«, sagte die Adlermutter. »Trefft nun eure Vorbereitungen, so wie ich euch gesagt habe. Wenn alles bereit ist, sollst du hinausgehen, um nach Menschen zu suchen. Du wirst sie zu zweien treffen. Du sollst sie versammeln, bis es ihrer viele sind, und sie einladen. Und dann sollt ihr ein Gesangfest feiern.«

Adler, schon Ex 19,4 wird der Schutz Gottes mit den Flügeln des Adlers verglichen. Der aufsteigende A. repräsentiert den aztekischen Sonnengott; auch bei anderen Völkern ist er Symbol des Himmels und der göttlichen Herrschaft. Im Christentum ist der A. mit der Auferstehungssymbolik verbunden. Seit den Perserreichen verkörpert der A. als »König der Vögel« einen Herrschaftsanspruch. Als Begleiter Jupiters war er römisches Feld- und Herrschaftszeichen. Von hierher fand er Eingang in die Wappen zahlreicher Länder und Geschlechter. In Mythen und Märchen kann der A. eine machtvolle Gottheit symbolisieren.

Die Mythe von der heiligen Gabe des Festes hat Sagluaq vom Colville-Fluss in Alaska dem dänischen Forscher Knud Rasmussen im Jahr 1924 erzählt.

Beachtet folgende Fragen:
Wie wird der »Adler« beschrieben?
Wie versteht ihr seine Doppelgestalt?
Was gehört hier zu einem Fest?
Warum wird das Fest eine »heilige Gabe« genannt? Vergleicht mit Gen 2,2-3.

So sprach die alte Adlermutter; und als sie Teriaq genau eingeprägt hatte, was er tun sollte, brachte der junge Adler seinen Gast an jene Stelle zurück, wo sie sich getroffen hatten. Sie waren Freunde geworden und trennten sich nun. Teriaq aber eilte nach Hause zu seinen Eltern und erzählte ihnen alles, was er erlebt hatte. Und mit diesen Worten beschloss er seinen Bericht: »Die Menschen sind einsam und leben ohne Freude, weil sie kein Fest zu feiern verstehen. Nun haben mir die Adler das heilige Geschenk des Festes gegeben, und ich habe gelobt, alle Menschen an der Gabe teilnehmen zu lassen.«

Vater und Mutter lauschten verwundert und schüttelten ungläubig das Haupt; denn wer niemals sein Blut heiß werden und nie sein Herz in Erregung schlagen fühlte, kann des Adlers Geschenk mit seinen Gedanken nicht erfassen. Aber sie taten alles, was die Adler verlangt hatten …

Sobald die Vorbereitungen getroffen waren, ging Teriaq hinaus, um die Leute zum Fest einzuladen. Zu seinem großen Erstaunen entdeckte er nun, dass er und seine Eltern nicht mehr einsam waren wie stets zuvor. Frohe Menschen erhalten Gesellschaft. Er traf plötzlich überall Menschen, aber nur zu zweit, seltsame Menschen, einige in Wolfspelze gekleidet, andere in Felle von Vielfraß, Luchs, Rotfuchs, Silberfuchs, Kreuzfuchs, ja in Pelze von allen Tierarten. Teriaq lud sie zum Gastmahl in ihrem neuen Festhaus ein und sie folgten ihm alle mit Freuden. Dann hielten sie das Gesangfest ab – ein jeder brachte seine eigenen Lieder vor. Man lachte, erzählte und lärmte; und die Menschen waren sorgenfrei und froh, wie sie nie zuvor gewesen waren. Gastmähler wurden abgehalten, Fleischgaben ausgetauscht, Freundschaften geschlossen. Die Nacht verging, und erst als das Morgenlicht ins Festhaus schien, nahmen die Gäste Abschied. Aber während sie in wildem Getümmel aus dem Haus stürzten, fielen sie alle vornüber auf ihre Hände und sprangen fort auf allen vieren. Jetzt waren sie keine Menschen mehr, sondern verwandelten sich in Wölfe, Vielfraße, Luchse, Silberfüchse, Kreuzfüchse, ja in alle Tiere des Waldes. Das waren die Gäste, die der alte Adler geschickt hatte, damit Vater und Sohn nicht vergebens bitten sollten. So gewaltig war die Macht des Festes, dass selbst Tiere zu Menschen wurden.

Kurz darauf geschah es, dass Teriaq wieder draußen war, um zu jagen, und wieder traf er den Adler. Dieser schlug sofort die Kapuze zurück und wurde zum Menschen, und sie gingen zusammen zur Adlerwohnung hinauf, denn die alte Adlermutter wollte noch einmal den Menschen sehen, der das erste Fest der Menschen gefeiert hatte. Aber schon ehe sie sich dem Gipfel genähert hatten, kam ihnen die Adlermutter entgegen, um zu danken, und siehe: die alte, hinfällige Adlerin war wieder jung geworden. Denn wenn die Menschen Feste feiern, werden alle alten Adler jung.

Mythen werden nicht »ausgedacht« oder »erfunden«, so wie Schriftsteller sich Geschichten einfallen lassen. Wer die Mythen alter Kulturen lesen kann, schaut in die Seele dieser Menschen. Er sieht gewissermaßen ihre wichtigsten »Träume«, die sie gemeinsam als Stamm oder Volk im eigenen Leben auslegen. Ein Mensch, der seine eigenen Träume missachtet, geht nicht sehr bewusst mit sich selbst um. Eine Menschheit aber, die ihre tiefen Mythen vergessen wollte, würde sich von den Wurzeln der eigenen Herkunft und bleibenden Bestimmung lösen.

Der Hinduismus

»Der Eine und die Vielen« verkörpern sich auch in diesem Bild. Vielköpfigkeit und Vielgliedrigkeit werden in Indien als umfassende Geistigkeit und überlegene Macht verstanden.

Der Hinduismus ist die älteste der großen Weltreligionen, aber im Gegensatz zum Christentum ist er nicht organisiert: Es gibt es keine Kirchenordnung, kein Zentrum und keine Verwaltung, keine Hochschulen zum Studium der Theologie, kein gemeinsames Glaubensbekenntnis, keine Austrittserklärung. Dennoch ist der Hinduismus die religiöse Heimat für zwei Drittel aller Inder. Es gibt auch keine geschichtliche Person, ohne den der Hinduismus undenkbar wäre, wie Mose für den jüdisch-christlichen Glauben, Jesus für das Christentum, Mohammed für den Islam. Der Hinduismus ist ein über Jahrtausende gewachsenes Gebilde, das in seinen vielfältigen und gegensätzlichen Erscheinungen kaum zu überschauen ist.

Das Weltbild

Man kann den Hinduismus einen riesigen Mythos nennen. Statt einer formelhaften Zusammenfassung des Glaubens gibt es unzählige Mythen und Dichtungen, in denen sich Glaube und Erfahrung von dreitausend Jahren niedergeschlagen haben. Die beste Weise, den Hinduismus kennenzulernen, ist darum, die Geschichten Indiens zu lesen und seine Symbole zu betrachten:

»Svetaketu«, sagte der Vater, »begib dich als Veda-Schüler zu einem Lehrer. Denn, mein Lieber, in unserer Familie ist es nicht üblich, dass man, ohne den Veda gelernt zu haben, nur dem Namen nach ein Brahmane ist.« Da nahm er denn, zwölf Jahre alt, die Schülerweihe. Und nachdem er mit vierundzwanzig Jahren alle Vedas auswendig gelernt hatte, kam er nach Hause – hochmütig, aufgeblasen und sich für einen Gelehrten haltend. Da sprach zu ihm sein Vater:
»Da du nun, mein lieber Svetaketu, so hochmütig und aufgeblasen bist, dich für einen Gelehrten hältst, sage mir, hast du denn auch jene Lehre erfragt, durch welche das Ungehörte zu Gehörtem, das Ungedachte zu Gedachtem, das Unerkannte zu Erkanntem wird?«
»Ehrwürdiger, wie lautet denn diese Lehre?«
»Hole mir dort von dem Feigenbaume eine Frucht.«
»Hier ist sie, Ehrwürdiger.«
»Was siehst du darin?« »Ich sehe hier ganz kleine Kerne.«
»Spalte einen von ihnen.« »Er ist gespalten, Ehrwürdiger.«
»Was siehst du darin?« »Gar nichts, Ehrwürdiger.«
Da sprach der Vater: »Die Feinheit, die du nicht wahrnimmst, aus dieser Feinheit ist der große Feigenbaum entstanden. Aus dieser Feinheit besteht das Weltall, das ist das Reale, das ist der Atman, das bist du, Svetaketu!«
»Noch weiter!«
»Hier dieses Stück Salz lege ins Wasser und komme morgen wieder zu mir.« Er tat es.
Da sprach der Vater: »Bringe mir das Salz, das du gestern Abend in das Wasser gelegt hast.«
Der Sohn tastete danach und fand es nicht, denn es war ganz vergangen. »Koste von dem Wasser! Wie schmeckt es?« »Salzig.«
Da sprach der Vater: »Fürwahr, so nimmst du auch das Seiende hier im Leibe nicht wahr, aber es ist dennoch darin.«

Der Vater belehrt seinen Sohn, was die »Seele« des Menschen ist. Den *atman* erkennen, bedeutet, jede Zweiheit überwinden, um die eigene Einheit mit dem *brahman* zu erfassen. Um in diese volle Erlösung zu gelangen, ist Erleuchtung notwendig, ein Überschritt ins Göttliche. Der erleuchtete Mensch erkennt sich als eins mit dem Göttlichen. Solange ein Mensch sich selbst noch nicht als *atman* erkannt hat, als eins mit dem Göttlichen, muss die Seele von Wiedergeburt zu Wiedergeburt bis zu ihrer Erleuchtung wandern. Erst der Erleuchtete überwindet alle Zweiheit.

Opfergaben in kleinen Schalen, die auf dem Ganges ausgesetzt werden.

Veda (altindisch: »Wissen«), Name der ältesten heiligen Schriften der Inder. Die frühesten Texte sind vor dem 1. Jahrtausend v. Chr. entstanden.
Atman, das wirkliche, unsterbliche Selbst des Menschen. Seinem tiefsten Wesen nach ist der A. mit dem → *brahman* identisch. Demnach ist das tiefste Wesen des Menschen im Göttlichen zu finden.
Brahman, das ewige, unvergängliche Absolute; die höchste, dem Denken nicht zugängliche Wirklichkeit; die Aufhebung jeder Zweiheit.

Mann und Frau

In der heiligen Stadt Benares lebte einst ein Brahmane. Während er am Flussufer wandelte und den Krähen zusah, die sich von den Leichenresten nährten, die halbverkohlt in der Strömung trieben, sagte er zu sich selber. »Nun ja, ich bin arm, aber ich bin ein Brahmane; nun ja, ich habe keine Söhne, aber ich, ich selbst, bin doch männlichen Geschlechts. Ich will in den Tempel zurückkehren und Gott Vishnu um einen Sohn bitten.« Er nahm den Weg zum Tempel, und Gott Vishnu hörte ihn an und erhörte ihn. Allerdings schenkte er ihm, ob aus Zerstreuung oder aus anderen unerforschlichen Gründen, eine Tochter.

Der Brahmane war enttäuscht; doch als das Kind alt genug war, rief er es zu sich und sprach: »Ich bin Brahmane. Du bist meine Tochter. Ich hatte auf einen Sohn gehofft. Nun gut. Ich will dich alles lehren, was ich weiß, und wenn du verständig genug bist, wollen wir gemeinsam meditieren und nach Erleuchtung suchen.«

Obwohl nur ein Mädchen, war sie doch eine Brahmanin und lernte schnell. Da setzten sie sich zusammen nieder und meditierten angestrengt, und Gott Vishnu erschien ihnen schon nach kurzer Zeit. »Was wollt ihr?«, fragte er.

Der Brahmane konnte kaum an sich halten. Er redete gleich los: »Ich will einen Sohn.«

»Gut«, sagte der Gott, »in der nächsten Runde.« Im nächsten Leben wurde der Brahmane eine Frau und gebar acht Söhne.

»Und was ist dein Begehren?«, fragte Vishnu das Mädchen. »Ich möchte den Rang eines Menschen bekommen.«

»Oh, das ist viel schwieriger«, wich der Gott aus, und er setzte eine Kommission ein, um das Problem zu studieren.

Suniti Namjoshi

Karma (Sanskrit: »Tat«), die Summe aller Folgen, die das Tun oder Lassen eines Menschen über den Tod hinaus nach sich zieht. Darum ist das K. die Saat für jedes weitere Schicksal.

Das Karma

Das Ziel ist also, sich vom Zwang der Wiedergeburten zu befreien. Wiedergeburt ist keine lockende Hoffnung, sondern drückende Wiederkehr, der man so lange nicht entgeht, als man im Bann der eigenen Unvollkommenheit bleibt. Dieser Geburtenkreislauf besteht, so lange Menschen *karma* auf sich laden. Die Summe all dessen, was Menschen tun und lassen, bestimmt ihre Wiedergeburt. Solange ihr *atman* nicht befreit ist, benötigt das Ich immer neue Leben, um das angesammelte *karma* »abzuarbeiten«.

Die aus dem *karma* sich ergebenden Folgen sind nicht als Lohn oder Strafe zu deuten, sondern Konsequenz der tatsächlichen Seelenbeschaffenheit des Menschen. Es ist kein willkürliches oder zufälliges Schicksal, das von außen auferlegt wird. Das Gesetz des *karma* macht den Menschen verantwortlich für sein eigenes Tun oder Lassen. Es besagt, dass er den Folgen seines Lebens wieder begegnen wird:

Der Tag des Gerichts ist nicht irgendwo in weiter Ferne, sondern hier und jetzt, und keiner vermag ihm zu entgehen. Es gibt kein Entrinnen vor den göttlichen Gesetzen. Sie sind uns ebenso sehr von außen auferlegt, wie sie unserem Wesen eingeprägt sind. Die Sünde ist weniger eine Herausforderung Gottes als eine Leugnung der Seele, weniger eine Verletzung des Gesetzes als ein Verrat an uns selbst. Wir tragen die Gesamtheit unserer Vergangenheit mit uns. Es ist ein unauslöschbarer Bericht, den weder die Zeit verblassen noch der Tod wegwischen kann.

Sarvepalli Radhakrishnan

Die verschleierte Frau, die das Wasser im Tonkrug nach Hause holt, macht deutlich, wie die Lasten verteilt sind.
Rechte Seite: Die Handabdrücke an dieser Wand erinnern an Sati-Frauen. Als höchsten Besitz ihrer Ehemänner nahmen diese ihre Frauen mit ins nächste Leben, indem beide gemeinsam verbrannt wurden.

Die Kastenordnung

Den Karma-Glauben trägt die Überzeugung, dass ein ewiges Gesetz (*dharma*) den Kosmos, die Gesellschaft und den einzelnen Menschen beherrscht. Dharma enthüllt sich vor allem darin, dass alle Lebewesen von Geburt an durch Pflichten und Rechte streng geschieden sind. Wie ein Löwe andere Pflichten und Rechte hat als ein Rind, Gott andere als ein Mensch, gibt es auch in der Gesellschaft verschiedene Klassen, Kasten genannt, deren Aufgaben sich streng voneinander abheben. Jede Kaste hat ihr eigenes *dharma*, das nicht veränderbar ist. Die Menschen erfüllen ihr *dharma*, wenn sie den Regeln ihrer Kaste folgen, in die sie hineingeboren wurden. Das *dharma* verbietet, dieses vorgegebene Schicksal abzulehnen.

An der Spitze aller Kasten stehen die Brahmanen. Ihre Aufgabe lautet, »Geschenke anzunehmen, für andere zu opfern und den Veda zu lehren«. Der Adel (*Kshatriyas*), sowie Bauern, Handwerker und Kaufleute (*Vaishyas*) bilden die nächsten beiden Kastenordnungen. Angehörige der untersten Kaste heißen *Shudras*. Sie sind Diener, Lohnarbeiter für die drei höheren Kasten. Alle Kasten haben sich im Laufe der Zeit in eine Unzahl von Unterkasten aufgespalten. Außerhalb der Kastenordnung stehen die *Parias*, »Unberührbare«, Outcasts, denen die Tempel versperrt waren, deren Kinder nicht mit denen der Kastenzugehörigen zur Schule gehen durften, die nicht einmal den Dorfbrunnen benutzen durften. Diesen Ausdruck der Hindu-Gesellschaft fand Mahatma Gandhi beschämend. Er machte die Aufhebung der Unberührbarkeit zu einem Hauptziel seiner Lebensarbeit:

Wie kann ich der verschiedenen Behandlung irgendeines Menschen, sei er Brahmane oder Banghi (Straßenkehrer), zustimmen, der denselben Gott verehrt? Ich müsste mich meinerseits für einen Sünder halten, wenn ich einem Banghi unreine Speisen aus den Küchenabfällen gäbe oder mich weigerte, ihm persönlich Beistand zu leisten, wenn er dessen bedarf.

Dharma: In der Welt herrscht ein ewiges Gesetz, *dharma*. Es wirkt in den Naturgesetzen, aber auch in der sittlichen Ordnung, die allen Wesen das rechte Verhalten angibt. Hindus, die an einen ewigen Gott glauben, sehen die Welt aus ihm hervorgegangen. Gott ist dann Ursache von allem und zugleich in allem wirkend. Das *dharma* der Welt ist das aus Gott herausgesetzte Gesetz.

Wiedergeburt (Seelenwanderung; Reinkarnation), die neue Verkörperung eines im bisherigen Leben unfertig gebliebenen Menschen. Die W.s-Lehre ist eng mit dem Karma-Verständnis verbunden.

Kaste (von portugiesisch »Geschlecht«), eine abgeschlossene Gesellschaftsschicht, aus der heraus kein Wechsel in eine andere möglich ist. Die K.n-Zugehörigkeit wird durch Geburt vererbt.

Brahmane, Angehöriger der obersten → Kaste.

Die Unberührbaren: Die Zahl der Unberührbaren (*Dalits*) macht fast ein Viertel der indischen Bevölkerung aus. Bis heute erleben sie – besonders in ländlichen Gebieten – massive Diskriminierung, teilweise auch Verfolgung und Gewalt. Selbst »Berührung« mit dem Schatten der *Dalits* wird gemieden. Immer wieder werden sie Opfer von Betrug und Landraub.

Die Verfassung der Republik Indien von 1949 erklärt: »Die ›Unberührbarkeit‹ ist abgeschafft und ihre Aufrechterhaltung in jeder Form verboten.« Sie garantiert den *Dalits* die Menschenrechte und alle demokratischen Freiheiten. In der Praxis ist der Weg dorthin aber noch weit. Der indische Rechtsanwalt und Politiker Ambedkar (1891–1956), der sich für eine Abschaffung der Kasten einsetzte und ein wichtiger Sprecher der *Dalits* war, glaubte, dass ihnen nur eine Abkehr vom hinduistischen System einen Weg zur gesellschaftlichen Emanzipation öffnen könnte.

Slum in Bombay, 1997. Tausend Menschen kommen täglich neu hinzu, um in der Stadt ein Auskommen zu finden, das sie in den Heimatgebieten nicht haben.

Die heiligen Kühe gehören zum indischen Straßenbild. Mahatma Gandhi schrieb: »Schutz der Kuh heißt Schutz der ganzen stummen Kreatur Gottes. Dies ist das Geschenk des Hinduismus an die Welt. Und der Hinduismus wird leben, solange es Hindus gibt, die die Kuh beschützen.«

1950 verboten neue Gesetze der Republik Indien die völlige Diskriminierung der Kastenlosen, doch wird es noch lange dauern, bis eine Jahrtausende alte Sozialordnung neue Wertmaßstäbe auch innerlich verwirklicht.

Gandhi hat das Verhältnis von Hinduismus und Islam treffend charakterisiert:

Der Hindu ist in religiösen Fragen der toleranteste und weitherzigste Mensch. Seine Religion verkündet nicht einen besonderen Hindu-Gott oder einen besonderen Hindu-Himmel. Gott ist Einer, für Hindus so gut wie für Nicht-Hindus. Und jeder gute Me nsch kann in den Himmel kommen. Man braucht kein Hindu zu sein, um ein guter Mensch zu sein, und nicht jeder Hindu ist ein guter Mensch. Im Hinduismus gibt es kein Dogma über den Weg. Es gibt verschiedene Wege, zur Wahrheit zu gelangen und Gott zu verwirklichen …

Anders steht es im Bereich des sozialen Verhaltens. Wenn er ins Gemeinschaftsleben kommt, büßt der Hindu seine geistige Beweglichkeit ein. Nach der orthodoxen Kastenlehre darf es zwischen zwei Kasten keine Verbindung durch Heirat oder gemeinsame Mahlzeiten geben, geschweige denn mit Gruppen außerhalb der Hindu-Gemeinschaft.

Beim Muslim liegt der Fall gerade umgekehrt. In sozialer Hinsicht ist er ein echter Demokrat. In religiöser Hinsicht ist er dagegen hochgradig ausschließend, denn er hegt für das Heil des Nicht-Muslim wenig Hoffnung, sofern sich dieser nicht zum Islam bekehrt.

Nach Ansicht vieler gebildeter Hindus ist der Hinduismus trotz der Kastenschranken die vollkommenste Religion der Erde, weil sie die universellste ist. In der Tat wird kein guter Gedanke ausgesperrt, kein fremder Glaube als bedrohlich empfunden. Allerdings gibt es dazu auch eine Kehrseite: Ebenso wie dem Guten und Hohen hat der Hinduismus allem Niedrigen und Schrecklichen Einlass gewährt. Gerade der volkstümliche Hinduismus ist mit Aberglauben und rohen Kulten belastet. Wo niemand Wildwuchs unterdrückt, entstehen verwirrende Gegensätze. So kann es mit Recht heißen: »Was es hier nicht gibt, das gibt es gar nicht.« Der Hinduismus ist mit dem Reichtum seiner Mythen, der Kreativität seiner Ideen und der Tiefe seiner Erfahrungen für die ganze Menschheit ein Vermögen, von dem viele in Zukunft noch zehren werden.

Hinduistische Tempel sind meist große Anlagen, eine Stadt für sich. Viele dieser Tempelstädte wurden um ursprünglich kleine Dorfheiligtümer errichtet. Der Tempelgrundriss und seine Einordnung in den Stadtplan zeigt eine mandalaförmige Struktur. Er ist quadratisch und wird durch die Mitte, durch die Weltachsen als Wege führen, geordnet (vgl. S. 150; 168f.).

Der Ganges ist das Ziel von Lebenden und Toten. Auf Steintreppen (ghats), die in den Fluss hinabführen, tauchen die Pilger in das Wasser, um sich symbolisch von ihren Sünden zu reinigen. – Tote werden ebenfalls in Flussnähe verbrannt. Ihre Asche wird anschließend in den Ganges gestreut: ebenso sollen ihre Seelen in das Reich der Glückseligkeit eintauchen.

Durch lange Übung war ich daran gewöhnt, stundenlang in der gleichen Stellung zu sitzen, und ich saß da, atmete langsam und rhythmisch.

Mein Atem wurde so still, dass er kaum mehr wahrnehmbar war.

Während eines Augenblicks der starken Konzentration fühlte ich etwas Seltsames unten an der Wirbelsäule, gerade dort, wo ich den Boden berührte. Immer strahlender wurde das Leuchten, immer lauter das Tosen. Ich hatte das Gefühl eines Erdbebens, dann spürte ich, wie ich aus meinem Körper schlüpfte, in eine Aura von Licht gehüllt. Es ist unmöglich, dieses Erlebnis genau zu beschreiben. Ich fühlte wie der Punkt meines Bewusstseins, der ich selber war, immer größer und weiter wurde und von Wellen des Lichtes umgeben war. Ich war jetzt ohne irgendeine Empfindung in ein Meer von Licht getaucht. Ich war nicht mehr ich selbst, oder genauer: nicht mehr, wie ich mich selber kannte, in einen Körper eingeschlossen.

Als ich in meine alte Beschaffenheit zurückschlüpfte, nahm ich plötzlich wieder den Lärm der Straße wahr, fühlte ich wieder meine Arme, meine Beine und meinen Kopf und wurde wieder mein enges Selbst in Kontakt mit Körper und Umgebung.

Gopi Krishna

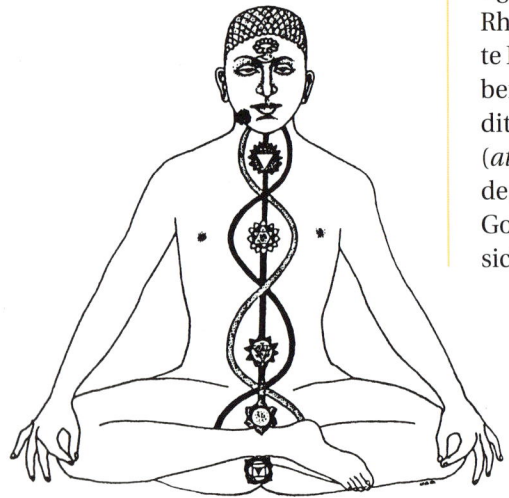

Befreiung durch Yoga

Um die Befreiung von Karma und Wiedergeburt zu erlangen, hat sich im Hinduismus eine Konzentrationstechnik entwickelt, die dem Menschen helfen soll, die Einheit von *brahman* und *atman* zu finden: Yoga. Fast überall in Indien gibt es Yoga-Praktiken. Einige von ihnen sind nach Europa übernommen worden, allerdings mehr in einer äußerlichen Anwendung, ohne den inneren Sinn des Yoga zu verstehen.

In einer berühmten Schrift wird Yoga als »Unterdrückung der Bewusstseinszustände« erklärt. Ausgangspunkt für diese Praxis ist die Konzentration auf ein einziges Objekt. Dieses Objekt kann ein Gegenstand sein (der Punkt zwischen den Augenbrauen, die Nasenspitze, eine Kugel); es kann aber auch ein Gedanke oder Gott sein. Die Vorstufe bilden die fünf »Zügelungen«: nicht töten, nicht lügen, nicht stehlen, sexuelle Enthaltsamkeit, nicht geizig sein. Diese Zügelungen verhelfen zu einem »geläuterten Zustand«, der dem des Ungeübten überlegen ist. Daneben muss der Yogin bestimmte Regeln beachten: »Sauberkeit, Heiterkeit, Askese, das Studium der Yoga-Lehre, die Bemühung, Gott zum Beweggrund aller seiner Handlungen zu machen.«

Die eigentliche Yoga-Technik beginnt mit dem *asana*: nur wenn der Körper ohne Anstrengung in der gleichen Stellung gehalten werden kann, erleichtert das *asana* die Konzentration. »Die Haltung wird vollkommen, wenn die Anstrengung dazu verschwindet.« Der Körper wird auf eine einzige Stellung konzentriert. Das *asana* macht der Unruhe und Beweglichkeit des Körpers ein Ende. Dahinter steht die Weigerung, sich den natürlichen Neigungen zu ergeben.

Verbunden mit dem *asana* ist die Atem-Übung. Der Yogin darf nicht atmen, wie die Menschen es gewöhnlich tun, nämlich arhythmisch, je nach Umständen und seelischer Anspannung. Die Atmung muss ein automatischer Vorgang werden, damit der Yogin sie vergessen kann. Es besteht immer eine Beziehung zwischen Atmung und geistiger Verfassung. Indem der Yogin der Atmung einen regelmäßigen Rhythmus gibt und immer weiter verlangsamt, kann er in bestimmte Bewusstseinszustände eindringen, sie bei völliger Klarheit erproben. Diese Yoga-Praxis unterscheidet sich von gewöhnlicher Meditation. Der Yogin sucht den Einklang zwischen seinem Selbst (*atman*) und Gott (*brahman*). Er weiß, dass Gott durch keine Methode, auch nicht durch Gebete oder Glauben »bewegt« werden kann; Gottes Wesen arbeitet sozusagen mit dem Selbst zusammen, das sich durch den Yoga befreien will.

Hinter den Yoga-Übungen steht eine Überzeugung, die alle hinduistischen Richtungen miteinander verbindet: Der Geist kann weder geboren werden noch der Zerstörung anheimfallen. Damit verbunden ist die Lehre vom *karma* und der Glaube an die Seelenwanderung. Der Hindu glaubt nicht, dass vergangene Taten vergessen sind: ein Mensch ist letztlich alles das, was er in seinem Leben lebt.

Wie einer handelt, wie einer wandelt, ein solcher wird er. Wer gut handelt, der wird etwas Gutes, wer böse handelt, etwas Böses.

Die Gesamtheit der menschlichen Handlungen, einerlei, ob aus Gedanken, Worten oder Werken, erzeugen eine Art Energie, die der Tod nicht auslöscht. Weil die Seele des Menschen als unsterblich gilt und nach jedem körperlichen Tod in den Kreislauf des Lebens neu einbezogen wird, entscheidet das Karma über das Schicksal dieser Wiedergeburt. *Samsara* (»Umherirren«) heißt dieses Gesetz der stets neuen Wiedergeburt. Wer ein böses *karma* entwickelt hat, wird auf einer niedrigeren Stufe wiedergeboren; umgekehrt führt ein gutes *karma* zu einer gehobenen Wiedergeburt. Doch auch das ist noch nicht Erlösung; die Seele bleibt dem Gesetz des *samsara* verhaftet und durchwandert immer neu den Kreislauf der Wiedergeburten. Erlösung hiervon gibt es nur, wenn das Selbst des Menschen, *atman*, sich als eins mit *brahman* erkennt. Und damit ist der Mensch vom Kreislauf der Wiedergeburten befreit: in der Einheit mit dem letzthin Einen. Wie ein Strom nicht verloren geht, aber restlos vom Meer aufgenommen wird, so wird die in ihrer tiefsten Natur göttliche Seele von der Gottheit aufgenommen.

Yoga (Sanskrit: »Joch«, im Sinne von »Anschirren an Gott«, die Vereinigung mit ihm suchen). In Europa versteht man unter Y. gewöhnlich Körperübungen in Verbindung mit Atemübungen. Dieser Y. gilt in Indien jedoch nur als Vorübung für die geistigen Y.-Formen. **Asana**, die verschiedenen Körperhaltungen beim Yoga.

Das Shri-Yantra, das wichtigste Meditationsbild des Hinduismus. Das Shri-Yantra zeigt neun einander überlagernde Dreiecke, die um einen Mittelpunkt, den bindu *(der gewöhnlich nicht eingezeichnet wird), konzentriert sind.*

Die fünf mit der Spitze nach unten gerichteten Dreiecke stellen die »Göttliche Mutter« dar, die unter immer wieder wechselnden Namen (Durga, Kali, Amba) die Urenergie, die schaffende Kraft Gottes darstellt.

Die vier nach oben gerichteten Dreiecke vertreten Shiva, den Gott der Auflösung und Zerstörung.

Der bindu *ist der Kern jeder Energie, in dem alle Kräfte, die schaffenden und die auflösenden, zusammenfallen. Wenn der Meditierende diese Mitte findet, gelangt er in den gestaltlosen Ursprung und wird mit dem »ganz aus Seligkeit Bestehenden« eins.*

Shiva, 9. – 12. Jahrhundert n. Chr.

Vishnu und Shiva
Vishnu ist der schaffende, Shiva der zerstörende Aspekt der Gottheit. Vishnu ist in Shiva, Shiva ist in Vishnu. Beide zusammen umgreifen Leben und Tod. Für seine heutigen Anhänger ist Vishnu der universelle Gott: Er ist der Anfang der Schöpfung, deren Mitte, ihr Ende und der Keim allen Lebens. Nichts ist ohne ihn. Er stützt die guten Kräfte des Daseins und bewahrt die Welt vor ihrem sonst drohenden Untergang. Krishna und Rama, aber auch Buddha und Jesus können als Erscheinungsformen (avataras) Vishnus gelten.

Vishnu und Lakshmi auf der Weltenschlange

Die Götter

Die Götterwelt des Hinduismus entfaltet sich millionenfach. Die meisten Hindus verehren jedoch nur eine kleine Zahl von Göttern, deren bekannteste Namen Brahma, Vishnu, Shiva, Krishna, Rama und Kali heißen. Gebildete Inder, welche die Symbolvielfalt der Götter in ihrer tieferen Einheit erkennen, zitieren den Spruch:

Ein und derselbe Mond spiegelt sich in allen Wassern. Alle Monde im Wasser sind eins in dem einen einzigen Mond.

Eine solche Glaubensform polytheistisch zu nennen, ist nicht hilfreich, denn der innerste Sinn der vielen Namen zielt auf den umfassenden Einen (vgl. S. 16 ff.). Andere verehren einen bestimmten Gott, ohne die übrigen zu leugnen. Besonders die heutigen Lehrer des Hinduismus betonen die Einheit in der Vielfalt:

Einst gab es einen Disput am Hof des Maharaja von Burdwan unter den Gelehrten, wer die größere Gottheit sei, Shiva oder Vishnu. Einige gaben Shiva den Vorzug, andere Vishnu. Als der Disput hitzig wurde, wandte ein weiser Pandit (Schriftgelehrter) sich zum Maharaja und sagte: »Herr, ich bin weder Shiva begegnet, noch nie habe ich Vishnu gesehen. Wie kann ich sagen, wer der größere von beiden ist?« Da hörte der Streit auf, denn keiner der Streitenden hatte jemals die Gottheiten gesehen. Also soll keiner eine Gottheit mit der anderen vergleichen. Wenn ein Mensch wirklich einen Gott gesehen hat, dann weiß er, dass alle Gottheiten Erscheinungen desselben brahman sind.

Ein anderer erzählt:

Zwei Menschen stritten sich heftig über die Farbe des Chamäleons. Der eine sagte: »Das Chamäleon auf diesem Palmbaum ist von einem schönen Rot!« Der andere widersprach ihm und sagte: »Du irrst, das Chamäleon ist nicht rot sondern blau.« Da keiner seine Meinung beweisen konnte, gingen sie zusammen zu einem Menschen, der unter jenem Baum lebte und lange beobachtet hatte, wie das Chamäleon seine Farbe beständig wechselt. Einer der Streitenden sagte: »Ist nicht das Chamäleon auf jenem Baum rot?« Der Mann entgegnete: »Ja, Herr.« Der andere Streitende sagte: »Was? Wie ist das möglich? Bestimmt ist es nicht rot sondern blau!« Der Mann gab demütig zur Antwort: »Ja, Herr, es ist blau.« Er wusste, dass das Chamäleon ständig die Farbe wechselt, deshalb beantwortete er beide Fragen mit »Ja«.
So ist auch das Göttliche verschieden gestaltet. Der Fromme, der Gott nur in einer Gestalt sah, kennt allein diese. Nur wer ihn in vielfältiger Gestalt sah, kann sagen: »All diese Formen sind die eines Gottes, denn vielgestaltig ist Gott!«

Umzug zu Ehren der Göttin Durga / Kali

Ramakrishna zog aus solchen Gleichnissen die Folgerung:

Wie man zum Dach eines Hauses mit Hilfe einer Leiter, eines Bambusstabs, einer Treppe oder eines Stricks emporsteigen kann, so sind auch die Wege, Gott zu erreichen, verschieden. Jede Religion in der Welt zeigt einen dieser Wege.
Seid Christen in der Barmherzigkeit, Muslime in der strikten Befolgung der gottesdienstlichen Verrichtungen und Hindus in eurer Mildtätigkeit gegen alle Lebewesen.

Wichtiger als die Vielfalt und Namen der Götter ist für den Hinduismus die innere Einheit von Gott und Mensch, wie sie das göttliche *brahman* und *atman*, das Selbst eines jeden Menschen anzeigt. Der Atem der Welt ist das *brahman*. Der Atem in jedem Lebewesen heißt *atman* (verwandt mit dem Wort Atem). *Brahman* ist die Weltseele, der Weltgeist, der All-Eine, *atman* ist das Göttliche in der Einzelseele, das Selbst. So trägt jedes Lebewesen das Göttliche in seinem innersten Kern. Diese Einsicht wollte der Vater auch seinem Sohn Svetaketu vermitteln, als er ihm sagte:

Die Feinheit, die du nicht wahrnimmst, aus dieser Feinheit ist der große Feigenbaum entstanden. Aus dieser Feinheit besteht das Weltall, das ist das Reale, das ist der atman, das bist du, Svetaketu!

In der Yoga-Meditation kann der Mensch zum Kern seiner Existenz, zum *atman*, gelangen und die Einheit von *atman* und *brahman* erkennen.

polytheistisch, abgeleitet von Polytheismus, Vielgötterglaube, im Gegensatz zum Monotheismus, dem Glauben an nur einen und einzigen Gott.

Guru (Sanskrit: »Lehrer«, insbesondere der spirituelle Meister). Die Hindu-Tradition spricht von vier Guru-Stufen:
1. Die Eltern, die mit den Grundlagen des Lebens vertraut machen;
2. die Lehrer der Schulen und die Handwerksmeister des Berufslebens, die der Ausbildung des Menschen dienen;
3. der spirituelle Meister, der den Sinn des Lebens erschließt und zur Selbstfindung des Menschen anleitet;
4. der kosmische Guru, der den Menschen zur Erleuchtung und Erkenntnis seines tiefsten göttlichen Wesens führt.

Ramakrishna (1836–1886) lehrte die Einheit der Religionen in ihrer Tiefe.
Ramana Maharshi (1897–1950) erfuhr die Einheit von atman und brahman.
Aurobindo (1872–1950) suchte eine Synthese von indischer und westlicher Spiritualität.
Gandhi (1869–1948) war ein Lehrer der Gewaltlosigkeit für die ganze Welt.

Wer mehr in die Welt des Hinduismus eindringen will, beschäftigt sich am besten mit Mahatma Gandhi. Stadtbibliotheken halten Literatur über ihn bereit. Es gibt auch Biographien über Gandhi, die für Jugendliche geschrieben sind.

Schöpfungsgeschichten

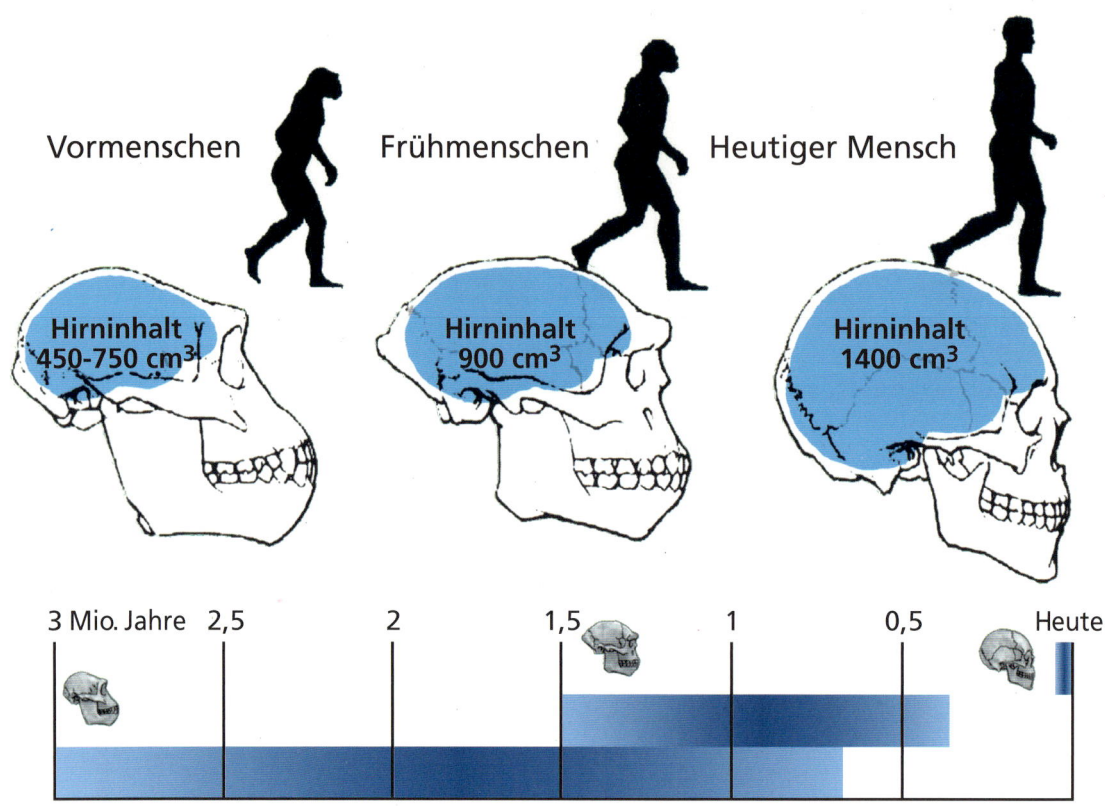

Vormenschen   **Frühmenschen**   **Heutiger Mensch**

Hirninhalt 450-750 cm^3

Hirninhalt 900 cm^3

Hirninhalt 1400 cm^3

3 Mio. Jahre   2,5   2   1,5   1   0,5   Heute

Darwin und die Evolutionstheorie

Als der Engländer Charles Robert Darwin (1809–1882) im Jahr 1859 ein Buch über »Die Entstehung der Arten« veröffentlichte, erschütterte er damit die christliche Glaubenswelt. 1831 war er auf eine Weltreise gegangen in der Vorstellung, dass Gott jede Tierart für sich geschaffen habe, so wie es die biblische Schöpfungsgeschichte erzählt. Im südamerikanischen Urwald stieß er auf einen unvorstellbaren Artenreichtum. Auf den Galapagosinseln fand er Tiere, die nirgendwo sonst leben. Er begann zu vermuten, dass die Arten der Lebewesen nicht unveränderlich sind, sondern sich von niederen zu höheren Formen hin entwickelt haben. Das schien ihm gegenüber dem biblischen Glauben ungeheuerlich: »Mir ist, als gestünde ich einen Mord ein«, schrieb er einem Freund. Weil damals alle Welt den

Die Urgeschichte

In den Kapitel 1 bis 11 der Genesis geht es um die Entstehung der Welt, die Erschaffung des Menschen, seine Mängel und Grenzen, um große Naturkatastrophen und den Anteil, den Menschen daran haben. Erzählt wird von Dingen, die überall geschehen. Darum gibt es in den Traditionen anderer alter Völker viele Entsprechungen, selbst dort, wo unmittelbare Beeinflussungen fehlen.

Die Urgeschichte greift Überlieferungen auf, die älter als Israel sind. Die Schriftgelehrten Israels wollten, dass diese Traditionen in der Jahwegemeinde gehört und bedacht werden. Es soll auch zu Wort kommen, was aus der ältesten Tradition der Völker überliefert ist: Erfahrungen und Einsichten, die alle Menschen miteinander machten und immer noch machen.

Die Namen der Menschen, von denen die Urgeschichte erzählt, bezeichnen keine historischen, sondern kollektive Gestalten, deren Neigungen und Schwächen allen Menschen gemeinsam sind. Darum meint »Urzeit« nicht »vergangene Vergangenheit«. Die Erzählungen der Urgeschichte sind Geschichten eines »mitlaufenden Anfangs«, der jeder Zeit gleichzeitig bleibt.

Bibeltext wortwörtlich verstand, sah er durch die Erklärung des Lebens aus niederen Lebensformen (Evolution) den biblischen Glauben schwer erschüttert. Und tatsächlich richteten sich fast 100 Jahre lang von christlicher Seite Missdeutung gegen Darwins Evolutionstheorie, mit Spott und Ablehnung. Man betrachtete seine Sicht als Bestreitung der biblischen Wahrheit – und manche sehen dies immer noch so.

Inzwischen wissen wir, dass Metaphern und Symbole, Mythen und Legenden nicht mit Texten aus dem Physikbuch verwechselt werden dürfen. Darwin hätte heute nicht mehr zu fürchten, seine Entdeckungen könnten den biblischen Glauben »morden«. Die Evolution des Lebens lässt sich mit dem biblischen Schöpfungsglauben vereinbaren. Dieses Kapitel zeigt, warum das so ist.

*Albrecht Dürer (1471–1528),
Adam und Eva, 1504.*

Evolution und Schöpfung

Schöpfung ist ein theologischer Begriff. Die Naturwissenschaften sprechen von Evolution. Das Wort Schöpfung schließt den Glauben an Gott als Schöpfer der Welt ein. Der Evolutionsbegriff verbindet naturgesetzliche Vorgänge mit der Entstehung des Universums. Beide Aspekte schließen einander nicht aus.

Das heute maßgebliche wissenschaftliche Modell vom »Urknall« rechnet mit einem Anfangszustand des Universums vor etwa 14 Milliarden Jahren. Alle Materie konzentrierte sich auf einen unendlich kleinen Raum von unvorstellbarer Dichte und Temperatur. Nach dieser Vorstellung hat der sogenannte Urknall die Materie explosionsartig auseinandergetrieben. Danach gab es zunächst nur Strahlung und Elementarteilchen. Wasserstoff- und Heliumatome bildeten sich nach etwa 1 Million Jahren. Galaxien und Sterne entstanden rund 1 Milliarde Jahre nach dem Urknall, das Sonnensystem vor etwa 4 bis 5 Milliarden Jahren. Unsere Erde gehört zu einer unter 100 Milliarden Galaxien, von denen jede wiederum hunderte Milliarden Sterne zählt.

Urknall. Als der Wissenschaftler Fred Hoyle zum ersten Mal vom *Big Bang*, dem »Großen Knall« sprach, meinte er das als Scherz. Diese Theorie geht davon aus, dass sich am Anfang sämtliche Materie und Energie in einem einzigen Punkt konzentrierte, dessen Dimension Null und dessen Dichte unendlich war. Da es noch keinen »Raum« gab, gab es auch keine »Zeit«. Ein Begriff wie »vorher« ist also verfehlt. Doch in dem »Moment«, als dieser Punkt explodierte, verwandelte er sich im winzigen Bruchteil einer Sekunde in Raum und Zeit. – Was die Wissenschaft über diesen Vorgang weiß, erklärt nicht, warum es zu diesem Urknall kam; es belegt nur das Faktum selbst. (vgl. S. 148)

Solche Kenntnisse sind den biblischen Schöpfungserzählungen fremd. Diese knüpfen an ältere Traditionen der Völker an. In dieser Offenheit liegt zugleich die Bereitschaft, auch spätere, weitergehende Erforschungen der Anfänge zu respektieren, zumal der Text an vielen Stellen auf eigene Antworten verzichtet. Grundsätzlich gilt: die Bibel wurde nicht als naturwissenschaftliches Lehrbuch geschrieben. Sie spricht zu Menschen, die das wussten, was man zu ihrer Zeit von der Welt wissen konnte. Sie zielt in allem, was sie sagt, auf das Verhältnis von Welt und Mensch zu Gott, nicht auf Physik und Biologie.

Die zwei biblischen Schöpfungserzählungen sind von den Vorstellungen des Alten Orients beeinflusst.

Der Gen 1,1-2,4a vorliegende priesterschriftliche Text gehört zu einer jüngeren Schicht der biblischen Tradition. Er ist um 500 v. Chr. entstanden, als es darum ging, nach dem Zusammenbruch der staatlichen und sakralen Ordnung eine neue religiöse und gesellschaftliche Ordnung aufzubauen. Darum wird die Weltschöpfung im Schema der Siebentagewoche erzählt: der Sabbat als Tag Jahwes soll bereits in der Weltschöpfung grundgelegt erscheinen.

Die zweite Schöpfungserzählung erzählt von dem Garten, der den Menschen gegeben war und aus dem sie gewiesen wurden, nachdem sie von dem Baum in der Mitte gegessen hatten. Diese Geschichte wurde einige Jahrhunderte früher aufgeschrieben. Ihrem höheren Alter entspricht eine Erzählweise, die Gott nach Menschenart handeln lässt: Er *formt* die Menschen aus Erde; *führt* ihm die Tiere zu; will *hören*, wie dieser sie benennt; *nimmt* eine Rippe des Menschen, *baut* daraus eine Frau und so weiter. Dennoch ist die Erzählung nicht naiv, sondern durchdacht und hintergründig:

Der Garten Eden

8 Dann legte Gott, der Herr, in Eden, im Osten, einen Garten an und setzte dorthin den Menschen, den er geformt hatte. 9 Gott, der Herr, ließ aus dem Ackerboden allerlei Bäume wachsen, verlockend anzusehen und mit köstlichen Früchten, in der Mitte des Gartens aber den Baum des Lebens und den Baum der Erkenntnis von Gut und Böse. 10 Ein Strom entspringt in Eden, der den Garten bewässert; dort teilt er sich und wird zu vier Hauptflüssen …

15 Gott, der Herr, nahm also den Menschen und setzte ihn in den Garten von Eden, damit er ihn bebaue und hüte. 16 Dann gebot Gott, der Herr, dem Menschen: »Von allen Bäumen des Gartens darfst du essen, 17 doch vom Baum der Erkenntnis von Gut und Böse darfst du nicht essen; denn sobald du davon isst, wirst du sterben.«   *Gen 2*
1 Die Schlange aber war schlauer als alle Tiere des Feldes, die Gott, der Herr, gemacht hatte. Sie sagte zu der Frau: »Hat Gott wirklich gesagt: ›Ihr dürft von keinem Baum des Gartens essen‹?« 2 Die Frau entgegnete der Schlange: »Von den Früchten der Bäume im Garten dürfen wir essen; 3 nur von den Früchten des Baumes, der in der Mitte des Gartens steht, hat Gott gesagt: ›Davon dürft ihr nicht essen und

HAP Grieshaber (1909–1981), Bedrohtes Paar, 1949.

daran dürft ihr nicht rühren, sonst werdet ihr sterben‹.«
[4] Darauf sagte die Schlange zur Frau: »Nein, ihr werdet nicht sterben. [5] Gott weiß vielmehr: Sobald ihr
davon esst, gehen euch die Augen auf; ihr werdet
wie Gott und erkennt Gut und Böse.« [6] Da sah die
Frau, dass es köstlich wäre, von dem Baum zu essen,
dass der Baum eine Augenweide war und dazu
verlockte, klug zu werden. Sie nahm von seinen
Früchten und aß; sie gab auch ihrem Mann, der bei
ihr war, und auch er aß. [7] Da gingen beiden die Augen auf und sie erkannten, dass sie nackt waren …
[23] Gott, der Herr, schickte den Menschen aus dem
Garten von Eden weg, damit er den Ackerboden bestellte, von dem er genommen war. [24] Er vertrieb
den Menschen und stellte östlich des Gartens von
Eden die Kerubim auf und das lodernde Flammen-
schwert, damit sie den Weg zum Baum des Lebens
bewachten.   *Gen 3*

Der Garten, von dem hier die Rede ist, heißt in der
griechischen Übersetzung der Bibel *Paradies*; gemeint ist ein »umzäunter Raum«. Auch der Wort-
stamm *gart* bezeichnet einen eingefriedeten Bezirk,
einen Lebensraum, der den Frieden sichert. Im Kel-
tischen ist *garz* die Hecke oder der Zaun. Als vor
über zweitausend Jahren Kelten auf einem Land-
rücken, den der Inn umfließt, eine Siedlung gründeten, gewannen sie einen gesicherten Wohnplatz, einen *gart*, der mit seinem Namen heute noch auf
diesen Anfang zurückweist: *Gars* am Inn. Auch
Stutt*gart* hat einen solchen Ursprung: am Anfang
stand eine Stutenweide, eine umfriedete Pferdekop-
pel, welche die Herde zusammenhielt.
Gart, Garten, meint also einen geschützten Lebensraum. Darum begegnet das Wort auch in Frauenna-
men, und will an mütterliche Obhut denken lassen:
Hilde*gard*, Irm*gard*, Edel*gard*, Fried*gard*, Luit*gard*…
Der zunächst real und räumlich gedachte Garten
wird symbolisch verstanden: als eine Beziehung, die
Geborgenheit vermittelt.

Hieronymus Bosch (um 1450–1516), Das Paradies, um 1500.

167

Das Symbol Garten hat eine Geschichte, die zu den frühen Gärten des Alten Orient zurückführt. Diese Gärten waren mandalaförmig angelegt: Sie entwarfen ein Bild der Welt. Eine solche Anlage ist in der Ebene von Firuzabad, im heutigen Iran, zu finden. Die Luftaufnahme zeigt immer noch das riesige Kosmogramm, das hier in die Landschaft gebaut wurde: Mit einem Durchmesser von fast zwei Kilometern wurde der »Grundriss des Himmels« auf die Erde übertragen. Neben den Trampelpfaden sind (weniger deutlich) auch die alten Erdachsen noch zu erkennen. Sie durchbrechen zu den vier Himmelsrichtungen hin den Ringwall an den Stellen der ehemaligen Tore. Im Zentrum der Anlage steht der *tirbal*, ein einst gewaltiger Turm. Zu diesem Turm führte ursprünglich ein Aquädukt Wasser. Von der Mitte der Welt sollte es nach Ost, West, Nord und Süd fließen, also den ganzen Erdkreis befruchten. Das Mandala ist ein Abbild des Kosmos.

Diese Symbolerkenntnis gibt dem biblischen Paradiesgarten eine neue Sprache. Die umwallte Stadt wie der umfriedete Garten sind ein Bild der Welt. Mit ihrer Mitte, dem Weltnabel, ist die Welt an den Himmel angebunden. Wasser und Baum kennzeichnen den Segen, der von hier ausgeht. Wenn die Menschen sich auch ihrer Welt bedienen dürfen, ist ihnen die heilige Mitte doch entzogen. Vers 16 heißt es, der Garten sei mit allem, was darin wächst, den Menschen verfügbar, der Baum in der Mitte ausgenommen. Dieses Verbot erscheint willkürlich, wenn man die Symbolik der Mitte verkennt. Den alten Kulturen (selbst in Asien und Amerika) galt die Mitte als Ort, an dem sich Himmel und Erde, Diesseits und Jenseits, berühren. Diese Mitte war unverfügbar. Von ihr her gedieh alles Leben. Egoistischen Zwecken war sie entzogen.

Die Symbolik der Mitte gibt es in der ganzen Welt. Jedes Land oder Reich hatte seine Mitte: den Juden ist es Jerusalem, den Muslimen Mekka, den Chinesen Peking, den Inka Cuzco … Auch eine Stadt hatte ihre Mitte: Bei ihrer Gründung hoben die Etrusker eine Grube aus, die *mundus* hieß, also mit der ganzen Welt gleichgesetzt wurde. Im »Ring des Volkes« erkannten die Indianer ein Bild der Welt, und noch jedes einzelne Tipi verkörperte den Kosmos …

Der Bibeltext allein lässt uns seine Bedeutung noch nicht voll erkennen. Ihm liegt eine zusätzliche Symbolik zugrunde, die sich mit Garten als Kosmogramm, mit Wasser, Baum und heiliger Mitte verbindet. Diese Symbolik ist immer noch verständlich. Sie gehört weiterhin zur inneren Seelenkarte des Menschen. So kann die Erzählung vom Garten Eden auch von einer Mythe her erschlossen werden, die der dänische Forscher Knud Rasmussen von einer Hundeschlittenexpedition aus Alaska (1921–1924) mitgebracht hat:

Im frühen 3. Jahrhundert n. Chr. hatte Ardashir die Herrschaft über ganz Südiran gewonnen, eine versumpfte Ebene trocken gelegt und in ihrer Mitte den Grundriss einer Stadt »wie mit dem Zirkel gezogen« angelegt. Symbol eines Reiches, das den Erdkreis ordnet, pflegt und beschützt.

Mandala (Sanskrit: »Kreis«), eine symbolische Gestalt, die in zahlreichen Formen und Abwandlungen begegnet. Meistens wird das M. durch einen Kreis und die durch den Mittelpunkt gehenden Weltachsen gekennzeichnet. In der Gestalt des M. haben ebenso Etrusker und Römer ihre Städte (*urbs*) gegründet, wie afrikanische, indianische, indische oder chinesische Kulturen ihre Zelte, Häuser, Dörfer, Städte, Tempel und Paläste in M.-form errichteten. Zugleich ist das Mandala eine Meditationssymbol. Als → Kosmogramm ist es ein symbolisches Bild der Welt. Als Meditationsfigur kann es ein Bild des Selbst oder eine Gestalt der inneren Ordnung sein.

Kosmogramm, symbolische Darstellung des Kosmos.

Aus dem Gefäß dieser assyrischen Gottheit quellen die vier Ströme, die den gesamten Erdkreis bewässern und fruchtbar machen. (Elfenbeineinlage, Assur, Neuer Palast, um 1500 v. Chr.).

Der Lebensbaum in der Weltmitte, flankiert von Mann und Frau. Der Baum wächst aus einem Gefäß, das die Quelle darstellt, der das »Wasser des Lebens« in die vier Weltrichtungen entströmt.

Die Seele des Wals und das brennende Herz

1835 schrieb Jacob Grimm: In Alaska galt der Vater Rabe als die heilige und schaffende Lebenskraft. In der Mythe von der »Seele des Wals« erscheint der Rabe jedoch ganz menschlich. Wir lernen ihn zwar als unternehmungslustig und neugierig kennen, aber auch als unbeherrscht. Seine Wendigkeit wird uns bald von ihrer Innenseite her einsichtig: dieser Rabe ist »dumm und von zähem Leben«. Letztlich ist er die Verkörperung eines wenig erleuchteten Menschen, dem der innere Sinn für das Geheimnis des Lebens abgeht.

Es war einmal ein dummer und gespreizter Rabe, der zum Meer flog, weit, weit hinaus. Er flog und blieb am Fliegen, weit und immer weiter, und als er müde wurde und nach Land ausspähte, da war kein Land mehr da. Zuletzt war er so müde, dass er sich nur noch etwas über der Wasseroberfläche halten konnte. Und als plötzlich ein großer Wal dicht vor ihm auftauchte, wurde er so verwirrt, dass er diesem geradewegs in den Schlund hineinflog. Einen Augenblick blieb es dunkel um ihn herum. Es sauste und plätscherte, und als er schon glaubte, sterben zu müssen, taumelte er in ein Haus hinein, in ein schönes und reizendes Haus, wo es hell und warm war. Auf der Schlafbank saß eine junge Frau und machte sich an einer brennenden Lampe zu schaffen. Sie erhob sich, ging freundlich auf den Raben zu und sagte:

»Du bist mir als Gast willkommen, wenn du mir nur einen einzigen Wunsch zu erfüllen gelobst: Du darfst niemals meine Lampe anrühren.«

Der Rabe war glücklich, dass er sein Leben gerettet hatte, und beeilte sich, ihr zu versichern, dass er die Lampe niemals anrühren würde. Dann setzte er sich auf die Schlafbank und wunderte sich, wie fein und rein es in dem kleinen Hause war. Es war ein Haus aus Walfisch-

knochen, gebaut wie die Wohnungen der Menschen, und alles darin war so eingerichtet wie bei den Menschen. Aber eine seltsame Unruhe lag über der jungen Frau; sie saß niemals längere Zeit still; in kurzen Zwischenräumen erhob sie sich von der Schlafbank und schlüpfte zur Tür hinaus. Es dauerte nur einen Augenblick, dann kam sie wieder herein; aber gleich danach war sie wieder fort.

»Was macht dich so unruhig?«, fragte der Rabe.

»Das Leben«, antwortete die junge Frau, »das Leben und mein Atemzug.« Aber diese Antwort verstand er gar nicht.

Der Rabe, der nun zur Ruhe gekommen war und seine Angst vergessen hatte, fing an, neugierig zu werden. »Was kann das sein, dass ich die Lampe nicht anrühren darf?«, dachte er, und jedes Mal, wenn die Frau hinausschlüpfte und er allein blieb, bekam er immer größere Lust, sein Versprechen zu brechen und hinzugehen, um die Lampe – nur ein ganz klein wenig – zu betasten. Zuletzt konnte er seine Neugier nicht länger zügeln, und als die Frau wieder zur Tür hinausschlüpfte, sprang er hin und berührte den Docht der Lampe. Im selben Augenblick taumelte die Frau kopfüber zur Tür hinein, fiel auf den Fußboden und blieb da liegen, während die Lampe erlosch. Zu spät bereute der Rabe, was er getan hatte; er schwankte umher in schwarzer Finsternis, das schöne, helle Haus war nicht mehr da. Er war nahe daran zu ersticken. Er irrte zwischen Speck und Blut umher, und so heiß wurde es, dass seine Federn abfielen.

Halb erstickt taumelte er im Bauch des Wals umher, und nun erst begriff er, was geschehen war. Die junge Frau war die Seele der Walin. Sie schlüpfte zur Tür hinaus in die frische Luft jedes Mal, wenn die Walin Atem schöpfen musste, und ihr Herz war eine Lampe mit großer und ruhiger Flamme. Der Rabe hatte aus bloßer Neugier das Herz der jungen Frau berührt und darum war sie gestorben. Er wusste nicht, dass das Feine und Schöne auch zerbrechlich, vergänglich und leicht zu vernichten ist, denn er selbst war dumm und von zähem Leben. Nun aber kämpfte er um sein Leben in Finsternis und Blut. Alles, was zuvor schön und rein war, war nun hässlich und übel riechend geworden. Endlich glückte es ihm, auf dem gleichen Wege hinauszuschlüpfen, auf dem er hineingekommen war, und da saß er nun, ein halbnackter Rabe, beschmiert und besudelt, auf dem Rücken eines toten Wals. Hier blieb er sitzen und lebte vom Aas, während Wind und Wellen ihn hin und her warfen. Seine Flügel waren zerbrochen durch Hitze und Blut, so konnte er nicht mehr fliegen. Ein Sturm trieb ihn endlich dem Land zu. Die Menschen sahen den toten Wal und ruderten in ihren Booten hinaus, um Speck und Fett zu bergen. Als der Rabe sie sah, verwandelte er sich augenblicklich in einen Mann, in einen kleinen, hässlichen, dunkelhäutigen und zerzausten, struppigen Mann, der oben auf dem Wale stand. Er sprach gar nicht davon, dass er aus lauter Neugier ein Herz angerührt und etwas Feines und Schönes zerstört hatte; er prahlte nur überheblich: »Ich bin es, der den Wal getötet hat! Ich bin es, der den Wal getötet hat!« Und er wurde ein großer Mann unter den Menschen.

Brüder von Limburg (um 1385–1416), Das Paradies.

1 Es gibt noch eine weitere Metapher, in der sich das Bild des Gartens deuten lässt. Es ist die Herz-Metaphorik: Ich habe euch in meinen Garten geholt. – Ich habe dich in meine Arme genommen. – Ich habe dich in mein Herz geschlossen. Deutet den Vers: »Du bist beslozzen / in minem herzen: / verlorn ist das slüzzelin: / du muost immer drinne sin.«

2 Wenn zwei auf dem Jahrmarkt ein Lebkuchenherz (mit Zuckergussinschrift!) gemeinsam essen: sind sie dann »ein Herz und eine Seele«? Berührt sich diese Symbolik mit der des Gartens Eden?

Was in der biblischen Welt im Symbol des Gartens begegnet, erscheint in einem Land, wo es Baum und Strauch nicht gibt, im Bild eines bergenden Hauses. Dem Baum in der Mitte entspricht die leuchtende und wärmende Lampe. Baum wie Lampe sind Symbole für eine sensible Mitte, die keinen gegenständlichen Ort hat, die aber in allen zwischenmenschlichen Beziehungen vorkommt. Wenn das Verhältnis der Menschen untereinander intakt bleiben soll, muss dieses Unverfügbare intakt bleiben. Denn das helle, warme Haus wandelt sich in Zersetzung, wenn eigenmächtig über das brennende Licht verfügt wird. Und der bergende Garten geht verloren, wenn der Baum des Lebens geplündert wird. In jedem Verhältnis zu einem anderen Menschen gibt es einen »Lebensnerv«, der nur heil bleibt, wenn Ehrfurcht und Selbstbegrenzung ihn nicht verletzen. So zeigt sich, dass beide Erzählungen keine vergangene Welt beschreiben. Es

172

sind Geschichten, in denen jede Zeit und jeder Mensch ihren Ort haben. Das Paradies geht immer noch und immer wieder verloren. Die Paradiesgeschichte ist eine Urgeschichte, die in alle Menschenleben neu hineinspielt.

Die Mythe aus Alaska endet ohne Hoffnungsschimmer. Die biblische Tradition aber hört nicht bei Gen 3,24 auf. In einem Kirchenlied singen wir: »Der Cherub steht nicht mehr dafür, Gott sei Lob, Ehr und Preis.« Der uns in Jesus eröffnete Gott verschließt seine Arme nicht. Der Garten ist wieder zugänglich (vgl. S. 200f.). Wer aber selbst angenommen ist, soll auch die Kraft haben, andere anzunehmen. Wenn sich schließlich sogar die Völker wechselseitig annehmen lernen, kann der Garten dieser Erde so aufblühen, wie es bei Jes 11,6-9 ausgemalt wird.

Linke Seite: Giovanni di Paolo (um1403–1482), Die Erschaffung der Erde und die Vertreibung aus dem Paradies, um 1445.

3 Der Religionsunterricht hat früher gesagt, Adam und Eva hätten durch ihr Tun die Gnade Gottes, die »heiligmachende Gnade« verloren. Wenn man »Gnade« und »Garten« zueinander in Beziehung setzt, wie könnt ihr dann mit eigenen Worten erklären, was Gnade ist?

4 Voranstehend ist nicht alles gedeutet worden, was zum Text gehört. Beispielsweise wäre noch über die »Schlange« zu sprechen. Findet ihr S. 137 ff. dazu Anregungen?

5 Auch der »Baum« bedarf einer ähnlichen Interpretation wie der »Garten«. Das Religionsbuch 5/6, S. 119 f., gibt dazu einige Hilfen; schaut auch dort S. 8 f. nach.

6 In ähnlicher Weise wie die Paradiesgeschichte können auch die übrigen Erzählungen Gen 1-11,9 gedeutet werden, etwa jene von der Erschaffung des Menschen und die Mythe von der Erschaffung der Frau, die Geschichte vom Brudermord, von der Sintflut und vom Turmbau. Wer sich für einzelne Texte näherhin interessiert, kann sich vom Religionslehrer Spezialliteratur geben lassen.

Käthe Kollwitz (1867–1945), Das kranke Kind, 1900 und Ruht im Frieden seiner Hände, 1935.

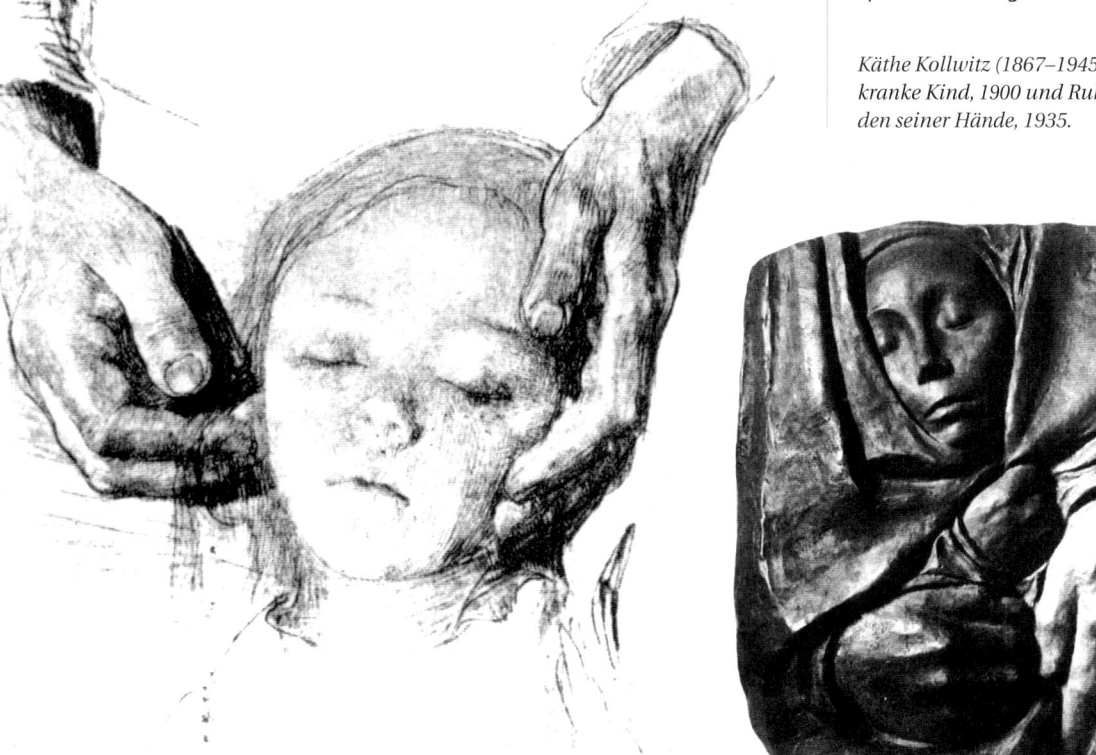

Gattungen in der Bibel

Die meisten Bücher bestehen aus einer einzigen literarischen Gattung, etwa ein Roman, ein Liederbuch, ein Kochbuch. Es gibt aber auch Bücher mit unterschiedlichen Gattungen, zum Beispiel dieses Religionsbuch. Darin finden sich Mythe, Märchen, Sage, Legende, Lied, Spruch, Bericht, Sachtext und anderes mehr.

Jede Gattung folgt eigenen Gesetzen und hat ein eigenes Verhältnis zur Wirklichkeit. Beispielsweise liegt die Sprache des Witzes auf einer anderen Ebene als die eines Polizei-Protokolls.

Wollte man Witze als Protokolle oder Berichte verstehen, wäre das lächerlich. Wenn Witze von realen Personen handeln, sind sie gewöhnlich »frei erfunden«, aber mit ihrer Pointe treffen sie «den Nagel auf den Kopf«. Darum entlarven sie. In Diktaturen werden Witze gefürchtet und verfolgt, weil ihre Wahrheit bloßstellt.

Da die Bibel eine Sammlung von Schriften aus etwa tausend Jahren ist, enthält sie zahlreiche sprachliche Formen. Frühere Zeiten haben für die Verschiedenheit der Gattungen keinen Sinn gehabt. Oft hieß der Religionsunterricht schlichtweg »Biblische Geschichte« und selbst die Schulbibel trug diesen Namen. Die Folge war: Der Formenreichtum der Bibel wurde in dieser »Geschichtsmühle« zu einem Einheitsmehl vermahlen. Ob Sage oder Bekenntnis, Lehr-Erzählung oder Geschichts-Erzählung, alles wurde zur »Biblischen Geschichte«. Und nicht nur Schüler, auch Lehrer und Pfarrer deuteten die Texte »historisch«. Ihre Wahrheit wurde zur geschichtlichen Realität verkürzt. Von einer *Wahrheit* der Sage zu sprechen, war unvorstellbar. Folglich wurde das Sechstagewerk der Schöpfung »wortwörtlich« und der Paradiesgarten nicht symbolisch sondern real verstanden. Ebenso erging es den Erzählungen von der Sintflut, vom Turmbau, vom Jakobskampf oder von der Eroberung Jerichos …

Dieses verkürzte Sprachverständnis förderte einen falschen Zweifel an der Bibel, denn eine Auslegung, die bloß *ein* Sprachspiel kennt – keine Metapher, kein Symbol, keinen Hintersinn – geht immer ins Leere.

Für die Bibel insgesamt lässt sich die Fülle ihrer sprachlichen Formen an dieser Stelle nicht aufzeigen. Beispielhaft können für das Buch Genesis wichtige Gattungen vorgestellt werden:

Listen

Alte Völker überlieferten ihre Abstammung in festen mündlichen Formen. Solche Formen für die Herkunft von Sippen, Stämmen und Völkern hat die Bibel mehrfach bewahrt. Vgl. die Völkertafel Gen 10,1-32; die Stammestafel 36,9-30 und das Verzeichnis der »Könige, die im Lande Edom herrschten, bevor ein König herrschte von den Israeliten« 36,31-39.

Karl-May-Leser wissen, mit welchem Stolz der fröhliche Araber Halef Omar, seinen »vollen Namen« vorstellt. An den eigenen schließt sich der des Vaters und des Großvaters an: »Hadschi Halef Omar Ben Hadschi Abul Abbas Ibn Hadschi Dawuhd al Gossarah«.

Lieder und Sprüche

Es gibt auch bei uns Sprüche, die in keinem Buch stehen und doch von Generation zu Generation weitergegeben werden, zum Beispiel Abzählreime. Solche Formen sind beständig. Im Buch Genesis finden wir 25,23 einen Orakelspruch, einen Segensspruch 27,27-29.39-40, einen Angeberspruch 4,23-24, einen Volksspruch 9,6 sowie weitere Segens- und Fluchsprüche.

Mythische Erzählungen

Schöpfungsmythen erzählt man in der ganzen Welt. Die biblischen Schöpfungs- und Sintflutgeschichten sind zum Teil von den benachbarten Völkern des Orients übernommen oder beeinflusst worden. Wie so etwas geschieht und zu verstehen ist, wird auf den vorangegangenen Seiten am Beispiel der Paradieserzählung geschildert.

Sagen

Dass die Vätergeschichten großenteils als Sagen zu betrachten sind, war schon Thema im Religionsbuch 5/6, S. 27. Die meisten Vätergeschichten sind Stammessagen. Die Erzählung von Kain und Abel (Gen 4,1-16) ist dafür ein gutes Beispiel. Eine andere Sagenform liegt der Geschichte vom Untergang Sodoms zugrunde und dem Motiv von der Erstarrung der Frau des Lot zu einer Salzsäule (Gen 19). Kennt ihr ähnliche Sagentypen aus eurer Heimat? Eine weitere Gruppe sind Sagen, die an Merkwürdigkeiten fremder Länder anknüpfen, wie die Turmbau-Geschichte (Gen 11).

Kultlegenden

Kultlegende nennen wir eine Geschichte, die erklären will, aus welchem Grund an einem bestimmten Ort eine Kultstätte entstanden ist und warum dort immer noch eine Verehrung stattfindet (Gen 28,18 f.). Fast jeder Wallfahrtsort hat eine solche Kultlegende. Schaut euch in der eigenen Landschaft um; ihr habt es nicht weit, eine Kultlegende aus den letzten Jahrhunderten zu entdecken.

Geschichtliche Nachrichten

Historische Informationen können sich mit allen bisher genannten Gattungen verbinden. So etwa steckt in den Völkertafeln und Geschlechterlisten, auch in vielen Stammessagen und Kultlegenden oft ein geschichtlicher Kern, der nicht immer leicht freizulegen ist. Beispielsweise stehen die Namen in den Geschlechterlisten oft für Sippen und Stämme, die es tatsächlich gab, nicht für Einzelpersonen. So vertritt »Kain« den Stamm der Keniter. Im Kern dieser Sage steckt die Erinnerung an eine Stammesfehde. Sie entstammt keiner »Urzeit«, sondern jener Zeit, in der Israel Verwunderung oder gar Schauder darüber empfand, dass die verwandten Keniter immer noch ein Nomadenleben führten.

Eins zwei drei vier fünf,
strick mir ein Paar Strümpf,
nicht zu groß und nicht zu klein,
sonst musst du der Haschmann sein.

Ich rede ohne Zunge,
ich schreie ohne Lunge
ich habe auch kein Herz
und nehm doch teil an Freud und Schmerz.

Der Rosenstrauch zu Hildesheim

Als Ludwig der Fromme winters in der Gegend von Hildesheim jagte, verlor er sein Kreuz, das ihm vor allem lieb war. Er sandte seine Diener aus, es zu suchen. Die Diener verfolgten die Spur der gestrigen Jagd und sahen bald aus der Ferne mitten im Wald grünen Rasen und darauf einen grünenden Rosenstrauch. Als sie ihm näher kamen, hing das verlorene Kreuz daran. Sie berichteten dem Kaiser davon und Ludwig befahl, dort eine Kirche zu bauen. Das geschah, und bis heute grünt und blüht der Rosenstock.

Die Wallfahrt nach Kevelaer

Ein einfacher Händler, Hendrik Busman, kam um Weihnachten 1641 an einem Hagelkreuz vorbei, das nahe bei Kevelaer stand. Dort hörte er eine Stimme: »Op deze plaats sult gij mij een kapelleken bouwen!« Er sah sich nach allen Seiten um, bemerkte aber niemanden. Sieben oder acht Tage später ging er wieder denselben Weg und hörte dort zum zweiten Mal dieselben Worte. Das versetzte ihn in großes Leid, weil er für diese Aufgabe zu arm war. Doch wollte er aus seinem geringen Verdienste täglich eine Ersparnis machen … und errichtete ein Heiligenhäuschen. Seitdem wallfahren die Menschen nach Kevelaer.

Fragen und Zweifel

Was man alles mit Gott machen kann:

Man kann Gott verantwortlich machen für Hunger und Elend.

Man kann Gott leugnen, weil er sich nicht sehen lässt und Unglück nicht verhindert.

Man kann Gott mieten zu besonderen Anlässen: Er dient der Feierlichkeit und dem Umsatz.

Man kann Gott nur für sich haben wollen und anderen – besonders Andersdenkenden – Gott absprechen.

Man kann Gott für die eigene Macht gebrauchen, indem man sagt, alle Autorität komme von Gott.

Man kann im Namen Gottes Kriege führen, Menschen töten und sagen, das sei Gottes Wille.

Man kann mit dem Ruf »Gott will es!« Angriffe als Kreuzzüge tarnen und auf Soldatenuniformen »Gott mit uns« schreiben.

Das alles aber ist gott-los. Man kann mit Gott nichts »machen«, weder ihn gebrauchen noch ausnutzen, denn Gott ist Liebe, und daran hat nur Anteil, wer diese Liebe in sich selbst groß werden lässt.

Alfred Kubin (1877–1959), Der liebe Gott, 1899.

Der liebe Gott.

Die Hagelpredigt
Oder: Wie man mit »Gott« hantieren kann

Ein schweres Hagelwetter hatte die gilbenden Kornfelder fast platt gewalzt, die grünen Äpfel und Zwetschgen von den Bäumen gerissen, Gräben zu Bächen, Bäche zu Flüssen anschwellen lassen … Die Ernte war zum großen Teil vernichtet.
Aber nicht genug! Am folgenden Sonntag hagelte es von der Kanzel herunter. Etwas sehr Böses war geschehen: Burschen und Mädchen hatten in einer Dorfwirtschaft bis tief in die Nacht hinein getanzt. Getanzt! Gelacht, gesungen, getrunken, gesungen, Händchen gehalten, sich in die Arme genommen, geküsst! Und dann der nächtliche

1 Was hat Gott mit dem Wettergeschehen zu tun?
2 Lest bei Joh 9, wie die Menschen Krankheit und Sünde verknüpften.
3 Joh 9,31 heißt es: »Wir wissen, dass Gott einen Sünder nicht erhört«. Was sagst du dazu?
4 Menschen haben dazu geneigt, Katastrophen als Strafe Gottes zu deuten. Vgl. Gen 6,5-8. Gibt es dieses Denken heute nicht mehr?

Heimweg der Pärchen! »Was habt ihr da getrieben? Gott hat's gesehen und den Hagel zur Strafe geschickt …«

Der Bub brauchte nicht alles zu verstehen, um doch zu fühlen, dass die Sünde groß und die Strafe gerecht war. Einige Tage danach in der Schule. Religionsunterricht. Der Pfarrer, immer noch schlecht gelaunt, den Katechismus abfragend, die auswendig gelernten Antworten heischend. Auf einmal vom Nachbarhaus her großes Jammergeschrei, Klopfen an der Tür, der Pfarrer wird hinaus gerufen … Was ist los? Eine Unglücksbotschaft läuft durchs Dorf: Die einzige Schwester des Pfarrers war in die Transmission der Ölmühle geraten und getötet worden. »Also muss der Pfarrer ein großer Sünder sein«, sagte sich der Bub; die Hagelpredigt »saß«.

Erst später ging ihm auf, dass dieser simple Moral- und Strafgott die Rolle eines Knecht Ruprecht zu spielen hatte, um kleine und große Kinder bei Furcht und Zittern zu erhalten.

Unter einem solch verbogenen Gottesverständnis haben viele gelitten. Manchen haben sich dagegen empört und abgewandt. Andere wurden darunter auch verbogen. Einer, der sich nicht verbiegen lassen wollte, protestierte:

W eißt du, was das Schlimmste ist, das sie mir über dich erzählt haben? Es ist die tückisch ausgestreute Überzeugung, dass du alles hörst und alles siehst und auch die geheimen Gedanken erkennen kannst … In der Kinderwelt sieht das dann so aus, das man sich elend fühlt, weil du einem lauernd und ohne Pausen des Erbarmens zusiehst und zuhörst und mit Gedankenlesen beschäftigt bist.

Man muss protestieren!

Am meisten hat den Menschen zu schaffen gemacht, das unendliche Leid in der Welt, das durch Naturkatastrophen, Unglücksfälle, menschliche Schwäche oder Krankheiten entsteht, mit der Vorstellung eines allmächtigen und zugleich gütigen Gottes zu verbinden. Eine jüdische Erzählung antwortet darauf so:

B ei einem Nachbarn des Rabbi Mosche Löb waren mehrere Kinder nacheinander im zarten Alter gestorben. Die Mutter vertraute eines Tages ihren Kummer der Frau des Rabbi an: »Was für ein Gott ist denn der Gott Israels? Er ist grausam und nicht barmherzig. Er nimmt, was er gegeben hat.«

»Du darfst nicht so reden«, sagte die Frau des Rabbi, »so darfst du nicht reden. Die Wege des Himmels sind unergründlich. Man muss lernen, sein Schicksal anzunehmen.«

In diesem Augenblick erschien Rabbi Mosche Löb auf der Türschwelle und sagte der unglücklichen Mutter: »Und ich sage dir, Frau, man muss es nicht annehmen! Man muss sich nicht unterwerfen. Ich rate dir zu rufen, zu schreien, zu protestieren, Gerechtigkeit zu fordern, verstehst du mich, Frau? Man darf es nicht annehmen!«

Mein Rabbi hat mir immer wieder die Geschichte von einem Juden erzählt, der mit Frau und Kind der spanischen Inquisition entkommen war und in einem kleinen Boot über stürmische See zu einer steinigen Insel trieb.

Es kam ein Blitz und erschlug die Frau. Es kam ein Sturmwind und schleuderte sein Kind ins Meer. Allein, elend, hinausgeworfen wie ein Stein, nackt und barfuß, geschlagen vom Sturm und geängstigt von Donner und Blitzen, ist der Jude seinen Weg weitergegangen auf der wüsten Felseninsel und hat zu Gott gesagt:

»Gott Israels – ich bin hierher geflohen, um Dir ungestört dienen zu können, um Deine Gebote zu befolgen und Deinen Namen zu heiligen. Du aber hast alles getan, dass ich nicht an Dich glaube. Solltest Du aber glauben, es werde Dir gelingen, mich von meinem Weg abzubringen, so sage ich Dir, mein Gott und Gott meiner Ahnen: Es wird Dir nicht gelingen. Du kannst mich schlagen, mir das Beste nehmen, kannst mich zu Tode peinigen – ich werde immer an Dich glauben. Ich werde Dich immer lieb haben – Dir selbst zum Trotz!

Und das sind meine letzten Worte an Dich, mein Gott: Ich sterbe, wie ich gelebt habe, im Glauben an Dich: Höre, Israel, der Ewige ist unser Gott, der Ewige ist einig und einzig!«

Die gute Gottesleugnung

Rabbi Mosche Löb sprach: »Wenn einer zu dir kommt und von dir Hilfe fordert, dann ist es nicht an dir, ihm mit frommem Munde zu empfehlen: ›Hab Vertrauen und wirf deine Not auf Gott‹, sondern dann sollst du handeln, als wäre da kein Gott, sondern auf der ganzen Welt nur einer, der diesem Menschen helfen kann, du allein.«

Meister des Hildegardis-Codex,
Die neun Chöre der Engel, um 1147.

Das Erdbeben von Lissabon 1775

Am Morgen des 1. November 1755 spürte man das erste Zittern und einige Minuten später gab es ein zweites, viel kräftigeres Beben, das die halbe Stadt in Schutt und Asche legte. Das Beben löste einen Tsunami aus: Das Wasser zog sich vom Land ins Meer zurück. Bald danach kehrte es mit einer über 15 m hohen Flutwelle, die die ganze Stadt überschwemmte, zurück. Schiffe, Docks und Gebäude der Stadt wurden von der Gewalt des Wassers zerstört und Tausende Leute mitgerissen.

Als ob das noch nicht genug gewesen wäre, brennende Lampen und Kochfeuer lösten einen unkontrollierbaren Feuersturm aus. Drei Tage lang wütete dieses Feuer und vollendete die Zerstörung der Stadt. Man spürte dieses Erdbeben in ganz Westeuropa und im nordwestlichen Afrika.

Augenblicke, die meinen Gott mordeten

Am 1. November 1755, am Fest Allerheiligen, erschütterte ein Erdbeben die Stadt Lissabon. Der Katastrophe fielen insgesamt etwa 100.000 Menschen zum Opfer. Große Kulturschätze, viele Kirchen und das größte Krankenhaus der damaligen Zeit, das königliche Allerheiligenhospital, wurden zerstört.

Erschüttert wurde aber nicht nur Lissabon, sondern auch das christliche Gottesbild: Warum war die Hauptstadt eines der katholischsten Länder überhaupt getroffen worden, und warum ausgerechnet am Festtag Allerheiligen? Diese Frage beschäftigte die Menschen, nicht zuletzt die Gelehrten jener Zeit. Goethe war damals noch ein Kind. Rückblickend schrieb er:

Der Knabe war nicht wenig betroffen. Gott, der Schöpfer und Erhalter Himmels und der Erden, den ihm die Erklärung des ersten Glaubensartikels so weise und gnädig vorstellte, hatte sich, indem er die Gerechten mit den Ungerechten gleichem Verderben preisgab, keineswegs väterlich bewiesen.

Kasimir Malewitsch (1878–1935),
Schwarzes Quadrat, um 1913.

Seit 1755 ist die Frage, wie sich Gottes Allmacht und Güte mit dem Elend und Grauen auf der Welt vertragen, nicht mehr verstummt. Neue Wucht bekam sie durch das unerhörte Mordprogramm der Nazis gegenüber »Gottes eigenem Volk«, den Juden, dem 6 Millionen Menschen zum Opfer fielen:

»Elieser«, rief mein Vater in einem fort, »Wasser…« Der Offizier trat heran und schrie, er solle den Mund halten. Aber mein Vater hörte ihn nicht und rief in einem fort. Der Offizier schlug ihm mit seinem Knüppel auf den Kopf. Nun röchelte mein Vater, und ich hörte meinen Namen: »Elieser«. Ich sah ihn noch stoßweise atmen und rührte mich nicht. Als ich nach dem Appell von meiner Pritsche stieg, konnte ich noch seine Lippen murmeln sehen. Über ihn gebeugt, betrachtete ich ihn eine gute Stunde lang, um sein blutüberströmtes Gesicht, seinen zerschmetterten Schädel im Gedächtnis zu bewahren. Dann war Nachtruhe, und ich kletterte auf meine Pritsche über meinem Vater, der noch immer lebte. Es war der 28. Januar 1945. Am 29. Januar erwachte ich im Morgengrauen. An Stelle meines Vaters lag ein anderer Kranker auf der Pritsche unter mir. Vermutlich hatte man ihn vor Tagesanbruch in die Gaskammer gebracht. Vielleicht atmete er noch … Es wurden keine Gebete über seinem Grab gesprochen, zu seinem Andenken wurde keine Kerze entzündet. Sein letztes Wort war mein Name gewesen. Ein Ruf, den ich nicht beantwortet hatte.

Die nachstehenden Sätze wurden 1944 von Dietrich Bonhoeffer in Berliner Gefängnissen geschrieben. Ihr könnt sie einzeln in die Bearbeitung der Seiten miteinbeziehen: als Denkhürden, als Denkhilfen, als Problemverschärfer, als Problemlöser:

»Nicht um das Jenseits, sondern um diese Welt geht es. Was über diese Welt hinaus ist, will für diese Welt da sein.«

»In dem, was wir erkennen, sollen wir Gott finden, nicht aber in dem, was wir nicht erkennen. Gott ist kein Lückenbüßer.«

»Einen Gott, den wir uns vor-stellen können, können wir auch wieder weg-stellen.«

Elie Wiesel, geboren 1928 in Sighet (Rumänien), Schriftsteller und Überlebender des Nazi-Holocausts. 1986 erhielt W., den Friedensnobelpreis für seinen vorbildlichen Kampf gegen Gewalt, Unterdrückung und Rassismus.

Der 15-jährige Elie Wiesel überlebte. Er schrieb das Erlebte auf in seinem Buch »Die Nacht«. Auch seine späteren Bücher sind Erinnerungen an die Opfer der Todesmaschinerie. 1944 wurde die gesamte Familie deportiert. Zunächst nach Auschwitz, wo seine Mutter und Schwester umkamen, dann nach Buchenwald. Am 11. April 1945 wurde Elie Wiesel in Buchenwald befreit. »Sollten wir durch ein Wunder eines Tages hier herauskommen, dann weihen wir unser ganzes Leben dieser Pflicht, Zeugnis abzulegen, um von der Einsamkeit der Greise, den Blicken der Mütter zu berichten, vom Lächeln der Kinder, die in den Tod marschierten«, lautete Elie Wiesels Gelübde. Noch immer ist Elie Wiesel Stimme der letzten Überlebenden des Holocaust. Bis zum Ende, sagt er, werde er sein Gelübde nicht brechen:

Nie werde ich diese Nacht vergessen, die erste Nacht im Lager, die aus meinem Leben eine siebenmal verriegelte lange Nacht gemacht hat.

Nie werde ich diesen Rauch vergessen.

Nie werde ich die kleinen Gesichter der Kinder vergessen, deren Körper vor meinen Augen als Spiralen zum blauen Himmel aufstiegen.

Nie werde ich die Flammen vergessen, die meinen Glauben für immer verzehrten.

Nie werde ich das nächtliche Schweigen vergessen, das mich in alle Ewigkeit um die Lust am Leben gebracht hat.

Nie werde ich die Augenblicke vergessen, die meinen Gott und meine Seele mordeten und meine Träume, die das Antlitz der Wüste annahmen.

Nie werde ich das vergessen, und wenn ich dazu verurteilt wäre, so lange wie Gott zu leben. Nie.

Gott im Sprachgebrauch
Bestätigt, korrigiert oder widerlegt die folgenden Zitate, Redensarten und Sprichwörter:

Gott ist eine leere Tafel, auf der nichts weiter steht, als was du selbst daraufgeschrieben.

Martin Luther

Halt an, wo läufst du hin? Der Himmel ist in dir: Suchst du Gott anderswo, du fehlst ihn für und für.

Angelus Silesius

Gott ist die Lieb; an seinem Heil hat ohne Liebe niemand teil.

Christian F. Gellert

Solange das Wort Gott in einer Sprache noch dauert und tönt, so richtet es das Menschenauge nach oben auf.

Jean Paul

Wie einer ist, so ist sein Gott; drum ward Gott so oft zum Spott.

Johann Wolfgang von Goethe

René Magritte (1898–1967), Die Herrschaft des Lichts, 1954.

180

Wer im Leben Leid erfährt

Diese Einstellung bestimmte auch den amerikanischen Rabbiner Harold S. Kushner und seine Frau. Als deren Sohn Aaron mit 14 Jahren starb, äußerte sich der Vater:

*B*ei Aarons Krankheit wurde die Fürsorge und das Verständnis anderer Menschen für uns eine große Hilfe: der Mann, der Aaron einen für seine Größe richtigen Tennisschläger machte; die Frau, die ihm eine kleine Violine, ein Erbstück ihrer Familie schenkte; der Freund, der ihm einen Rugbyball mit den Autogrammen der »Red Sox« brachte, oder die Kinder, die sein Äußeres und seine Behinderungen übersahen und mit ihm Volleyball im Garten hinterm Haus spielten. Diese Menschen waren wirklich »Gottes Stimme«.

Doch nun zur Frage: »Wozu soll Gott gut sein? Wer braucht denn die Religion, wenn Unglück und Leid gleichermaßen guten wie bösen Menschen widerfahren?« Darauf meine Antwort: Gott kann das Unglück nicht verhüten, aber Er gibt uns Kraft und Ausdauer, um mit ihm fertig zu werden. Wie sonst kämen wir in den Besitz von Fähigkeiten, die wir vorher nicht gehabt haben? Die Herzattacke, die einen 46-jährigen Geschäftsmann zu Boden wirft, kommt nicht von Gott. Aber der Entschluss, seinen Lebensstil zu ändern, nicht mehr zu rauchen, sich weniger um seine Geschäfte und mehr um seine Familie zu kümmern, weil ihm die Augen geöffnet wurden für das Wesentliche – diese Dinge kommen von Gott.

Die Flut, die eine Stadt verwüstet, ist keine »höhere Gewalt«, auch wenn Versicherungsgesellschaften sie so nennen. Aber die Anstrengungen der Menschen, das Leben anderer zu retten, das eigene Leben aufs Spiel zu setzen für jemanden, der ihnen vielleicht völlig fremd ist, und der Entschluss, ihre Gemeinde wieder aufzubauen, nachdem die Wasserfluten sie zerstört haben – dies ist wahrlich »höhere Gewalt«. Wenn jemand an Krebs stirbt, ist Gott weder für den Krebs noch für die Schmerzen des Patienten verantwortlich. Beides hat andere Ursachen. Aber ich habe erlebt, dass Gott diesen Menschen die Kraft gibt, jeden Tag hinzunehmen, wie er kommt, dankbar zu sein für einen Tag voll Sonnenschein oder einen, an dem sie relativ frei von Schmerzen sind.

Seinen Glauben an Gott formulierte Harold Kushner so:

*I*ch glaube an Gott. Aber ich glaube nicht in der Weise an ihn, wie vor Jahren, als ich heranwuchs oder Theologiestudent war. Ich bin mir der Grenzen Gottes bewusst geworden. Seine Grenzen liegen in den Naturgesetzen, in der Entwicklung der menschlichen Natur und der menschlichen Freiheit. Ich mache Gott nicht mehr verantwortlich für Krankheiten, Unfälle und Naturkatastrophen, weil ich klar erkenne, wie wenig ich gewinne und wie viel ich verliere, wenn ich Gott wegen solcher Dinge zürne.

»Die deutschen Sprichwörter sind keine Atheisten, sondern treffliche Religionslehrer.« Wo stimmt ihr dieser Meinung zu? Wo lockt ein Widerspruch?

Ehe du Gott suchst, muss dich Gott schon gefunden haben.

Gott begegnet dir überall, wenn du ihn grüßen möchtest.

Gott ist ein größerer Verzeiher, als der Mensch Sünder ist.

Gott verteilt das Glück und der Küchenmeister die Suppe.

Gott hilft dem Stärksten.

An Gottes Tafel essen alle aus einer Schüssel.

Willst du den Himmel gewiss haben, so tauge etwas für die Erde.

Hilf dir selbst, so hilft dir Gott.

Trage Holz und lass den lieben Gott kochen.

Bei Gott gilt der Schatz mehr als die Truhe.

Das ist Gottes Art, wer unten liegt, der liegt oben.

Ein Vater, dessen elfjähriger Sohn Florentin tödlich mit dem Fahrrad verunglückte, sagte:
»Fassbar ist sein Tod nicht. Es gibt überhaupt keine Begründung, warum so ein goldiger Junge von einer Sekunde auf die andere verschwinden muss. Ich möchte gerne mehr wissen von dem Geheimnis, aber ich wage nicht, Gott deswegen in Frage zu stellen. Ich glaube weiterhin, dass Florentins Leben in der Hand Gottes geborgen bleibt.«

Wie unterscheidet sich diese Haltung von der des Rabbiners Kushner? Welche Antwort traust du dir zu?

Passionsgeschichten

Ernst Barlach (1870–1938), Anno Domini MCMXVI post Christum natum, 1916.

Das öffentliche Wirken Jesu hat nicht lange gedauert. Nach Markus rund ein Jahr, nach dem Johannesevangelium zwei bis drei Jahre. Die Markus-Überlieferung ist die wahrscheinlichere. Bei einem Besuch Jerusalems am Paschafest – vielleicht im Jahr 30 – kam es zu einem Konflikt mit dem Tempelpersonal. Diesen Konflikt löste Jesus vermutlich durch eine prophetische Zeichenhandlung aus, die sich gegen den Tempelbetrieb richtete. Das hatte seine Festnahme und seine Überstellung an die römische Justiz zur Folge. Man bezichtigte ihn der Unruhestiftung, mit der Pilatus kurzen Prozess machte. Wie andere Unruhestifter wurde er am Kreuz hingerichtet.

Die vierfache Überlieferung der Passionsgeschichte darf nicht darüber hinwegtäuschen, dass sie nur Markus vermittelt. Matthäus, Lukas und Johannes haben sie von ihm übernommen. Es gibt also im Grunde nicht vier, sondern nur eine einzige Tradition. Allerdings ist jeder Evangelist im eigenen Verständnis damit umgegangen. Man übernahm die markinische Darstellung nicht, um zu berichten, »wie

182

es war«, sondern um unter veränderten Verhältnissen den eigenen Glauben neu zur Sprache zu bringen.

Als nicht bezweifelbar gilt, dass Jesus gekreuzigt wurde. Daraus lassen sich Verhaftung und Prozess folgern, und zwar ein römischer, weil die Kreuzigung eine römische, keine jüdische Todesstrafe ist. Was über diesen Tatbestand hinausgeht, ist historisch ungesichert. Das gilt besonders für die Behandlung der jüdischen und römischen Verantwortlichkeit am Tode Jesu. Unübersehbar ist das Bemühen, die römische Obrigkeit zu entlasten, und zwar auf Kosten einer unterstellten oder zumindest aufgebauschten jüdischen Beteiligung am Prozess Jesu. Den Texten liegen keine Prozessakten und Gerichtsprotokolle zugrunde. Sie berichten nicht, »wie es war«, sondern geben das Verständnis und die Sichtweise einer späteren Zeit wieder.

Das Verhör vor dem Hohen Rat

Über alle Jahrhunderte hin sind Juden der Demütigung, Verfolgung und Peinigung ausgesetzt gewesen, bis hin zu mörderischen Massenpogromen, weil man ihnen die Schuld am Tode Jesu zuschrieb. Die Forschung fragt heute, ob oder inwieweit eine jüdische Instanz an der Verurteilung Jesu überhaupt beteiligt war. Bei Markus wird das Verhör vor dem Hohen Rat so geschildert:

[53] Darauf führten sie Jesus zum Hohenpriester und es versammelten sich alle Hohenpriester und Ältesten und Schriftgelehrten. [54] Petrus aber war Jesus von weitem bis in den Hof des hohepriesterlichen Palastes gefolgt; nun saß er dort bei den Dienern und wärmte sich am Feuer. [55] Die Hohenpriester und der ganze Hohe Rat bemühten sich um Zeugenaussagen gegen Jesus, um ihn zum Tod verurteilen zu können; sie fanden aber nichts. [56] Viele machten zwar falsche Aussagen über ihn, aber die Aussagen stimmten nicht überein. [57] Einige der falschen Zeugen, die gegen ihn auftraten, behaupteten: [58] »Wir haben ihn sagen hören: ›Ich werde diesen von Menschen erbauten Tempel niederreißen und in drei Tagen einen anderen errichten, der nicht von Menschenhand gemacht ist.‹« [59] Aber auch in diesem Fall stimmten die Aussagen nicht überein.

[60] Da stand der Hohepriester auf, trat in die Mitte und fragte Jesus: »Willst du denn nichts sagen zu dem, was diese Leute gegen dich vorbringen?« [61] Er aber schwieg und gab keine Antwort. Da wandte sich der Hohepriester nochmals an ihn und fragte: »Bist du der Messias, der Sohn des Hochgelobten?« [62] Jesus sagte: »Ich bin es. Und ihr werdet den Menschensohn zur Rechten der Macht sitzen und mit den Wolken des Himmels kommen sehen.« [63] Da zerriss der Hohepriester sein Gewand und rief: »Wozu brauchen wir noch Zeugen? [64] Ihr habt die Gotteslästerung gehört. Was ist eure Meinung?« Und sie fällten einstimmig das Urteil: »Er ist schuldig und muss sterben.« [65] Und einige spuckten ihn an, verhüllten sein Gesicht, schlugen ihn und riefen: »Zeig, dass du ein Prophet bist!« Auch die Diener schlugen ihn ins Gesicht.

Mk 14

Hoher Rat, jüdische Verwaltungs- und Gerichtsbehörde in griechisch-römischer Zeit. Der H.R. bestand aus 71 Mitgliedern unter Vorsitz des Hohenpriesters und setzte sich zusammen aus dem amtierenden und den früheren Hohenpriestern, den »Ältesten«, Häuptern der vornehmen Familien und Schriftgelehrten. In den Geschäftsbereich des H.R.s fielen Auslegung und Anwendung des Gesetzes, Entscheidung über Krieg und Frieden, die gesamte profane und religiöse Gerichtsbarkeit. Trotz Einschränkungen behielt der H.R. in römischer Zeit Rechtsprechung und politische Befugnisse in den Gemeinden Judäas. Aber das Recht, Todesstrafen zu verhängen, lag wohl bei den Römern. Der H.R. tagte in einer »Quadersteinhalle« im inneren Tempelvorhof. Nach dem Fall Jerusalems hoben die Römer den H. auf.

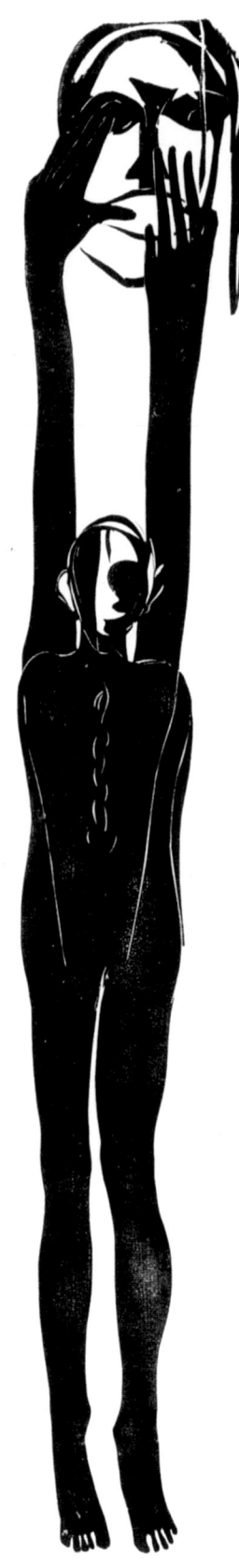

Nach Markus wird Jesus in der Nacht von Donnerstag auf Freitag dem amtierenden Hohenpriester vorgeführt. In 14, 55 sowie 15,1 wird dieses Gremium als Hoher Rat bezeichnet. Das ist die oberste politische, juristische und religiöse Körperschaft der jüdischen Bevölkerung in griechisch-römischer Zeit. Die Evangelien schildern dieses Gremium gegenüber Jesus als nur feindlich gesinnt und entschlossen, ihn hinzurichten, selbst um den Preis falscher Zeugenaussagen. Der Hohe Rat befindet einstimmig auf Todesstrafe. Man spuckt den Angeklagten an und verspottet ihn, während die Gerichtsdiener ihn schlagen.

Gegen die historische Zuverlässigkeit dieser Darstellung sprechen viele Gründe. Die wichtigsten sind:

– Zunächst die Gerichtsordnung des Hohen Rates: Versammlungsort ist die Quaderhalle im Tempelbezirk, nicht das Privathaus des Hohenpriesters; die Gerichtsverhandlungen finden nur am Tage statt, nicht nachts wie bei Markus; am Sabbat, an Festtagen und auch an den Rüsttagen sind Gerichtssitzungen ausgeschlossen. Ein Todesurteil wurde niemals am ersten Tag gefällt, sondern erst einen Tag nach der Verhandlung.

– Umstritten ist, ob die Römer dem Hohen Rat das Recht einräumten, Todesurteile zu fällen. Sollte er es gehabt haben, ist nicht einsichtig, warum nach erfolgtem Todesspruch Jesus an die römische Behörde überstellt wurde. Außerdem wäre eine Hinrichtung durch Steinigung zu erwarten gewesen. Pilatus hat jedoch kein jüdisches Urteil vollstreckt, sondern aufgrund eines eigenen Prozesses Jesus kreuzigen lassen. Es ist kein anderer Fall bekannt, nach dem der Hohe Rat eine Art Vorinstanz der Römer war.

– Der gesamte Hohe Rat wird in eine unverhohlene Feindschaft zu Jesus gerückt, so dass dieser nicht die geringste Chance für einen fairen Prozess bekommt. Angesichts der Selbstachtung und Würde, in der sich die Mitglieder des Hohen Rates und der Jerusalemer Bildungselite verstanden, ist es unwahrscheinlich, dass diese Richter einen Angeklagten persönlich verhöhnten und anspuckten.

– Die für Jesus verwendeten »Hoheitstitel« (Messias, Sohn Gottes, Menschensohn) entstammen nicht der historischen Situation, sondern der späteren christlichen Deutung. Im Munde des Hohenpriesters sind sie anachronistisch. Da es außerdem schwer vorstellbar ist, auf welche Weise ein Verhör vor dem Hohen Rat bekannt geworden sein könnte, legt sich als Schluss nahe, dass es keinen jüdischen Prozess gegen Jesus gegeben hat.

Susanne Isabel Bockelmann (geb. 1958), Persona, 2002.

Das Urteil des Pilatus

Auch der römische Prozess dürfte in der Mk 15 geschilderten Form nicht dem historischen Verlauf entsprechen:

[1] Gleich in der Frühe fassten die Hohenpriester, die Ältesten und die Schriftgelehrten, also der ganze Hohe Rat, über Jesus einen Beschluss: Sie ließen ihn fesseln und abführen und lieferten ihn Pilatus aus. [2] Pilatus fragte ihn: »Bist du der König der Juden?« Er antwortete ihm: »Du sagst es.« [3] Die Hohenpriester brachten viele Anklagen gegen ihn vor. [4] Da wandte sich Pilatus wieder an ihn und fragte: »Willst du denn nichts dazu sagen? Sieh doch, wie viele Anklagen sie gegen dich vorbringen.« [5] Jesus aber gab keine Antwort mehr, sodass Pilatus sich wunderte.

[6] Jeweils zum Fest ließ Pilatus einen Gefangenen frei, den sie sich ausbitten durften. [7] Damals saß gerade ein Mann namens Barabbas im Gefängnis, zusammen mit anderen Aufrührern, die bei einem Aufstand einen Mord begangen hatten. [8] Die Volksmenge zog (zu Pilatus) hinauf und bat, ihnen die gleiche Gunst zu gewähren wie sonst. [9] Pilatus fragte sie: »Wollt ihr, dass ich den König der Juden freilasse?«[10] Er merkte nämlich, dass die Hohenpriester nur aus Neid Jesus an ihn ausgeliefert hatten. [11] Die Hohenpriester aber wiegelten die Menge auf, lieber die Freilassung des Barabbas zu fordern.

[12] Pilatus wandte sich von neuem an sie und fragte: »Was soll ich dann mit dem tun, den ihr den König der Juden nennt?« [13] Da schrien sie: »Kreuzige ihn!« [14] Pilatus entgegnete: »Was hat er denn für ein Verbrechen begangen?« Sie schrien noch lauter: »Kreuzige ihn!« [15] Darauf ließ Pilatus, um die Menge zufrieden zu stellen, Barabbas frei und gab den Befehl, Jesus zu geißeln und zu kreuzigen.

Meister des Hersbrucker Altars, Ecce homo, um 1480.

Pilatus

Im Jahre 26 schickte Kaiser Tiberius den Römer Pontius Pilatus nach Judäa. Alle Geschichtsquellen schildern ihn als nachtragend und grausam. Da er für fremde Lebensart keine Einfühlung mitbrachte, war er von vornherein als Präfekt für Judäa eine Fehlbesetzung. Obwohl er wusste, dass den römischen Truppen das Tragen ihrer Feldzeichen in Jerusalem untersagt war, ließ Pilatus eine Anzahl verhüllter Kaiserbildnisse zur Nachtzeit in die Stadt bringen. Als dann der Tag graute, erfasste eine hochgradige Aufregung die Menschen, denn alle »entsetzten sich über den Anblick wie über eine schwere Verhöhnung des Gesetzes, das den Juden verbot, irgendein Bildnis in der Stadt aufzustellen«. Nur die vereinte Standfestigkeit der Jerusalemer zwang Pilatus, nach langer Zermürbungstaktik von seiner Herausforderung zurückzutreten.

Die Serie ähnlicher Nadelstiche durchzieht auch die weitere Amtszeit des Pilatus. Schließlich führte eine Klage der Samaritaner zu seiner Absetzung. Damit endete seine zehnjährige Dienstzeit, die viel Angst und Streit über das jüdische Volk gebracht hat.

An der Nordwestecke des damaligen Jerusalem hatten die Bauarbeiter des Herodes eine starke Befestigung errichtet, die den Königspalast sicherte. In diesem Palast residierten die römischen Statthalter, wenn sie (von ihrem Regierungssitz in Caesarea) nach Jerusalem kamen. Ihr Richterstuhl stand vor dem Gebäude. Der umgebende Platz war für jeden zugänglich; so verlangte es das Recht. Flavius Josephus nennt diesen Platz den »oberen Markt«; weil er mit Steinplatten belegt war, wurde er im Griechischen auch *lithostrotos*, Steinpflaster, genannt. Dieser Begriff begegnet Joh 19,13.

Das Verhör durch Pilatus hat gerade begonnen (V 1-5), da schiebt sich V 6 ff. eine neue Erzählung ein. Die Rede ist von einer Festtags-Amnestie. Ein Mann, »der wegen Aufruhr und Mord im Gefängnis saß«, wird in Parallele zu Jesus gestellt. Doch während Pilatus den Barabbas freilässt, erfährt Jesus sein Todesurteil.

Honoré Daumier (1808–1879), Ecce homo – Seht, ein Mensch (Joh 19,5), um 1850.

Die Textanalyse zeigt, dass zwischen Vers 5 und 6 eine »Naht« besteht. Die Barabbasszene ist später in den älteren Erzählfaden eingefügt worden. Man wollte den bewussten Kontrast, doch entstanden dadurch Ungereimtheiten: Warum das Aufwiegen des einen gegen den anderen? Wenn Barabbas amnestiert werden sollte, musste doch Jesus deswegen nicht verurteilt werden.

Historiker meinen, das Verhör Jesu und die Begnadigung des Barabbas hätten in verschiedenen Jahren stattgefunden. Nachträglich hätten die Christen aber oft darüber nachgedacht, warum ein wirklicher Rebell frei ausgehen durfte, während Jesus ans Kreuz musste. Aus diesem Nachsinnen sei die Kombination der Szenen entstanden.

Nicht zu verwischen ist, dass Pilatus beide Urteile allein zu vertreten hat, doch ebenso unübersehbar ist das Interesse, mit jedem weiteren Evangelium den Pilatus mehr zu entlasten:

– Schon bei *Markus* werden »die Hohenpriester« und »die Volksmenge« bemüht, Pilatus zu einem Urteil gegen Jesus zu drängen.

– Bei *Matthäus* schiebt Pilatus alle Schuld auf die Umstehenden: Er lässt sich Wasser zum Händewaschen bringen und erklärt als höchster Richter: »Ich bin unschuldig am Blut dieses Menschen. Das ist eure Sache!« (27,24).

– Bei *Lukas* erklärt Pilatus direkt: »Ihr habt mir diesen Menschen hergebracht und behauptet, er wiegle das Volk auf. Ich selbst habe ihn in eurer Gegenwart verhört und habe keine der Anklagen, die ihr gegen ihn vorgebracht habt, bestätigt gefunden, auch Herodes nicht, denn er hat ihn zu uns zurückgeschickt. Ihr seht also: Er hat nichts getan, wofür er den Tod verdient. Daher will ich ihn nur auspeitschen lassen und dann freilassen« (23,13-16).

– Bei *Johannes* wird das Verhör in sieben Szenen gegliedert, jedes Mal wechselt der Ort der Handlung. Vier Szenen spielen vor dem Palast, drei innerhalb. Dreimal tritt Pilatus vor das Volk, um den Fall von sich zu schieben. Erster Versuch: »Nehmt doch ihr ihn

Wie zeigt sich das sich steigernde Bemühen, den Pilatus zu entlasten? Welches Interesse konnte die frühe Christenheit daran haben? Zu wessen Lasten ging diese Darstellung? Was waren die Folgen?

186

und richtet ihn nach eurem Gesetz« (18,31). Zweiter Versuch: »Ich finde keinen Grund, ihn schuldig zu sprechen …« (18,38-39). Dritter Versuch: »Ihr sollt wissen, dass ich keinen Grund finde, ihn schuldig zu sprechen … Nehmt ihn und kreuzigt ihn! Ich finde keinen Grund, ihn schuldig zu sprechen« (19,4.6).

Nach römischen Erlassen aus der Zeit des Augustus urteilte ausschließlich der Statthalter über Straftaten »gegen die Sicherheit und Ordnung von Provinz und Reich«. Diese Praxis war selbstverständlich dem Pilatus vertraut. Er hat während seiner Statthalterschaft auch nie gezögert, rabiat und sogar ohne formelles Urteil Menschen töten zu lassen. Seine eigene Politik war antijüdisch. Angeklagte Juden hatten bei ihm keine Sympathien zu erwarten.

Wer die Anklage Jesu vor Pilatus betrieb, ist aus den Evangelien nicht zu erheben. Wenn es auch keinen jüdischen Prozess des Hohen Rates gegen Jesus gab, so schließt das eine Beteiligung jüdischer Kreise nicht aus. Die Hand im Spiel haben konnten das Tempelpriestertum sowie Sadduzäer und der Hohepriester. Vielleicht warfen die Ankläger Jesus vor, er untersage, dem Kaiser die Kopfsteuer zu zahlen; er schüre den Aufruhr; er maße sich selbst an, »König« zu sein … Solche Beschuldigungen hatten für den Vertreter Roms höchstes Gewicht. Man sah Unruhe und Aufruhr damit verbunden und fackelte dann nicht zögerlich. Als Strafgrund bündelte Pilatus die Anklagen unter dem Titel »König der Juden«; ihm ging es nicht um Religion, sondern um Politik; so war auch das Urteil ein politisches Urteil: »*ibis in crucem* – du wirst das Kreuz besteigen«. Der höchste römische Richter dieser Unterprovinz trägt die Verantwortung für den Tod Jesu.

Die anschließende Verspottung Jesu (Mk 15,16-20a) setzt voraus, dass Jesus als »König der Juden« verurteilt wurde. Auch der *titulus*, die schriftliche Ausfertigung des Urteils, den man über dem Gekreuzigten annagelte, gibt zum dritten Mal den Grund für das Urteil des Pilatus an: »König der Juden«.

Sadduzäer, jüdische Religionspartei. Ihr gehörten die Priesterschaft, die reichen Familien Jerusalems und der Landadel Judäas an. Auch stellten sie die Mehrheit im Hohen Rat. Während sie gegenüber den Römern offen waren, vertraten sie in religiöser Hinsicht eine betont konservative Haltung. Sie ließen nur die Tora gelten und lehnten im Gegensatz zu den Pharisäern die »mündliche Tora« ab.

Peter König (geb. 1953), Verspottung Jesu, 1981.

Pieter Brueghel d. Ä. (um 1525–1569), Der Aufstieg zum Kalvarienberg, 1564.

Die Kreuzigung

Der zum Kreuzestod Verurteilte wurde gewöhnlich zuerst gegeißelt. In einem Text des Plautus (260–184 v.Chr.) wird die Vorbereitung dazu geschildert:

Nicobulus: Bind unverzüglich ihm die Hände, Artamo!
Chrysalus: Was hab ich denn getan?
Nicobulus: Schlage mit den Fäusten drein, wenn er sich muckt …
Fort mit ihm, und bindet ihn im Haus an eine Säule fest!

Die Soldaten schlugen mit Lederpeitschen auf Jesus ein, bis die Haut zerfetzt und blutig war. Damals wie heute gibt es Menschen, denen es Befriedigung verschafft, Mitmenschen quälen zu können, wenn sie dafür einen Befehl »von oben« haben. Christliche Passionsbilder haben aus eigener Erfahrung diese Lust zur Grausamkeit oft angeklagt.

Nach der Geißelung lud man Jesus das *patibulum*, den Querbalken des Kreuzes, auf. Der aufrecht stehende Pfahl fand sich bereits am Hinrichtungsort im Boden verkeilt. Der Zug führte durch enge, belebte Gassen. Der öffentliche Strafvollzug sollte möglichst viele Menschen abschrecken. Die Mächtigen demonstrieren gerne ihre Macht an den Ohnmächtigen.

Der Hügel Golgota lag nahe bei der Stadt. Zur Zeit Jesu gab es dort noch Gärten. Erst unter Herodes Agrippa (41–44) wurde jener Bezirk in die Stadtmauern einbezogen. Auf Golgota angelangt, entkleidete man Jesus. Nach römischem Brauch wurde der Verurteilte nackt gekreuzigt; das Lendentuch der späteren Bilder ist eine Gabe des christlichen Würdegefühls.

Dann presste man die Arme Jesu auf das Querholz und trieb die Nägel durch den Unterarm, nicht durch die Handflächen. Darauf zogen die Schergen den Querbalken am Stamm hoch. Gewöhnlich wurde der Querbalken oben auf den Stamm gelegt, sodass nicht die bekannte Kreuzesform, sondern ein T-förmiger Galgen entstand. Ein Sitzpflock sollte die Last des hängenden Körpers mindern – und zugleich den Todeskampf verlängern. Die Beine wurden übereinander gelegt und mit einem dritten Nagel durch die Fersen an den Stamm geschlagen. Der Tod trat meistens nicht durch Blutverlust, sondern durch Erschöpfung ein. Oft ließ er lange auf sich warten. Die Todesursache Jesu haben Ärzte realistisch geschildert: Die Dehnung der Muskeln führt zum Muskelkrampf, der schrittweise den ganzen Körper erfasst. Irgendwann erreicht er die Atemmuskulatur. Der Hängende leidet unter Atemnot, der Sauerstoffspiegel nimmt ab, der Durst wird zur Qual, das Herz schlägt schneller, der Schweiß rinnt. Schließlich fühlt der Sterbende würgende Enge. Die Durchblutung von Kopf und Herz wird immer schwächer, bis schließlich der Herzschlag aussetzt.

Kreuzigung

Das Kreuz war ein Pfahl, auf den Todeskandidaten aufgespießt wurden, oder ein T-förmiger Galgen, an den man sie band oder nagelte. Der Verbrecher sollte die Erde nicht entweihen, so dass er über dem Erdboden aufgehängt wurde. Erst die Perser unter Dareios (550–486) haben in größerem Umfang Gebrauch von der Kreuzesstrafe gemacht. Herodot nennt »gegen 3000 Menschen«, die auf einmal am Kreuz hingerichtet worden seien.

Die Phönizier verbreiteten diese Form der Todesstrafe im ganzen Mittelmeerraum; so kam der Justizbrauch auch nach Karthago, wo ihn die Römer kennenlernten und übernahmen. Als im Jahre 63 v. Chr. Cicero eine Verteidigungsrede hielt, sagte er: »Das bloße Wort Kreuz solle ferne bleiben vom Leib der römischen Bürger, von ihren Gedanken, ihrem Auge, ihrem Ohr. Denn alle diese Dinge sind eines römischen Bürgers und freien Menschen unwürdig.«

Dennoch war den Römern in den unterworfenen Provinzen die Kreuzesstrafe gerade das passende Mittel, Ruhe und Ordnung zu halten. Quintilius Varus, vor seiner Niederlage im Teutoburger Wald Statthalter in Syrien, ließ zweitausend Juden, die einen Aufstand gewagt hatten, kreuzigen. – Während der Belagerung Jerusalems ließ Titus alle, die er auf der Suche nach Nahrungsmitteln aufgreifen konnte, der Stadtmauer gegenüber kreuzigen: »Titus hatte zwar Mitleid mit ihrem Schicksal, aber der Hauptgrund, weshalb er die Hinrichtung der Gefangenen zuließ, war die Hoffnung, der Anblick werde die Belagerten zum Nachgeben bewegen, da sie ein gleiches Schicksal zu gewärtigen hatten, wenn sie sich nicht ergaben. Die Soldaten nagelten in ihrer Erbitterung die Gefangenen zum Hohn in den verschiedensten Körperlagen an, und da ihrer so viele waren, fehlte es bald an Raum für die Kreuze und an Kreuzen für die Leiber.« Die Kreuzigung Jesu reiht sich also in eine verbreitete Praxis dieser schrecklichen Hinrichtungsart ein.

Kreuzigung, Ikone, 17. Jh.

Triumphkreuz aus Bockhorst, um 1200.

Links und rechts ein Dieb
in der Mitte der ist Kaiser.
Was ist das für ein Wegweiser,
Mann mit dem Stacheldraht?

Mit Stacheldrahtstreifen im Haar,
und sein Atem wird schon leiser.
Was ist das für ein Wegweiser
oben auf meinem Berg?

Erich Fried

Unterschiedlich erzählen die Evangelien von den letzten Worten Jesu am Kreuz. Markus und Matthäus kennen nur den Klageruf: »Mein Gott, mein Gott, warum hast du mich verlassen?« Das ist der Vers 2 aus Psalm 22. Markus überliefert die Worte noch in ihrer aramäischen Sprachform, in der Jesus und seine Zeitgenossen gesprochen haben: »Eloï, Eloï, lema sabachtani«. Bevor das erste Evangelium entstand, bildete dieser Psalmvers den Höhepunkt der Passionsgeschichte. Die beiden späteren Evangelien lassen das schockierende Wort fallen. Lukas zeigt Jesus verzeihend und in der Liebe Gottes geborgen: »Vater, in deine Hände lege ich meinen Geist« (23,46). Bei Johannes sagt Jesus: »Es ist vollbracht!« (19,30)

Bericht und Deutung

Die Passionserzählung nach Markus stützt sich auf eine frühe Sammlung, die aus Einzelstücken erwachsen ist. Die ursprünglichen Einzelstücke sind heute noch erkennbar.

Obwohl es historisch sicher ist, dass Jesus ergriffen, durch Pilatus verurteilt und gekreuzigt wurde, sind die Passionserzählungen keine historischen Berichte:

Der wichtigste Grund dafür ist der schimpfliche Tod am Kreuz. Jeder Mensch, der von diesem Ende hörte, empfand Abscheu. Umso entschiedener will die Passionserzählung ihren Hörern sagen: Der von

190

Matthias Grünewald (um1470–1528), Kreuzigung Christi, 1523/24.

Diego Rodriguez de Silva y Velázquez (1599–1660), Kreuzigung, 1631/32.

Menschen verurteilt wurde, ist nicht von Gott verworfen; vielmehr geht er seinen Weg zu Ende und wird von Gott angenommen. Dieser Absicht dienen Rückgriffe auf die Bibel. Zitate aus dem Alten Testament sollen zeigen, dass Jesu Schicksal dem Willen Gottes entspricht. So zeigt eine Gegenüberstellung von Psalm 22 und Formulierungen der Evangelien, wie die Passionstexte aus dem Glaubensbuch Israels ihre Gestalt bekommen haben:

[2]Mein Gott, mein Gott,
warum hast du mich verlassen?
Ps 22

Mein Gott, mein Gott,
warum hast du mich verlassen?
Mk 15,34; Mt 27,46

[8]Alle, die mich sehen,
verlachen mich …
schütteln den Kopf:

[39]Die Leute, die vorübergingen,
schmähten ihn,
schüttelten den Kopf…

»Er wälze die Last auf den Herrn,
der soll ihn befreien!

[43]»Er hat auf Gott vertraut:
der soll ihn jetzt retten,

[9]Der reiße ihn heraus,
wenn er an ihm solch Gefallen hat!«
Ps 22

wenn er ihn liebt.«
Mt 27

Eine japanische Künstlerin brachte mir einmal das Entsetzen zu Bewusstsein, das die meisten Japaner befällt beim Anblick einer Leiche, die als religiöse Ikone dargeboten wird, und den Abscheu, den sie empfinden, wenn man ihnen diese Ikone erklärt. Sie würden, sagt sie, die Frage stellen: »Wenn er so gut war, warum ist er dann auf diese Weise gestorben?« In der japanischen Kultur beenden gute Menschen ihr Leben mit einem guten Tod, sogar einem schönen Tod, wie der Buddha.
Sieger sehen gewöhnlich wie Sieger aus, Verlierer wie Verlierer. Durch das Kreuz aber entstand die Bereitschaft zu glauben, dass der scheinbare Verlierer der unerkannte eigentliche Sieger sein könnte … Jegliche Macht ist nur bedingt, und wenn die Machtlosen sich erheben, könnte Gott mit ihnen sein.
Jack Miles

Die Passionserzählungen zeigen aber auch, wie sich die Spannungen zwischen Judenchristen und Juden in den Jahrzehnten nach Jesu Tod verschärften. Nun behauptete man die entstandene Feindschaft bereits für die Zeit Jesu. Darum sollen jetzt jüdische Instanzen und schließlich (im Johannesevangelium) »die Juden« insgesamt schuld am Tod Jesu sein. Die Römer aber, in deren Reich die junge Christenheit heranwuchs, wurden mehr und mehr aus ihrer Verantwortung entlassen. Die grausamen Folgen dieser Weichenstellung ziehen sich durch alle späteren Jahrhunderte. Sie sind auch heute noch wirksam.

Die Passionserzählungen stellen aber auch im Bild Jesu das Schicksal des ausgestoßenen und leidenden Menschen vor Augen. Wer den verleumdeten, verhöhnten, gegeißelten und gehängten Jesus betrachtet, soll im Leid der eigenen Zeitgenossen dessen Einsamkeit und Not wieder erkennen. Und eine neue Deutung kommt hinzu: Der Gekreuzigte bezeugt Gottes Liebe gerade für die Erniedrigten, Beleidigten, Unterdrückten, Hungernden, Vertriebenen, Gefolterten, für alle, die voller Angst sind und am Sinn ihres Lebens verzweifeln möchten. In den Hungrigen, Fremden und Obdachlosen, Nackten, Kranken, Gefangenen ist der Gekreuzigte bleibend gegenwärtig. So ist das Kreuz nicht nur Kurzformel und Symbol des ganzen Evangeliums, sondern auch Echtheitszeichen des christlichen Lebens.

Am Kreuz hängt ein zerstörter Corpus, dem Kopf und Herz fehlen. Die Arme pendeln als Stümpfe, von den Nägeln gehalten, senkrecht herab. Beine und Unterleib werden durch das Lendentuch und den dritten Nagel ans Holz geklammert.
Grieshaber schuf diesen Holzschnitt 1941 als Protest gegen die Nazi-Herrschaft: So roh, wie es das geschändete Kreuz zeigt, haben sie das Christentum und die eigene Kultur geschändet.

Die Kreuzigung von Joseph Beuys besteht nur aus Abfallprodukten. Der Zusammenbau dieser wertlosen Dinge, die schon einmal weggeworfen wurden, unterscheidet sich krass von den Kreuzgestaltungen aus Materialien wie Gold, Silber, Stein oder Holz. Beuys meinte, mit dem bisherigen Weg, Christusfiguren abzubilden, sei das Christliche nicht mehr zu erreichen. Seine »Kreuzigung« verlangt Hinschauen und Denken.

HAP Grieshaber (1909–1981), Kruzifix, 1941.

1 Betrachtet unter diesem Aspekt die hier wiedergegebenen Passionsbilder, nicht zuletzt die Kruzifixe im 20. Jahrhundert.

2 Seht euch noch einmal die »Weißen Kreuzigung« von Marc Chagall an (Religionsbuch 5/6, S. 64), die im Schicksal des »Königs der Juden« die Ereignisse der Nacht vom 9. zum 10. November 1938 in Deutschland vor Augen stellt.

3 Könnt ihr im Treppenhaus eurer Schule einen aktuellen Kreuzweg mit Texten und Fotodokumenten aus der Gegenwart gestalten? Ein solcher Kreuzweg hat immer politischen Hintergrund.

4 Wie wird in eurem Umfeld über Strafgefangene und Strafentlassene gesprochen? Verständnislosigkeit der Mitmenschen ermöglicht ihnen oft keine Wiedereingliederung in die Gesellschaft. Da kann jeder mitschuldig werden an neuen Formen der Verstoßung.

5 Besorgt euch Informationen über amnesty international. Referiert über diese Organisation, studiert einige Gefangenenschicksale, auf die zur Zeit aufmerksam gemacht wird. Ergreift Partei und schreibt Briefe an Gefangene und die Botschaften ihrer Länder bei uns.

Joseph Beuys (1921–1986),
Kreuzigung, 1962/63.

193

Der Erlöser

Erlöser? Ein ungebräuchliches Wort. **Erlösung**? Ein rätselhafter Begriff. Wer redet von Erlösung? Wer kann das Wort deuten?

Umgangssprachlich hören wir: »Er oder sie wurden von ihren schweren Leiden erlöst!« Das Adjektiv los meint im Althochdeutschen frei, ledig, bar, beraubt. »Ich bin mein Geld los«, aber auch: »Ich bin mein Leid, die Krankheit, ein bedrückendes Schicksal los«. In diesem Sinne lässt sich von Er-lösung im Sinne von Befreiung sprechen. Erlösung ist dann Rettung, Hilfe, Heil, Befreiung von allem, was gefährdet und belastet. Wenn in Situationen dunkler Verlorenheit jemand das Schicksal wendet, kann er Helfer, Retter, Heilbringer, Heiland und Erlöser genannt werden. Und weil Menschen immer wieder in Ängsten leben, drängt sie der Wunsch, daraus befreit zu werden. Aber selbst wenn Menschen anderen Menschen Retter werden, wer kann vom Tod befreien, durch den Tod hindurch erlösen?

Die Hoffnung auf Erlösung ist gemeinsamer Wunsch aller Menschen. Sie begegnet nicht nur in den Religionen, sondern auch in vielen Volkserzählungen. So sind die meisten Märchen Erlösungsmärchen. Immer geht es um Rettung und Befreiung. Zwar schildern Märchen zunächst einen Unglückszustand, doch überwiegt ihr Interesse an der Erlösung.

Insgesamt sind die Erlösungsmotive im Märchen symbolisch zu deuten. Es gibt Verwünschungen, und Erlösung erscheint dann als Lösung vom Zauberbann. Aber wie soll man »Verwünschung« verstehen? Welche Umstände lassen einen Menschen in Tiergestalt erscheinen? Wodurch wird der Tierbräutigam befreit? Ein andermal wird Erlösung als Befreiung dargestellt, etwa aus der Gewalt eines Drachen, einer Hexe, eines Unholds. Und es werden unterschiedliche Wege geschildert, die zur Erlösung führen. Fast immer gehören Mut, Einsatzbereitschaft, Treue und opfervolle Liebe dazu; sogar geduldiges Ausharren und das Ertragen von Leiden können die Bedingungen der Rettung sein.

Aus der Fülle märchenhafter Erlösungsgeschichten soll hier ein einziges Motiv herausgestellt werden: die erlösende Kraft der Liebe.

»Die Schöne und das Tier«

Das französische Märchen »La belle et la bête« ist in vielen Fassungen und Illustrationen verbreitet; es wurde verfilmt und vertont. Es erzählt von einem Mädchen, das – um den eigenen Vater auszulösen – freiwillig in das Schloss eines unglücklichen Ungeheuers geht. Doch anstatt hier ihr Leben einzubüßen, beginnt ein aufregendes Abenteuer:

Sie hatten ihr Essen kaum beendet, da ertönte ein furchterregendes Gebrüll. Die Schöne zitterte am ganzen Leibe und erstarrte vor Schreck, als die Tür aufflog und das Tier in seiner ganzen Hässlichkeit den Saal betrat. Ohne zu zögern schritt es auf die Schöne zu und fragte, ob sie aus freien Stücken gekommen sei. »Ja«, sagte die Schöne, doch ihre Stimme bebte. »Ihr habt ein gutes Herz«, sagte das Tier. Dann herrschte es den Kaufmann an: »Du hast jetzt deine Schuldigkeit getan. Geh und kehr nie wieder zurück!«

Als der Vater gegangen war, setzte sich die Schöne in den großen Saal und weinte. Aber nach einer Weile fand sie ihre Tränen unnütz und beschloss, in der Zeit, die ihr das Ungeheuer noch gewährte, das Schloss anzuschauen. Sie durchschritt Raum für Raum und kam schließlich zu einer Tür, über der geschrieben stand: »Wohnung der Schönen«. Sie trat ein und fand Gemächer voller Behaglichkeit, Bücher zum Lesen und Instrumente zum Spielen.

»Ich soll mich wohl nicht langweilen«, dachte die Schöne und fasste neuen Mut, denn die Räume erweckten den Anschein, als wären sie auf längeren Aufenthalt eingerichtet.

Als die Schöne am Ende dieses Tages den großen Saal wieder betrat, in dem der Tisch für sie gedeckt war, hörte sie bald darauf das Tier lärmend herannahen. Sie erzitterte, war aber umso überraschter, als es sagte:

»Schöne, darf ich Euch beim Essen zuschauen?«

»Ihr seid hier der Herr«, sagte sie zaghaft.

»Ihr irrt«, sagte das Tier. »Ein Wink von Euch und ich gehe.« Dann fügte es hinzu: »Ihr erschreckt vor meiner Hässlichkeit, nicht wahr?«

»So ist es«, antwortete die Schöne, »denn ich kann nicht lügen, aber ich glaube, Ihr habt ein gutes Herz.«

»Ihr seid sehr gütig«, sagte das Tier, »aber ich bin nicht nur hässlich, sondern ich bin auch dumm. Ich bin nur ein Tier und habe keinen Geist.«

»Ein Dummkopf würde dergleichen nie sagen«, antwortete die Schöne. »Es gibt viele Menschen von schönem Angesicht, die innerlich größere Ungeheuer sind als Ihr.«

»Hätte ich Geist, möchte ich Euch anders antworten; aber da ich dumm bin, kann ich nur sagen, dass ich Euch sehr dankbar bin.«

Da wich alle Furcht von der Schönen, sie genoss von den Speisen des Tisches, während das Tier ihr zuschaute. Doch kaum hatte sie das Mahl beendet, als ein neuer Schreck sie durchzuckte.

»Schöne«, fragte sie das Tier, »Schöne, wollt Ihr meine Frau werden?«

Das Tier ist nicht »ein-deutig« zu verstehen. Die Verzauberung in die Tiergestalt wird nicht nur von dem Mädchen als abstoßend erlebt. Auch dieser Mann mag sich selbst nicht leiden: »Ihr erschreckt vor meiner Hässlichkeit, nicht wahr?«, sagt er, »aber ich bin nicht nur hässlich, ich bin auch dumm.« Vielleicht darf man seine Hässlichkeit als Ausdruck aller nicht angenommenen Eigenschaften sehen, die dieser Mensch an sich selbst verabscheut, so dass er unter der eigenen Person leidet, sich als ungeliebt, weil nicht liebenswert empfindet und sich, trotz Schloss und Macht in drückender Einsamkeit erlebt.

Zunächst ist das Mädchen nur empfänglich für die Gastfreundschaft und den Takt des Tieres, und da es kein stumpfer Mensch ist, erkennt es hinter der hässlichen Gestalt das gute Herz: »Es gibt viele Menschen von schönem Angesicht, die innerlich größere Ungeheuer sind als Ihr.« Dass diese Einsicht und die höfliche Achtung, die das Mädchen dem Tier entgegenbringt, jedoch gleich zu einem Heiratsantrag führt, kann natürlich nur erschreckte Ablehnung wecken. Gewiss würde eine Ehe zu diesem Zeitpunkt auch das Tier nicht erlösen, denn ein unfreier Mensch kann auch andere nicht aus deren Unfreiheiten herausführen.

Zu diesem Zeitpunkt ist aber bereits die Angst vor dem fremden Wesen gewichen: »Wie schade, dass es so hässlich ist«, dachte die Schöne, »es hat ein so gutes Herz.«

Was nun folgt, sind die Freuden einer leisen Freundschaft. Doch alles Wohlwollen und die gern akzeptierte Gesellschaft bleibt bei entschiedener Distanz, soweit es um das eigene »Herz« geht: »Warum stellt Ihr immer wieder diese Frage? Ich bin Euch gut, aber Eure Frau kann ich nie werden.« Die Schöne ist nicht von Anfang an fähig, das Tier zu erlösen, sie muss dazu erst jene Unabhängigkeit und Freiheit finden, aus der heraus sie zur erlösenden Liebe fähig wird.

Das Herz schlug ihr heftig und sie vermochte zunächst kein Wort zu sprechen. Dann fasste sie sich und sagte:

»Nein, Tier, das möchte ich nicht.«

Da stöhnte das Ungeheuer laut auf, dass der Palast davon widerhallte. Darauf erhob es sich und sagte: »Dann lebt wohl, Schöne«, und verließ den Saal. Es wandte sich jedoch noch mehrmals traurig um, um die Schöne zu betrachten. »Wie schade, dass es so hässlich ist«, dachte die Schöne, »es hat ein so gutes Herz.«

Obwohl die Schöne in der folgenden Zeit oft an ihren Vater dachte, verging die Zeit wie im Fluge. Tagsüber vergnügte sie sich in Schloss und Garten, abends aber, wenn sie zu Tische saß, kam das Tier und leistete ihr Gesellschaft. Am Ende wurde ihr diese Stunde so angenehm, dass sie sich immer mehr darauf freute. Doch von Zeit zu Zeit fragte das Tier mit feierlicher Stimme: »Schöne, wollt Ihr meine Frau werden?« Und jedes Mal gab sie zur Antwort: »Nein, Tier, das will ich nicht.« Dann ließ das Tier traurig den großen Kopf auf die Brust sinken und ging davon, während die Schöne dachte: »Es ist wahr, schön und geistreich ist es nicht, dafür aber vernünftig und liebevoll.«

Eines Tages fasste sich die Schöne ein Herz und sagte: »Warum stellt Ihr mir immer wieder diese Frage? Ich bin Euch gut, aber Eure Frau kann ich niemals werden.«

Das Tier fand sich beschämt. »Ihr habt Recht«, sagte es, »ich sollte dankbar sein, dass Ihr zu mir gekommen seid und mich damit zufrie-

Der Evangelist Lukas, Buchmalerei, 9. Jh.

Christophorus, griechische Ikone, 1714.

den geben. Es fällt mir aber nicht leicht, denn ich liebe Euch sehr. Doch versprecht Ihr mir, niemals von hier fortzugehen?«

Dieser Gedanke ließ die Schöne wiederum erschrecken. Sie sagte aber: »Wenn Ihr mir noch einmal erlaubt, meinen Vater zu sehen, will ich es Euch zusagen.«

»Würdet Ihr das hässliche, dumme Tier vergessen, nachdem Ihr wieder in Eures Vaters Haus seid«, sagte das Tier, »wäre es mein Tod. Doch geht, und wenn Ihr zu mir zurückkehren wollt, so zieht vor dem Schlafengehen diesen Ring von Eurem Finger und legt ihn neben Euch. Lebt wohl und vergesst Euer Versprechen nicht.«

Daheim angelangt, empfing der Vater die Schöne mit größter Freude. Ihre Schwestern jedoch neideten ihr den Reichtum, den sie mitbrachte, und sagten zueinander: »Ist es nicht ungerecht, dass sie selbst bei einem Ungeheuer noch glücklicher ist als wir?« Und als die Zeit um war, nach der die Schöne zu ihrem Tier zurückkehren sollte, machten sie ihr Vorwürfe, jetzt schon den Vater verlassen zu wollen. So blieb die Schöne noch eine Weile, doch dachte sie an das Tier, das sie nun sehr vermissen würde. Bald darauf hatte sie einen seltsamen Traum. Sie sah sich im Garten des Schlosses spazieren gehen. Als sie zum Bach kam, fand sie das Tier im Grase liegen, reglos. Da fuhr sie aus dem Schlafe auf und weinte bitterlich. Schließlich zog sie den Ring von ihrem Finger und legte ihn neben sich. Gleich darauf schlief sie tief und fest.

Ein wichtiger Zwischenschritt auf diesem Weg ist der Besuch beim Vater und den Schwestern: Das Tier, das gleich am Anfang der Bekanntschaft mit der plumpen Frage überraschte: »Schöne, wollt Ihr meine Frau werden?«, hat es aufgegeben, mit solchen Nötigungen zu verwirren. Es ist bereit, die Schöne gehen zu lassen, trotz der Vermutung, dass sie nicht wiederkehren wird. »Lieber will ich sterben, als Euch Kummer bereiten«, sagt es. Auch die Schöne kann den Gedanken nicht ertragen, ihrerseits die Ursache des Todes für das arme Tier zu werden, und aus diesem Grunde verspricht sie ihre Rückkehr. Trotzdem verdrängen die Umstände zu Hause für eine Weile den Vorsatz, nach acht Tagen ins Schloss zurückzukehren. Erst ein Traum – die innere Wirklichkeit, wie sie herangereift war – erinnert sie an ihr Versprechen, und zugleich erfüllt sie der Gedanke an das Tier mit einer vorher ungekannten Erwartung.

Marc Chagall (1887–1985),
Meiner Frau gewidmet, 1911.

Das Symbol des tierköpfigen Menschen kann unterschiedliche Bedeutungen haben. Eine seltene und eigenartige Darstellung findet sich ganz links: der Evangelist Markus mit dem Kopf eines Pferdes. Für den Maler war der Evangelist kein Mensch wie jedermann. Markus erscheint daher in besonderer Mächtigkeit.

Keineswegs selten ist der hundsköpfige Christophorus. Diese Gestalt gehört über tausend Jahre zum Bilderkreis der östlichen Kirche. Manchmal ist der Hundskopf auch durch ein entstelltes Menschengesicht ersetzt. Erst durch seine Bekehrung zum Christentum und seine Taufe, so erzählt das Bild, wird der Hundsköpfige von den Fesseln des Tierhaften befreit. Während er vorher nicht sprechen konnte, wird nun auch sein Mund entriegelt, so dass er jetzt das Evangelium verkünden kann.

Marc Chagall hat auf vielen Bildern, die ihn zusammen mit seiner Frau zeigen, sich selbst einen Tierkopf gegeben: nebenstehend als Stier, Seite 199 als Esel. Beide Male wird das noch Unerlöste, das nicht mit sich und dem Partner Übereinstimmende betont.

»Sie wählte ihr schönstes Gewand und zog sich mit aller Sorgfalt an, konnte es aber kaum erwarten, dass die Abendstunde nahte …« Doch vergeblich. Verzweifelt durcheilt sie das Schloss, und als sie schließlich das Tier bewusstlos im Garten findet, gibt es keine Schranke mehr: »Ohne sich noch von seiner Hässlichkeit abgestoßen zu fühlen, warf sich die Schöne über das Tier und umarmte es …« In dieser Umarmung wird eine vollständige Annahme des Tieres zum Ausdruck gebracht. Ihr Schmerz zeigt der Schönen, dass es um mehr als Freundschaft ging, ohne das Tier kann sie nicht leben.

Die Schöne befreit das Tier durch ihre nun vorbehaltlose Annahme von allem, was als »hässlich« erlebt wird. Nun hat dieser Mensch – symbolisch gesprochen – seine »Tierheit« überwunden und ist ein junger Mann wirklicher Schönheit geworden – da nichts mehr blieb, das er als fremd und nicht zu ihm selbst gehörig betrachten müsste. Wer sich durch wenigstens einen Menschen ganz angenommen erfährt, hat die Möglichkeit, sich selbst ganz anzunehmen.

Aber auch die Erlösende erfährt ihrerseits Erlösung. Wer zu befreiender Liebe heranreift, wendet sich zusammen mit dem Partner oder Anvertrauten mit verstärkten Fähigkeiten dem Leben zu.

Kein Mensch erlöst sich selbst: nur wer angenommen ist, nimmt andere an; wer Liebe erfährt, ist fähig zu lieben. In unserem Beispiel erlöst eine Frau den Mann; ebenso gibt es Geschichten von Männern, die eine Frau erlösen. Aber wird nicht auch »die Schöne« erlöst? Solange sie sich vor der äußeren Gestalt des Unbekannten fürchtet, ist sie selbst noch nicht frei und nicht fähig, auch ihn frei zu machen.
Von welchen menschlichen Erfahrungen erzählt das Märchen?
Welche Allgemeingültigkeit hat es?

Zu ihrer Freude erwachte die Schöne am nächsten Morgen im Schloss des Tieres. Sie wählte ihr schönstes Gewand und zog sich mit aller Sorgfalt an, konnte es aber kaum erwarten, dass die Abendstunde nahte, in der sie wie gewohnt zu Tische saß und mit dem Tier plauderte. Doch diesmal verging der Abend ohne das Tier. »Vielleicht lebt es schon nicht mehr!«, durchfuhr es die Schöne, und verzweifelt lief sie durch das Schloss. Als sie das Tier nicht fand, erinnerte sie sich ihres Traumes und eilte in den Garten. Sie fand das arme Tier wie tot im Grase liegen. Ohne sich noch von seiner Hässlichkeit abgestoßen zu fühlen, warf sich die Schöne über das Tier und umarmte es. Da schlug das Tier seine Augen auf und sagte müde: »Warum habt Ihr Euer Versprechen nicht gehalten? Es ist aber schön, Euch noch einmal zu sehen, bevor ich sterbe.«

»Nein, liebes Tier, Ihr dürft nicht sterben«, sagte die Schöne, »Ihr sollt leben und ich will von heute an immer bei Euch bleiben.« Dann fügte sie leise hinzu: »Wollt Ihr mein Mann werden, liebes Tier?«

Kaum hatte die Schöne diese Worte gesprochen, als das Schloss in hellem Licht erstrahlte. Für einen Augenblick sah die Schöne auf das festliche Bild. Als sie sich wieder ihrem treuen Tier zuwenden wollte, war das Tier verschwunden, stattdessen blickte sie auf einen jungen Mann von vollendeter Schönheit. »Ihr wart der einzige Mensch«, sagte er, »der sich von meiner Güte rühren ließ und mich lieben lernte. So konnte ich zu meiner wahren Gestalt zurückfinden, die mir ein böser Fluch genommen hatte.« Und es begann eine Zeit tiefen Glücks.

Was heißt Erlösung?

So schön Märchen nun auch von Erlösung erzählen, – was hat sie mit jener Erlösung zu tun, die der christliche Glaube bekennt? Folgende Einwände sind denkbar:

– Im Märchen erlösen Menschen einander; von Gott ist nicht die Rede. Der christliche Glaube meine aber Erlösung als freie Zuwendung Gottes, die kein Mensch ersetzen kann.

– Im Märchen werden Menschen zum Glück in *diesem* Leben befreit: *jetzt* sollen sie glücklich sein. Von einem Jenseits wissen die Märchen nichts. Der christliche Glaube ziele hingegen auf die Erlösung der Seele im jenseitigen Leben.

Stimmen diese Einwände? Um sie zu beantworten, müssen wir wissen, wie Erlösung im Christentum verstanden werden will. Erlösung ist ein vielschichtiger Begriff; lange Zeit wurde er einseitig gesehen und gelehrt, viele missdeuten ihn immer noch.

Erstes Missverständnis: Weltlose Erlösung

Verbreitet ist das »verinnerlichte« Erlösungsverständnis; es gilt vornehmlich der Seele. Demnach hat Jesus Christus den Menschen von der Sünde befreit und ihm so den »Himmel« wieder erschlossen. Dieses Erlösungsmodell wertet die Welt gering gegenüber dem Jenseits. Der Erlöste soll bedenken, dass er auf Erden keine bleibende

Stätte hat, und darum die »äußeren« Dinge dem eigenen Seelenheil nicht vorziehen.

Übersehen wird in diesem Verständnis, dass Erlösung auch die Welt meint, dass sie mit dem Alltag, den Bedürfnissen der Menschen, der Intaktheit der Gesellschaft und dem Frieden der Völker etwas zu tun haben muss, ja selbst die Schöpfung insgesamt mit einbezieht. Stattdessen wird Erlösung privatisiert und auf Innerlichkeit begrenzt. Die prophetischen Kampfziele, soziale Gerechtigkeit und Frieden, bleiben außerhalb dieser Glaubenspraxis; Frömmigkeit schrumpft ins Seelengehäuse.

Dieses eingeschnürte Erlösungsverständnis haben Juden immer als unbiblisch beurteilt. Erlösung ist für sie etwas Öffentliches. Der *Schalom* (das Heil, der Friede) muss alle Bereiche der Welt erfassen; erst dann kann von Erlösung die Rede sein. Darum hat auch für Jesus Erlösung viel mit konkreten Dingen zu tun: dass Arme und Kranke Zuwendung erfahren, niemand ausgestoßen ist und alle Gebote aus der Liebe heraus befolgt werden.

Marc Chagall (1887–1985), Selbstbildnis mit Wanduhr, 1946.

Zweites Missverständnis: Der isolierte Kreuzestod

Mit dem »verinnerlichten« Erlösungsmodell hängt ein eingeengter Blick auf Jesus selbst zusammen. Viele Christen verbinden nämlich die Erlösung allein mit seinem Kreuzestod. Aber der Vers »Denn durch dein heil'ges Kreuz hast du die Welt erlöst« sagt die Wahrheit nur halb. Wer sagen will, dass Jesus »für uns« starb, muss zuvor sagen, dass er für uns *lebte.* Der Tod Jesu zeigt die Entschlossenheit, seinen eigenen Lebensweg nicht zu verraten. Jesus wurde gehängt, weil die Offenheit für seine Botschaft der Liebe nicht groß genug war. Aber erlöst hat die Liebe, die Jesus lebte und die sich als Gottes Liebe erwies.

Das sagt man so: Gottes Liebe! Manche hören es nur als Floskel, und es ist doch etwas Unerhörtes. Denn was verbinden die Menschen immer noch mit »Gott«? Er gilt ihnen als höchster Herr, oberste Autorität, zürnender Richter, annehmende wie verstoßende Gerechtigkeit …

Jesus aber lehrte, Gott neu zu sehen: Das tiefste Wesen Gottes ist Liebe; darum ist Liebe das Geheimnis der Welt. Wenn die Menschen aus der Liebe heraus leben, finden sie Freiheit und Frieden. Dann lebt und wirkt Gott durch sie.

Problemanzeigen:
»Wiederum habe ich versucht, auf allgemeine Aufforderung hin, dich anzustaunen«, sagt der Psychoanalytiker Tilmann Moser zu dem Gott seiner Kindheit, »weil du für mich armen Sünder deinen einzigen Sohn geopfert hast. Das macht natürlich Eindruck: Wie schlecht muss ich sein, dass es einer solchen Inszenierung bedarf, um mich zu erlösen! Seltsam, seltsam – keiner von den Predigern hat je Verdacht geschöpft, dass vielleicht nicht mit uns, sondern mit dir etwas nicht stimmt, wenn du vor lauter Menschenliebe deinen Sohn schlachten lassen musstest …«
Welches Gottesbild liegt hier vor?
Welches Erlösungsverständnis?
Mit welchen Argumenten ist zu antworten?

Diesen Gott als Urgrund der Welt hat Jesus bis in seinen Tod hinein durchsichtig gemacht: durch seine Art, wie er mit allen umging, sich mit Verachteten an einen Tisch setzte, eine Botschaft der Hoffnung und Ermutigung verbreitete, Kranke aufrichtete, für Schwache Partei ergriff und den Konflikt mit Selbstgerechten nicht scheute. Erlöser ist er, weil in seiner Person die befreiende Liebe Gottes anschaubar wurde. Durch seine Botschaft der Güte bekam Gott für alle Welt ein liebendes Gesicht.

Aber niemand muss sich die Liebe Gottes verdienen. Sie ist ein Geschenk. Indem der Mensch da ist, ist er gewollt und angenommen. Dieses Offenbarwerden Gottes durch Jesus heißt Erlösung. »Er, der reich war, wurde euretwegen arm, um euch durch seine Armut reich zu machen« (2 Kor 8, 9). Das Kreuz, das Jesus in seinem »Gehorsam bis zum Tode« annahm, ist zugleich der Ort, an dem er sich ganz in die Nähe Gottes gab.

Unser Verständnis von Erlösung wäre einseitig, ließe es den Menschen unbeteiligt. Die Erlösung ist nicht abgeschlossen. Wie sollte sie es auch sein angesichts einer Menschheit, die Kriege führt, Luxus neben millionenfachem Hunger kennt und Brüderlichkeit missachtet? Wenn Gott keinem feind ist, sollen auch die Menschen und Völker ihr Leben nicht auf Feindschaft gründen. Ist das nicht ein neuer Ton in der Weltgeschichte? Eine immer noch fremde Sicht? Bis diese Sicht sich weltweit durchsetzt, bedarf es noch langer Wege. Das Werk Jesu weist in die Zukunft. Es hat Augen geöffnet, nun anders zu sehen, einfühlsamer zu urteilen, menschenfreundlicher zu leben. Erlösung ist also auch ein Auftrag.

Erlösung im Märchen und Erlösung im christlichen Glauben

Hat nun die Erlösung, von der unser Märchen erzählte, etwas mit der Erlösung, die durch Jesus offenbar geworden ist, zu tun?

Die erste Antwort heißt Ja. Zwar beziehen sich Märchen nicht auf das Evangelium, aber sie wissen von den Gesetzen der Seele. Sie zeigen, wie erlösungsbedürftig das menschliche Schicksal ist. Sie wissen auch, dass niemand sich selbst erlösen kann. Die reifsten Märchen lassen sogar erfahren, dass nur Liebe befreit.

Wenn aber Gott *die* Liebe ist, dann hat jede wahre Liebe an Gottes Liebe Anteil, und dann liebt Gott in jedem liebenden Menschen mit, in jedem Akt menschlicher Zuwendung und Ermutigung. Auch wenn Menschen im Tun der Liebe nicht an Gott denken, so sind sie darin doch nie von Gott getrennt. Und wenn Andersgläubige und selbst bewusste Atheisten in ihrer Liebesfähigkeit die Christen manchmal tief beschämen – wofür es große Beispiele gibt –, dann liegt darin zugleich ein Trost: Auch deren Leben hat Anteil an Gott. Vielleicht ist es eine unbewusste Wirkung des Christentums, dass in Märchen der christlichen Völker das Wissen um die erlösende Kraft der Liebe lebt.

Manchmal sind religiöse Begriffe verschlissen. Angenommen, wir müssten aus solchen Gründen auf das Wort »Erlösung« verzichten: Welche anderen Worte und Umschreibungen böten sich an, das mit »Erlösung« Gemeinte dennoch zu sagen?

200

Gibt es nach dieser Zustimmung auch eine Grenzziehung gegenüber jener Erlösung, von der die Märchen erzählen? Ja, auch das. Märchen sind allgemein; ihre Sprache ist symbolisch; ihr Ort ist überall und nirgendwo. Der christliche Glaube aber bezieht sich auf den geschichtlichen Jesus von Nazaret, der in einer bekannten Zeit an bekannten Orten gelebt hat und durch Wort und Tat eine Liebe erfahrbar machte, die zu einem neuen Maßstab in der Welt führte. Dieser Jesus steht in der Tradition Israels, in der Nachfolge der Propheten, und gibt durch seine eigene Person der Liebe einen Wert, der sie zum »innersten Pünktlein« der Welt macht.

Durch Jesus wurde Gott der Menschheit als Fülle der Liebe erschlossen. Er gab ihm für alle den Namen Abba, Vater. In diesem gemeinsamen Gott liegt die Brüderlichkeit und Schwesterlichkeit aller Menschen begründet. An diesen Gott zu glauben bedeutet, als Mensch immer menschlicher zu werden, immer freier und immer mehr zur Liebe fähig. Es bedeutet auch, sich nicht mit dem eigenen Glück zu begnügen, sondern durch politisches und soziales Handeln allen Menschen ein würdevolles Leben zu sichern.

Der in Jesus erschlossene Gott ist der Gott aller Menschen. Wenn der Hindu Mahatma Gandhi sein Leben lang »das Evangelium der Liebe an Stelle des Hasses« suchte und »an die Stelle der Gewalt die Selbstaufopferung« setzte, zeigt sich, dass das Programm der Liebe wirksamer ist als das der Feindschaft. Zwar hat die Kirche dieses Programm selbst oft genug verdunkelt und verzerrt; sie hat es aber auch gelehrt und in die Welt getragen. Die Erklärung der Menschenrechte, die Selbstverständlichkeit von Hilfeleistung, die Geschichte der Barmherzigkeit … – diese Programme haben in einem Glauben, der zur Liebe ermutigt, ihre tiefste Wurzel.

Marc Chagall (1887–1985), Paar über Saint-Paul, 1968.

Ein deutscher Philosoph, Friedrich Nietzsche, war jedoch mit den Christen unzufrieden. »Erlöster« wollte er sie sehen, befreit, nicht verängstigt, froh, nicht gequält. Er meinte, davon nichts finden zu können. In der Tat wirkt niemand erlösend, solange er nur an die Erlösung »glaubt«, ohne aus diesem Glauben der Welt ein Gesicht zu geben. Der Glaube an den Christus, in dem die Welt ihr Heil finden kann, führt in dessen Nachfolge.

201

Das Sakrament des Mahles

Pieter Brueghel d. Ä. (um 1525–1569),
Bauernhochzeit, 1568.

Das tiefe Atemholen des Friedens

Die Geschichte, die hier zu erzählen ist, führt rund tausend Jahre zurück in die einsame Welt Norwegens. Damals, es mag um das Jahr 1040 gewesen sein, war Magnus Olafson König. Das Christentum fasste erst mühsam Fuß; die Menschen dachten und handelten noch, wie es germanisch-heidnischer Art entsprach.

*I*n jenen Tagen hatte der Stammesführer Thorfin einen Staatsstreich versucht und dabei Rögnwald, einen Verwandten des Königs, erschlagen. Nun war der König nach Recht und Brauch verpflichtet, den toten Rögnwald zu rächen, den untergetauchten Thorfin aufzutreiben und Tod gegen Tod auszugleichen. Diese Pflicht war Ehrensache. Würde Magnus Olafson ihr nicht mit allem Eifer nachkommen, seine eigene Ehrlosigkeit brächte ihn um das Königsamt. Also ließ er im ganzen Lande nach Thorfin forschen. Aber die Fahndung brachte keinen Erfolg; das Leben ging weiter.

Nun begab es sich, dass der König eines Tages die Großen seines Reiches zu einem Mahle lud. Noch hatten die Gäste nicht Platz genommen, als ein Fremder auf die Gastgesellschaft zugelaufen kam, verwildert und struppig anzusehen. Der schaute nicht rechts, nicht links,

Einen Menschen, sei es wer es wolle, von der Tür seines Hauses wegzuweisen, gilt als gottlos. Je nach seinem Vermögen ist jeder bestrebt, die leckersten Bissen aufzutischen … Bekannt oder unbekannt, in Bezug auf das Gastrecht macht da niemand einen Unterschied.

Tacitus über die Germanen

sondern stürzte, ohne Blick und Gruß – für alle Welt unerhört! – an den Tisch des Königs. Er griff sich ein Brot, brach etwas davon und aß es. Das erregte den Gastgeber und seine Gäste aufs höchste. Wie kann dieser Fremde die Rechte des Gastgebers so unerhört missachten! Der König springt auf: »Wer bist du?« Der Fremde isst sein Brot zu Ende, dann sagt er: »Ich bin Thorfin.« – »Bist du der Jarl (Herzog) Thorfin?« – »So nennen mich die Männer.« Da wird Magnus Olafson bleich und ringt mit seiner Fassung. Schließlich sagt er: »Wahrhaftig, Thorfin, bei meiner Ehre hatte ich geschworen, solltest du mir begegnen, würdest du hinterher niemandem davon erzählen können ...« Und nach einer Pause: »Doch nachdem, was geschehen ist, kann ich dich nicht töten lassen. Es muss Frieden zwischen uns sein!« Und er lud den Todfeind an seinen Tisch.

Was war geschehen? Der Rebell und Totschläger Thorfin hatte sich in einem Akt der Überrumpelung Zugang zum Tisch des Königs verschafft, indem er alle Rechte des Hausherrn und Gastgebers, aber auch jeden eigenen Anstand missachtete. Mit hintersinniger List hatte er Brot vom Tisch des Königs genommen – oder muss man sagen: geraubt? – und sogleich gegessen. Warum sollte ein mit so viel Schläue und Unverfrorenheit eingefädeltes Tun den Streit in Frieden wenden? – Todfeindschaft in neue Gemeinschaft? Welche Vorstellungen stehen hinter diesem Geschehen?

Der Vorgang ist unbegreiflich, wenn man nicht weiß, wie hoch bei germanischen Völkern die Tischgemeinschaft geachtet war. Der römische Geschichtsschreiber Tacitus schrieb, bei den Germanen werde schon der Tisch gedeckt, sobald nur der Schatten eines Fremden in die Türöffnung falle; und niemand brauche auf eine Einladung zu warten.

Die Hochschätzung der Gastfreundschaft schloss die Unverletzlichkeit des Gastes in sich ein. Das aber konnte handfeste Konsequenzen haben. Jeder, der Gastfreundschaft gewährte, wurde zugleich in die Schwierigkeiten seines Gastes mitverwickelt. Der Wirt geriet gewissermaßen in die Gewalt des Gastes, weil er für dessen Leib und Leben einstehen musste, auch wenn er nicht wusste, wen er in sein Haus aufnahm. Jeder Fremde, der abends an die Tür klopfte, konnte ja ein Verfolgter sein, und der Gastgeber riskierte mitunter Leben und Wohlfahrt, wenn er den Fremden nun offen wie geheim beschützen musste.

Mehr noch: Der Gast war der Stärkere. Er konnte sich mit List und sogar Gewalt Zutritt erzwingen und die Gastfreundschaft unbekannter Menschen an sich reißen. Es war möglich, sich mit Taktik Anteil am Heil des Hauses zu erschleichen: Denn war der Gast erst einmal innerhalb der Tür, so brauchte er sich nicht zu ducken und seine Anwesenheit demütig in der dunkelsten Ecke zu verbergen, nein, er hielt oft genug seine Sache keck ans Licht und fragte seine Wirtsleute, wann sie denn nun Anstrengungen machen wollten, ihm zu seinem Recht zu verhelfen.

Der Gast

In Algerien ist es unruhig. Alles deutet darauf hin, dass die Araber einen Aufstand vorbereiten. Daru, der Lehrer einer Dorfschule im Hochland, soll einen arabischen Gefangenen in die Stadt bringen. Er sträubt sich. Würden die Franzosen angegriffen, so würde Daru wohl auf ihrer Seite kämpfen. Aber Polizeidienste leisten? Der Gefangene ist über Nacht sein Gast. Muss er ihm da nicht den Weg in die Freiheit eröffnen?

»Hast du Hunger?«

»Ja«, sagte der Gefangene.

Daru legte zwei Gedecke auf. Er nahm Mehl und Öl, knetete in einer Schüssel Fladenteig und zündete den kleinen Butangas-Backofen an. Während der Fladen buk, ging er hinaus, um im Schuppen Käse, Eier, Datteln und Kondensmilch zu holen. (...) Als er wieder ins Zimmer trat, war die Dämmerung hereingebrochen. Er zündete Licht an und bediente den Araber. »Iss«, sagte er.

Als sie gegessen hatten, sah der Araber den Lehrer an.

»Bist du der Richter?«

»Nein. Ich behalte dich bis morgen hier.«

Später holte Daru ein Feldbett aus dem Schuppen und stellte es quer zu seinem eigenen Bett auf. Der Gefangene legte sich auf die Decken. Als Daru ihn am nächsten Morgen wachrüttelte, schaute er ihn mit einem so angstvollen Ausdruck an, dass der Lehrer einen Schritt zurückwich. »Hab keine Angst. Ich bin's. Komm und iss.«

Später brachen sie auf. Daru sollte den Gefangenen in die Stadt bringen. Sie machten sich auf den Weg und gelangten nach einer Stunde Wegs an eine Gabelung.

Daru steckte dem Araber ein Päckchen hin. »Nimm«, sagte er. »Es sind Datteln, Brot und Zucker drin. Damit kannst du zwei Tage durchhalten. Und da hast du tausend Francs.« Der Araber nahm das Päckchen, als wisse er nicht, was er mit diesen Gaben anfangen soll. »Jetzt pass auf«, sagte der Lehrer, »das ist der Weg nach Tinguit. Du hast zwei Stunden zu gehen. In Tinguit befinden sich die Behörden und die Polizei. Sie erwarten dich.« Dann zwang er ihn zu einer Vierteldrehung nach Süden. »Das ist die Piste, die über die Hochebene führt. In einem Tagesmarsch kommst du zu den ersten Nomaden. Sie werden dich aufnehmen und beschützen, wie ihr Gesetz es verlangt.«

Panische Angst erfüllte das Gesicht des Arabers. »Ich gehe jetzt«, sagte Daru und wandte sich um. Er war schon ein gutes Stück entfernt, als er stehen blieb und zurückblickte. Der Hügel war leer. Daru zögerte, dann kehrte er um und keuchte erneut die Anhöhe hinauf. Oben blieb er atemlos stehen. Im leichten Dunst entdeckte er den schon weit entfernten Araber mit beklommenem Herzen, der langsam dahinschritt auf dem Weg zum Gefängnis.

Nach Albert Camus

Diesen Einblick in germanische Gastfreundschaft hatte schon Julius Caesar erhalten, als er notierte:

Jene Leute betrachten es als eine Schande, einen Gast zu kränken. Wer er auch sein mag und welche Gründe ihn auch veranlassen, die Gastfreundschaft anderer zu suchen, sie beschützen ihn gegen Unrecht. Er ist heilig. Alle Häuser stehen ihm offen und das Essen steht für ihn bereit.

Selbst wenn es nur ein Bissen Brot war, vom Tisch des Hauses genossen, so konnte dieser Bissen Brot oder ein Schluck Wasser genügen, völlig neue Situationen zu schaffen. Dabei tat das listige Erschleichen des Brotes oder des Bechers der Wirksamkeit keinen Abbruch. Streitigkeiten wurden deshalb immer durch gemeinschaftliches Essen und Trinken beigelegt. Der Friede war erst hergestellt, wenn er durch Tischgenossenschaft bestätigt worden war. Auch bei einer Eheschließung musste zusammen gegessen und getrunken werden. Wenn einer Frau beim Überschreiten der Türschwelle eine Kostprobe von Speise und Trank gereicht wurde, geschah es, um die Frau aufzunehmen in den Geist des Hauses.

Ebenso konnte es keinen Vertragsabschluss geben, keinen Brautkauf, keinen Handelsvertrag und erst recht keinen Friedenspakt, der nicht durch Speise und Trank besiegelt worden wäre. Der tiefste Grund dafür war nicht ein Gedanke sondern das Erlebnis: Beide Parteien spürten beim gemeinsamen Becher oder Brot eine Veränderung in sich und erlebten so die Rechtmäßigkeit und Kraft des neuen Zustands.

So machten die Mahlzeiten und das Beisammensein am Tisch das tiefe Atemholen des Friedens sichtbar. Die tägliche Wiederkehr an den gemeinsamen Tisch bedeutete eine ständig wiederholte Erneuerung des Seelenfriedens durch die Speise und besonders durch den Trank, der mit dem eigenen Heil des Hauses gesättigt war.

Das Mahl der großen Einigkeit

Die verbindende, Frieden schaffende Kraft des gemeinsamen Tisches ist aber nicht nur germanische Überzeugung, sondern bei vielen alten Völkern anzutreffen: In den Wigwams der Indianer, bei den Beduinen der Wüste, im Kral eines afrikanischen Gastgebers, in den Gehöften des tibetischen Hochlandes.

Auch in Israel galt Gastfreundschaft als heiliges, hohes Gut. Gen 18,1-8 erzählt, mit welcher Aufmerksamkeit und Zuvorkommenheit Abraham fremden Männern, die seinen Weideplatz kreuzen, den Tisch bereitet (→ Religionsbuch 5/6, S. 32 f.). Und Gen 26,26-31 ist davon die Rede, dass ein Vertragsabschluss erst durch gemeinsames Essen und Trinken seine Endgültigkeit gewinnt:

[26] Eines Tages kam zu Isaak Abimelech aus Gerar mit seinem Vertrauten Ahusat und seinem Feldherrn Pichol.

²⁷ Isaak sagte zu ihnen: »Weshalb kommt ihr zu mir? Ihr seid mir doch Feind und habt mich aus eurem Gebiet ausgewiesen.«

²⁸ Sie entgegneten: »Wir haben deutlich gesehen, dass der Herr mit dir ist, und wir dachten: Zwischen uns und dir sollte ein Eid stehen. Wir wollen mit dir einen Vertrag schließen.

²⁹ Du wirst uns nichts Böses zufügen, wie auch wir dich nicht angetastet haben; wir haben dir nur Gutes erwiesen und dich in Frieden ziehen lassen. Du bist nun einmal der Gesegnete des Herrn.«

³⁰ Da bereitete er ihnen ein Mahl und sie aßen und tranken.

³¹ Früh am Morgen standen sie auf und leisteten einander den Eid. Isaak entließ sie und sie schieden von ihm in Frieden.

Von Abraham führt eine durchhaltende Linie bis zu Jesus: die Feier des Mahles wird zu keiner Zeit gering geschätzt oder gar abgesetzt. Und diese Linie gilt immer noch. »Das Judentum ist eine gastronomische Religion«, sagte der Rabbiner von Bern, wenn er die fremden Synagogengäste an den eigenen Tisch bat. Das Abschiedsmahl Jesu wird ohne die Mahltraditionen seines Volkes nicht hinreichend deutlich. Es steht nicht »plötzlich«, nicht »zufällig«, nicht »unvermittelt« am Ende seines Lebens, sondern hat seine Vorprägungen in den Lebensformen Israels und in der Eindrück-

Marc Chagall (1887–1985), Abraham und die drei Engel.

lichkeit, die diese Mahlformen für Jesus von Kindheit an besaßen. Die täglichen Mahlzeiten, wie sie im bäuerlichen Galiläa gehalten wurden, waren das früheste Erlebnis. Morgens gab es Fladenbrot und Wasser; die Hauptmahlzeit wurde abends eingenommen, durchweg ein warmes Gericht, doch nebenher immer auch Brot und Wasser. Deutlich hob sich von diesen Mahlzeiten das Abendessen am Sabbat ab. Dann gab es Fleisch, Fisch und Gemüse; selten einmal fehlte der Wein. Oft sorgte die Synagogengemeinde dafür, dass auch die Armen nicht ohne festlichen Wein blieben. Wie hoch Essen und Trinken eingeschätzt wurden, zeigt das Wort eines Toralehrers aus dem ersten Jahrhundert: »Der Mensch hat an einem Festtag entweder nur zu essen und zu trinken – oder zu sitzen, um die Tora zu studieren.« Da hat das Mahl die gleiche Würde wie das Studium der Heiligen Schrift. Dementsprechend lehrte ein anderer Rabbi: »Man teilt den Tag, dass eine Hälfte auf das Essen und Trinken, die andere auf das Lehrhaus kommt.«

Bei diesem Hintergrund wird es verständlich, dass Jesus seine Botschaft so oft mit Bildern des Mahles verbindet: »Viele werden kommen vom Aufgang und vom Niedergang der Sonne, um mit Abraham, Isaak und Jakob zu Tische zu liegen in der Herrschaft Gottes« (Mt 8,11). Dieses Bild entfaltet Jesus in besonderer Weise in seinen Gleichnissen vom Mahl:

Als Jesus in seinem Haus beim Essen war, kamen viele Zöllner und Sünder und aßen zusammen mit ihm und seinen Jüngern.   *Mt 9,10*

»Geht hinaus auf die Straßen und ladet alle, die ihr trefft, zur Hochzeit ein. Die Diener gingen hinaus und holten alle zusammen, die sie trafen, Böse und Gute, und der Festsaal füllte sich mit Gästen.   *Mt 22,9 f.*

Frans Hals (um 1585–1666), Offiziere der Georgsschützen beim Mahl, 1616.

Bei Tisch wollen die Menschen immer unter ihresgleichen sein. Sie laden Freunde und Gäste ein, die zu ihnen »passen«. Wer eingeladen wurde, lädt wieder ein, denn Essen geben und nehmen schafft Verpflichtungen. Es entsteht gegenseitige Abhängigkeit. Die Tischgemeinschaft der »Georgsschützen«, die Frans Hals hier zeigt, vereint Männer, die »unter sich« bleiben.

[16] Jesus sagte: »Ein Mann veranstaltete ein großes Festmahl und lud viele dazu ein.
[17] Als das Fest beginnen sollte, schickte er seinen Diener und ließ den Gästen, die er eingeladen hatte, sagen: ›Kommt, es steht alles bereit!‹
[18] Aber einer nach dem andern ließ sich entschuldigen. Der erste ließ ihm sagen: ›Ich habe einen Acker gekauft und muss jetzt gehen und ihn besichtigen. Bitte, entschuldige mich!‹
[19] Ein anderer sagte: ›Ich habe fünf Ochsengespanne gekauft und bin auf dem Weg, sie mir genauer anzusehen. Bitte, entschuldige mich!‹
[20] Wieder ein anderer sagte: ›Ich habe geheiratet und kann deshalb nicht kommen.‹
[21] Der Diener kehrte zurück und berichtete alles seinem Herrn. Da wurde der Herr zornig und sagte zu seinem Diener: ›Geh schnell auf die Straßen und Gassen der Stadt und hol die Armen und die Krüppel, die Blinden und die Lahmen herbei.‹
[22] Bald darauf meldete der Diener: ›Herr, dein Auftrag ist ausgeführt; aber es ist immer noch Platz.‹
[23] Da sagte der Herr zu dem Diener: ›Dann geh auf die Landstraßen und vor die Stadt hinaus und nötige die Leute zu kommen, denn ich will, dass mein Haus voll wird.‹ «   *Lk 14*

Wenn die Geschichte mit dem Wunsch endet: »Denn ich will, dass mein Haus voll wird«, hat sie einen anderen Klang, als wenn es hinterher (in V 24) heißt: »Das aber sage ich euch, keiner von denen, die eingeladen waren, wird an meinem Mahl teilnehmen.« Die Forschung hält den letzten Vers für später angefügt. Dann aber zielt das von Jesus erzählte Gleichnis auf die Hoffnung, ein volles Haus zu haben. Dahinter steht der Traum vom Fest der großen Einigkeit und Vielfalt am Tisch der einen Welt, bei dem niemand fehlt. Darum war auch die Lebenspraxis Jesu von der Sehnsucht bestimmt, Fromme wie Unfromme an einem Tisch zu versammeln:

[15] Und als Jesus in seinem Haus beim Essen war, aßen viele Zöllner und Sünder zusammen mit ihm und seinen Jüngern; denn es folgten ihm schon viele.

[16] Als die Schriftgelehrten, die zur Partei der Pharisäer gehörten, sahen, dass er mit Zöllnern und Sündern aß, sagten sie zu seinen Jüngern: »Wie kann er zusammen mit Zöllnern und Sündern essen?«

[17] Jesus hörte es und sagte zu ihnen: »Nicht die Gesunden brauchen den Arzt, sondern die Kranken. Ich bin gekommen, die Sünder zu rufen, nicht die Gerechten.«

Mk 2

Wenn ein Steuereintreiber ein Gastmahl gibt, weiß jeder, woher das Geld kommt; was ihn reich macht, hat er von anderen erpresst.
Wer sich mit solchen Gastgebern und mit Außenseitern an einen Tisch setzt, erregt öffentliches Ärgernis. Der Rabbi Jesus aber lässt sich nicht beirren. Die Tischgemeinschaft zeigt, dass jene, die schuldig geworden sind, die Tür nicht gewiesen bekommen. Sie werden nicht ausgegrenzt, ihre Einladung zum Fest bleibt bestehen.

Das Abschiedsmahl

Das Mahl ist für Jesus ein Friedenszeichen Gottes. Und das ist es auch für schuldig gewordene Menschen. Hierin widerspricht Jesus anderen Lehrern seiner Zeit. Die Evangelien zeigen das Mahl mit Jesus als einen Ort der Versöhnung.
Auch das letzte Mahl Jesu mit seinen Freunden ist von den vielen vorausgegangenen Mahlfeiern nicht zu trennen. In dieses Mahl spielt aber auch das Pascha-Fest hinein, dessen Feier – zum Gedenken an den Auszug aus Ägypten – in unmittelbarer Nähe stand.
Die Handlung, die Jesus bei diesem Mahl mit Brot und Becher verbindet, hat ihre Wurzeln im jüdischen Festmahl. Es sind Gesten, welche die Zusammengehörigkeit aller Mahlteilnehmer aus-

Eine Tischgemeinschaft, die in bunter Reihe Arme und Reiche, Gebildete und Ungebildete zusammenführt, wie in dieser Filmszene, mutet chaotisch an. Wer dazu einlädt und seinen Gästen zumutet, jedweden anderen Gast zu ertragen, verärgert die »ordentliche Gesellschaft«. Jesus erzählt jedoch von einem Mann, der alle, die auf den Straßen anzutreffen sind, an die eigene Tafel holen lässt. Da er aber auch selbst tat, was sein Gleichnis lehrte, beschimpfte man ihn als Freund von Zöllnern und Dirnen.

207

drücken. Nach dem Lobgebet teilt Jesus zerbrocktes Brot aus – wenn wir Lukas folgen – und sagt dazu: »Da – mein Leib«. Diese Übersetzung entspricht der aramäischen Ausdrucksweise. Im aramäischen Denken bedeutet »mein Leib« so viel wie »ich selbst«. »Dein Leib« meint: »Du«. Kinder werden einmal »die lieben Leiber« genannt: die geliebten Wesen. Wenn Jesus »mein Leib« sagt, meint er: »Ich leibhaftig«.

Ähnlich ist es mit dem Becher. Wenn wir die knappen Worte Jesu umschreiben, könnten sie so lauten: »Wer aus diesem Becher, über den ich mein Lobgebet gesprochen habe, trinkt, wird teilhaben an dem Mahl, das ein Zeichen des Heils bei Gott ist.« Diese Verheißung wird den Tischgenossen symbolhaft zugesprochen.

Nun bedeutet das Brechen und Austeilen des Brotes aber, »den Leib hingeben«, die Übergabe des Kelches, »einen blutigen Tod sterben«. Es sind doppelte Aussagen für denselben Gedanken: Jesus liefert sich aus; im Symbol des Brotes und des Kelches, an alle Tischgenossen ausgeteilt, will er ihnen gehören und sollen sie untereinander in ihm verbunden sein.

Dirk Bouts (um 1410/20–1475), Pessachmahl der Juden, 1464-68.

An diesem Tisch gibt es weder Stuhl noch Bank. Fünf erwachsene Menschen stehen ringsum, vier Männer und zwei Frauen. Sie sind zum Aufbruch gekleidet, mit Wanderstäben in den Händen. Der Hausälteste in der Mitte trägt einen spitzen Hut, wie man ihn meistens als Judenhut kennt; die beiden Männer neben ihm haben unterschiedliche Kopfbedeckungen, aber in dem barhäuptigen Mann, der zwischen den beiden Frauen herausschaut, ist Jesus zu erkennen: Er verbindet das jüdische Pessachmahl mit dem christlichen Abendmahl.

Eucharistia – Danksagung

Die Jesus-Gemeinde hat von Anfang an dieses Brotbrechen im Gedenken an ihren Herrn und Lehrer als Mitte des eigenen Lebens empfunden: »Tag für Tag verharrten sie einmütig im Tempel, brachen in ihren Häusern das Brot und aßen miteinander in Freude und Einfalt des Herzens« (Apg 2,46). Dabei verband sich anfangs mit den Zusammenkünften ein richtiges Sättigungsmahl. Die Mahlzeit wurde eingeleitet durch die Brothandlung und abgeschlossen durch den Kelchritus. Doch wurde für manche in der Gemeinde das ausgedehnte Essen und Trinken wichtiger als das Gedächtnis des Herrenmahles, so dass Paulus mahnen musste: »Da setzt sich jeder vor sein eigenes Essen, das er sich mitgebracht hat. Der eine hat nichts und hungert, der andere hat alles und isst und trinkt sich voll … Wenn ihr kein Liebesmahl feiern könnt, dann bleibt doch in euren Häusern und esst jeder für sich. Wer aus dem Heiligen Mahl ein ruchloses Gelage macht, der vergreift sich am Leib und Blut des Herrn« (vgl. 1 Kor 11,21 ff.).

So kam es, dass Sättigungsmahl und Herrenmahl bald getrennt wurden. Zum Herrenmahl versammelte sich die Gemeinde an jedem Sonntag. Je nach Ort und Gemeinde bekam die Feier jedoch unterschiedliche Akzente. Aber trotz verschiedener Formen wurde stets das gleiche, alle verbindende Gedächtnismahl begangen. Es blieb wichtig, dass niemand Brot und Becher für sich alleine, sondern für die Gemeinschaft und den Zusammenhalt der Gemeinde nahm. Denn wer den sakramentalen Leib will, nicht aber die Gemeinde als den Leib Christi, trennt, was zusammengehört und widerspricht seiner wirklichen Gegenwart. Alle sollen einander Brot sein, so wie Jesus ganz Brot war für den Hunger der Menschen und immer noch Brot ist für sie: Er ist selbst das Brot, das Leben gibt, das Frieden stiftet, das Fremde zu Brüdern macht.

Wechselnde Namen

Die Feier dieses Mahles hat im Gang der Geschichte unterschiedliche Namen erhalten, die auch ein wechselndes Verständnis anzeigen. Bei Paulus heißt es »Herrenmahl« (1 Kor 11,20); mit gutem Recht könnte ebenso »Brudermahl« gesagt werden. Die seit Luther in der evangelischen Kirche übliche Bezeichnung »Abendmahl« knüpft die Erinnerung an das letzte Mahl Jesu, überdeckt damit aber auch das gegenwärtige Ereignis und übersieht, dass seit dem ersten Jahrhundert die Feier am frühen (Sonntag-) Morgen die Regel ist. Die in der katholischen Kirche benutzten Begriffe »Altarssakrament« und »Messopfer« sind älter als die Reformation. Sie dienten der Absicht, gegenüber reformierten Ansichten die reale Gegenwart Christi und den Opfergedanken zu betonen: Weil der Zusammenhang zwischen Kreuzopfer und Messopfer im späten Mittelalter vielfach nicht mehr verstanden wurde, führte dies die Reformatoren dazu, den Opfercharakter der Messfeier abzulehnen, da er die Einmaligkeit des Kreuzesopfers infrage stelle. Das Konzil von Trient unterstrich diesen Zusammenhang mit drei Begriffen: Das Messopfer ist *Vergegenwärtigung*, *Gedächtnis* und *Zuwendung* des Kreuzesopfers. Es ist demnach kein eigenständiges Opfer, welches das Kreuzesopfer ersetzt, vielmehr wird das ein für allemal geschehene Opfer am Kreuz *sakramental* gegenwärtig gesetzt.

Dirk Bouts (um 1410/20–1475), Abendmahl, 1464-68.

Das hier gezeigte Bild wurde für einen Altar geschaffen, an dem die Heilige Messe gefeiert wird. Spiegelbildlich stehen sich gegenüber der Tisch im Bild und der Altartisch, Christus und der Priester, der Kelch des Bildes und der Kelch auf dem Altar, die Apostel im Bild und die den Gottesdienst Mitfeiernden. Das Bild deutet das aktuelle Geschehen.

das fest

wir probieren
ein fest
das wir erträumen
das unsere vorfahren schon
erträumten
für ein land
das menschenfreundlich ist

wir probieren
mit einer neuen sicht der welt
blinde sehend zu machen
wir probieren
eine neue sprache
die jeder versteht
die kinder
die alten
die gäste von weither

wir probieren
taube hörend zu machen
indem wir so erzählen
dass jeder taube zuhören muss

wir probieren
lahme zum tanzen zu bringen

wir probieren
offen zu sein und verschlossene türen
zu öffnen für alle

wir probieren
sünden zu vergeben
wir probieren
alle menschen zu verstehen

wir probieren
brot zu vermehren
wir probieren
tote zu erwecken
besonders die toten
die unter uns herumlaufen

wir probieren
selbst aufzuerstehen
denn für so … lebendig
halten wir uns selbst auch nicht

wir probieren
das neue leben
wir probieren
die gerechtigkeit
wir probieren
den frieden
wir probieren
neue lieder
wir probieren
das fest

lasst uns doch probieren
wollt ihr nicht mit uns probieren
probieren geht über studieren
Wilhelm Willms

Der umgangssprachlich immer noch geläufige Ausdruck »Messe« kommt vom lateinischen *missa* (Sendung). Damit war seit dem 6. Jahrhundert der Schlussakt bezeichnet, in dem die Teilnehmer des Gottesdienstes mit dem Segen der Kirche in ihren Alltag »gesendet« wurden. Der in der katholischen Kirche in jüngster Zeit geläufige Name »Eucharistie« ist eine Wiedergabe des hebräischen *berakha* und meint die Danksagung beim Tischgebet. Die gesamte Feier versteht sich so als ein Geschenk, das die Gemeinde mit Dank beantwortet.

Streitfragen

Die unterschiedlichen Namen deuten an, dass das Vermächtnis Jesu auch eine Quelle von Streit und Uneinigkeit geworden ist. Seit dem Mittelalter gehen die Ansichten über einzelne Fragen heftig auseinander. Weil man nicht mehr verstand, was »Leib« und »Blut« im hebräischen Denken bedeutete, entwickelte sich eine stückhafte Vorstellung, in welcher die symbolische Ganzheit zerbrach.
Mehr Streit als andere Fragen erregte in der Vergangenheit die Auseinandersetzung um die Gegenwart Christi. Für Martin Luther waren die Worte »Das ist mein Leib …, das ist mein Blut …« in den Abendmahlstexten Beleg für die wirkliche Gegenwart Christi. Die Aufforderung »Nehmet, esset« ließ ihn jedoch denken, die Verheißung der Gegenwart Jesu gelte nur für die Mahlfeier. Die kirchliche Praxis, die infolge der Aufbewahrung des eucharistischen Brotes für Kranke zu Sakramentsandachten und Prozessionen geführt hatte, lehnte Luther ab, weil die Bibel darüber schweige.
Demgegenüber hielt das Konzil von Trient fest, dass unter den Zeichen von Brot und Wein Jesus Christus ohne Einschränkung und auf Dauer gegenwärtig wird. – Die dabei verwendeten Begriffe stellen neue Probleme. Insbesondere der Begriff der »Verwandlung« (Transsubstantiation) kann leicht missverstanden werden.

Eucharistische Frömmigkeit

Was bedeutet der eucharistische Gottesdienst heute? Erste Bedingung ist der ernste und aktive Wille zur kirchlichen Einheit. Rechthaberei und Aggressivität machen ihn unmöglich. Im Verständnis Jesu setzt Gottesdienst Versöhnung voraus (Mt 5, 23 f.). Paulus sprach von der Unmöglichkeit, bei bestehenden Spaltungen in der Gemeinde Eucharistie zu feiern (1 Kor 10, 17; 11, 17-20). Augustinus nannte die Eucharistie »das Zeichen der Einheit«.
Sodann ist zu bedenken, dass Jesus der »fromme Jude« schlechthin war, der ganz aus Gott und auf Gott hin lebte. Darum kann die Gemeinde seiner nicht gedenken, ohne Gottes inne zu werden. Von Eucharistiefeier darf nur gesprochen werden, wo der Glaube an Gott und seine alles erfüllende Gegenwart gegeben ist. Diese Gegenwart Gottes in Jesus und seiner Gemeinde ist reale Gegenwart, keine nur gedachte. Ohne auf diese reale Gegenwart Gottes in Jesus durch den Geist ausgerichtet zu sein, sollte sich eine christliche Feier nicht »Eucharistie« nennen.

Wenn Christen Eucharistie feiern, begehen sie das Gedächtnis des Todes *und* der Auferstehung Jesu Christi. Dabei überschreitet das Mahl die menschliche Gemeinsamkeit, es ist Symbol einer neuen geschenkten Wirklichkeit: Die ganze kommunizierende Gemeinde wird zur brüderlich-schwesterlichen Gemeinschaft, dem einen Leib des Herrn in einem Geist. Also lautet der innere Anspruch: Lasst euch zu dem machen, was dieses Symbol umschreibt.

Weihnachtsessen in Santa Maria in Trastevere, Rom, für die »von den Hecken und Zäunen«.

Die Reich-Gottes-Verkündigung Jesu verlangt nicht Wohltätigkeit sondern Tischgemeinschaft.

211

Zeichen unter den Völkern

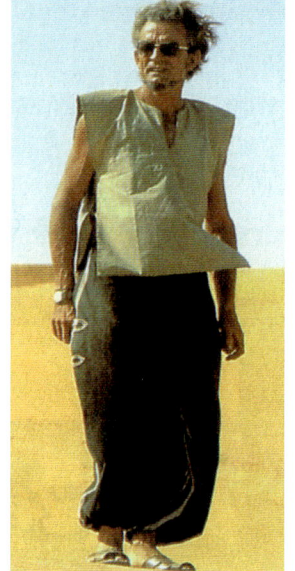

Die farbigen Fotos zeigen von links nach rechts: Ruth Pfau, Paulo Evaristo Arns, Lucien Bidaud. Schwarz-weiß-Fotos, links: Roger Schutz, Gründer von Taizé (1915–2005); oben: Martin Luther King (1929–1968); unten: Dom Hélder Camara (1909–1999), Mutter Teresa (1910–1997).

Viele Menschen sagen »die Kirche« und meinen ein fremdes Gegenüber, das sich in Bauten und Ämtern darstellt. Die steinernen Kirchen aber haben ihren Namen von der Gemeinde erhalten. Kirche, vom griechischen *kyriake* abgeleitet, bedeutet »dem Herrn gehörig«. Im ursprünglichen Verständnis ist Kirche also dort, wo Menschen Christus »gehörig« werden, indem sie auf sein Wort hören. Von dieser Kirche lässt sich nur konkret sprechen. Wie sie in drei Kontinenten, unter Bedingungen der Armut und Ohnmacht, zum Zeichen wird, will dieses Kapitel am zukunftsweisenden Lebenswerk dreier Menschen zeigen.

Paulo Evaristo Arns

Wenn man fast fünfhundert Jahre nach *Las Casas* südamerikanische Staaten besucht, ist die Kenntnis seines »Kurzgefassten Berichts« (vgl. S. 73 ff.) immer noch wichtig. Die Missachtung der Indios hat über ein halbes Jahrtausend keine grundsätzliche Wandlung gefunden. Ausbeutung ist weiterhin das Schicksal Lateinamerikas. Nach wie vor sind die europäischen Völker daran beteiligt. Unser eigener Reichtum ist die Kehrseite der unermesslichen Armut unter den Völkern der Dritten Welt.

Einer von jenen, die heute Las Casas' Stelle in Südamerika vertreten, ist Paulo Evaristo Arns, von 1970–1998 Erzbischof von São Paulo. Seine Vorfahren waren Moselbauern. Sie sind 1828 nach Brasilien ausgewandert. Kardinal Arns erzählt:

Wir waren dreizehn Kinder zu Hause, und zwei haben wir noch dazu angenommen. Meine Mutter hat uns wiederholt gesagt: In Brasilien braucht niemand Hunger zu leiden. Alles ist da, es muss bloß auf den Tisch gestellt werden. Aber heute ist das nicht mehr wahr. Wir hatten 1955 ein Einkommen von durchschnittlich 600 Dollar pro Person. Jetzt beträgt das Einkommen 2000 Dollar pro Kopf. Wie kommt es dann, dass die Leute, die doch dreieinhalb mal reicher geworden sind als vor dreißig Jahren, nichts zu essen haben? Wo doch eigentlich so viel da ist?

In der Tat verteilt sich der Reichtum Brasiliens zu Gunsten weniger Menschen bei unermesslicher Armut großer Volksteile. Es gilt das Wolfsgesetz: »Wer hat, dem wird gegeben werden.« Hunger treibt Millionen in die Stadtrandzonen, wo katastrophale Elendslager entstehen, die sogenannten *favelas*.

Als Evaristo Arns Erzbischof von São Paulo wurde, verkaufte er das bestehende erzbischöfliche Palais an einen japanischen Industriekonzern. Die vier Millionen Dollar, die er dafür bekam, gebrauchte er für sein soziales Programm.

Ich konnte das nicht mit ansehen, wie viele Leute, Bedienstete, allein zur Unterhaltung des Bischofshauses da waren, an die zwanzig, bis hin zum eigenen Gärtner. Das war eine Frage der Glaubwürdigkeit. Ich musste da raus.

Paulo Arns ist Franziskaner. Er liebt das einfache Leben und findet leicht Zugang zu den Armen.

Aber, wenn man dann wirklich etwas tun will für die Armen, steht man fast wie ein Fremder da.

Ob diese Erfahrung zu verallgemeinern ist? Auch als Kardinal der römischen Kirche möchte er arm sein:

Ganz wichtig ist, dass man nichts verdient. Oder dass man alles hergibt. Und zwar so hergibt, wie man es bekommt. Wichtig ist auch, dass man nichts für die Zukunft zurücklegt. Einfach leben ist das Ein-

Seine Amtszeit als Bischof begann Kardinal Arns mit einem »Paukenschlag«: Arns verkaufte das Bischofspalais für umgerechnet 3 Millionen Euro und baute mit dem Erlös Sozialstationen im Elendsgürtel der Stadt. Nun wusste jeder, dass es Arns mit dem Standortwechsel ernst war, zu dem sich die gesamte lateinamerikanische Kirche 1968 in Medellin verpflichtet hatte: Bruch mit der Allianz zwischen Staat und Kirche, Hinwendung zu den Armen.

Was Las Casas vergeblich gefordert hatte, wurde jetzt Wirklichkeit: die Kirche als Anwalt derer, die keine Stimme haben; die Unrecht beim Namen nennt und ansagt, wie das Reich der Gerechtigkeit, des Friedens und der Liebe zustande kommt.

Die Armen konnten spüren, dass Kardinal Arns auf ihrer Seite stand. Sie hatten wieder Heimatrecht in der Kirche. Die befreiende Botschaft des Evangeliums galt ihnen in vorrangiger Weise.

Auch in der schweren Zeit der Militärdiktatur wich Arns nicht von diesem Weg ab. Er zeigte Menschenrechtsverletzungen nicht nur an, er setzte sich rückhaltlos für die Befreiung politischer Häftlinge ein.

Aber anstatt den Kardinal zu stärken, »entlastete« der Vatikan 1989 den Kardinal, indem er dessen Erzdiözese in fünf Diözesen aufteilte und den Kardinal damit faktisch entmachtete. Ein einzigartiges Modell für eine Megametropole wurde zerschlagen. Aus seiner Enttäuschung hat Arns nie einen Hehl gemacht und die Entscheidung Roms als großen Fehler kritisiert.

São Paulo ist der größte Ballungsraum in Lateinamerika. In der eigentlichen Stadt São Paulo leben über 11 Millionen Menschen, in der Bannmeile Grande São Paulo etwa 20 Millionen. Das Stadtzentrum von São Paulo hat sich seit den 1960er Jahren gewaltig ausgedehnt und zeigt heute eine imposante Hochhauskulisse. In diesem Bereich haben sich jüngere, äußerst dynamische Zonen entwickelt, während das alte Zentrum seit Anfang der 1970er Jahre verkommt. Lärm, Schmutz, hohe Kriminalität bestimmen die Situation.

fachste im Leben. Ich habe keinen Purpur und ich trage keinen Purpur. Man soll mich versorgen, solange ich lebe, indem man mir das Essen gibt – und dann werde ich weiterarbeiten.

Das Arbeitsprogramm für seine Diözese besteht nach Kardinal Arns »kurzgefasst darin, dass wir unsere Parteinahme für die Armen vertieft haben«. Dies geschah zu einer Zeit, in der Brasilien unter einer Militärdiktatur stand. Den Hintergrund der Verhältnisse lässt die Presse-Meldung vom 19. November 1984 nur ahnen:

Die brasilianischen Todesschwadronen haben Morddrohungen gegen den Erzbischof von São Paulo, Kardinal Evaristo Arns, gerichtet. Einer der mutmaßlichen Führer der Mordkommandos, Florisyaldo de Oliveira, ein ehemaliger Polizist mit dem Decknamen Cabo Bruno, erklärte in einem Interview, er werde den Kardinal umbringen, wenn sich die Gelegenheit biete, weil er ihn für den Hauptverteidiger einer Politik der Menschenrechte halte.

Der so Bedrohte bemerkte damals: »Das drängt mich nur, mehr zu tun, nicht weniger.« Er hielt es für die Pflicht der Kirche, unter den Bedingungen der Diktatur »Freiraum für das Volk zu schaffen«. Die Diktatur endete 1985. Der Kardinal über diese Zeit:

Wir mussten das Volk gegen Unterdrückung und Folter verteidigen und ihm danach in seinem Kampf um Menschenrechte und ein größeres politisches Mitspracherecht beistehen. Ständiger Anstoß zu unserem Handeln war die Tatsache der sozialen

Nachdem die letzten Baulücken im innerstädtischen und innenstadtnahen Bereich geschlossen wurden, ist São Paulo heute im Umkreis von mehr als 25 Kilometern um das Zentrum durch Wohnquartiere, Gewerbeflächen und Verkehrswege versiegelt, so dass kaum noch innerstädtische Möglichkeiten zur Erholung bestehen. Seit Mitte des 20. Jahrhunderts herrscht eine unkontrollierte Ausdehnung São Paulos. Die Planung konnte mit diesen Veränderungen nicht mithalten. Die illegalen Favelas in den Randbezirken wachsen ungebremst. Ein Viertel der Menschen in der Stadt leben in diesen Elendsquartieren.

Ungerechtigkeit, die alle Aussicht auf menschliche Solidarität verneint und unser Volk immer mehr unterdrückt. Die prophetische Mission der Kirche wird äußerst unbequem, wenn sie sich direkt mit den Problemen der leidenden Armen befasst … Alle, die glauben, die Kirche solle Mitläufer der herrschenden Elite sein, um den sozialen Frieden zu sichern, werden jede prophetische Haltung der Kirche als Verrat oder kirchliche Anmaßung betrachten. Dies ist unser Kreuz, das wir tragen müssen.

Obwohl seitdem freie Wahlen stattfanden, wägt die Gerechtigkeit immer noch nicht blind, sondern mit zweierlei Maß. Und immer noch hat es die Kirche Brasiliens mit einer wachsenden Armut zu tun. Auf die Frage, wie er gesundheitlich sein Arbeitsprogramm bewältige, sagt der Kardinal:

Es wird manchmal schon sehr viel. São Paulo ist eine mörderische Stadt, die einem an den Nerv geht. Aber warum soll ich mich eigentlich schonen? Wozu bin ich denn sonst auf der Welt?

Der Theologe Leonardo Boff, ein Schüler von Paulo Evaristo Arns, als dieser noch Professor war, urteilt über seinen Lehrer:

Ich meine, dass Kardinal Arns nach Dom Helder Camara der große Prophet der Kirche ist. Ich sage sogar: Er ist der große Prophet der Menschenrechte in der ganzen Kirche. Er ist so frei und offen für die Armen. Als er in Petropolis war, habe ich mit ihm zwei Jahre am Stadtrand gearbeitet. Damals, als Professor noch, arbeitete er jeden Donnerstag, Samstag und Sonntag mit den Armen am Stadtrand. Er hat eine ganze Reihe von Schulen gegründet. Er hat einen Zugang zu den Armen wie ein echter Franziskaner. Und in dem Sinne meine ich: Er ist einer der größten Kardinäle der Kirche und ein richtiger Prophet, ein richtiger Pastor, ein richtiger Hirt der Kirche.

Kardinal Arns hat die Aufgabe der Kirche einmal so beschrieben: »Befreiung heißt, dass Jesus gekommen ist, damit die Menschen wieder hören können, wieder sehen können, wieder gehen können, wieder in Gemeinschaft leben können, wieder atmen können, wieder leben können. Leben – mit allem, was drinsteckt. Sollte Befreiung so nicht geschehen, was heißt dann überhaupt Befreiung in der Bibel und in der Geschichte der Menschheit? Wir müssen unser Leben dafür einsetzen, dass das Volk befreit wird von all diesen Übeln. Und wirklich hoffen kann und neu leben. Und das wird auch geschehen.«

1 Vergleicht damit Mt 11,2-5. Sind Menschen wie Las Casas und Paulo Evaristo Arns »Wundertäter«?
2 Ist die Abwehr, die Las Casas erfuhr, vergleichbar mit der Kritik an Kardinal Arns?
3 Mit welchem Recht nennt Leonardo Boff Kardinal Arns einen Propheten? Vergleicht S. 41.
4 Im Gespräch mit Ivan Illich, einem Kenner Lateinamerikas, wurde gefragt: Was können wir in Europa für Lateinamerika tun? Die Antwort: »Am wichtigsten ist euer Informationsinteresse!« Wo könnt ihr euch über die aktuelle soziale Situation in Südamerika informieren? Macht die vorhandenen Informationsquellen im Umfeld eurer Schule und eures Wohnortes ausfindig.

Ruth Katherina Martha Pfau, katholische Ordensschwester und Lepraärztin in Pakistan.

1949 begann Ruth Pfau mit dem Medizinstudium. Die geborene Jüdin konvertierte 1951 zum Protestantismus und 1953 zur katholischen Kirche. 1957 wurde sie Ordensfrau, und ging nach weiteren medizinischen Studien 1960 nach Karachi, Pakistan. Dort gründete sie ein Krankenhaus zur Leprabekämpfung, das zu einer in ganz Pakistan anerkannten Institution wurde. Die Deutsche Lepra- und Tuberkulosehilfe ist seit den 60er Jahren ein Hauptförderer ihrer Arbeit in Pakistan. 1980 wurde Ruth Pfau zur nationalen Beraterin im Rang einer Staatssekretärin für das Lepra- und Tuberkuloseprogramm der pakistanischen Regierung ernannt. 1996 kam die Lepra in Pakistan erstmals unter Kontrolle.

Während eines Gefängnisbesuchs stellte sie fest, dass viele Menschen in Haft nahezu blind waren. In Zusammenarbeit mit der Christoffel-Blindenmission bekämpft sie seither unnötige Erblindungen.

Ruth Pfau

Geboren ist sie 1929 in Leipzig. Sie wuchs konfessionslos heran. Mit zwanzig Jahren ließ sie sich auf eigenen Wunsch taufen, nachdem sie vorher viele Weltanschauungen »durchprobiert« hatte.

Als sich alles als brüchig erwies, habe ich mir gesagt: Ehe du die Konsequenz ziehst, versuchst du das Christentum. Und zu meinem großen Erstaunen hatte dieses existenzielle Antworten; man muss sie freilich selbst ausprobieren.

Sie wurde Ärztin.

Eins meiner Motive war, dass ich im Kriegsfall sicher sei, dem Leben und nicht dem Töten dienen zu müssen.

Die Studienjahre fielen in eine Zeit wirtschaftlichen Aufstiegs in der Bundesrepublik. Die erste Zufriedenheit mit materiellem Wohlstand zeichnete sich ab. Ruth Pfau erzählt, damals habe sie einen Mann sehr geliebt.

Mir stellte sich die Frage, entweder diese Heirat, von der ich mir gut vorstellen konnte, dass wir sehr glücklich geworden wären, oder der Eintritt in einen Orden.

Sie entschied sich für eine Gemeinschaft, deren Frauen in Fabriken wie Hochschulen zu finden sind; sie wirken als Lehrerinnen, Fürsorgerinnen, Ärztinnen; in Kaufläden, in Büros, bei Behörden, in Familien, auf geringen und hochstehenden Posten. Ihr Lebensentwurf hieß:

Ich werde die ärztliche Betreuung eines Aussätzigen- und Elendsviertels übernehmen, um das sich noch kein Arzt kümmert.

Auf dem Weg nach Indien kam sie über Karachi in Pakistan. Pakistan war 1947 entstanden und kannte ein riesiges Flüchtlingselend, das außer Kontrolle geriet. Damals schrieb Ruth Pfau:

Allein kann man das Elend gar nicht angehen, es verfolgt mich im Schlaf. Die Eingeborenenhütten sind größtenteils aus Schilf, Holz, Sackvorhängen und Stäben. Wenn es regnet, ist das Viertel eine einzige Pfütze. In meinem Lepraviertel gibt es kein Wasser, kein Licht und nicht einmal Abortgruben. Wenn meine Leprapatienten auf Arm- und Beinstummeln gekrochen kommen und mich mit ihren triefenden, entzündeten, blinden Augen ansehen, oder wenn ich die Babys in der Hand halte, nackt und dürr wie Äffchen, dann habe ich anfangs manchmal nicht gewusst, ob ich lästere oder ob ich bete, wenn ich halblaut vor mich hinsage: »... also hat Gott die Welt geliebt«.

Sechzehn Stunden Arbeit am Tag waren die Regel für Ruth Pfau, bis zur körperlichen und seelischen Erschöpfung. Und immer mehr Menschen kamen, sich behandeln zu lassen.

Wir wussten, dass die Kälte der Nacht zunichte machen würde, was wir am Tage erreichten; wir wussten, dass wir dem Tun der Ratten nicht wehren konnten, wenn sie die gefühllosen Hände und Füße unserer Kranken anfraßen; wir wussten, dass keiner ihnen auch nur ein Glas Wasser reichen würde, bis wir morgens wiederkamen.

Ruth Pfau ist oft gefragt worden, warum sie diese Arbeit tut. Einmal versorgte sie einen Bettler, von dem völlig klar war, dass er nicht gerettet werden könnte. Sie machte ihn gerade sauber. »Also, bitte, warum machst du das eigentlich?«, wollte ein europäischer Kollege wissen.

Da habe ich erst einen Augenblick überlegt. Ich wusste ja selber nicht, warum ich das mache. Ich fand es normal. Ich habe gar nicht erwartet, dass das mal jemand hinterfragt. Ja, warum machen wir das? Weil es für uns ganz, ganz natürlich ist. Selbst für einen Atheisten ist es doch etwas ganz Natürliches, dass der Mensch eine Würde hat, die fraglos ist.

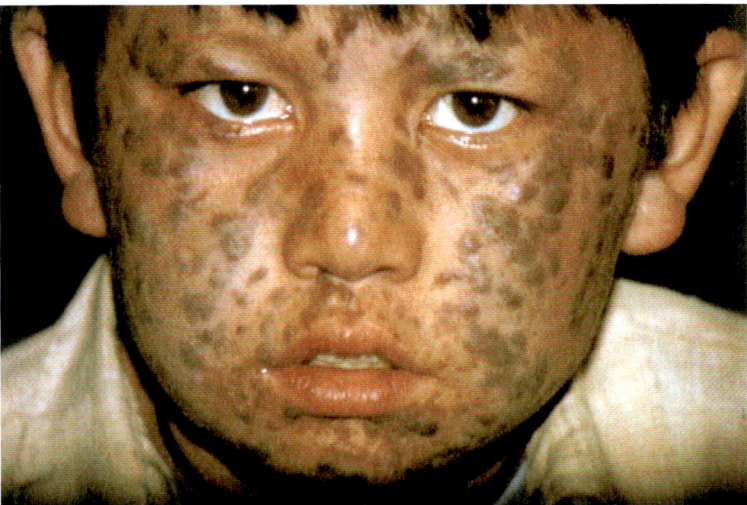

Ruth Pfaus Arbeit weitete sich aus. 1965 begann sie mit der Ausbildung einheimischer Helfer. 1966 ergänzte sie die erste Behandlung der Leprakranken durch fortlaufende Kontrollen. Ab 1968 organisierte sie ein Netz von Leprastationen über ganz Pakistan. Aber es türmten sich auch die Hindernisse. Das erste lag darin, dass sie eine Frau war. In einem islamischen Land fallen den Männern alle öffentlichen Rollen zu. Ruth Pfau musste sich gegen mächtige Traditionen behaupten. Selten nur gelang es ihr, einen pakistanischen Arzt auf Dauer für ihre Arbeit zu interessieren. Nachdem die äußeren Gettos, in die man die Aussätzigen verbannte, abgebaut werden konnten, sind die inneren Gettos doch geblieben: die Vorbehalte und Vorurteile gegenüber der Lepra bestehen weiterhin und erweisen sich als wirksam.

Lepra, im deutschen Sprachgebrauch auch als Aussatz bezeichnet, ist eine Infektionskrankheit, die vor allem in tropischen Ländern auftritt. Sie wird ausgelöst durch ein von Mensch zu Mensch übertragbares Bakterium, das Haut, Schleimhaut und Nervenzellen befällt. Die Gefahr der Ansteckung besteht unter schlechten hygienischen Bedingungen. Statistisch gesehen liegt Indien mit der Anzahl der Erkrankungen an der Spitze, gefolgt von Brasilien, Indonesien, Bangladesh und Nigeria. Lepra kann heute mit Antibiotika, die in Entwicklungsländern oft nicht verfügbar sind, gut behandelt werden.

Die Provinz Belutschistan und angrenzende Gebiete gelten als Transitroute für Drogenschmuggler aus Iran, Afghanistan und Pakistan in Richtung Europa. Laut iranischem Innenministerium sollen mindestens 3000 iranische Polizisten und Soldaten von Drogenhändlern getötet worden sein. Zu günstig seien die Voraussetzungen hier, am Rande der Welt, wo seit Jahrhunderten das Gesetz der Gesetzlosigkeit gilt. Wo es die Regierungen von Afghanistan, Iran und Pakistan längst aufgegeben haben, Staatsmacht zu demonstrieren. Es gibt unglaubliche Armut und medizinische Unterversorgung. Schulbildung kennen die Menschen dieser Region kaum. Drogenhändler und Schmuggler gehen – kaum gehindert – ihren dunklen Geschäften nach. Al-Qaida-Kämpfer können sich hier relativ frei bewegen. Allzeit bereit und hochgerüstet, um sich gegen Fahnder aus ihrem Unterschlupf heraus zur Wehr setzen zu können. »Uns ist klar, dass wir mit Gottes Hilfe manchmal volles Risiko gehen müssen, wenn wir helfen wollen«, sagt Ruth Pfau.

Belutschistan. Ein Landstrich, fast ganz von der Wüste beherrscht. Ruth Pfau ist hier oft wochenlang unterwegs.

Diesmal sind wir mit unserem Team von fünf Leprahelfern im Landrover im Wüstengebiet von Makran. Irgendwie stört etwas unsere Arbeit. Sobald wir uns einer Gruppe von Zelten nähern, laufen die Frauen fluchtartig davon. Wir beraten die Lage. Daud hat eine Erklärung: »Die einheimische Panjabi-Tracht, die Sie tragen, gleicht der Männertracht in Makran. Vielleicht erkennen die Frauen Sie aus der Entfernung nicht als Frau?« So könnte es sein. Wir besorgen uns also Makrani-Frauenkleider: weite Pluderhosen, ein schwingendes, buntfarbenes Obergewand, ein großes Schultertuch zur Verschleierung. Der Erfolg ist durchschlagend. Wenn wir uns jetzt einer Gruppe von Zelten nähern, strömen uns die Frauen entgegen. Wir schlagen unsere Ambulanz auf dem Zeltplatz auf. Die Nachricht verbreitet sich in Windeseile. Die Kranken von nah und fern werden gebracht. Ich gebe Anweisungen und habe völlig vergessen, dass ich die Tracht der Frauen von Makran trage. Erst der entzückte Blick zweier Mädchen reißt mich aus meiner Rolle. Sie sitzen hinter ihrem Schleier und genießen mit hungrigen Augen die für sie ganz und gar verkehrte Situation: dass da eine der Ihrigen auf der Kommandobrücke sitzt und die ganze Meute Männer kommandiert.

Die Geschichte der Lepra in einem Hochtal Pakistans

Es war in den sechziger Jahren, als sich die Nachricht wie ein Lauffeuer verbreitete, einer vom Stamm sei an Lepra erkrankt. Man setzte sich zur Wehr, verbot dem Erkrankten den Zugang zum Brunnen. Das bedeutete in diesem dürren steinigen Hochtal das Todesurteil für den Mann und für seine Herden. Damals war er schon verheiratet, er hatte zwei Söhne und wurde nun in den äußersten Winkel des Hochtals getrieben, von wo es kein weiteres Entkommen gab. Hier grub der Leprakranke mit seinen beiden Söhnen einen eigenen Brunnen. Was das bedeutet, kann kein Außenstehender ermessen: Angst und Erschöpfung, kaum Werkzeug, außer den eigenen Händen, und dennoch den Brunnen tief genug treiben, um auf Grundwasser zu stoßen … Der Mann starb unbehandelt, der erste. Dann

hat sich die Lepra im ganzen Tal ausgebreitet. Und weil es bald keine Familie mehr gab, die nicht von der Krankheit befallen war, schlief die Sache mit dem Brunnen ein; man dachte jetzt gleich an sich selbst, als dass man einen Leprakranken noch einmal zu so etwas gezwungen hätte. Die Lage im Hochtal hat sich grundlegend geändert. Seit einigen Jahren sind nur noch Frühfälle aufgetreten. Man kann jetzt offen über die Krankheit sprechen und offen zur Behandlung kommen. Jeder weiß aus eigener Erfahrung, dass Lepra heilbar ist. Und so ist auch das Heiratsverbot für Leprakranke, das der Stamm verhängt hatte, seit einiger Zeit wieder aufgehoben. Ruth Pfau:

Wenn ich zurückschaue, hat sich alle Mühe doch sehr gelohnt. Es begann im Slumviertel von Karachi. Seitdem wurden zahllose Menschen geheilt. Die Krankheit verlor viel von ihrem Schrecken. Heute gibt es Hilfe für betroffene Männer, Frauen, Kinder, die nur eine Hoffnung haben: diese kleinen, weißen Tabletten, die das Leprahelfer-Team bringt. Zahlreiche Helfer und Regierungsangestellte leisten ihre Dienste in allen Ecken des Landes und in den überbevölkerten Slumvierteln von Karachi. Fahrzeuge haben wir und Motorräder. Im Zentralkrankenhaus stehen uns Betten für die wiederherstellende Chirurgie zur Verfügung; Training für Behinderte und medizinische Forschung kommen hinzu: ein umfangreiches Programm. Das Geld tragen Spenden in aller Welt zusammen. Ich weiß, die Arbeit wird weitergehen, trotz aller finanziellen Krisen. Ich träume davon, mit gemeinsamer Hilfe der Krankheit den letzten Stoß zu versetzen.

Ruth Pfau lebt als Christin unter lauter Muslimen. Auch die meisten ihrer Mitarbeiter sind Muslime, die unterwegs, etwa im Bergland, das nur noch Ziegenpfade kennt und zu tagelangen Fußmärschen zwingt, ihre Gebetszeiten einhalten. Ist es nicht eine besondere Einsamkeit, als Christ unter solchen Bedingungen zu leben?

Nein. Einer der Gründe, warum ich so gerne in Pakistan bin, ist der, dass hier wirklich noch eine Kultur herrscht, in der das Transzendentale – das, was unser Wissen und Denken übersteigt – ein selbstverständlicher Teil des Lebens ist. Ich fuhr einmal mit dem Zug in den Norden. Zwischendurch habe ich das Neue Testament neben mich auf den Sitz gelegt. Ein Muslim, der das sah, hat das Buch aufgenommen, sein Taschentuch ausgebreitet und es darauf niedergelegt. Ich komme mit meinen muslimischen Jungs auch auf diesem Gebiet besser aus als mit einem durchschnittlichen Christen, dem so etwas nichts bedeutet. Doch: man kann sehr viel lernen von den Muslimen.

In Abbaspur, im Norden Pakistans. Ruth Pfau hat einen Monat hier gearbeitet. Der Kreisvorsitzende verabschiedet sie mit einer Dankesrede:

Ich möchte Ihnen danken, dass Sie unseren Kindern ein Leitbild gegeben haben, heute, wo alles nur nach Geld eingeschätzt wird. Mir ist das vor drei Tagen klar geworden, als Ihr Jeep beinahe von den plötzlichen Fluten des Bergbaches fortgespült wurde. Wir konnten es von hier oben genau beobachten. Als wir mit Entsetzen Ihre Lebensgefahr erkannten, sagte mein Junge, dem Team passiere nichts … »das sind doch die einzigen Menschen, die das tun, was Gott von uns allen erwartet; er kann es sich nicht leisten, dass er diese verliert!« Und als Ihr Jeep es dann doch schaffte, sagte er: … »Siehst du, ich glaube, später tue ich das gleiche wie diese Menschen …«

1 Nehmt zu diesem Bericht über Ruth Pfau noch einmal das Kapitel »Kirche der Schwachen« im Religionsbuch 5/6, S. 150–157. Welchen Hintergrund bietet es für das Lebenswerk von Ruth Pfau?
2 Menschen wie Ruth Pfau gibt es vielfach in der christlichen Welt. Könnt ihr einige in eurer Umwelt aufspüren? Manchmal sind Männer und Frauen, die im Namen der Kirche in fremden Ländern arbeiten, in der Heimat auf Urlaub. Sie arbeiten in den jungen Kirchen Afrikas, Asiens oder Lateinamerikas. Erkundigt euch nach ihnen, knüpft Kontakte und ladet sie in eure Schule ein. Menschen wie Ruth Pfau sind zum Anfassen da. Sie können euch von anderen Erfahrungen erzählen und euch zeigen, dass unser Kirchenbild nicht beim eigenen Kirchturm stehenbleiben darf.

Lucien Bidaud

Lucien Bidaud ist Franzose. Er ist Ordensmann, gehört zur Gemeinschaft der Redemptoristen. Seit 1960 lebt er im afrikanischen Staat Burkina Faso, im Trockengebiet des Sahel. Das Gebiet seiner Gemeinde, die er betreut, hat die Größe Belgiens. Nur eine Hand voll Christen gibt es dort. Die Menschen, die dort wohnen, sind ein halbnomadisches Hirtenvolk, vom Stamm der Peul. Früher waren sie Sklaven der Wüsten-Tuareg. Sie sind schlank, von hohem Wuchs und strahlen Schönheit und Würde aus. Die weiße Kleidung, jener der Tuareg ähnlich, unterstreicht die Stattlichkeit ihrer Erscheinung. Die Sahelzone ist immer wieder neu Thema der Berichterstattung. 1969 gab es eine Hungersnot in Dori, 1973 und 1974 eine alles vernichtende Hungersnot im gesamten Sahelgebiet. Ganze Völker starben damals in Burkina Faso. Das Sterben aber geschah lautlos. Während man in der Hauptstadt Ouagadougou (sprich: Wagadugu) kaum etwas davon wusste, starben im Norden die Menschen auf offener Straße. Wenn Père Bidaud von jenen Jahren erzählt, zeichnet ihn Verzweiflung:

Holzsammlerin in Marokko.

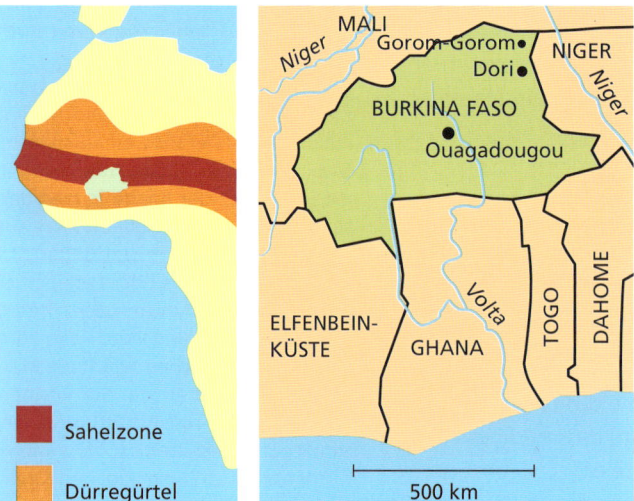

Der Hof der Pfarrei war voll verhungernder Menschen. Die meisten waren so geschwächt, dass selbst kleinste Krankheiten sie dahinrafften. – Da war ein kleines Mädchen. Es hatte hohes Fieber. Bei 45 Grad im Schatten fällt das Fieber nicht mehr. Wir haben alles versucht. Injektionen; die Adern platzten. Wir haben ihr Wasser eingeträufelt. Die ganze Nacht, Tropfen für Tropfen, damit sie nicht erbrach. Wir haben sie in feuchte Tücher gewickelt. Schließlich ist sie innerlich ausgetrocknet. – Wir arbeiteten Tag und Nacht. Wir aßen heimlich, verkrochen uns in den dunkelsten Winkel des Hauses, damit es die anderen nicht sahen. – Ein Muslim hob den Zeigefinger, als seine Stimme versagte, um uns noch einmal, im Sterben, zu bedeuten: Es gibt nur einen Gott.

Lucien arbeitete damals in Gorom-Gorom, einer Stadt aus Sand, Lehm und Staub am Rande der Wüste. Als es ihm zu viel wurde, ging er in die Hauptstadt, stieg auf die Kanzel der Bischofskirche und schrie die Nachricht vom großen Sterben in die Welt hinaus.

Sahelzone

Dürregürtel

MALI
Niger
Gorom-Gorom
Dori
NIGER
Niger
BURKINA FASO
Ouagadougou
Volta
TOGO
DAHOME
ELFENBEIN-KÜSTE
GHANA

500 km

Die Sahelzone ist wirklich ein Boden der Armut. Aber mehr als Naturkatastrophen erzeugt menschliche Schuld diese Armut.

Überall auf den Straßen Burkina Fasos sieht man Holzkarren, von kleinen Eseln gezogen. Sie sind ein typisches Bild. Sie ziehen Hunderte von Kilometern durch das Land, oft wochenlang, um die Menschen mit Holz zu versorgen. Ohne Holz ist das tägliche Leben, die Nahrungsbereitung, die gesamte Lebenskultur der Sahelzone nicht denkbar. Aber durch das brutale Abholzen wächst die Wüste von Tag zu Tag – und damit auch die Katastrophe. Es ist ein Teufelskreis, von dem niemand weiß, wie er durchbrochen werden kann. Die Holzkarawanen reißen nicht ab. So schnell, wie hier abgeholzt wird, kann kein Bäumchen wachsen.

Das zweite Problem, neben dem Raubbau am Holz, ist der Wassermangel, die Folge der schnell wachsenden Wüste. Da helfen nur noch Brunnen, die immer tiefer gebohrt werden müssen. Lucien führt Besucher zu einem Dorfbrunnen, umringt von allen Einwohnern.

Diesen Brunnen haben wir 1969 zu graben begonnen zur Zeit der ersten Hungersnot. Die ersten Bohrungen missglückten. Dann zeigte uns ein alter Mann diesen Platz und sagte, dort würden wir in acht Meter Tiefe Wasser finden. Also haben wir gegraben, anfangs nur mit den Händen, weil uns Werkzeuge fehlten. In 26 Meter Tiefe wäre ich beinahe erstickt, weil die Erdmassen einstürzten und mich begruben. Die Leute haben mich gerettet. Als die Regenzeit kam, haben wir das Brunnenloch abgedeckt, doch war im nächsten Jahr alles eingefallen, die Arbeit eines ganzen Jahres umsonst. Wir mussten neu anfangen. Und nun haben wir diesen Brunnen hier – nach fünf Jahren Arbeit! Fünf Jahre Arbeit!

Die große Not hat damals dazu geführt, dass eine ganz besondere Organisation gegründet wurde, die UFC (Union Fraternelle des Croyants), die »Brüderliche Vereinigung der Gläubigen«.

Für mich vollzog sich die Gründung der Brüderlichen Vereinigung in dem Augenblick, als Muslime und Christen begannen, sich brüderlich zu begegnen, als sie sich auf dem Fundament ihres Glaubens zusammenfanden. Und als Hungersnöte kamen, konnten wir nicht dabeistehen und zusehen, wie die Brüder vor Hunger starben. Zunächst berieten die Christen untereinander; dann berieten die Muslime untereinander; schließlich berieten sich Muslime und Christen gemeinsam. Und damit begann unsere erste gemeinsame Aktion.

Sahel. Der Begriff bedeutet 1. allgemein den Übergang von der Wüste zur Trockensavanne: der S. ist eine Dornstrauchsavanne. 2. die von West- über Mittel- nach Ost-Afrika verlaufende Randzone der Sahara: Sahelzone. In diesem Gebiet gibt es in Abständen von meist nur wenigen Jahren Dürren mit katastrophalen Folgen und Hungersnöten.

Burkina Faso, deutsch: »Land der Aufrichtigen«. Das Land stand bis 1960 unter französischer Kolonialherrschaft. Nach Beginn der Unabhängigkeit hieß es bis 1984 Obervolta. B. F. gehört zu den ärmsten Ländern der Welt. Zu den knapp 14 Millionen Burkinern zählen 60 Völkerschaften, die überwiegend friedlich zusammenleben. Ihre extreme Armut ist Ursache der meisten Probleme: Krankheiten wie Aids, Malaria, Tuberkulose, eine hohe Kindersterblichkeit und eine durchschnittliche Lebenserwartung von nur 43 Jahren zwingen viele Menschen zur Landflucht; mangelnde Bildung und Analphabetismus erschweren die Aufklärung der ländlichen Bevölkerung zu verschiedenen Problemen.

Brunnen von Hassi Memiet

Lucien Bidaud (1930–1987) arbeitete in seinen ersten Priesterjahren schon in den Elendsvierteln der französischen Hauptstadt, in denen abertausende nordafrikanische Gastarbeiter wohnen. Dies war für ihn der Anstoß, seine Aufgabe in der Welt des Islam zu sehen. In Burkina Faso, dem ehemaligen Obervolta, hatte er eine Gemeinde der Größe Belgiens zu betreuen, mit bloß einigen hundert Christen. Seine Aufenthaltsorte wechselten ständig: mal in Gorom-Gorom, mal in Dori, mal in der Hauptstadt Ouagadougou.

Er starb im Oktober 1987 einen ungeklärten Tod. Mit zwei Männern aus Lothringen und einem belgischen Priester kam er aus Europa mit zwei Autos, um Medikamente, Saatgut und landwirtschaftliches Material zu bringen. Kurz vor der Grenze nach Burkina Faso wurden die Leichen der beiden Männer aus Lothringen in Niger gefunden; zwei Tage später und 40 km weiter weg die beiden Priester. Von den Autos gab es keine Spur.

Lucien Bidaud betreute in Dori eine christliche Gemeinde. Der überwiegende Teil der Bevölkerung zählt dort zu verschiedenen Naturreligionen (1980 waren es 75%, heute sind es 55%); darauf folgen die Muslime (1980 waren es 15%, heute sind es 35%). Der Anteil der katholischen Christen betrug 1980 circa 8%; heute sind es etwa 9%. Die Entwicklung verlief zu Gunsten des Islam.

Diese UFC war kein Strohfeuer. Neben vielen anderen Diensten kümmern sich die Mitarbeiter im Riesengebiet der Region Dori um Wasser: Brunnen werden gebohrt, Pumpen eingerichtet und gewartet, künstliche Seen, die sich zur Regenzeit füllen, angelegt. Die Brunnen müssen allerdings immer tiefer getrieben werden. 70 und 80 Meter Tiefe sind schon keine Seltenheit mehr. Fachleute sagen, dass dadurch alles nur noch schlimmer werde, weil der Grundwasserspiegel stetig absinkt. Durch Wiederaufforstung aber versucht die »Brüderliche Gemeinschaft« den tödlichen Kreislauf zwischen Holzverbrauch und Wassermangel zu durchbrechen.

Vor einiger Zeit hat die UFC einen Wettbewerb für die beste Gemeinschaftsarbeit im dörflichen Bereich ausgeschrieben. Die Dorfbewohner, die einen tief gestaffelten Baumgürtel gepflanzt hatten, bekamen den ersten Preis: Maschendraht, eine Hacke, eine Schaufel, eine Harke, eine Gießkanne.

Über all diesen Dingen darf man nie vergessen, dass rund um Dori nur ein paar hundert Christen leben, eine verschwindende Minderheit. Allgegenwärtig ist dagegen der Islam. Als Lucien an einem Sonntag mit Freunden von der UFC in ein kleines Dorf kam, gingen sie zum Imam, dem Leiter der islamischen Gemeinde, und brachten ihm Hirse mit. Einer sagte:

Es sind nicht die Christen, die dir Hirse bringen, es sind auch nicht die Muslime. Es sind einzig und allein gläubige Brüder, die kommen, um in Brüderlichkeit anderen die Hand zu reichen.

Darauf zitierte der Imam einen Satz aus der muslimischen Weisheit:

Dort, wo zwei Personen beginnen, sich zu verstehen, um ein kleines Stück Weg gemeinsam zu gehen, geht Gott als Dritter den Weg mit ihnen.

Lucien Bidaud sagte: »Wir begriffen, dass Gott nicht mit uns geht, wenn wir nicht mit den anderen gehen.«

Luciens Gemeinde in Dori ist lebendig. Vor allem die jungen Familien halten zusammen, helfen sich gegenseitig. Lucien ist unauffällig in der Mitte. Er gibt jedem Raum.

Brüderlichkeit erleben wir in der Tat in unserer Gemeinde und in der »Brüderlichen Gemeinschaft der Glaubenden«. Einer ist wirklich Bruder für den anderen. In völliger Freiheit, ohne seine Anschauungen zu verstecken. Ohne Angst, seinen Reichtum zu teilen, was auch den Glaubensreichtum einschließt. Ohne Angst, seine Sorgen zu teilen. Ohne Angst, seine Freuden zu teilen. Wirklich, zwischen uns besteht Brüderlichkeit.

Es ist nicht immer so gewesen. Die »Brüderliche Gemeinschaft« entstand im mühsamen Kampf gegen Gleichgültigkeit und Erschöpfung. Ein Mitarbeiter in der UFC sagt:

Wir tun diese Arbeit hier, um unsere Erde wieder in Ordnung zu bringen. Wir wollen sie schützen, weil sie im Augenblick nackt

In der Sahelzone

ist. Es sind schon Jahre her, dass hier einmal Bäume wuchsen, nun sind die Bäume tot. Das ist der Grund, warum wir diese Arbeit tun.

Dann füllt er weiter Erde in Plastiktüten und senkt Baumsamen hinein; die Sämlinge werden großgezogen und zur Regenzeit ausgepflanzt. Wenn der jetzige Raubbau nicht unterbrochen werden kann, wird in spätestens fünfzig Jahren auch hier eine trostlose Sandwüste sein, wie heute schon überall im Norden.

Lucien lebt unter harten Bedingungen. In seiner Riesendiözese gibt es nur eine Handvoll Priester; einige von ihnen sind krank und können nicht mehr arbeiten. Alle drei Monate bekommt Lucien – in heutige Währung umgerechnet – 29 Euro als Gehalt von seinem Bischof. Das reicht ihm nicht einmal als Benzingeld. Aber er ist gern in diesem Land; er liebt es und liebt die Menschen, ohne Bedingung und ohne Rückversicherung. Warum tut er das?

Manchmal wird gesagt, du machst ja nur Entwicklungshilfe. Aber das ist nicht wahr. In meinen Augen ist es tatsächlich die Verkündigung des Evangeliums. Die gute Nachricht soll verbreitet werden, dass Gott die Menschen liebt und sie befreit. Dies alles umfasst unsere gemeinsamen Bemühungen, die unserer muslimischen Brüder und die unsrigen. Ziel ist also die Verkündigung des Evangeliums: mit den christlichen Brüdern hier eine gute Nachricht zu sein und die gute Nachricht glaubhaft zu verkünden.

1 Im Engagement von Paulo Evaristo Arns, Ruth Pfau und Lucien Bidaud bündeln sich Probleme ihrer Länder. Tragt aus anderen Quellen ergänzende Informationen zur sozialen Situation in Brasilien, Pakistan und in der Sahelzone zusammen.

2 Wie würdet ihr auf die Kritik antworten: »Die Kirche soll weder soziale noch medizinische Arbeit leisten, sondern sie soll das Wort Gottes verkünden«?

3 Könnt ihr Beziehungen zwischen dem Lebenswerk der hier vorgestellten Christen und dem Kapitel »Jesus: Der Erlöser« herstellen? Versucht den Begriff »Erlösung« aus der Sicht von Kardinal Arns, Ruth Pfau und Lucien Bidaud zu umschreiben.

Ökologie und Verantwortung

Umwelt

Das Wort ist falsch
das Wort ist dumm
als ginge die Welt
um uns herum

wir sind jedoch
ein Teil der Welt
was wir auch tun
es fällt
auf uns zurück

es fällt auf Ozeane
auf den Schnee
auf Tiere
Pflanzen
nah und fern

was wir auch tun
trifft unsern Stern

Walther Petri

»Noch«

Noch eine Autobahn,
noch eine Forststraße,
noch ein Flughafen,
noch ein Bergwerk,
noch ein Kraftwerk,
noch *ein* Baum.

Martin Auer

Die folgenden Seiten bieten eine Checkliste, die dann, wenn sie durchgearbeitet wurde, nach geraumer Zeit nochmals überprüft und auch ergänzt werden muss. In den heute fälligen Sachfragen um Rohstoffe, Umwelt und Energie geht es um den Menschen selbst, um unsere eigene Zukunft.

Umweltbewusstsein in der Schule

In der Schule ist anzufangen. Wenn sich da nichts ändert, gehen alle Worte des Religionsunterrichts in den Wind.

– Obenan steht das Energiesparen: Brennen in Klassenräumen und Fluren auch dann noch die Lampen, wenn längst die Sonne scheint? Wer löscht das Licht *bewusst* im Vorbeigehen?
– Habt ihr manchmal überheizte Klassenzimmer? Sprecht mit dem Klassenlehrer, mit der Schulleitung darüber.
– Welche Abfälle produziert die Schule? Bringt ihr euer Schulbrot stets in frischem (Pergament-)Papier mit, das dann fortgeworfen wird, oder habt ihr eine Verpackungsform, die ihr alle Tage wieder benutzen könnt?
– Kann man in eurer Schule Getränke in Mehrwegflaschen kaufen? Ist die Schule bereit, um dieses Ziel zu erreichen, die Abnahme anderer Verpackungsformen zu verweigern?
– Wohin werft ihr Bananenschalen und andere Obstreste? Angemessen wäre ein Eimer mit Deckel, in den die Bio-Abfälle kommen. Natürlich braucht die Schule dann einen richtig angelegten Kompost – und einen wöchentlich wechselnden Kompostdienst.

224

– Wie sieht das grüne Umfeld der Schule aus? Welche Lernange-
bote für ökologisches Gärtnern bietet dieser Bereich? Kann sich
der Biologieunterricht für eine Weile mit dem eigenen Schulgelände befassen? Welche Anträge auf grundlegende Veränderungen sind an den Schulträger zu richten? Welches Team, welcher Ausschuss betreibt die Sache?

Umweltbewusstsein im Haushalt

Was bei euch zu Hause geschieht, ist in erster Linie Sache der Eltern. Ihr könnt gleichwohl Vorschläge machen, vor allem aber
durch eigene Umsicht und freiwillige Dienste dazu beitragen,
dass auch dort ökologisch gehandelt wird, wo alte Gewohnheiten
sich gegen neue Einsichten sperren.

Energiesparen

Wenn ihr eine 40-Watt-Glühbirne täglich eine Stunde länger als
nötig brennen lasst, macht das im Jahr 14,6 Kilowattstunden. Das
ist nicht viel, doch muss man alle Haushaltswerte in Deutschland
mit dem Faktor 39 Millionen multiplizieren. Das ist die Gesamtzahl
der Haushalte. Also ergibt sich ein Mehrverbrauch von 569 Millionen
Kilowattstunden. Dafür müsste man 70150 Tonnen Kohle verheizen.
Welche Luft-, Wald-, Wasserbelastung ist damit verbunden? Für den
einzelnen Haushalt ist es nur eine einzige, schwache 40-Watt-Birne.

– Sparprogramm für die Küche: Das Sparprogramm der Geschirr-
spülmaschine wählen. Nur die voll beladene Maschine benutzen.
Große Töpfe und Pfannen mit der Hand spülen. Kaffee und Tee
auf der Warmhalteplatte nicht »vergessen«. Die Kaffeemaschine
ist sparsamer als der Wassertopf auf der Herdplatte. Den Kühlschrank abtauen. Die Kühltemperatur von 5 auf 7°C erhöhen. Die
Kühlschranktür schnell wieder schließen. Beim Herd Kochplatten
zwei bis drei Minuten eher abstellen; die Nachwärme nutzen.
Beim Kochen die Töpfe mit einem Deckel schließen. Richtige
Topfgrößen benutzen (gleich groß wie die Herdplatte, glatter Boden, gute Wärmeleitung). Den Backofen nach Möglichkeit nicht
vorheizen; diese Energie ist verschenkt.
– Die Rentabilität der elektrischen Großgeräte überprüfen.
Glühlampen gegen Energiesparlampen austauschen. Gefrier-
schränke sind Energieschlucker. Gefriertruhen sind sparsamer:
da kalte Luft schwerer ist als warme, bleibt sie beim Öffnen in der
Truhe. Beim Neukauf von Geräten auf Sparsamkeit achten.
– Die Stand-by-Einrichtungen des Fernsehers halten die Bildröhre
vorgeheizt. Man kann darauf verzichten. Je nach Modell werden
2 bis 23 Watt pro Stunde unnötig verbraucht.
– Nie vergessen: Am Ende jeder Stromleitung stehen (im Verbund)
Kohlekraftwerke, die Schwefeldioxid ausstoßen, und Atomkraft-
werke mit anderen, aber nicht minder bedenklichen Problemen.

Staune

dass du bist
erlebe die welt
als wunder
jedes blatt hat sein
geheimnis
jeder grashalm bleibt
ein rätsel

verlerne das staunen nicht
wenn man dir eintrichtert
wie normal und
einfach alles ist

Günter Ullmann

An einer Hamburger Gesamtschule gedeihen in einem üppigen Schulgarten Bohnen und Kartoffeln. Im Fachunterricht analysieren Schüler die Zusammensetzung der Knolle. In jeder Klasse stehen drei Plastikeimer zum Sortieren des Abfalls. Sofia klappert mit ihren Freundinnen die neuen fünften Klassen ab und klärt sie über Mülltrennung auf. Regelmäßig trifft sich die Mali-Gruppe. Sie hat einer Partnergruppe in Afrika eine Solaranlage geschenkt. Ökologisches Engagement gehört an dieser Schule zum Standard.

Mülltrennung? – fragt in Berlin-Mitte der Rektor einer Realschule. Alle 14 Klassen hatte er mit neuen Eimern ausgestattet, »aber die Schüler nehmen das einfach nicht wahr«. Die Schule atmet den Plattenbau-Charme der 70er Jahre. Der PVC-Boden schlägt Falten, der Schulhof ist eine Betonwüste. Umwelt-AGs oder Energiesparprojekte gibt es nicht, »Wir haben andere Sorgen«, sagt der Rektor. »Prügeleien vermeiden, den ausländischen Schülern Deutsch beibringen.«

Wo zwischen diesen zwei Positionen ist eure Schule unterzubringen? Wo die rund 40.000 allgemeinbildenden Schulen in Deutschland?

Faustregel für die *Heizung:* Wird die Raumtemperatur um nur 1°C gesenkt, spart man ca. 6 Prozent Energiekosten. Überprüft eure Raumtemperaturen: Behaglich ist es in einem Wohnzimmer bei 20 oder 21°C; in der Küche reichen 18°C aus; für Diele und WC genügen 15°C. Haben eure Heizkörper Thermostatventile? Sind die Heizkessel veraltet? Dann belasten sie die Umwelt und den Geldbeutel. Auch durch *richtiges* Lüften lässt sich Energie sparen.

Wassersparen

Eine vierköpfige Familie verbraucht im statistischen Durchschnitt täglich 530 Liter Wasser, davon werden nur 11 Liter zum Trinken und Kochen verwendet.

– Ein großer Teil des Verbrauchs lässt sich leicht einsparen. Bei jeder Toilettenspülung gehen 9 l aufwendig gepflegtes Trinkwasser in den Kanal. Dabei kann der Toilettenkasten leicht umgerüstet werden, um statt 9 l für das »kleine Geschäft« nur 3 l zu verbrauchen. Wer diese Umrüstung durch ein eingehängtes Gewicht nicht selbst bewerkstelligen kann, findet im Fachhandel dafür Angebote. Neuere Toilettenspülkästen besitzen eine Stopptaste.

– Tropft ein Wasserhahn? Sollte es pro Sekunde nur ein Tropfen sein, so sind es schon 17 Liter am Tag; im ganzen Jahr flössen gleich 62000 Liter ungenutzt in die Kanalisation. Eine neue Gummidichtung ist ein Centartikel. Wisst ihr, wie man sie einsetzt? (Für alle hier angesprochenen technischen Probleme könnte der Physikunterricht eine Sonderschicht einlegen.)

– Beim Waschen und Zähneputzen drehen viele den Wasserhahn voll auf; die größere Wassermenge bleibt ungenutzt. Wer nicht selbst die Durchlaufmenge gering hält, sollte einen Durchflussbegrenzer am Wasserhahn anschrauben; statt 12 l pro Minute bei 2 bar lässt der Begrenzer nur noch 8 l durch. Außerdem gibt es Zahnputzbecher.

– Duschen ist sparsamer als ein Wannenbad (die Energiekosten können im Verhältnis 1:4 angesetzt werden).

Chemie im Haushalt. Reinigen und Putzen

In vielen Putzmitteln stecken Stoffe, die am Ende den Wasserhaushalt belasten. Vorschlag: den Familienputzschrank in einen Ökoputzschrank umwandeln.

Wichtigster Allzweckreiniger ist Schmierseife. Für Fußböden, Badezimmer und sogar die Flecken im Teppich leistet Schmierseife beste Dienste. An zweiter Stelle steht ein Scheuermittel (feines, nicht kratzendes Pulver) für hartnäckige Verschmutzungen. Produkte mit »Chlorbleiche«, »Aktivchlor« und Ähnlichem unbedingt meiden! Putzmittel Nummer drei ist Essig. Ein Schuss davon ins Putzwasser macht Fenster und Spiegel glänzend, entfernt Kalkflecken. Bei verkalkten Armaturen und Geräten hilft ein Essigbad.

Putzmittel Nummer vier ist ein mildes Handspülmittel – es sollte aber keinen »Glanz ohne Abtrocknen« versprechen.

Zu verzichten ist: auf chlorhaltige WC-Reiniger, sogenannte Luftverbesserer für die Toilette und Toilettensteine; auf Abflussreiniger (Saugglocke und Spirale sind bessere Hilfsmittel; man kann auch leicht den U-Bogen des Abflusses abschrauben); sowie auf Allzweckreiniger, chemische Fleckenentfernungsmittel, Desinfektionsmittel, soweit sie ein Arzt nicht vorschreibt.

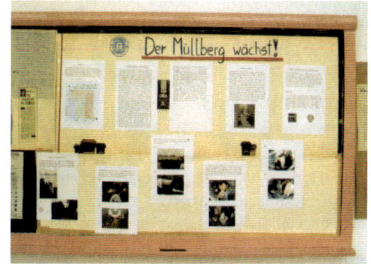

Müllvermeidung

Das Pro-Kopf-Müllaufkommen ist ungeheuerlich. Jeder von uns *kauft* Müll, alljährlich fast eine halbe Tonne. Die Städte und Gemeinden wissen mit den Müllbergen nicht mehr fertig zu werden. Dabei bestehen 60 Prozent des Hausmülls aus leeren Verpackungen. Das belastet uns dreifach: über den Preis, über die Müllabfuhrgebühr und über die Gesundheit. Mülldeponien gefährden Boden und Trinkwasser; Müllverbrennung verschmutzt die Luft.

Unterscheidet Verpackungsarten: Hohlraumpackungen wie Plastikbecher mit überflüssigem Fußsockel: Höhe ohne Inhalt. Mehrstückpackungen: fünf Orangen im Netz, Jogurtbecher im Set; Bildmogler, die mit überflüssigem Foto ein simples Produkt aufwerten sollen; Geschenkpackungen, die etwas kostbar machen wollen; Klarsichtpackungen; Greif-mich-Packungen … Und dann werden viele Dinge noch ein zweites Mal verpackt: Jogurtbecher im Karton, Zahnpasta, Hautcremedosen in der Schachtel. Gurken hat die Natur bereits vollkommen verpackt: Ein Folienüberzug ist unnötig. Apfelsinen, Bananen … sind von Natur aus verpackt; sie müssen nicht noch einmal verpackt werden.

Bei manchen Waren stellt sich die Frage, ob ihr Verpackungsangebot noch vertretbar ist – beispielsweise für Limonade: Hier kostet die Dose dreimal so viel wie der Inhalt.

Was könnt ihr tun?

– Nie ohne Einkaufstasche oder Korb losgehen, wenn etwas zu besorgen ist; sonst beginnt die Müllproduktion bereits beim Kauf der Plastiktüte.

– Überlegen, welche Waren man unverpackt kaufen kann und dann nur noch diese verlangen.

– Stets nur Waren mit der geringsten Verpackung wählen. Der Hersteller wird erst nachdenklich, wenn aufwendig verpackte Waren liegen bleiben.

– Wenn die Wahl zwischen wieder verwendbaren Rohstoffen und nicht recycelbaren Kunststoffen besteht, grundsätzlich die erneuerbaren Produkte bevorzugen.

– Auf Einwegflaschen ausnahmslos verzichten. Eine Mehrwegflasche für Bier wird 50-mal und öfter verwendet; um diese Flasche zu ersetzen, sind 50 gleich große Einwegflaschen notwendig. Noch wahnwitziger wird es, die gleiche Menge in Dosen zu verkaufen: 76 energieaufwendige Dosen werden dafür gebraucht.

»Das ist so: Wir sammeln und verdienen Geld, weißt du? Also wir sammeln Müll und gehen zur Preisverleihung. Und es sieht auch nicht schön aus, wenn es immer so dreckig ist. Mir macht Müll trennen Spaß. Ich mache das mit zwei Freundinnen zusammen, auch wenn wir keine Schule haben. Wenn da Trinkpäckchen auf dem Weg liegen, dann bring ich sie zum Abfalleimer. Blöde ist, dass auf den Spielplatz immer Besoffene kommen, die werfen dort Flaschen weg. Einmal hat ein Junge eine von der Rutsche runtergeworfen, und überall waren Scherben. Dann haben wir das auch aufgesammelt. Nein, nur ich habe das aufgesammelt. Oh, warte mal! Da drüben liegt schon wieder Müll. Ein Trinkpäckchen und so ein Reklamepapier. Das muss ich gleich nachher einsammeln.«

Wie umweltfreundlich ist eure Schule?
Befragt Lehrer und Mitschüler, bei Bedarf auch Sekretariat und Schulleitung. Seht immer die ganze Schule, nicht nur die eigene Klasse.
Welche Umweltaktivitäten gibt es an eurer Schule?
Arbeiten die Lehrer mit Organisationen oder Fachleuten von außerhalb zusammen?
Welche Ziele verfolgt die Schule bei der Umweltbildung?
Welche Infomaterialien zum Umweltschutz gibt es an der Schule?
Werden an der Schule regelmäßig Umweltdaten (z. B. Energieverbrauch) erfasst und ausgewertet?

Geht die Schule sparsam mit Material und Abfall um?
– Beim Kopieren?
– Druckt sie auf Recyclingpapier?
– Gibt es in den Toiletten Recyclingpapier?

Geht die Schule sparsam mit Licht um?

Gibt es an der Schule eine gesunde und umweltgerechte Pausenversorgung?
– Saisongerechte Lebensmittel aus der Region?
– Produkte aus biologischem Anbau?

Habt ihr ein attraktives und grünes Schulgelände?

Ist das Schulhaus energiesparend gebaut?
– Dichte Fenster und Türen?
– Weniger beheizte Treppenräume?

Hat die Schule konkrete Ziele für die nächsten Jahre?
Welche Rolle spielen die Schüler beim Umweltschutz?

– Zu Hause muss der Abfall sortiert werden. Das verlangt zwar Umsicht, ist aber ein notwendiger Beitrag zum Umweltschutz. Es könnte euer besonderer Beitrag zur Ökologie des Haushalts sein.
– Brisant wird es bei der Beseitigung von Problemmüll: Alle chemischen Produkte wie Reinigungsmittel, Fleckenentferner, Farben, Lacke, Lösemittel, Pflanzenschutzmittel und Holzschutzmittel sind bei Sondermülldeponien oder -annahmestellen abzugeben. Auch Batterien und Knopfzellen gehören nicht in den Hausabfall. Viele der genannten Materialien können auch beim Fachhändler wieder abgegeben werden.

Verkehr

Das Auto belastet die Umwelt in einem gigantischen Ausmaß, einmal durch den Energieverbrauch beim Bau, zum anderen bei der Produktion des Treibstoffs sowie beim Benzinverbrauch selbst. Das Auto ist auch das größte Unfallrisiko. Das Auto ist selbst dann ein Problem, wenn es nicht mehr fährt: Durchschnittlich stecken in jedem Auto etwa 32 kg Aluminium, 26 kg Blei, 10 kg Zink, 8 kg Kupfer, 0,6 kg Zinn, die wiedergewonnen sein wollen.

– Mit 14 Jahren fährt man kein eigenes Auto. Aber soll man jahrelang auf dieses Ziel hin träumen? Solange die Politiker die Verkehrspolitik nicht radikal ändern, den Nah- wie Fernverkehr attraktiver machen als den Individualverkehr, werden wir (leider) ein Volk von Autofahrern sein.
– Viele Jugendliche bewerten das Auto als Prestigeobjekt zu hoch. Den meisten verschluckt es den größten Teil ihres Verdienstes. Gibt es keine besseren Gegenwerte?
– Manche Erwachsene haben ein unkritisches Verhältnis zum Auto. Sie setzen sich auch dann hinein, wenn der Weg ebenso gut mit dem Fahrrad oder zu Fuß möglich ist. Die Statistik sagt: 23,5% der bundesdeutschen Autofahrer benutzen ihr Auto für Strecken unter 2 Kilometer; über 50% setzen sich für Strecken zwischen zwei und fünf Kilometer hinters Steuer. Dabei ist im Stadtverkehr sogar nach Berechnungen des ADAC unter fünf Kilometern das Fahrrad schnellstes Verkehrsmittel.
– Das Fahrrad verdient mehr Wertschätzung! Viele Innenstadtprobleme ließen sich auf freundliche Weise lösen, wenn man das Fahrrad einbeziehen würde. Sprecht im Politikunterricht über das Verkehrsverhalten der Menschen.

Naturschutz

Der Mensch braucht die Natur, aber die Natur braucht den Menschen nicht. Diesen Satz hat erst eine Minderheit verstanden; wenn ihn nicht alle zur Grundlage ihres Lebens machen, wird die Natur dem Menschen die Lebensgrundlagen entziehen.

– Macht euch zur Regel, in der Natur keine Spuren zu hinterlassen.
– Lasst Pflanzen und Tieren ihre letzten Rückzugsgebiete. Bleibt auf den Wegen, stört nicht die Reservate.
– Lernt die Natur kennen. Man sollte nicht »ein Baum« sagen, sondern eine Buche, eine Esche, eine Eiche, ein Ahorn … Und bei den Vögeln: ein Buchfink, ein Dompfaff, eine Kohlmeise, ein Eichelhäher…
– Bedrohte Tierarten werden geschützt, wenn Hecken, Feldgehölze und Gebüsche nicht gefällt, während der Brutzeit Hecken nicht beschnitten werden. Ans Haus und in den Garten gehören Nistkästen.
– Für Gartenabfälle ist der Kompost da, nicht die Mülltonne.
– Die Schadstoffbelastung durch die Luft ist bereits hoch genug, jedes weitere Gift im Garten muss vermieden werden; also keine Unkrautvernichter.
– Trinkwasser ist für den Garten zu schade. Ein Regenwassersammler sollte nicht fehlen.

Letzte Warnung

Werte Erwachsene,
die Maikäfer und die Frösche habt ihr umgebracht,
die Libellen und die Schlangen habt ihr totgemacht.
Um jedes Stückchen Wiese legt ihr einen Zaun,
jedes verwilderte Grundstück müsst ihr verbaun.
Die Eidechsen und die Fischottern sterben aus,
keine Maus, kein Wiesel, keine Ratte, keine Laus
dürfte, wenn es nach euch geht, überleben.
Nur Beton, Stahl, Plastik soll es geben!
Die Luft ist voll Blei, die Wolken sind giftig,
die Vögel verrecken, euch ist das nicht wichtig.
Der Regen ist sauer, im Bach schwimmt Chemie,
die Falter krepieren, so schlimm war's noch nie!
Und ihr seufzt bloß: Es ist alles sehr schwierig!
Ist es aber nicht! Ihr seid bloß unheimlich gierig!
Und hört nicht auf, euch gegen das Leben zu versündigen,
so müssen wir euch leider demnächst entmündigen!
Eure Kinder

Christine Nöstlinger

229

Das eigene Leben:

Wege der Selbsterziehung

Andy Warhol (1928–1987), Laughing Children, um 1958–61.

Mein Gegenteil

Ich bin mir sicher,
es gibt einen,
der ist mein Gegenteil.
Der lacht, wenn ich weine,
der ist satt,
wenn ich Hunger habe.
Der wird gestreichelt,
wenn ich geschlagen werde,
und ist gesund,
wenn ich krank bin.
Der hat alles,
was ich mir wünsche
und nie bekommen werde.
Der hat keine Angst,
wenn ich mich fürchte,
und einen Freund bei sich,
wenn ich allein bin.
Wenn der aber mein Gegenteil ist,
dann müsste er eigentlich tot sein,
wenn ich lebe!
Also gibt es ihn doch nicht.
Oder bin ich tot?

Christine Nöstlinger

Dieses Kapitel macht dein eigenes Leben zum Thema. Darüber lässt sich nicht sprechen wie über den Satz des Pythagoras oder den Monsun im Indischen Ozean. Es lässt sich überhaupt nicht »durchnehmen«. Vielleicht bringt ihr die einzelnen Punkte nur gelegentlich zur Sprache, vielleicht widmet ihr ihnen mehrfach – fast nebenher – euer Gespräch.

Von der Selbsterziehung

Erwachsene, die ständig etwas von dir wollen, willst du meistens nicht. Das macht jene, die dich erziehen sollen, oft unerwünscht. Ist es überhaupt möglich, dass andere dich mit deinen jetzigen Jahren noch »erziehen«? Gewiss können sie dich mit Worten zu überzeugen suchen, können Forderungen aufstellen, Verbote setzen, mit Strafen eingreifen …, aber was hilft es, wenn du dich innerlich dagegen sträubst? Nach dem Ende der Kindheit liegt es bei dir alleine, inwieweit du dich auf Anregungen von außen einlässt oder nicht. Manche Jugendliche gehen – trotz äußerlicher Anpassung – ganz auf inneren Abstand zu Erwachsenen. Dann findet zwischen ihnen nur scheinbar ein Austausch statt; ob es trotzdem noch ein inneres Vorankommen gibt, wissen die Betroffenen oft selber nicht.

Dennoch: deine augenblicklichen Lebensjahre entscheiden viel. Was sich jetzt abspielt, bleibt der Notenschlüssel für deine Zukunft. Mit vierzehn geschieht das meiste nicht mehr durch andere, sondern durch Selbsterziehung. Zwar kannst du darauf verzichten, kannst überhaupt dir selbst gegenüber anspruchslos sein. Aber willst du das?

Von der Freudigkeit

Weißt du, was ein »schaffender Gedanke« ist? Es ist ein Satz, ein Vor-Satz, den du dir abends vor dem Einschlafen sagst und mit dem du am nächsten Morgen aufstehst. Stell dir vor, wie es sein könnte, wenn du innerlich frei und freudig durch den Tag gehst, freundlich im Umgang mit jedermann, gelöst bei der Arbeit und im Spiel. »So bin ich morgen den ganzen Tag!«, sagst du dir mehrmals. Das ist ein schaffender Gedanke, der die ganze Nacht hindurch in dir wirkt. Und wenn du mit diesem Vor-Sprung aufstehst, also bereits freundlich zum Frühstück kommst, und das jeden Morgen, jeden Abend, ohne dich durch Misserfolge entmutigen zu lassen, trainierst du eine Haltung, die andere ermutigt, aber dir selbst am meisten hilfreich ist.

Du darfst natürlich nicht übersehen, dass dich bisweilen Missmut und Niedergeschlagenheit ergreifen können, ohne dass du die Kraft findest, diesen Gefühlen auszuweichen. Dann sind Gegengewichte notwendig, zum Beispiel eine tüchtige körperliche Arbeit, ein strammes sportliches Training, ein Hilfsangebot an andere.

Wenn wir niedergeschlagen sind, sieht man es uns von außen an. Der Körper sinkt in sich zusammen. Freude aber richtet ihn auf. Die Freudigkeit des Leibes zeigt sich in deiner Haltung. Nimm das als Übung: dich aufrecht zu halten, den Kopf hoch, die Schultern zurück, die Stirn jedem gegenüber offen. Das bleibt nicht nur äußerlich, eine solche Haltung spiegelt zugleich die Seele.

Vom Geben und Nehmen

Menschen leben vom Nehmen und Geben, insofern sprechen wir jetzt vom Selbstverständlichen. Aber auch das Selbstverständliche will gelernt sein; manchmal erlernt es sich schwerer als das Außerordentliche.

Es gibt vieles, was wir geben können: Sachen, die wir austauschen und verschenken; Hilfe und Ermunterung; einen freundlichen Gruß, ein gutes Wort, eine Anerkennung. Oft ist die Gabe nicht so wichtig wie die Art, in der sie gegeben wird. Zunächst gilt: das Gute geben, nicht das Geringe: den besseren Apfel, die erste Wahl, nicht das, was übrig bleibt. Ebenso wichtig ist aber, dass du aus freiem Herzen gibst, nicht weil es sein muss. »Frei-gebig« ist der Mensch, dem das Geben innere Freude bereitet. Nur der freie Mensch kann recht geben. Wer an einer Sache so hängt, dass er sie selbst in Notfällen nicht hergeben kann, ist ein Knecht dieser Sache. Jedes Schenken hilft, frei zu werden, und je freier ein Mensch ist, umso selbstverständlicher wird sein Geben.

Der freie Mensch macht auch dem Empfänger das Nehmen leicht, denn oft ist es leichter zu geben als zu nehmen. Zwar wird stumpfen Leuten, die immer nur auf das sehen, was sie kriegen, das Nehmen nicht schwer. Wohl aber den sensiblen, vor allem dann, wenn sie den Gedanken des Gebers spüren: »Ich habe und du hast nicht!« Wer aber die Freude des Gebers erlebt, kann auch annehmen.

Der Stuhl

Ein Stuhl
allein.
Was braucht er?
Einen Tisch!

Auf dem Tisch
liegen Brot, Käse,
Birnen,
steht ein gefülltes Glas.

Tisch und Stuhl,
was brauchen sie?
Ein Zimmer,
in der Ecke ein Bett,
an der Wand einen Schrank,
dem Schrank gegenüber ein Fenster,
im Fenster einen Baum.

Tisch, Stuhl, Zimmer …
Was brauchen sie?
Einen Menschen.

Der Mensch sitzt
auf dem Stuhl
am Tisch,
schaut aus dem Fenster und ist traurig.
Was braucht er?

Hans Manz

231

Rechtes Annehmen ist selbst ein Werk der Liebe. Es gehört mit zu der Brücke zwischen Mensch und Mensch, die das Nehmen und Geben schafft. Und die Rückseite der Solidarität ist zu bitten, wenn wir etwas brauchen, dem anderen Gelegenheit zu geben, seine Freundschaft zu erweisen.

Von der Liebe

Wenn der Körper zu seiner Geschlechtlichkeit erwacht, entdecken auch Mädchen und Jungen einander. Sie suchen sich mit Blicken, wollen einander gefallen, schwärmen bisweilen von einem »Typ«, den sie nicht anzusprechen wagen, von dem sie aber immerfort träumen.

Andere haben längst Freundin oder Freund und erzählen vom Küssen und Knutschen. Auch die Jugendzeitschriften sind voller Geschichten und geben Ratschläge zu Petting und Sex. Das schafft sozialen Druck. Zwar sind meist Aufschneiderei und Angabe beteiligt, aber viele glauben, es gelte keine Zeit zu verlieren.

Dabei stehen sie in Gefahr, das Schönste zu verlieren. Denn wer meint, Liebe könne man »machen«, dazu gehöre nur Wissen und Technik, ist der Liebe noch fern. Liebe will reifen. Wer lieben kann, hat gelernt, bei sich selber zu sein und von sich selber zu geben.

Oft widerstreiten in Zeiten der Liebe Vernunft und Leidenschaft. Wenn Vernunft alleine bestimmt, ist sie eine einengende Kraft. Unbewacht wird die Leidenschaft ein Feuer, das bis zur Selbstzerstörung brennt. Vernunft wie Leidenschaft sollten beide willkommene Gäste im Haus des Lebens sein.

Lass dein Herz sagen: »Gott wohnt in der Vernunft« und deinen Kopf: »Gott bewegt sich in der Leidenschaft«. Liebe, auch die körperliche Liebe, verwebt mit Gott. Wie schön, wenn Liebende sagen können: »Wir sind in Gottes Herzen.«

Von der Macht des Kleinen

Das Leben eines jeden Menschen wird mehr von alltäglichen Vorgängen bestimmt als von großen Ereignissen. Charakter bildet sich im Umgang mit Eltern und Geschwistern, Bekannten und Unbekannten. Die Treue im Kleinen ist dafür wichtiger als große Fernziele. Leicht ist es nicht.

Genügt etwa schon das Stichwort »Ordnung«, um aus diesem Programm der Selbsterziehung auszusteigen? Wie sieht dein Zimmer aus? Chaos oder geniale Unordnung? Sind die Schubläden und Kästen mit den Ablagerungen des bisherigen Lebens zugestopft? Wann machst du sie wieder brauchbar? Wirkt der tägliche Arbeitsplatz einladend oder schafft er Distanz? Und was ist aus den Sammlungen geworden, die du einmal begonnen hast? Wie gepflegt ist das Fahrrad? Wo findest du deine Sportsachen? Welches Schicksal haben Werkzeug und Putzzeug nach Gebrauch? Wie oft heißt es bei dir: »Hab ich vergessen«? Vergessen und Verschlampen sind oft eins. Hältst du beides vor dir selbst als entschuldbar?

Wenn du liebst, solltest du nicht sagen:
»Gott ist in meinem Herzen«,
sondern: »Ich bin in Gottes Herzen.«
Aber wenn du liebst und Wünsche haben musst,
sollst du dir dies wünschen:
Bei der Morgenröte mit beflügeltem Herzen zu erwachen und für einen weiteren Tag des Liebens dankzusagen;
Zur Mittagszeit zu ruhen und über das Entzücken der Liebe nachzusinnen;
Am Abend mit Dankbarkeit heimzukehren;
Und dann einschlafen mit einem Gebet für den Geliebten im Herzen und einem Lobgesang auf den Lippen.

Khalil Gibran

Wollen

Wenn wir wollten wie wir können
und könnten wie wir wollen
täten wir wollen
dass wir wirklich so wollen
wie wir können
dann könnten wir wollen können
oder wollen wollen
wie wir wirklich wollen
wirklich!

Kurt Sigel

Befragungen von Fischen bestätigen inzwischen:
Die meisten Fische träumen vom Leben auf den Bäumen.

Frantz Wittkamp

Rechte Seite: Andy Warhol (1928–1987), Boy, um 1960–61.

Nächstes Thema: Zeiteinteilung. Manche Leute schaffen es ein Leben lang, unpünktlich zu sein. Immer kommt ihnen etwas dazwischen. Mal finden sie einen Schlüssel nicht, mal ist der Knopf abgerissen, dann haben sie sich verschlafen …, stets sind sie die Opfer der Umstände. Wie lernt man es, sich von der Bevormundung widriger Zufälligkeiten zu befreien?

Sehr viel hängt davon ab, wie früh du morgens aufstehst. Wenn der Tag mit Hetze beginnt, gewinnst du nicht die eigene Mitte, aus der heraus Freundlichkeit, inneres Gleichgewicht, Ruhe und Sicherheit zuwachsen. Wer sein Leben nicht verbummeln will, muss sich einen zeitlichen und räumlichen Ordnungsrahmen schaffen.

Vom Essen und Trinken

Wenn der Religionsunterricht schon ausführlich über das Mahl und die Tischgemeinschaft spricht – sollte er dann nicht auch einmal für die Haltung am Tisch einen Blick frei haben?

Beginnst du erst dann zu essen, wenn alle anderen auch so weit sind? Verlässt du nicht voreilig den Tisch? Achtest du grundsätzlich auf die Tischgenossen, reichst Speisen an, beteiligst dich am Tischgespräch und trägst durch dein Wort zum Gelingen der gemeinsamen Mahlzeit bei? Und wie sitzt du vor deinem Teller? Manche Leute führen den Mund zum Löffel, statt den Löffel zum Mund, und merken es nicht einmal.

Die Jahre des größten Appetits, die für dich begonnen haben, sollten nicht Jahre der Maßlosigkeit werden. Der Überbewertung von Ess- und Trinklust folgen oft lebenslange Abhängigkeiten. Gewiss ist es gut, sich gesund und hinreichend zu ernähren. Es bleibt aber zu bedenken, dass heute ein Drittel aller Krankheiten durch falsches und übermäßiges Essen und Trinken entsteht. Ein rechtes Maß, die innere Unabhängigkeit vom Genuss, ist die Grundlage eines gesunden Lebens.

In deinem Alter kommen die meisten ans Rauchen und Trinken von alkoholischen Getränken durch die Macht der Cliquen, denen sie keine eigene Entschiedenheit entgegensetzen können. Da wird dir von guten Freunden eine Zigarette angeboten, ein Bier ausgegeben, obendrein sagt jemand: »Das macht doch nichts!« – und schon ist der Gruppendruck stärker als dein eigener Wille. Misstraust du den eigenen Überzeugungen? Setz allen Konsumtrends um dich herum ein ungebrochenes Selbstwertgefühl entgegen. Dies macht vielleicht anderen aus deiner Clique Mut, sich ebenfalls dem Gruppendruck zu entziehen.

Vom Ernstmachen

Es wird nicht wenige Mädchen und Jungen geben, die dieses Kapitel zustimmend lesen, aber kaum etwas davon realisieren. Die Bereitschaft zu guten Vorsätzen ist bei den meisten Menschen da, aber an der Kraft, damit ernst zu machen, mangelt es.

Briefwechsel

Sehr geehrte Frau Meier!
Ihr Sohn Markus
isst während des Unterrichts
und arbeitet nicht mit.

Sehr geehrter Herr Lehrer!
Ihr Schüler Markus Meier
hält sein Zimmer nicht in Ordnung
und bröselt während des Fernsehens
Kartoffelchips auf den Teppich.

Heinz J. Zechner

Vom Schweigen der Indianer

Indianer sind Menschen,
die sagen ihren Kindern nicht:
Jetzt seid mal endlich ruhig.
Oder: Halt den Mund,
du bist noch ein Kind!
(dabei ist der Mund doch angewachsen, wie soll man ihn halten?)
Sie machen ihren Kindern
Freude an der Stille.
Sie setzen sich hin und hören zu,
wenn nichts laut wird …
Sie sehen, wo es nichts zu sehen gibt,
und hören, wo es nichts zu hören gibt.
Vieles hören sie dann wie neu …
Wie in einem Traum
hören sie die Worte des Wassers,
die Gespräche der Fische
und das Wachsen des Grases.
Und sie hören in der Stille,
wie alles miteinander verbunden ist:
Der Mensch und die Erde …
das Sandkorn und der Stern …
der Wind und das Gras …
der Himmel und der Mensch.

Christine Brand

Da wird von ökologischen Problemen unserer Welt gesprochen; du siehst ein, dass etwas getan werden muss: aber zuerst sollen die Politiker anfangen. Hältst du dich als kleiner Endverbraucher für entschuldigt? Kaufst du weiterhin Einwegflaschen? Lässt immer noch unnötige Lampen brennen? Verlangst nach wie vor siebenmal in der Woche Fleisch zum Mittag, Aufschnitt zum Abend?

Du hast versprochen, für einen Naturschutzverein zu werben, eine Zeitschrift zu verteilen, in einer Jugendgruppe die Kasse zu führen … Einige Wochen nachher heißt es: »Bring mal die Abrechnung, damit wir sehen, wie's steht.« – »Ja, ist recht!« – Wieder zwei Wochen später: »Wir müssen jetzt ins Reine kommen.« – »Jaja, ich bring die Abrechnung demnächst mit.« Weitere vierzehn Tage: »Dräng doch nicht so; ich muss noch zu ein paar Leuten.« Monate später: »Wo hast du denn deine Unterlagen?« – »Unterlagen?« – »Über Geldsachen muss man doch Buch führen!« – »Daran habe ich nicht gedacht.« Zusagen und Versprechungen, die nicht mit größter Gewissenhaftigkeit eingelöst werden, zerstören das Vertrauen.

Überlege: Was hast du im letzten Jahr angefangen und unfertig liegen lassen? Welche Vorsätze sind über erste Schritte nicht hinausgekommen? Wie gehst du mit einem Plan, mit einem eigenen Vorhaben um? Lässt du eine Sache fallen, sobald erste Schwierigkeiten auftreten? Welchen Rang haben Lust und Laune für das Schicksal deiner Vorsätze?

Vom Worthalten

Manche Menschen versprechen heute etwas und wollen schon am nächsten Tag nichts mehr davon wissen. Meistens ist es kein böser Wille, wohl aber Geringschätzung des eigenen Wortes. »Vergiss nie«, sagte eine Mutter ihrem Sohn, »dass du der Gefangene deines Wortes bist«, und fügte hinzu: »Darum besinne dich dreimal, bevor du dein Wort gibst.«

Hast du jemandem versprochen, zu ihm zu kommen, kannst die Zusage aber nicht halten, sag rechtzeitig Bescheid. Wird dir etwas unter dem Siegel der Verschwiegenheit anvertraut, gilt diese Verschwiegenheit über alles. Vertrauensbruch ist es auch, wenn du dein Wissen zwar nicht preisgibst, aber in Andeutungen damit spielst.

Es gibt auch Versprechen, die niemals als Worte gesprochen werden, die aber dennoch binden. Jede Freundschaft lebt von unbedingter Verlässlichkeit, ohne dass darüber gesprochen werden muss. Immer wenn dir etwas anvertraut wird – ein Geheimnis, eine Geldsumme, eine Verantwortung –, sei auf Biegen und Brechen verlässlich.

Von der Zärtlichkeit

Es gibt zärtliche Worte, zärtliche Blicke, zärtliche Hände, zärtliche Wünsche, zärtliche Gebete. Zärtlichkeit ist immer behutsam und leise. Zärtlichkeit macht sanft und ausgeglichen. Sie wärmt das Herz und macht es froh. Zärtlichkeit ist die Sprache der Liebe. Alle Menschen sehnen sich nach Zärtlichkeit.

Wer für die Liebe zum anderen Geschlecht reif werden will, muss zärtlich sein können. Menschen, deren gewöhnliche Sprache grob und aggressiv wirkt, mögen zärtliche Worte kennen, aber nur wenn es die Sprache des Herzens ist, sind sie glaubwürdig. Zärtlichkeit will geübt sein: gegenüber Kleinen und Schwächeren, Geschwistern, Vater und Mutter, Kranken und Alten. Wer zu diesen Menschen zärtlich ist, wird auch der Freundin, dem Freund mit Zärtlichkeit begegnen können.

Grobe Witze und Ausdrücke stehen jeder Zärtlichkeit im Weg. Überhaupt gedeiht das Verhältnis der Geschlechter zueinander nur in einem Raum der Zärtlichkeit. Sexualität ohne Zärtlichkeit berührt nicht das Herz und hinterlässt ein Gefühl von Schalheit und Leere.

Andy Warhol (1928–1987), Girl, um 1958–61.

Von der Stille

Die Wurzeln der Zärtlichkeit liegen im Schweigen und in der Stille. Wenn ein Mensch nicht mehr mit der Stille verbunden ist, kann er sich nicht mehr erneuern, er verliert an Innerlichkeit und sucht schließlich nur noch Zeitvertreib. Das Schweigen ist die Mitte des Menschen. Wer sich an den Lärm verliert, verliert seine Mitte. Menschen, die noch Stille in sich haben, sind weniger gefährdet als solche, die pausenlos zwischen Geräuschkulissen leben.

Das tiefste Schweigen verbindet mit Gott. Man sagt, Gott sei das Leiseste, was es gibt. Dann aber können nur Menschen, die immer wieder die Stille suchen, zu Gott hin offen sein. Stille ist nicht einfach Abwesenheit von Lärm. Stille ist etwas Aktives. Man muss sie suchen, noch mehr: Man muss die Stille üben.

Und so kannst du die Stille üben:

Wenn du vor dem Schlafengehen zwei Minuten ruhig am Fenster stehst und in die Nacht hineinschaust. – Wenn du etwas ganz Einfaches betrachtest und für nichts sonst Sinne hast: ein Gänseblümchen, ein Schneckenhaus, eine kleine Baumscheibe, einen Kieselstein, eine Frucht … (am hilfreichsten sind Dinge, die eine Mitte haben). – Wenn du dem Regen oder dem Wind zuhörst. – Wenn du nur *einen* Satz meditierst, nur *einen* Satz betest: »Gott, du – unser Ich«. – Wenn du nichts anderes tust, als aufrecht zu stehen; als aufrecht zu sitzen; als nur auf deinen Atem zu achten und alle Gedanken fallen zu lassen.

Ich

Ich: Träumerisch, träge, schlafmützig, faul.

Und ich: Kleingläubig, feige, zweiflerisch, hasenherzig.

Und ich: Unverblümt, frech, tapfer, gar mutig.

Und ich: Mitfühlend, zärtlich, hilfsbereit, beschützend.

Und ich: Launisch, gleichgültig, einsilbig, eigenbrötlerisch. –

Erst wir alle zusammen sind ich.

Hans Manz

235

Kirchenbau und Kunst:

St. Peter in Rom

Die Renaissance – eine neue Zeit

Nirgendwo war die Welt freier und vornehmer als in den italienischen Städten nach 1400. Ritter wie in Deutschland und Frankreich gab es nicht. Hier lebten Bürger, die als Kaufleute, Bankiers, Handwerker Geld verdienten, sehr viel Geld, und dabei Italien zum reichsten Land Europas machten. Städte wie Florenz oder Venedig ließen sich vom deutschen Kaiser nichts mehr sagen. Es war ihnen auch nicht mehr so wichtig, allein zur Ehre Gottes etwas zu schaffen, jetzt ging es erstmals um den eigenen Namen. Der eigene Wille, das eigene Urteil, die Unabhängigkeit vom Denken der Masse wurde das Ideal der Tüchtigen. Also musste man die Augen aufmachen, zugreifen können, entscheidungsfroh sein. Ob jemand fromm war oder nicht, rechtgläubig oder ein Ketzer, sank in dieser Kultur zur Nebensache ab. Man fragte nach Verstand, Wissen, Bildung, Tatkraft und Geschmack. Herkunft, Familienstand oder Religion rückten gegenüber der Frage: »Was für ein Mensch bist du?« in den Hintergrund.

Und plötzlich merkten zuerst die Florentiner, dass sie anders waren als die Menschen im Mittelalter. Sie entwickelten einen neuen Geschmack und fanden die alten Kirchen und Kunstwerke jetzt wenig elegant. Eigentlich hatten sie die Gotik nie passend für sich gefunden. Nun schrieb sogar einer von ihnen: »Bewahre Gott die Völker künftig vor solchen Ideen und Machwerken … Zahllose Bauwerke dieser Art verseuchen die Welt, die bedeutenden Meister fliehen sie als etwas Monströses und Barbarisches, dem jegliche Harmonie abgeht.« Also verlangten sie nach einer anderen Kunst, die ebenso frei

Beispielhaft für die neue Weltsicht ist die Proportionsstudie von Leonardo da Vinci. Hier wird der Mensch in das Zentrum gesetzt zum Maßstab für ein neues Ordnungssystem.

war, wie sie es liebten, dabei harmonisch und naturverbunden. Und weil ihnen die christliche Geschichte dafür keine Vorbilder lieferte, gingen sie ins Altertum zurück, als die Stadt Athen in hoher Blüte stand. Dass die alten Griechen damals noch »Heiden« waren, von denen man bisher immer nur geringschätzig gesprochen hatte, war ihnen auf einmal nicht mehr wichtig. In der Wissenschaft, in der Architektur und in der bildenden Kunst wurden die Menschen der Antike jetzt zu Vorbildern der neuen Zeit.

Nun kam es in Mode, lateinische und griechische Schriften zu lesen, und wer gebildet war, wollte ein genauso klares Latein schreiben können wie die alten Römer. Perikles und Cicero wurden auf einmal maßgeblicher als Karl der Große und die deutschen Kaiser. Man wollte nicht mehr an das Mittelalter anknüpfen, sondern die Tradition des antiken Athen und Rom wieder aufnehmen. Die Leute hatten jetzt das Gefühl, der antiken Welt verwandter zu sein als der jüngeren Vergangenheit. Und so sprach man von »Wiedergeburt«, auf französisch »Renaissance«. Was seit dem Untergang der Antike entstanden war, schrieb man den barbarischen Germanen zu. »Um ihren Scheußlichkeiten zu entgehen«, bemerkte 1550 ein Kunstkenner, »meidet man heute jeden Anklang an die gotische Manier.«

Damals war es die Stadt Florenz, von der die übrige Welt lernte, Architektur, Bildung und Kunst mit neuen Augen zu sehen. Und wenn einmal eine Entdeckung gelungen, eine neue Wahrnehmung erreicht ist, lernen es andere schnell, in der gleichen Weise zu sehen, Neues schön, Altes hässlich zu finden. So geschah es auch jetzt und es hatte sichtbare Folgen. Die gotischen Kathedralen waren nämlich längst noch nicht alle fertig. Wer sollte sie nun weiterbauen, wer das ungeheure Geld dafür aufbringen, wenn man nun ganz andere Dinge schätzte, die gotische Kathedrale aber nicht mehr schön fand? Hinzu kam die Reformation mit ihren Glaubenskämpfen, die ebenfalls den alten Eifer hemmte.

So blieb der Kölner Dom als Bauruine liegen: hoch auf ragte der Chor, vom Baukran gekrönt auch der Stumpf des Südturmes, dazwischen kaum Ansätze des Langhauses. Auch die Kathedrale von Straßburg bekam nicht mehr den zweiten Turm. In Soest blieb die Wiesenkirche, in Ulm das Münster auf Jahrhunderte unvollendet. Erst im 19. Jahrhundert, als man das Mittelalter wieder schätzen lernte, wurden die gotischen Bauruinen in Deutschland vollendet.

Perikles (nach 500–429 v. Chr.), griechischer Staatsmann; seit etwa 460 der maßgebliche Führer Athens, das unter P. die höchste Blüte erreichte. Unter ihm wurde mit dem Bau der Akropolis begonnen.

Cicero (106–43 v. Chr.), römischer Staatsmann, Gegner der Alleinherrschaft Caesars. Er wurde den Römern ein Mittler der griechischen Bildung. In seinen Schriften brachte er die lateinische Sprache zu vorbildlicher Vollendung.

Der erste Kuppelbau des Mittelalters

Die neue Freude an der Welt, die Lust an schönen Dingen, an Glanz, Pracht und Festlichkeit, auch das Selbstbewusstsein, das die Menschen jetzt hatten, drängte sie nun mehr dazu, Bürgerhäuser und Paläste statt Kirchen zu bauen. So kommt es, dass nur wenige Gotteshäuser im Stil der Renaissance errichtet wurden. Die meisten von ihnen stehen in Italien.

In Florenz war in jenen Jahren eine gotische Kathedrale noch unvollendet. Um ihren Dom nicht mit einem spitzen, steinernen Turm krönen zu müssen, griffen die Florentiner auf eine Form zurück, die seit der Antike im Abendland nie mehr gebaut worden war: die Kuppel. Allerdings gab es weit und breit keinen Meister, der es sich zutraute, den gewaltigen Abstand zwischen den Pfeilern zu überbrücken. Schließlich bot sich ein junger Architekt an, Filippo Brunelleschi (sprich: Brunelleski), das Problem zu lösen. Über seinen Vorschlag stritt man sich lange. Seine Lösung war trotz ihrer scheinbaren Einfachheit so revolutionär, dass selbst damalige Fachleute sie nicht völlig begriffen.

Im Übrigen darf man nicht glauben, die Bevölkerung habe der neuen Kunst von Anfang an zugestimmt. Die Kunst der Renaissance ist das Werk einer Minderheit von Künstlern, die Einzelgänger waren, aber fest entschlossen, neue Wege zu finden. Sie setzten sich gegen den herrschenden Kunstgeschmack des Mittelalters durch, weil andere einflussreiche Personen sie unterstützten. Gelehrte, die in den Bibliotheken dabei waren, die Antike neu zu entdecken, stimmten zu; Fürsten, Kardinale und Päpste, die ihre Namen mit neuen Werken schmücken wollten, ermöglichten die Durchführung.

Das Pantheon

Um die Kuppel des Domes in Florenz besser zu verstehen, ist ein Blick in die Kaiserzeit des alten Rom sinnvoll. Hier wurde nämlich die Idee des zentrierten Raumes erstmals im Pantheon – dem Tempel aller Götter – vollkommen verwirklicht. Kaiser Hadrian hatte diesen Bau 118 n. Chr. begonnen. Sein Inneres ist ein gewaltiger kreisrunder Kuppelsaal mit einer runden Öffnung in der Mitte der Decke, durch die man in den Himmel sieht. Dieses einzige Fenster gibt dem Raum sein ruhiges, gleichmäßiges Licht.

Das Pantheon sollte den Kaiser und dessen Familie in den Kreis der römischen Staatsgötter eingliedern. Außerdem war es der Gesamtheit aller Völker im Römischen Reich und dem sich ständig erweiternden Götterhimmel gewidmet. Die Kuppelform entsprach dieser universalen Idee am besten. Da das Pantheon nach dem Ende des römischen Götterkultes in eine christliche Kirche umgewandelt wurde, ließ man den Bau niemals verfallen. Der heutige Besucher findet einen Raum der Ruhe, ohne ein Gefühl von

Die Domkuppel in Florenz.
Das Pantheon in Rom.

Schwere. Die ungeheure Kuppel scheint frei zu schweben, wie ein zweiter Himmel inmitten des Himmels.

Die Kuppel Brunelleschis ist gegenüber jener des Pantheons um einige Meter gehoben. Die Kreisgestalt wird in eine Parabel verschoben. So wirkt der Baukörper leichter.

Der Papst will eine neue Kirche

Hundert Jahre nach dem Kuppelbau in Florenz wurde in Rom ein Plan entworfen, der Florenz mit gigantischer Kühnheit übertraf. Die Kirche des Papstes, die bereits im 4. Jahrhundert erbaut worden war, war 118 m lang und in fünf Schiffe geteilt. Am Ende des Hauptschiffes stand geschrieben: »Der siegreiche Konstantin hat dir diese Aula errichtet, nachdem er unter deiner Führung die Welt auf die Höhen des Triumphes geführt hat.« Im Laufe der Jahrhunderte hatten viele Anbauten den einfachen Grundriss verwirrt. Seitenkapellen, gotische Fenster und an die hundert Altäre waren hinzugekommen, Heiligenbilder, Statuen, orientalische Teppiche und Seidenvorhänge füllten den halbdunklen Raum. Aus aller Welt strömten Pilger hierhin, brachten ihre Gaben mit und verstärkten den Eindruck, dass die alte Peterskirche der Erweiterung bedürfe. So war schon um 1450 erstmals ein Plan entstanden, die Kirche völlig zu überholen.

Ein Entwurf ohne Tradition

Als aber *Julius II.* 1503 Papst wurde, genügte ihm die Erneuerung der Basilika nicht mehr. Er wollte eine moderne Kirche, hell, geräumig und elegant, wie es dem Geist der Renaissance entsprach. Sie sollte an Formen der Antike anknüpfen, aber jedes frühere Bauwerk an Größe, Schönheit und Ebenmaß übertreffen. So schritt man zum rücksichtslosen Abbruch der ehrwürdigen Basilika und beauftragte den Architekten *Donato Bramante* mit dem Entwurf des neuen Domes. Sein Plan, so hieß es, wolle »das Pantheon auf die Basilika Konstantins setzen«. Tatsächlich gab Bramante die Tradition des Abendlandes auf, die nur langgestreckte Kirchenschiffe kannte, und plante einen Zentralbau. Dieser sollte die Mitte der Christenheit sichtbar, aber auch den Herrschaftsanspruch der Päpste unübersehbar machen. Darum wollte Bramante die Zentralhalle mit einer gewaltigen Kuppel krönen, deren Last auf vier riesigen Pfeilern ruhte.

Am 18. April 1506 legte der Papst den Grundstein für die neue Kirche: »Nuovo San Pietro«. Noch waren die vier Pfeiler, welche die Kuppel tragen sollten, nicht fertig, da sah man bereits, welch ungeheure Geldmittel dieser Bau verschlang. Um aus der Finanznot herauszukommen, schrieben Julius II. und nach ihm Leo X. »den großen Ablass der ehrwürdigen Bauhütte von St. Peter« aus, der auch in Deutschland Geld einbringen sollte, aber dann der Anlass zu Martin Luthers Protest und zum Ausbruch der Reformation war. So besteht ein nachdenklich machender Zusammenhang zwischen der Kirchenspaltung und dem Neubau der Peterskirche, die doch gerade die weltweite Einheit der Christenheit verkörpern wollte.

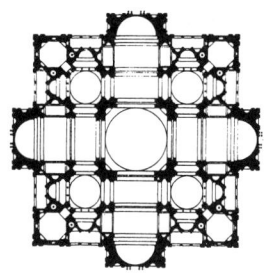

Bramante wollte einen Zentralbau.

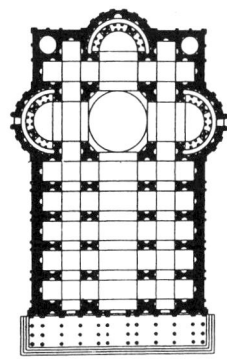

Raffael plante ein lateinisches Kreuz.

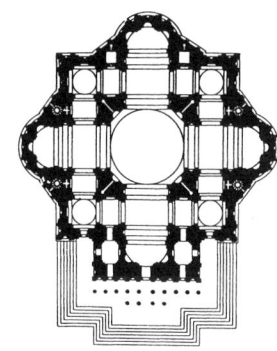

Michelangelo kehrte zu Bramantes Entwurf zurück.

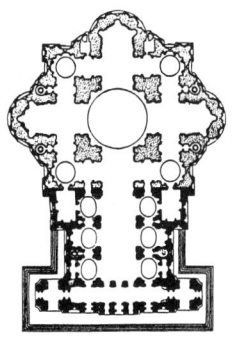

Maderna fügte dem Zentralbau ein Langhaus an.

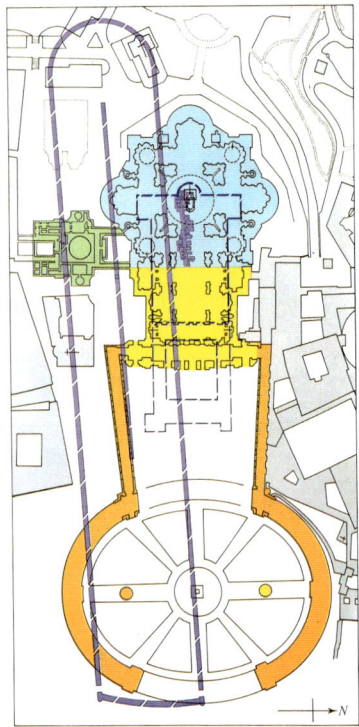

Die Peterskirche steht zur Hälfte auf dem Grund des ehemaligen Zirkus des Kaisers Nero. Der Zirkus war etwa 500 m lang und 95 m breit. Der Obelisk, der heute die Mitte des Vorplatzes bestimmt, stand ursprünglich im Zirkus. (→ S. 242). Unter diesem Obelisken fanden die grausamen »Spiele« statt, in denen viele Christen ihr Leben ließen. – Der blau gekennzeichnete Bauteil geht auf die Planungen von Bramante und Michelangelo zurück; der gelbe Teil stammt von Carlo Maderno. Die Säulenhallen, die den Vorplatz von St. Peter einfassen, sind eine Schöpfung von Bernini. Nirgendwo in der Antike oder im Mittelalter gab es für diesen genial entworfenen Platz ein Vorbild.

Michelangelo – ein genialer Baumeister

Inzwischen mehrte sich in Rom die Kritik an Bramante. Man forderte die Rückkehr zur Form der Basilika, setzte das Langhaus gegen den Zentralbau, den Wegraum gegen einen ruhenden Raum, ließ die Arbeit über Jahre liegen, da weder Lösung noch Geld in Aussicht schienen, und einigte sich schließlich auf einen Kompromiss. Diesen entwarf ein genialer Künstler, der zu jener Zeit bereits alt geworden war und höchsten Ruhm als Bildhauer und Maler gewonnen hatte: *Michelangelo Buonarroti.* Schon mit dreißig Jahren war er als der größte Meister seiner Zeit anerkannt, aber seine Berühmtheit geriet ihm fast auch zum Verhängnis. Man ließ ihm nämlich nie die Zeit, eigenen Träumen nachzugehen und diese zu vollenden. So hatte Julius II. bereits dem jungen Michelangelo den Auftrag für sein Grabmal gegeben, eine monumentale Arbeit, mit welcher der Künstler nie zu Ende kam, weil jeder folgende Papst noch mehr als sein Vorgänger darauf erpicht war, den eigenen Namen für alle Zeiten mit dem Michelangelos zu verbinden. Gegen Ende seines Lebens nun

Wie Brunelleschi in Florenz hatte Michelangelo sich für zwei Schalen entschieden: für eine Innenschale als Halbkugel (nach dem Vorbild des Pantheon) und für eine überhöhte Außenschale, die der Kuppel ihre einzigartige Schönheit gibt.

In Florenz wird die Domkuppel durch acht Rippen so scharf geteilt, dass sie fast eckig erscheint. Mit ihren sechzehn Kuppelrippen bietet St. Peter dagegen ein Bild vollkommener Einheitlichkeit und Harmonie.

Michelangelo starb 1564. Er hat den Bau seiner Kuppel nicht mehr erlebt. Sein Nachfolger im Amt wagte sich an die Ausführung nicht heran. Erst 26 Jahre später wurde seine Kuppel trotz aller Ängste und Befürchtungen vollendet. 800 Arbeiter haben daran 22 Monate lang vom Juli 1588 bis zum Mai 1590 in Tag- und Nachtschichten gearbeitet, bei glühender Hitze wie im schwachen Fackellicht. Damals lebte fast ganz Rom für den Bau der Peterskirche und zugleich auch von ihrem Bau.

sollte Michelangelo der umstrittenen Peterskirche ihre endgültige Gestalt geben. Damals war er über 70 Jahre alt.

Zum Entsetzen der Bauhüttenverwalter und Geldgeber riss Michelangelo zunächst alles ab, was seit Bramantes Zeit hinzugebaut worden war. Er hatte sich vom Papst schriftlich bestätigen lassen, nach eigenen Vorstellungen abreißen und bauen zu dürfen, und dass sein Plan auch nach seinem Tod befolgt werden müsse. Die Künstler der Renaissance waren nicht mehr wie die namenlosen Baumeister der Gotik, sondern selbstbewusste Männer, die sogar Päpsten ihre Bedingungen diktierten.

Michelangelo übernahm also Bramantes Zentralbau; er straffte den Grundriss und verstärkte Mauern und Pfeiler. Die Kuppel konstruierte er nach dem Vorbild von Florenz als zweischalige Rippenkuppel. Die Rippen münden oben in die Säulenpaare einer abschließenden Laterne. Während die Kuppel in Florenz ihre Nähe zur Gotik noch erkennen lässt, wirkt Michelangelos Entwurf schwebender, nicht nur als Abschluss des Kirchenbaus, sondern zugleich als Bekrönung des Stadtbildes.

Filippo Brunelleschi (1377–1446), italienischer Baumeister, Hauptvertreter der Frührenaissance.

Donato Bramante (1444–1514), italienischer Baumeister mit Bauten in Mailand und Rom.

Michelangelo Buonarroti (1475–1564), italienischer Bildhauer, Maler, Baumeister und Dichter. Hauptvertreter der Hochrenaissance.

Carlo Maderno (1556–1629), italienischer Baumeister, seit 1603 Bauleiter der Peterskirche, die er mit dem Bau von Langhaus, Vorhalle und Fassade vollendete.

Gian Lorenzo Bernini (1598–1680), italienischer Baumeister und Bildhauer, Hauptmeister des Barock in Rom. Er schuf Altäre, Paläste, Bildnisse und die Kolonnaden von St. Peter.

Der Petersplatz

Ein 25 m hoher unbeschrifteter Obelisk steht mitten auf dem Petersplatz. Unter Kaiser Augustus wurde der Obelisk ursprünglich in Alexandria aufgestellt. Plinius berichtet, Kaiser Caligula habe ihn auf einem eigens dafür konstruierten Schiff nach Rom bringen lassen. Nach einer Überlieferung soll sich in der bronzenen Kugel auf der Spitze in einer goldenen Urne die Asche Julius Caesars befunden haben. 1586 wurde der Obelisk an seinem heutigen Standort aufgestellt. Bei einem Gewicht von über 300 Tonnen wurden dazu 150 Pferde, 900 Männer und 47 Seilwinden benötigt.

Inzwischen war das 17. Jahrhundert angebrochen. Die katholische Gegenreform demonstrierte in allen Ländern Größe und neuen Glanz. Die Kunst, die nun entstand, wuchs ihrerseits über die Renaissance hinaus: Man liebte jetzt prunkvollen Geschmack und lange Prozessionen. Dafür ist ein Zentralbau weniger geeignet als ein gestrecktes Kirchenschiff. Hinzu kam, dass man den heiligen Boden der alten Basilika ganz in die neue Kirche einbeziehen wollte. Der neue Baumeister, *Carlo Maderno,* wurde darum beauftragt, die Peterskirche um zusätzliche 60 Meter in die Länge zu ziehen. Maderno hat dies so einfühlsam geleistet, dass es schwer fällt zu sehen, wo Michelangelos Bau endet und Madernos Fortsetzung anschließt. Indem er aber auch noch eine große Vorhalle hinzubaute und eine übergroße Fassade, hat er Michelangelos Plan verdorben, der einen Zentralbau wünschte, dessen Kuppel von allen Seiten gleichermaßen sichtbar sein sollte.

Abgeschlossen wurde der Kirchbau schließlich durch die Berufung eines neuen Baumeisters, *Gian Lorenzo Bernini,* der die Kirche innen ausschmücken sollte und der den riesigen ovalen Platz mit den klaren Säulengängen entwarf. Inmitten des Platzes, in Verlängerung der Hauptachse von St. Peter, war 1586 schon der Obelisk aus dem Zirkus des Nero aufgerichtet worden. Vorchristliche Religionsgeschichte, das Gedächtnis der Märtyrer, die Nero in seiner Nähe morden ließ, und ein christlicher Siegesspruch verbinden sich in diesem Stein.

Die Sprache von St. Peter

Die Menschen, die am Bau der neuen Peterskirche beteiligt waren, haben ihre Arbeit »zur größeren Ehre Gottes« verstanden, auch wenn sich jetzt – anders als bei romanischen und gotischen Kirchen – zugleich der eigene Name mit dem Bauwerk verband. Michelangelo schrieb als Siebzigjähriger: »Wenn ich aber jetzt von hier wegzöge, wäre ich Ursache eines großen Ruins der Bauhütte der Peterskirche, mit größter Schande und größter Sünde.« Er wollte sich der Aufgabe nur aus Liebe zu Gott stellen. Wie ernst es ihm damit (aber auch mit dem Stolz auf seine Unabhängigkeit) war, unterstrich er dadurch, dass er für sein Alterswerk keine Bezahlung annahm. Für die Päpste jener Zeit sollte der größte Dom der Welt hingegen ein Wahrzeichen der Kirche werden, ein Ausdruck ihrer weltumspannenden Bedeutung sowie eine Darstellung päpstlicher Herrschaft.

Deshalb ist die Sprache dieser Architektur auch etwas Neues innerhalb der Kirchengeschichte. Die weit ausholenden, umarmenden Säulengänge des gewaltigen Vorplatzes verkörpern das Selbstverständnis des Papsttums und der Weltkirche. Hier wurde nicht mehr ein Symbol des »himmlischen Jerusalem« errichtet, sondern ein auf den Erdkreis bezogener Herrschaftsgedanke gewann Gestalt. Bewusst oder unbewusst spiegelt sich in der Weitung des Kirchenraumes auch die Weitung des Weltbewusstseins, wie es die Entdeckungen jener Zeit mit sich brachten.

Wie stehen wir heute vor dieser Architektur?

Ein Missionar unserer Zeit, der lange in Rom gelebt hat, schlug vor, die Peterskirche mitsamt dem Vatikan zu verkaufen, weil er meinte, dieser Ausdruck von Reichtum und Herrschaft passe nicht zur Kirche Jesu Christi. Das ist ein ernst zu nehmendes Argument und doch wohl scherzhaft gemeint. Es bleibt zu fragen: Darf sich die Christenheit von dem trennen, was frühere Generationen unter größten Opfern geschaffen haben? Soll die Kirche wieder so arm werden, dass sie unscheinbar wird? Andersherum gefragt: Ist freiwillige Armut dem Christentum angemessener als der Glanz der Dome und Kathedralen? Soll die Kirche, wie es die Großen der Welt tun, auf Macht und Erfolg setzen? Sie hat es getan, darf sie es weiterhin? Welche der bisher betrachteten Kirchenbauten – von der Hauskirche bis zum Petersdom – sprechen die deutlichste christliche Sprache? Gibt es eine einzige Antwort? Oder sind mehrere möglich?

Die Kuppel des Petersdomes ist für unzählige spätere Kirchen und staatliche Bauten Vorbild geworden, ohne dass diese Nachahmungen ihre Schönheit erreicht oder gar übertroffen hätten.
Selbst das Kapitol in Washington, das Kongressgebäude der Vereinigten Staaten, steht in der Bautradition von St. Peter.

Eine nahezu komplette Kopie der Peterskirche hat der Präsident der Elfenbeinküste in Yamoussoukro als Betonbau in die Savanne Afrikas gesetzt. 1990 wurde der Bau vollendet. Hier wurde die Sprache von St. Peter, ein halbes Jahrtausend später, sicherlich in der falschen Weise imitiert.

Die Zeit der Reformation

Die Städte waren reich geworden, die Kirche überaus reich. Wo Geld ist, geht es um Macht, dort lebt man üppig und verlernt es, sorglos wie die Blumen des Feldes zu sein. Aber obwohl alle nach Geld streben, achten die Menschen ein gerades, einfaches und brüderliches Leben doch höher als Reichtum und Herrschaft. Wie tief die Sehnsucht nach Glaubwürdigkeit war, zeigte die Achtung, die Franz von Assisi und Elisabeth von Thüringen fanden. Auch die reformierten Klöster, die Katharer, Waldenser, die radikalen Franziskaner und viele Armutsbewegungen mehr waren davon geleitet, hinter der verweltlichten Kirche das ursprüngliche Evangelium wiederzufinden. Die Rede von einer Erneuerung der Kirche »an Haupt und Gliedern« verband die unterschiedlichsten Lager miteinander, doch zerfiel die Christenheit in ein strittiges Durcheinander, sobald Mittel und Wege dieser Reform verhandelt wurden.

Herbst des Mittelalters

Die innere Not der Menschen schien sich in äußeren Vorgängen zu spiegeln. Seit 1349 wütete die Schwarze Pest in Europa. In vielen Städten und Landstrichen starb jeder zweite Einwohner. Die Angst ging um. Büßergruppen, sogenannte Geißler, zogen in Scharen von Ort zu Ort, düstere Lieder singend. Abenteurer, Bettelvolk, religiöse Schwärmer, Bußprediger verstärkten die Stimmung von Todesfurcht und Untergang, Ekel und Gottvertrauen. Die Angst fand ihren Ausdruck in Totentänzen.

Jakob Fugger und sein Hauptbuchhalter M. Schwarz bei der Buchführung. Fugger gibt dem halb sitzenden Buchhalter Anweisungen. Am Schrank sind neun Orte Fuggerscher Handelsbeziehungen zu lesen (Ofen = Budapest; Craca = Krakau; Antorff = Antwerpen).

Geißler (Flagellanten), Laien des 13. bis 15. Jahrhunderts, die sich unter Berufung auf 1 Kor 9,27 öffentlich geißelten. Sie durchzogen in kleinen Gruppen ganz Westeuropa und verbreiteten Endzeiterwartungen. In den Pestzeiten erreichte die Bewegung ihren Höhepunkt, in der Hoffnung, das Strafgericht abwenden zu können.

Nun hebet auf eure Hände, dass Gott dies große Sterben wende! Nun hebet auf eure Arme, dass Gott sich über uns erbarme!

Am Himmel erschienen Kometen, die man als Unheilsboten deutete. Erdbeben erschütterten das Land: Villach wurde mitsamt dreißig umliegenden Ortschaften verschüttet, Basel, »die herrliche Stadt«, beinahe zerstört. Burgen und Türme stürzten ein. Himmel und Erde schienen in Aufruhr.
Wallfahrten, unter großen Entsagungen und zu fernen Zielen, sollten die Gnade Gottes erflehen:

Von Pilgerscharen wimmelten die Wege
Bekränzt war jedes Gottesbild, es war
Als ob die Menschheit auf der Wanderung wäre
Wallfahrend nach dem Himmelreich.

Überaus wichtig waren Reliquien; sie galten als Unterpfand himmlischer Hilfe, zogen die Massen an, verbanden sich mit Wundererwartungen, stützten Ansehen und Anziehungskraft einer Stadt und waren oft die Voraussetzung guter Handelsgeschäfte. Frömmigkeit und Geld mischten sich alltäglich, zumal der Glaube keine Sonntags- und Feiertagssache war und die Kirche niemals am Rande des Lebens stand. In Dorf und Stadt nahmen die Kirchen in sich auf, was immer die Menschen bewegte. Wirtshäuser gab es selten; der Kirchenraum war der einzige größere Versammlungsort, in dem die Gemeinde, die Bürgerschaft sich darstellen konnte. Ohnehin täglich aufgesucht, war man dort zu Hause, ob im Alltagskittel oder im Sonntagsstaat. Schwatzen und Herumgehen bei der Messe scheinen üblich gewesen zu sein, tränenüberströmt die ganze Nacht im Gestühl zu knien, keine Seltenheit. Der Hunger nach volkstümlichen Predigten war groß, wurde aber nicht oft befriedigt. Der Bildungsstand der »Leutpriester« verärgerte selbst bescheidene Erwartungen; übers Lesenkönnen und die Kenntnis einiger Formeln und Rituale hinaus reichte es kaum. Die Spottverse über den Klerus schossen ins Kraut:

Drum gibt es jetzt viel junge Pfaffen,
die so viel können wie die Affen,
und Seelsorg' sieht man treiben die,
die Hüter wären kaum fürs Vieh.

Hundert Dinge, tausend Stimmen verrieten, dass die Laienfrömmigkeit neue, andere Wege suchte, dass die lateinischen Texte für Gebet und Gesang nicht mehr genügten. Bei Prozessionen, Bittgängen, Kirchweihen und Wallfahrten fielen die vorgeschriebenen Formen und die ersten deutschen Weisen erklangen. Früh schon jenes »gar nützlich Lied«, das auch heute noch gesungen wird:

Nu biten wir den heiligen geist
umb den rechten glouben allermeist,
daz er uns behüete an unserm ende,
so wir heim suln varn uz disem ellende. Kyrieleis.

Tiefe Gläubigkeit mischte sich mit Gutgläubigkeit, Einfachheit mit Naivität, und für das breite Volk war dumpfer Aberglaube auch nicht weit ab: Am St. Gallustag schlachtet man keine Schweine, »damit der Speck nicht gallig wird«.

Eine Reliquie galt im Mittelalter als greifbares Bindeglied zu einem Heiligen und durch ihn zu Gott. Um dem Leib des Heiligen nahe zu sein, drängten sich die Beter an den Schrein heran und berührten sein Grab.
Ein Geißlerzug; unerkannt und doch öffentlich wollte man Buße tun.

245

John Wiclif wollte, dass Kirchenmitarbeiter ein Leben in urchristlicher Bescheidenheit führen. Ein vom Papst 1377 gegen ihn eingeleiteter Prozess verlief bei dem großen Ansehen, das er genoss, im Sande. Seine Lehren fanden in der Bevölkerung Zustimmung. Als aber die Synode in Oxford seine Schriften als ketzerisch verurteilte, verlor er seine Kirchenämter, wurde aber aus Furcht vor einem Volksaufstand nicht angeklagt. Er führte sein Pfarramt fort und vollendete 1383 seine Bibelübersetzung, die erste Übersetzung ins Englische. Das Konzil von Konstanz erklärte ihn 30 Jahre nach seinem Tod zum Ketzer.

Degradierung des Jan Hus und sein Tod auf dem Scheiterhaufen Konzilschronik des Ulrich von Richenthal, 15. Jh.

Die Klagen über die Kirche wurden in allen Teilen der Bevölkerung immer heftiger. Die Päpste lebten wie große Fürsten, Geld und Politik waren ihnen wichtiger als Seelsorge. Durchweg herrschte die Meinung:

E s steht schlecht um die Kirche, da deren Haupt sich an Spiel, Musik, Jagd und Narrenpossen erfreut, statt weise an die Not der Herde zu denken und deren Unglück zu beweinen. Das Salz der Erde ist schal geworden, und nichts anderes bleibt übrig, als dass es hinausgeworfen und von den Menschen zertreten werde.

John Wiclif

Erstmals bündelte sich der kritische Sinn in dem englischen Pfarrer John Wiclif (ca. 1320–1384). Er formulierte den hunderttausendfachen Wunsch nach religiöser Verinnerlichung der Kirche in einer scharfen Attacke: Die Kirche sei nicht mehr Kirche und der Papst kein Papst mehr, da alles in weltlichen Begierden verkommen sei. Wiclifs Reformprogramm nahm viele Forderungen der deutschen Reformation vorweg: Wallfahrten und Bilder seien unnütz, Reliquien nicht heilig; den Priestern müsse die Ehe gestattet sein; die Mehrzahl der Sakramente sei unbiblisch; die Beichte überflüssig, wenn nur der Mensch ein bußwilliges Herz habe; höchste Autorität komme der Bibel zu; dem Papst dürfe man nur so weit beipflichten, als er mit der Heiligen Schrift übereinstimme; das Papsttum lasse sich nicht aus der Bibel begründen, Oberhaupt der Kirche sei allein Christus, die wahre Kirche aber eine unsichtbare Gemeinschaft; das Kirchengut gehöre den Armen, Reichtum verderbe die Kirche.
Wiclif wurde dieser Ideen wegen verurteilt, doch blieb er selbst unbehelligt. Wenig später zündeten seine Ideen in Prag.

Jan Hus

Jan Hus (ca. 1370–1415) Rektor der Prager Universität, war ein ernster Mann, der als Tscheche großen Rückhalt im eigenen Volk fand. In Wiclifs Fußstapfen predigte er ein strenges Reformprogramm: Armut der Kirche, die Bibel als einzigen Maßstab, Abschaffung des Papsttums. Doch anders als in England reagierte die Kirche scharf.

Man befahl Jan Hus zum Konzil nach Konstanz. Kaiser Sigismund garantierte ihm persönliche Sicherheit. Daraufhin erklärte sich Hus bereit, vor dem Konzil »für Christus und sein Gesetz Zeugnis zu geben«. Doch noch war das Verfahren nicht beendet, da wurde er schon gefangen gesetzt. Nach dreitägigem öffentlichem Verhör verurteilte man ihn in Gegenwart des Kaisers im Münster zu Konstanz als Ketzer. Gleich darauf band man ihn auf einen Scheiterhaufen. Hus wurde lebendig verbrannt und seine Asche in den Rhein gestreut. Von Hus' Schicksal tief getroffen, erhob sich das tschechische Volk. Es kam zu langen blutigen Kriegen, den *Hussitenkriegen.*

Die Reformation

Trotzdem: Ideen und Überzeugungen kann man nie mit Gewalt besiegen. Der äußere Sieg verdeckt nur die innere Niederlage, und über kurz oder lang brechen unterdrückte Konflikte an anderen Orten, unter neuen Vorzeichen, mit noch größerer Wucht wieder aus. So ging es auch diesmal, jetzt aber mit einer Dynamik, die anfangs jedermann unterschätzte, und die, als sie erkannt wurde, durch keinen mehr aufzuhalten war.

Der Ablassstreit

Der Anlass war unscheinbar; selbst die Beteiligten hätten sich die späteren Wirkungen nicht ausmalen können. Für den Neubau der Peterskirche (vgl. S. 239) war ein Ablass ausgeschrieben worden. Obwohl die offizielle Lehre für den »Nachlass zeitlicher Sündenstrafen«, den der Ablass versprach, stets echte Buße forderte, war die Art, wie dieser Ablass dem Volk gepredigt wurde, weniger eindeutig. Es herrschte die Meinung vor, durch den Kauf eines päpstlichen Ablassbriefes könne man die Zeit im Fegefeuer zum Abbüßen eigener Schuld verkürzen. Als nun Papst *Leo X.* 1517 dem Erzbischof von Mainz, *Albrecht von Brandenburg,* erlaubte, den päpstlichen Ablassbrief zu vertreiben, und als der in der Gegend von Wittenberg damit beauftragte Dominikaner *Johann Tetzel* den Ablasshandel begann, geschah nach einem zeitgenössischen Bericht Folgendes:

Albrecht (1490–1545), zweiter Sohn des Kurfürsten von Brandenburg, wurde 1513 Erzbischof von Magdeburg, 1514 Erzbischof von Mainz, 1518 Kardinal. Zum Antritt seiner Ämter musste er der römischen Kurie insgesamt 24000 Dukaten zahlen. Um diese von den Fuggern geborgte Summe zurückzahlen zu können, hatte Albrecht den Verkauf der Ablassbriefe übernommen.

Ablass, der Erlass einer zeitlichen Strafe für Sünden, die hinsichtlich ihrer Schuld schon vergeben sind. Einen solchen Erlass erlangt der Gläubige unter bestimmten Bedingungen durch die Kirche, die als Vermittlerin »aus dem Schatz der Verdienste Christi und der Heiligen austeilt«.

Fegefeuer, der Zustand jener, die ihres ewigen Heiles sicher sind, aber noch der Läuterung bedürfen.

Johann Tetzel (1465–1519), Dominikaner. Sein Wirken als Ablassprediger veranlasste Luther zur Abfassung seiner 95 Thesen gegen die unwürdige Art der Ablassverkündigung.

Meister der Gregorsmesse, Kardinal Albrecht von Mainz, um 1530.

Einige, die solche Ablassbriefe gekauft hatten, kamen zu dem Augustinermönch Dr. Martinus Luther beichten und gaben – im Vertrauen auf die gekaufte Gnadengarantie – zu verstehen, dass sie weder von Ehebruch, Hurerei, Wucherei noch unrechtem Gut und dergleichen Sünde und Bosheit ablassen wollten; daraufhin wollte sie der Doktor nicht absolvieren, weil keine rechte Buße noch Besserung angegeben wurde. Da beriefen sich die Beichtkinder auf ihre Papstbriefe und auf die Gnade und den Ablass des Tetzel. Daran wollte sich Martinus nicht kehren. Er berief sich auf den Spruch: Wenn ihr nicht Buße tut, werdet ihr alle auch so umkommen.

Am 31. Oktober 1517 griff Luther in 95 Thesen dieses Ablassverständnis als Missdeutung des Glaubens an. Er sandte seine Thesen an die Bischöfe von Magdeburg und Brandenburg, mit der Bitte, die Fehldeutungen abzustellen:

Der Ablass ist ja nichts anderes als Befreiung von der dem ganzen Menschen auferlegten Strafe, welche der Reue keineswegs überhebt. Ein jeder Christ, der wahre Reue und Leid hat über seine Sünde, hat völligen Erlass von Strafe und Schuld, der ihm auch ohne Ablassbrief zuteil wird … Man soll die Christen lehren, dass, wer den Armen gibt oder dem Dürftigen leiht, besser tut, als wenn er Ablass löst.

»Ohne den Ablass von Rom kann man sehr wohl selig werden, allein durch das, was die heilige göttliche Schrift sagt«. Diese anonyme Flugschrift macht sich die grundsätzliche Kritik Luthers an Ablasspredigt und Ablasshandel zu eigen. So auch der Titelholzschnitt dazu (Melchior Ramminger, Augsburg 1520).

Wir sehen, wie im Innern einer Kirche ein Dominikaner als Ablassprediger die fünffach besiegelte päpstliche Ablassbulle vorliest bzw. erläutert. Frauen auf Hockern und zwei Männer hören ihm zu. In der Bildmitte unter dem hoch aufgerichteten T-förmigen Ablasskreuz – links das allgemeine Papstwappen, rechts das Wappen Leos X. – die große Ablassgeldkiste, in die eben ein Mann mit Pelzkragen eine Münze einwirft.
Rechts unten begleitet der Ablasshandel die Ablasspredigt. Der Verwalter am Tisch händigt eine Ablassurkunde aus, gleichzeitig macht er mit der Linken eine Notiz. Vor sich hat er Wechselgeld und weitere Ablassbriefe. Ein bürgerliches Ehepaar wartet darauf, gleich das Erwünschte zu erhalten.
Der Bauer mit Dreschflegel am rechten Bildrand steht als Vertreter des gesunden Menschenverstandes für die neue Lehre. In dem Mönch wollen manche Ausleger des Bildes Martin Luther erkennen, der den Ablasszahler davon zu überzeugen versucht, das sein Tun nutzlos sei.

Dem Erzbischof von Mainz aber schrieb Luther:

Welche Schande für einen Bischof, und überdies, wie gefährlich ist es für ihn, wenn er für sein Evangelium kein Wort übrig hat und bloß den Ablasslärm in sein Volk ausgehen lässt und sich darum mehr bekümmert als um das Evangelium.

Luther hatte die Thesen lateinisch geschrieben; dennoch bekamen sie sofort großen Widerhall, wurden ins Deutsche übersetzt und als Druck verbreitet. Unklugerweise suchte die Kirche Luthers Kritik zu unterdrücken, was seiner Sache noch mehr Bedeutung gab. Der kirchlichen Abwehr antwortete eine breite Sympathie für Luther. Das Elend der Christenheit lag zu deutlich vor jedermanns Augen, und auch sonst hatten sich die Zeiten gewandelt. Das Schicksal des armen Jan Hus, den man einfach verbrannte, sollte sich nicht wiederholen.

Die Sache war bald kein »Mönchsgezänk« mehr, wie der Papst gemeint hatte, als er erstmals von dem Ablassstreit hörte, ohne ihn ernst zu nehmen. Durch die gerade in Schwung kommende Buchdruckerkunst fanden Luthers Schriften schnelle Verbreitung. Außerdem brachte Luther 1520 in drei Monaten drei Schriften von hinreißender Kraft unters Volk, die jetzt ausholten, den christlichen Glauben »allein von der Schrift her« zu begründen. Da zeigte sich, dass auch die Ablasskritik einen tieferen Boden hatte, als bei dem jungen Mönch zunächst vermutet worden war.

Martin Luther

Um diese Gedankenwelt zu verstehen, ist es wichtig, etwas über Luthers Herkunft und Lebensweg zu wissen.

Am 10. November 1483 wurde Martin Luther zu Eisleben in Thüringen geboren. Die Vorfahren waren Kleinbauern; Luthers Eltern zogen aber schon bald von Eisleben nach Mansfeld; dort hatte der Vater Hans Luther eine Kupferhütte zum Ausschmelzen von Rohkupfer gepachtet. Martin besuchte hier eine Schule, in der er Lesen, Schreiben, Singen und Latein lernte; anschließend ging er auf eine Schule in Magdeburg und Eisenach. Schließlich schickte der Vater den Jungen auf die Universität Erfurt. Nach dem Studium der Philosophie begann Martinus auf Wunsch des Vaters mit den Rechtswissenschaften. Als er wenige Monate später, am 2. Juli 1505, nach einem Besuch bei den Eltern in Mansfeld auf dem Rückweg nach Erfurt war, überraschte ihn ein heftiges Gewitter. Ein Blitz schlug neben ihm ein. Zu Tode erschrocken gelobte er: »Hilf, heilige Anna, ich will Mönch werden!« Und schon Tage später, am 15. Juli, nahm er Abschied von den Freunden: »Heute seht ihr mich und dann nimmermehr! Morgen gehe ich ins Kloster und werde ein Mönch.« Ohne vorherige Verständigung mit den Eltern wurde er ins »Schwarze Kloster« der Augustiner in Erfurt aufgenommen.

Ausschnitt aus einer Karikatur von Lukas Cranach gegen den Ablasshandel, Holzschnitt, 1545.

Hier begann eine Zeit des Gebets und strengster Zucht. Der junge Mönch lebte sich mit Eifer in die Klosterordnung ein, wurde anerkannt, und schon 1508 – ein Jahr nach seiner Priesterweihe – stand er in der Rangliste des Klosters an sechster Stelle. Seine Begabung führte dazu, ihn Theologie studieren zu lassen. 1512 wurde er Doktor der Theologie und Professor an der neu gegründeten Universität Wittenberg. Er lehrte nun selbst Theologie, studierte die Bibel, zugleich aber quälte er sich über viele Jahre mit der Frage, wie er angesichts eigener Sündhaftigkeit »einen gnädigen Gott finde«. Später sagte er: »Wahr ist's, ein frommer Mönch bin ich gewesen, und ich habe so streng auf meinen Orden gehalten, dass ich sagen darf: Ist je ein Mönch in den Himmel gekommen durch Möncherei, so wäre ich auch hineingekommen. Das werden mir alle meine Klostergesellen bezeugen, die mich gekannt haben.« Dennoch glaubte Luther, dass ihm alle eigenen Anstrengungen nicht die Gnade und Zuwendung Gottes verschaffen könnten. Röm 9,16 liest er: »Es liegt nicht an jemandes Wollen und Laufen, sondern allein an Gottes Gnade.« Darüber denkt er unaufhörlich nach und betont das »allein«, das Paulus im griechischen Urtext jedoch nicht einfügte.

Luthers Entdeckung, welche die gesamte Reformation antreiben sollte, war ein dreifaches »allein« (lat. *sola*): *Sola scriptura*, allein die Schrift gilt!

Was sich von der Schrift her nicht beglaubigen lässt, soll abgetan werden.

Sola gratia, allein die Gnade hilft!

Mit welchen eigenen Anstrengungen der Mensch auch immer sich abquält: er kann sich Gottes Zuwendung nicht »verdienen«.

Sola fides, allein der Glaube rettet!

»Also fließet aus dem Glauben die Liebe zu Gott und aus dieser Liebe ein freies, williges, fröhliches Leben, dem Nächsten zu dienen, umsonst.«

Martin Luther mit seiner Frau Katharina von Bora.
Dem Ehepaar Luther wurden drei Söhne und drei Töchter geboren.
Rechts: Luthers Eltern, Hans und Margarethe Luther.

Als Luther 1518 in Augsburg dem päpstlichen Vertreter, Kardinal *Cajetan*, gegenüberstand, sagte er:

*I*hr müsst mir den Irrtum – wenn es einen gibt – aus der Bibel nachweisen. Mit guten Gründen. Dann will ich widerrufen. Sonst gilt nur eins: Die Heilige Schrift steht am höchsten, nicht der Papst.

Aus dieser Position entwickelte er eine immer schärfere Ablehnung. Im Sommer 1519 disputierte er mit einem Kollegen, dem Ingolstädter Professor *Johann Eck*. Dabei sagte er:

Die römische Kirche ist nicht höher als andere Kirchen … Ich weiß, dass unzählige Griechen das Heil erlangt haben, obgleich sie nie etwas von der Autorität des römischen Papstes gehört haben.

Und ein andermal:

Ich bin gewiss, dass unter den Artikeln des Jan Hus viele völlig christliche und evangelische sind.

Nach dieser Disputation in Leipzig reiste der Professor Eck nach Rom und betrieb Luthers Kirchenbann. Der Papst forderte Luther auf, binnen 60 Tagen alle Schriften zu widerrufen. Luther antwortete herausfordernd: Er warf das päpstliche Schreiben öffentlich in Wittenberg ins Feuer und sagte:

Weil du (Papst Leo) den Christus Gottes betrübt hast, so betrübe und verzehre dich das ewige Feuer.

Damit begann die Spaltung der Kirche.

Karl V. und der Reichstag zu Worms

Der unerhörte Vorgang hörte auf, bloßer Lehrstreit zu sein. Er berührte jetzt die hohe Politik. Viele deutsche Fürsten fanden Gefallen daran, dass den Bischöfen manche Befugnisse abgesprochen wurden und dass sie nicht länger Landesfürsten und Bischöfe zugleich sein sollten. Auch lockte der Grundbesitz der Kirche, so dass viele Fürsten sich schon um ihrer Vorteile willen der Reformation anschlossen.

Nun war just zur gleichen Zeit ein erst 19-jähriger junger Mann Kaiser geworden. Er nannte sich Karl V., doch war er noch nie in Deutschland gewesen, nur in den Niederlanden und Spanien. Als spanischer König herrschte er auch über das neu entdeckte Amerika (in späteren Jahren reiste Las Casas zu ihm, um die geschundenen Rechte der Indios einzuklagen, vgl. S. 71 ff.). Nachdem Karl in Aachen zum Kaiser gekrönt worden war, wollte er gleich die Sache mit dem Ketzer Luther in Ordnung bringen. Er hätte ihn am liebsten ohne jede weitere Diskussion umgehend verhaften lassen, aber der Herzog von Sachsen, Luthers Landesfürst, den man *Friedrich den Weisen* nannte, nahm Luther in Schutz und blieb auch späterhin ein Wächter über Luthers Leben.

Karl V., Kaiser des Hl. Römischen Reiches (1519–1556), König von Spanien und Neapel, Beherrscher der Niederlande und Mailands. Auf dem Reichstag zu Worms lehnte der jugendliche Kaiser die Reformation rundweg ab, musste sich aber schrittweise auf die neue, sich rasch verändernde Situation einlassen. Nur langsam erkannte er, dass der konfessionelle Konflikt nicht militärisch zu lösen war. 1556 zog er sich in ein spanisches Kloster zurück, wo er auch starb.

Luthers Landesherr, Kurfürst Friedrich der Weise

Das älteste Bilddokument des Verhörs vor Kaiser und Reich. Im Hintergrund Karl V. mit Zepter auf dem Thron, links (vom Betrachter her gesehen) drei geistliche, rechts drei weltliche Fürsten. Vorne die beiden gegnerischen Gruppen: Von rechts Luther in Mönchshabit und Tonsur, mit Begleitern und Anhängern, von links die kaiserlichpäpstliche Partei. Vor dem Kaiser und über Luthers gestapelten Büchern kreuzen sich die Hände der Kontrahenten.
Titelholzschnitt zu »Dr. Martin Luthers öffentlichem Verhör zu Worms im Reichstag – Rede und Widerrede am 17. April im Jahr 1521 geschehen.«

Gegen Ende seines Lebens meinte Kaiser Karl, als es um Ketzer in Spanien ging: Unbarmherzig müsse dagegen vorgegangen werden. Verbrennen! Kein Mitleid! Auch Reue der Angeklagten dürfte nicht gelten. „Ich irrte, als ich damals den Luther nicht umbrachte. Ich war nicht verpflichtet, mein Wort zu halten." Denn der Ketzer, so argumentierte er, sündige doch gegen einen größeren Herrn als den Kaiser: gegen Gott. „Ich habe ihn nicht umgebracht, und so wuchs dieser Irrtum ins Ungeheure. Das hätte ich verhindern können ..."

Da gab der Kaiser den Auftrag, den unbequemen Mönch vor den ersten Reichstag zu laden, den er in Deutschland hielt. So kamen die Großen des Reiches 1521 nach Worms, und Luther, immer noch in der Mönchskutte, trat vor die erlauchte Versammlung, um seine Überzeugung zu vertreten. Der Kaiser wollte keine Diskussion, auch war ihm Luthers Rede zu lang. Wahrscheinlich verstand sie Karl nicht einmal.

»Willst du widerrufen?«, fragte ihn der Sprecher des Reichstags. Darauf Luther: »Widerrufen kann und will ich nicht, weil es weder sicher noch geraten ist, etwas gegen sein Gewissen zu tun. Gott helfe mir. Amen.«

Da hob der Kaiser die Sitzung auf. Am nächsten Tag erging das Urteil: Luther soll Worms verlassen. Er bekam eine Schutzfrist von 21 Tagen; danach begann die Reichsacht:

Wir erklären den Martin Luther als ein von Gottes Kirche abgetrenntes Glied und als einen offenbaren Ketzer. Wir gebieten euch allen, dass ihr den Luther nicht in euer Haus aufnehmt, ihm nichts zu essen und zu trinken gebt, ihn nicht mit Worten oder Werken offen oder heimlich unterstützt, sondern, wo ihr euch seiner bemächtigen könnt, ihn gefangen nehmt und uns ausliefert.

Auch jetzt schaute Kurfürst Friedrich der Weise nicht tatenlos zu. Er ließ Luther auf der Heimreise zum Schein überfallen und auf die Wartburg bei Eisenach bringen. Das Täuschungsmanöver gelang. Die Öffentlichkeit wusste nicht, wo er geblieben war.
Albrecht Dürer notierte in sein Tagebuch:

O Gott, der Luther ist tot. Wer wird uns hinfort das heilige Evangelium so klar vortragen? Ach Gott, was hätte er uns noch in zehn oder zwanzig Jahren schreiben können …

In seiner freiwilligen Gefangenschaft, aus der Luther schrieb: »Jetzt lebe ich in der Freiheit eines Christenmenschen«, begann er mit der Übertragung der Bibel ins Deutsche, damit jeder sie lesen könne. Weil es aber damals noch kein gemeinsames Schriftdeutsch gab, sondern nur Mundarten, bemühte sich Luther, eine Sprache zu finden, die für alle verständlich sein sollte. Tatsächlich hat er mit seiner Übersetzung das Deutsch geschaffen, das die Grundlage unserer heutigen Schriftsprache geworden ist.

»Man muss nicht die Buchstaben in der lateinischen Sprache fragen, wie man soll deutsch reden, wie diese Esel tun, sondern man muss die Mutter im Hause, die Kinder auf den Gassen, den gemeinen Mann auf dem Markt drum fragen und denselbigen auf das Maul sehen, wie sie reden und danach dolmetschen. So verstehen sie es dann und merken, dass man deutsch mit ihnen redet.«

Der Satz ist berühmt geworden. Er lässt leicht übersehen, wie viel Kleinarbeit um jedes einzelne Wort in Luthers Übersetzung steckt:

»Nun es verdeutscht ist, kanns ein jeder lesen und meistern, läuft einer jetzt mit den Augen durch drei, vier Blätter und stößt nicht einmal an. Wird aber nicht gewahr, welche Wacken und Klötze da gelegen sind … Es ist gut pflügen, wenn der Acker gereinigt ist. Aber den Wald und die (Baum-)Stöcke ausroden und den Acker richten, da will niemand dran.«

Luther und sein letzter Kurfürst Johann Friedrich unter dem Kreuz Christi.

Bereits vor Luther hat es achtzehn deutsche Bibeln gegeben. 1466 eröffnete Johannes Mentelin, ehemaliger Gehilfe von Gutenberg, die Reihe dieser Bibeln; deren letzte erschien 1522 in Halberstadt. Wegen vieler Holzschnitte wurden diese Bibeln so volkstümlich, dass sie einigen Druckern beachtlichen Wohlstand brachten.

Karlstadt, eigentlich Andreas Boden-stein (um 1482–1541), Vorkämpfer der Reformation. Durch seine Predigten angestachelt kam es im Februar 1522 zum Bildersturm in Wittenberg.

TOMAS MVNCER PREDIGER ZV ALSTET IN DVRINGEN.

Thomas Müntzer, (um 1490–1525), anfangs Anhänger Luthers, später sein Gegner, 1525 Führer im Bauernkrieg in Thüringen; bei Frankenhausen besiegt, gefoltert und hingerichtet.

Aufstände und Wirren

Während Luther auf der Wartburg saß, gingen im Lande die Auseinandersetzungen weiter. Sie entarteten zu wüsten Konflikten und Kämpfen. Seine Anhänger warfen die Bilder aus den Kirchen und lehrten, es sei ein Unrecht, die Kinder zu taufen, da jeder Mensch frei bestimmen müsse, ob er getauft sein wolle. Priester, die an den alten Formen festhalten wollten, wurden misshandelt. Luther mahnte vergeblich von der Wartburg:

Die meine Lehre recht lesen und verstehen, die machen nicht Aufruhr. Die haben's nicht von mir gelernt.

Als schließlich in Wittenberg »Schwärmer« auftauchten, die sich selbst als Propheten ausgaben, und die Unruhen immer größer wurden, kehrte Luther gegen den Willen des Kurfürsten zurück, zog erneut die Mönchskutte an und predigte:

Nicht mit Gewalt! Allein durch das Wort! Der Glaube will willig angenommen werden.

Die Unruhen waren aber nicht mehr aufzuhalten. Der Riss ging durch Kirche und Staat, trennte Menschen und Landschaften. Was bisher unbezweifelt und wichtig war, stand jetzt in Frage. Viele Mönche und Nonnen verließen ihre Klöster, mal heimlich, mal offen. Manche Klöster wurden ganz aufgelöst. Noch auf der Wartburg hatte Luther eine Schrift »Gegen die Mönchsgelübde« geschrieben. Nun zog er selbst die Konsequenz: 1525 heiratete der bisherige Augustiner-Mönch Martin Luther die ehemalige Zisterzienserin Katharina von Bora. Dennoch folgten nicht alle auf diesem Weg; viele blieben im Kloster und ließen nicht davon ab, in dieser Lebensform weiterhin dem Willen Gottes zu folgen.

Inzwischen mehrten sich Fanatiker und Schwarmgeister im Lande. Die Bauern erhoben sich gegen ihre Herren. Sie forderten angemessene Pachtzinsen, verlangten Jagd- und Fischfangrechte, eine Rechtsprechung nach geltendem Gesetz, »nicht nach dem Eigengesetz unserer Herren«. Die freiheitliche Kraft des Evangeliums wurde erstmals deutlich und zugleich missbraucht, als radikale Führer begannen, Aufruhr und Rachsucht zu predigen. Der Pfarrer *Thomas Müntzer* ermutigte die Bergknappen von Mansfeld: »Dran, dran, dran, dieweil das Feuer heiß ist. Lasst euer Schwert nicht kalt werden!« Bei Frankenhausen in Thüringen wurde sein Tross jedoch geschlagen und Thomas Müntzer hingerichtet. Luther schrieb »Wider die mörderischen und räuberischen Rotten der Bauern« und riet den Fürsten, sie wie einen tollen Hund totzuschlagen. Bis zum Tage nehmen ihm das viele übel.

In Münster in Westfalen riefen *Wiedertäufer* ein neues Gottesreich aus. Hier sollte es mit Gewalt errichtet werden. Damit verbanden sich Vorstellungen eines christlichen Kommunismus: dass alles allen gehöre. Selbst die Einehe wurde gegen »Vielweiberei« getauscht. Damit einher gingen Gewalt und Terror gegen alle, die den Anführern nicht willens waren. Als die Stadt durch den Bischof von Münster schließlich zurückerobert wurde, fanden die Anführer einen grausamen Tod.

Im Bauernkrieg überfallen Bauern mit Schwertern und Äxten das Kloster Weißenau, leeren die Fischteiche und sind vor allem hinter den Weinfässern des Klosters her. Illustration eines Mönches, Weißenau ca. 1526.

Wiedertäufer, erstmals 1525 in Zürich, vertraten die Erwachsenentaufe und das Laienpriestertum. Der Augsburger Religionsfriede und der Westfälische Friede versagten ihnen die Anerkennung, sodass sie aus Deutschland fast ganz verschwanden. Heutige W.-Gruppen sind die Mennoniten und Hutterer (vor allem in den USA).

Jan von Leiden (1509–1536) ließ sich in Münster zum König des »Täuferreichs von Münster« ausrufen. Zusammen mit Bernd Knipperdolling und Bernd Krechting wurde er hingerichtet. Die Leichen der Anführer hängte man zur Abschreckung in drei eisernen Käfigen am Turm der Lambertikirche auf.

Huldrych Zwingli (1484–1531), Reformator der deutschen Schweiz. Z. gestand der weltlichen Obrigkeit ein Entscheidungsrecht in kirchlichen Fragen zu; daraus entwickelte sich später das Zürcher Staatskirchentum. Die Messe wurde durch Predigtgottesdienste ersetzt, der Heiligenkult abgeschafft, die Klöster aufgehoben. Mit Luther konnte Z. sich nicht über die Weise der Gegenwart Christi im Abendmahl einigen. Als die katholischen Urkantone sich gegen die Annahme der Reformation sträubten, kam es 1531 zum 2. Kappeler Krieg, in dem Z. gefallen ist.

Hart, autoritär, unbeugsam – solchen Geist zeigte Jean Calvin (1509–1564) in Genf.

Zwingli und Calvin

Luther war inzwischen längst nicht mehr der einzige, der die alte Kirche anfocht. In vielen deutschen Ländern nahm man seine Parolen auf und kämpfte für die Reformation. Auch in der Schweiz stand die Christenheit in Aufruhr und Streit. Hier ging der Pfarrer *Ulrich Zwingli* ähnliche Wege wie Luther. Mit Unterstützung des Stadtrates führte er in Zürich die Reformation ein. Wegen unterschiedlicher Auffassungen über das Abendmahl trafen sich Zwingli und Luther in Marburg an der Lahn, erreichten aber keine Übereinstimmung. Anders als Luther (vgl. S. 210) deutete Zwingli Brot und Wein als den Glauben nur stützende Erinnerungszeichen.

Wenige Jahre später predigte in Genf der Franzose *Jean Calvin.* Luthers Schriften gaben ihm den ersten Anstoß. Er führte für Stadt Genf eine strenge Kirchenordnung ein, die Staatsgesetz wurde. Theater, Tanz, teure Mode, Würfelspiel, Gasthausbesuch … wurden streng verboten. Gottesdienstbesuch war von nun an Pflicht. Calvin lehrte auch: »Von Anfang aller Zeiten ist das Leben der Menschen durch Gott festgelegt (prädestiniert)«. Er war überzeugt, dass die Menschen daran nichts ändern können, wenngleich sich jeder um ein Leben in Gottesfurcht mühen müsse. Weil Calvin meinte, die Gnadenwahl Gottes erweise sich bereits im Erfolg, der dem jetzigen Leben zuteil wird, wurde die »reformierte« Lehre in den späteren Jahrhunderten ein Ansporn zu größtem Fleiß und wirtschaftlichem Streben.

In Genf bildete Calvin Prediger für ganz Europa aus. Seine Lehre breitete sich vor allem in den Niederlanden, in Frankreich, England und Schottland aus. In Frankreich hießen die Calvinisten »Hugenotten«, in England »Puritaner«, in Schottland »Presbyterianer«. Von England kam die reformierte Lehre nach Amerika. Über Holland wurden auch deutsche Länder calvinistisch. Seitdem unterscheiden wir zwischen Lutheranern und Reformierten.

Ein friedlicher Zusammenschluss aller reformatorischen Richtungen wurde nicht erreicht. Nur in der Schweiz gelang die Vereinigung mit den Zwingli-Anhängern.

Der Calvinismus hat viel dazu beigetragen, wirtschaftlichen Erfolg anzustreben und demokratisches Denken zu entwickeln. Im 20. Jahrhundert wurden die Reformierten die treibende Kraft der Ökumene; dass Genf heute Sitz des »Weltrates der Kirchen« ist, hat seine Wurzeln in dieser Geschichte.

Die katholische Reform

Gespalten und verfeindet war nun die Christenheit. Die bisherige Kirche sah sich bis in ihre Fundamente erschüttert. Ein Drittel der abendländischen Christenheit nannte sich nicht mehr katholisch und hatte neue Kirchen gegründet.

Ignatius von Loyola und die Jesuiten

Da aber jede Krise zugleich neue Möglichkeiten birgt, bahnte sich schon bald eine Gegenbewegung an, die die ganze katholische Welt erfassen sollte. Dieser Anstoß ging von einem spanischen jungen Edelmann aus, der in den Kämpfen zwischen Kaiser Karl V. und dem französischen König Franz I. verwundet worden war. Er hieß Inigo (Ignatius) von Loyola. Auf seinem Krankenlager dachte er viel über sein bisheriges Leben nach und entschied, nicht mehr als Soldat kämpfen zu wollen, sondern als ein Christ, um die geschwächte Kirche wieder stark zu machen.

Calvinistischer Taufgottesdienst (um 1564)
Der Gottesdienst der »Reformierten« ist ernst und streng. Im Zentrum steht nicht mehr der Altar sondern die Kanzel. Es gibt weder Blumen noch Kerzen noch Orgel. Der Raum ist ganz auf das Verkünden und Hören des Wortes ausgerichtet. Die Fenster zeigen Wappen, aber kein Bild, keine Heiligenfigur ziert den Kirchenraum. Das Gebäude wurde 1564 aus einem Bürgerhaus in Lyon umgestaltet.

Ignatius von Loyola (1491–1556) wurde mit seiner »Gesellschaft Jesu« die entscheidende Kraft der katholischen Erneuerung und Gegenbewegung.

Jesuiten, wichtigste Kraft der Gegenreformation, 1540 von Paul III. anerkannt. Die J. verstanden sich von ihrem Gründer, Ignatius von Loyola, her als Elitegruppe und Kampfeinheit gegen die Ketzerei. Sie zogen sich nicht in Klöster zurück, sondern lebten in Kollegien, die sich besonders um Schulen und Universitäten kümmerten. Die Ordensverfassung folgte militärischen Vorbildern. An der Spitze des Ordens stand und steht der General, der auf Lebenszeit gewählt wird und in Rom residiert.

Tridentinum, Konzil von Trient (1545–1563), als Antwort auf die Reformation abgehalten. Es galt eine Unzahl kirchlicher und politischer Hindernisse zu überwinden, bis es unter Paul III. in Trient in Oberitalien eröffnet werden konnte. Das T. führte bereits kein Gespräch mehr mit den Kirchen der Reformation, sondern beschränkte sich auf eine wirksame Neuordnung der katholischen Kirche.

Wie aber kann ein verwundeter Soldat, dem eine Kugel das rechte Knie zerschmettert hat, das anfangen? Inigo bezog, als er endlich gesund geworden war, die Schulbank, wurde als Erwachsener Lateinschüler unter lauter Jungen, studierte an der Universität Paris und trainierte dabei unablässig seinen Willen. Sein Ziel war vollkommene Selbstbeherrschung. In jahrelangen Diszplinübungen schaffte er es, jede Laune zu unterdrücken, stets gleichbleibend liebenswürdig zu sein und ablenkende Gedanken auszuschalten. Und als er hinreichende Klarheit über sich und sein Wollen gefunden hatte, gründete er in Paris gemeinsam mit sechs weiteren Studienfreunden einen neuen Orden, der sich die Truppe Jesu, *Compania de Jesus*, nannte: die Jesuiten.

Dieser Trupp ausgesuchter, geschulter Männer bot sich dem Papst zum Einsatz für die Kirche an. Neben den üblichen Ordensgelübden versprachen sie zusätzlich dem Papst bedingungslosen Gehorsam, verzichteten auf Chorgebet und Ortsgebundenheit, organisierten sich vielmehr zentral, um jederzeit für jeden Ort verfügbar zu sein. Der Papst bestätigte 1540 die *Societas Jesu* (Gesellschaft Jesu) und nahm deren Dienste an. Mit großer Umsicht lenkte Ignatius den Aufbau des Ordens. Schnell erzielten die Jesuiten auf allen Gebieten des kirchlichen Lebens Erfolge. Sie waren nicht gegen die Reformation gegründet worden, vielmehr *für* die katholischen Missionen in aller Welt, doch bald setzten sie sich in Deutschland besonders für den Erhalt der katholisch gebliebenen Gebiete ein. Weil sie erkannten, dass die Bildung der führenden Schichten der Schlüssel zu Einfluss und Erfolg war, gründeten sie überall höhere Schulen und Universitäten. Sie wurden auch vielfach die Seelsorger an den Höfen von Fürsten und Königen, und da sie weitblickende Menschen waren, haben sie deren politische Beschlüsse in ihrem Sinne oft erheblich beeinflusst.

Das Konzil von Trient

Schon 1521 hatte der päpstliche Nuntius aus Deutschland berichtet: »Alles schreit: Konzil, Konzil!« Damals hatte Luther zur Verhandlung seiner Sache ein Konzil gefordert, und auch weite Kreise in der Kirche sahen es als Rettung aus den Wirren an. Dass es in jenen Jahren nicht stattfand, hat nur der Zerrissenheit und Feindschaft gedient. Als dann schließlich 1545 »ein gemeinsames, freies, christliches Konzil« nach Trient (an der Etsch im italienischen Sprachgebiet) einberufen wurde, war die Entfremdung untereinander schon so verfestigt, dass die evangelische Seite keine Hoffnung mehr damit verband. Auch die deutschen Bischöfe hielten sich zurück, nur zeitweilig waren dreizehn zugegen. Die Franzosen kamen erst in der Endphase; der in Frankreich immer erfolgreichere Calvinismus hatte ihnen gezeigt, wie dringlich eine Besinnung der Kirche war.

Das Konzil tagte zwischen 1545 und 1563, mehrfach unterbrochen durch Pest und Kriege. Unter dem Druck der Verhältnisse begann nun ein ernsthaftes Nachdenken über den Glauben und die Reform

Nach dem Zerfall der Glaubenseinheit konnte nur noch ein Konzil die Erneuerung der Kirche beraten. Nach endlosen Hindernissen tagte es ab 1545 im oberitalienischen Trient. Aber statt Annäherung an die reformatorische Seite brachte das Konzil nur Abgrenzung und eine deutliche Festlegung der eigenen Kirchenordnung. Für die katholische Kirche wurde der Weg durch die folgenden Jahrhunderte entschieden.

der Kirche. Es sollte weniger um eine Widerlegung der reformatorischen Lehren gehen. Das Konzil wollte vielmehr aus einer ungebrochenen Tradition heraus sagen, wie die Kirche über Schrift und Glauben, Gnade und Rechtfertigung, Sakrament, Ablass und Heiligenverehrung dachte.

Dem reformatorischen »allein« – allein die Schrift, allein der Glaube, allein die Gnade – stellte das Konzil ein verbindendes »und« gegenüber: Schrift *und* Überlieferung, Glaube *und* Tat, Gnade *und* Natur. Weil die Bibel ein Buch geschichtlicher Entwicklung ist, ist auch die weitere kirchliche Überlieferung für den Glauben bedeutsam. Weil der Glaube nicht ohne »Werke« besteht, muss auch das Tun der Menschen vor Gott etwas gelten. Weil die Gnade keinen ohnmächtigen Menschen überfällt, ist er schon von Natur aus ein Partner Gottes.

Die Reformen des Konzils galten vor allem der Seelsorge. Die zukünftigen Pfarrer bekamen von nun an in Seminaren eine sorgfältige Ausbildung. Bisherige Missstände im Umgang mit Geld und Pfründen wurden abgeschafft. Die Priester sollten wieder Seelsorger sein, das Volk unterrichten, den Armen dienen und nicht zuerst auf das eigene Wohl schauen.

Tatsächlich erwuchs aus diesen Bemühungen eine Erneuerung des Glaubens. Nach Zeiten bedrückender Veräußerlichung entfaltete sich wieder eine Kirche, die Lebensfreude mit Frömmigkeit verband und aus der die katholische Barockkultur hervorgegangen ist.

Unser Religionsbuch kann in jedem Schuljahr immer nur ein Kapitel der Kirchengeschichte widmen. Wenn sechs Jahrgänge dennoch durch zwei Jahrtausende führen, so nur um den Preis größter Knappheit. Umso ratsamer ist es, Lehrbücher der Geschichte und Kirchengeschichte ergänzend hinzuzunehmen.

Beispielsweise hat unser Buch Thomas Müntzer, den Bauernkrieg und die Schweizer Reformatoren Huldrich Zwingli und Jean Calvin nur am Rande berührt. Verschafft euch dazu zusätzliche Informationen.

Wichtig wäre es auch, etwas über den Zusammenhang von Calvinismus und wirtschaftlicher Entwicklung zu wissen; dies lässt sich besonders aufschlussreich an einem Vergleich zwischen reformierten und katholischen Landschaften zeigen.

Andere Themen hat unser Buch nicht einmal berührt: das Landeskirchentum; das Bündnis »Thron und Altar« und dessen Folgen; Luther und die evangelische Gottesdienstordnung; den Augsburger Religionsfrieden.

Wenn es euer Interesse erlaubt, lest einige Quellentexte. Im Umgang mit Quellen wird die vergangene Zeit deutlicher; sie sind deren »Originalton«.

Betrachtet auf einem Geschichtsatlas die Verteilung der Konfessionen gegen Ende des 16. Jahrhunderts.

Test: Gebt zu folgenden Stichworten eine eigene Erklärung:

Ablassstreit / Luthers dreifaches »allein«: *allein* die Schrift, *allein* die Gnade, *allein* der Glaube;
der Reichstag zu Worms / Bibelübersetzung und deutsche Sprache;
Kirchenspaltung und Ökumene;
Ignatius von Loyola / Konzil von Trient.

Thomas More

Hans Holbein d. J. (1497–1543),
Thomas More, 1526/7.

»Ich kenne nicht seinesgleichen. Ein
Mann für alle Jahreszeiten«
Robert Whittinton, 1520

»Potz Element, Meister More«, sprach Alice, die Gattin des Lordkanzlers von England zu ihrem inhaftierten Mann, »ich wundere mich, dass du, der du bisher stets für einen so weisen Mann gegolten, jetzt närrisch genug bist, hier in diesem schmutzigen Gefängnis herumzuliegen und es dir gefallen zu lassen, dass man dich zusammen mit Mäusen und Ratten einsperrt, während du doch draußen deine Freiheit genießen und dich der Gnade und der Gunst des Königs und seiner Räte erfreuen könntest, wenn du nur tun wolltest, was alle Bischöfe und die gelehrten Männer des Reiches getan haben. Und wenn ich sehe, wie du in Chelsea ein stattliches Haus, deine Bibliothek, deine Bücher, deine Galerie, deinen Garten, deinen Obsthof so schön zu deiner Verfügung hast, wo du fröhlich sein könntest in meiner, deiner Frau, deiner Kinder und deines Haushaltes Gesellschaft, dann wundere ich mich, was in Gottes Namen es bedeuten soll, dass du hier so gerne verweilst.«

Nachdem Sir Thomas ihr eine Weile mit heiterem Gesicht zugehört hatte, sagte er: »Ich bitte dich, liebe Frau Alice, sag mir eines.«

»Und was soll ich sagen?«

»Ist nicht dieses Haus dem Himmel ebenso nahe wie mein eigenes?«

Da antwortete sie, die solche Reden nicht liebte, nach ihrer gewohnten vertraulichen Art:

»Larifari, larifari!«

»Wie redest du, Frau Alice«, sprach er, »ist es nicht so?«

»Bone Deus, Bone Deus, Mann, wird dieser Unsinn kein Ende nehmen?«, sprach sie.

Darauf er: »Nun denn, Frau Alice, wenn es so ist, ist es gut so. Ich sehe keine besondere Ursache, warum ich mich über mein fröhliches Haus oder über irgendetwas, was dazugehört, besonders freuen sollte, da ich doch, wenn ich nur sieben Jahre unter der Erde liegen und auferstehen und dorthin zurückkehren sollte, unfehlbar jemanden darin finden würde, der mich zur Tür hinausweisen und mir sagen würde, es gehöre nicht mir. Was habe ich also für einen Grund, ein solches Haus zu lieben, das seinen Herrn so bald vergessen würde?«

Diesen Dialog hat der Schwiegersohn des Thomas More, William Roper, aufgeschrieben. Über Mores Tod hinaus wohnte Roper viele Jahre mit Schwiegermutter Alice im gleichen Haus; er kannte ihre Art. Nach ihrem Besuch im Tower, von dem sie erregt und wütend zurückkehrte, muss er den Bericht über das stattgefundene Gespräch mehr als einmal gehört haben. Was war vorgefallen?

Der »bartlose Jüngling«

Thomas More (1478–1535) war ein Zeitgenosse Martin Luthers, Sohn eines Anwalts und späteren Richters am königlichen Gerichtshof in London. Dieser ließ den begabten Sohn Thomas bei ersten Adressen seiner Zeit lernen, sodass Thomas den eigenen Kindern später erzählen konnte:

*I*ch bin erzogen worden zu Oxford, in einer Advokaten-Innung und auch am königlichen Hofe und so fort, von der niedrigsten Stufe bis zur höchsten.

Schon in jugendlichen Jahren fand er seiner Bildung wegen Ansehen und Anerkennung. Einer alten Überlieferung nach sollen sich der berühmteste Gelehrte der Reformationszeit, *Erasmus von Rotterdam,* und Thomas More an der Tafel des Oberbürgermeisters von London kennengelernt haben und über ihr Gespräch miteinander so überrascht gewesen sein, dass Erasmus sagte: »Ihr müsst More sein oder niemand« und More darauf: »Ihr müsst Erasmus sein oder der Teufel«. Als Erasmus später ein Buch den toten englischen Freunden widmete, trug er ein:

Hans Holbein d. J. (1497–1543), Erasmus von Rotterdam, um 1523.

Erasmus von Rotterdam (1469–1536), Holländer von Geburt, in Europa zu Hause, stand in regem Kontakt mit den Gelehrten seiner Zeit. In einem Brief an Zwingli heißt es über ihn: »Was Erasmus geschrieben hat, ist in den Händen aller … Jede Partei möchte ihn auf ihre Seite ziehen.« Martin Luther, dem Erasmus kritisch gegenüberstand, bemerkte: »Es ist schwierig, diesen wortgewandten Erasmus zu fassen, der geschickt wie eine Hornisse jedem Schlag auszuweichen weiß.« Dagegen schrieb Luthers Weggefährte Philipp Melanchthon an Erasmus: »Dich habe ich niemals angreifen wollen, gebe vielmehr so viel auf dein Urteil und schätze dein Wohlwollen. Du siehst ja auch, dass ich mich selbst in der Beurteilung der Glaubenslehren in manchen Fragen von dir umstimmen lasse.« Gegenüber den Streitigkeiten und dem Leid seiner Zeit betonte Erasmus, »man sollte auf Erden nach dem Ausschau halten, was uns glücklich oder unglücklich macht … Die täuschen sich sehr, die da behaupten, Christus sei ein von Natur trübsinniger Melancholiker gewesen, der uns zu einem freudlosen Leben aufgefordert hätte. Er allein hat uns die zweifellos angenehmste Lebensweise gezeigt, die die größte Fülle wahren Vergnügens bietet.«

Zuerst William Warham, Erzbischof von Canterbury, dann aus jüngster Zeit, Mountjoy und Fisher aus Rochester und Thomas More, Lordkanzler von England, dessen Seele reiner war als der reinste Schnee, dessen Genius so groß war, wie England nie einen hatte – ja nie wieder haben wird, obgleich England eine Mutter großer Geister ist.

Im Jahre 1504 wurde Thomas More zum Abgeordneten ins Parlament gewählt. Damals hatte König *Heinrich VII.* zwei seiner Kinder verheiratet, und weil so etwas großes Geld verschlang, bestand nach alter Sitte ein Anspruch auf »zwei Sonderzuschüsse«. Das Parlament erhob aber Einwände und beschnitt die königlichen Erwartungen. Dies war vor allem Thomas More zu danken, der nach Ropers Bericht

Im Winter 1526 ließ Thomas More seinen Familienkreis durch Hans Holbein malen. Von diesem Bild blieben nur Kopien und eine Zeichnung erhalten. Von links nach rechts: Elisabeth Dauncy (Tochter), Margarete Gigs (Freundin und Verwandte von Mores Töchtern), John More (Vater), Anna Grisacre (Verlobte von Sohn John), Sir Thomas More, John More (Sohn), Henry Patenson (Mores Narr), Cecily Heron (Tochter), Margarete (Tochter), Alice (Mores Gattin)

so gewichtige Argumente dagegen vorbrachte, dass die Forderungen des Königs glatt abgelehnt wurden. Ein Mitglied des Geheimen Kabinetts überbrachte aus dem Parlament dem König die Nachricht, ein bartloser Jüngling habe seinen Plan vereitelt. Das machte den König ungehalten, und er wollte sich nicht eher zufrieden geben, als er

einen Weg gefunden habe, sich zu rächen. Weil aber auch eine königliche Hoheit nichts nehmen kann, wo nichts ist, brach Heinrich einen Streit gegen Thomas' Vater vom Zaune und sperrte diesen so lange in den Tower, bis er eine Geldstrafe von hundert Pfund abgezahlt hatte.

Welche Gefühle den strengen Vater gegen seinen unbekümmerten Sohn im Gefängnis bewegt haben, ist leider nicht überliefert.

Hans Holbein d.J. (1497–1543), Heinrich VIII.

Heinrich VIII. (1491–1547), reich begabt, war eine Hoffnung der gebildeten Welt, geachtet unter den europäischen Fürsten. Sein Charakter war vielschichtig. Es wäre oberflächlich, seine Politik alleine aus persönlicher Leidenschaft erklären zu wollen. In seine ehelichen Wünsche mischten sich religiöse Bedenken und Sorgen um die königliche Nachkommenschaft. Im Alter wurde Heinrich zunehmend eigensinnig und willkürlich. Trotz der Furcht, die er verbreitete, und trotz einiger Aufstandsversuche gegen ihn, war er kein Tyrann. Die großen Veränderungen kamen durch Parlamentsbeschlüsse zustande. Er war ein Renaissancefürst englischer Prägung, ein unbarmherziger, entschlossener Mensch, der durchaus etwas Majestätisches an sich hatte.

Im Dienst Heinrichs VIII.

Thomas More sah für sich kein Fortkommen mehr in England. Er trug sich mit Gedanken, ins Ausland zu gehen; das war aber nicht leicht für einen Mann, dem »Kinder am Bein hingen«, wie später ein Urenkel sagte, nämlich Margarete, Elisabeth, Cäcilie und John, der einzige Sohn. Das Blatt schien sich zu wenden, als Heinrich VII. im Jahre 1509 starb und dessen erst 18-jähriger Sohn als *Heinrich VIII.* König wurde. Erasmus, der England verlassen hatte, bekam einen Brief mit der Einladung, zurückzukehren in »die goldene Welt«:

»Der Himmel lacht und die Erde freut sich; alles ist voller Milch und Honig und Nektar. Die Habgier hat das Land verlassen ...« In der Tat waren die ersten Regierungsjahre des jungen Königs verheißungsvoll. Als Heinrich einmal zu Mores Freunden äußerte, er möchte gerne Gelehrter sein, antworteten diese: »Das wollen wir gar nicht von Ihnen. Wir wollen, dass Sie die Gelehrten heben und fördern.« Und der König darauf: »Ihr habt recht, denn ohne sie wäre das Leben nicht lebenswert.«

Thomas More lebte in den folgenden Jahren als Anwalt, wurde »Unter-Sheriff« von London und weckte durch seine Tüchtigkeit bei öffentlichen Streitfragen die Aufmerksamkeit des Königs. Etwa zur gleichen Zeit, als in Deutschland Luther in den Ablasshandel eingriff, nahm Heinrich VIII. More ganz in seine Dienste: »Jedermann weiß, dass ich nicht an den Hof gehen wollte«, schrieb er an Erasmus, »und der König neckt mich damit, ich sitze so unbehaglich wie ein ungeschickter Reiter in seinem Sattel.«

Dennoch waren es erfolgreiche Jahre. More hatte ein Buch geschrieben, »Utopia«, das ihn in ganz Europa berühmt machte. Dem König bereitete es Freude, ihn zu ehren; er erhob ihn in den Adelsstand, und viele Freunde scharten sich um Sir Thomas.

Der Erfolg Martin Luthers war inzwischen über Deutschland hinausgedrungen. Während er auf dem Reichstag zu Worms seine Position rechtfertigte, wurden im gleichen Monat auf dem St.-Pauls-Platz in London seine Schriften verbrannt, hielt Erzbischof Fisher von Rochester eine Predigt gegen ihn und schrieb Heinrich VIII. eine »Verteidigung der sieben Sakramente«, wofür ihm der Papst wenig später den Titel »Verteidiger des Glaubens« verlieh.

More als »Sprecher«

Unterdessen wurde Thomas More *Speaker* des Parlaments. Seine Pflicht war es, Wortführer zwischen Unterhaus und König zu sein. Ungewöhnlich in seiner ersten Rede war die Bitte an Heinrich VIII., er möge jedem Unterhausmitglied zugestehen, »offen und ohne Furcht vor Eurem schrecklichen Missvergnügen sein Herz auszuschütten und in allem, was unter uns zur Sprache kommt, seinen Rat kühn zu offenbaren«. Zunächst war das Verhältnis zwischen dem König und More tatsächlich von Vertrauen bestimmt. Damals kam »König Heynz« (wie Luther ihn nannte) einmal als unerwarteter Gast in Mores Haus zum Essen und ging anschließend, seinen Arm um Mores Schultern gelegt, eine Stunde lang mit ihm im Garten auf und ab. Der Schwiegersohn William Roper erinnerte sich: »Sowie Seine Gnaden gegangen waren, sagte ich in meiner Freude zu Sir Thomas More, wie glücklich er sei, da der König ihn so vertraulich unterhalten habe, wie ich es nie einem anderen gegenüber hatte tun sehen.« More gab ihm Recht, fügte aber hinzu: »Trotzdem, Sohn Roper, kann ich dir sagen, dass ich keinen Grund habe, mir darauf etwas einzubilden, denn wenn mein Kopf ihm ein Schloss in Frankreich gewinnen könnte, würde er unverzüglich fallen.«

Als in späteren Jahren Heinrich vom Papst abgerückt war, befahl er, gegen More Anklage zu erheben, Thomas More habe den König hinterlistig und verräterisch angetrieben, sein Buch zur Verteidigung der päpstlichen Autorität zu schreiben. More antwortete, der König wisse selbst, dass das nicht wahr sei. Er habe den König nur darauf hingewiesen, die Autorität des Papstes nicht zu sehr hervorzuheben, weil Konflikte zwischen Souveränen nicht auszuschließen seien. »›Nein‹, sprachen Seine Gnaden, ›das soll nicht geschehen. Wir sind dem Päpstlichen Stuhl so sehr verpflichtet, dass wir gar nicht genug zu seiner Ehre tun können.‹« Und in der Tat stand Heinrich VIII. während der Regierungszeit von vier kriegerischen Renaissance-Päpsten unerschütterlich an der Seite Roms.

Des Königs »große Angelegenheit«

Wie realistisch More in diesen glücklichen Tagen den König eingeschätzt hatte, sollte sich zeigen, als Heinrich VIII. »seine große Angelegenheit« zum Staatsthema machte. Heinrich hatte zunächst Krieg gegen Frankreich geführt, nun aber verbündeten sich England und Frankreich, um die übergroße Macht Karls V. im Zaum zu halten. Heinrich aber war mit *Katharina von Aragonien*, einer Tante Karls, verheiratet, für die neue Politik eine störende Beziehung. Man muss aber auch sehen, dass Katharina zuvor die Frau seines verstorbenen Bruders gewesen war. Eine Eheschließung mit der Schwägerin war nach damaligem Recht verboten. Darum hatte sich Heinrich vom Papst eine Dispens, eine Befreiung vom Verbot, erteilen lassen.

Diese Dispens war in der Öffentlichkeit nicht ohne Unbehagen und Zweifel aufgenommen worden. Als nun die königliche Gattin zwar Kinder gebar, von diesen jedoch die meisten starben, glaubte Heinrich, darin eine Strafe für seine Ehe mit Katharina sehen zu müssen. In ihm wuchs die Überzeugung, er habe durch seine Verbindung mit Katharina eine Sünde begangen, die auch eine päpstliche Dispens nicht entschuldigen könne. Die Problematik wurde dringlich, nachdem Heinrich sich in *Anna Boleyn*, eine Hofdame seiner Frau, verliebt hatte. Die Nachwelt unterstellt, Heinrich VIII. habe nur listig und taktisch gedacht. Damals wies er jedoch seine Gesandten an, auf Vorwürfe Karls V. zu antworten,

der König sei seit einigen Jahren beim Lesen der Bibel auf die strenge Strafe aufmerksam geworden, die Gott über die verhänge, welche die Witwen ihrer Brüder heiraten, und darum sei er in seinem Gewissen unruhig geworden und betrachte den plötzlichen Tod seiner männlichen Kinder als ein göttliches Strafgericht. Je mehr er die Angelegenheit geprüft habe, desto klarer sei ihm erschienen, dass er ein göttliches Gesetz gebrochen habe. So habe er im Kirchenrecht erfahrene Männer zur Beratung zusammengerufen.

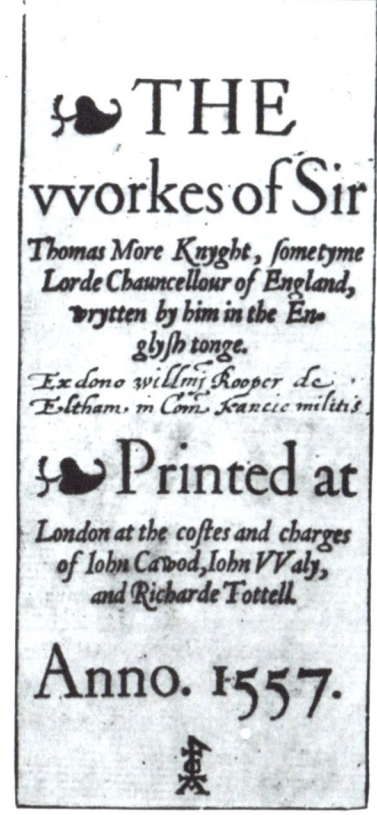

THE vvorkes of Sir Thomas More Knyght, sometyme Lorde Chauncellour of England, wrytten by him in the Englysh tonge. Ex dono willmj Rooper de Eltham in Com. Kancie militis. Printed at London at the costes and charges of Iohn Cawod, Iohn VValy, and Richarde Tottell. Anno. 1557.

Ob Thomas Morus um des Evangelii willen wäre vom König getötet? Mit Nichten nicht! ... Er lehnete sich wider des Königs Edict auf, ward ungehorsam und also gestraft.

Martin Luther, 1533

Einer der vortrefflichsten, gescheitesten, rechtschaffensten Männer seiner und jeder anderen Zeit.

Christoph Martin Wieland, 1794

Unter »Europa« verstehen wir heutzutage »nicht den geographischen Begriff, sondern eine gewisse Haltung gegenüber dem Leben und der Gesellschaft«. Wenn diese »gewisse Haltung« einer praktischen Erläuterung bedarf, weiß ich nicht, wo man ein besseres Beispiel finden könnte als im Leben und den Schriften Mores.

R. W. Chambers, 1935

Eine der lautersten und interessantesten Gestalten zwischen Mittelalter und Neuzeit ... Ein gelungenes Exemplar Mensch.

Rudolf Augstein, 1982

Nimm zu der Position Luthers und der Ansicht von Chambers Stellung.

Wir haben kein Recht, dem König bewusste Unehrlichkeit zu unterstellen, zumal Heinrichs Gewissen »eine sehr verworrene Sache« war. Unbewusst suchen Menschen ihre Wünsche und Taten immer zu rechtfertigen, auch wenn dies zu eigenartigen Verbiegungen führt. So ließ sich auch Heinrich nicht durch den Rat des Bischofs von Rochester, *John Fisher*, beeindrucken, der ihm gesagt hatte, er sehe keinen Grund, warum die Ehe des Königs ungültig sein solle. In Zweifelsfällen habe der Papst zu entscheiden. Thomas More wollte sich nicht in den Konflikt einbeziehen lassen, darum entschuldigte er sich als »ungeeignet für die Behandlung solcher Fragen«. Der König übte aber Druck auf More aus, sich mit seiner Scheidungspolitik einverstanden zu erklären. Thomas More notierte:

Plötzlich fing Seine Hoheit, während Sie in der Galerie auf und ab ging, von Seiner großen Angelegenheit mit mir zu sprechen an und verkündete mir, man habe nun gemerkt, dass Seine Ehe ... in keiner Weise von der Kirche gebilligt werden könne.

Das oberste Haupt der Kirche

Trotz seiner Zurückhaltung wurde Thomas More 1529 Lordkanzler, der erste Laie in der englischen Geschichte. Kurz darauf bat ihn der König erneut, seine »große Angelegenheit« zu erwägen. More antwortete, er möge sich damit an jene wenden, »deren Gewissen hierin zur Genüge einwilligen können«, ihn aber nicht mehr damit belästigen. Die Klarheit von Mores Gewissen zeigte sich nicht so sehr darin, dass es des Königs Drohungen aushielt, sondern dass es seinen Schmeicheleien standhielt. »Nichtsdestoweniger erwäget noch einmal meine große Angelegenheit«, entgegnete Heinrich sanft. Er warb um Mores Zustimmung mit jahrelanger Geduld. Umso erboster sollte er später auftrumpfen, »dass noch nie ein Diener sich seinem Souverän gegenüber so schurkisch, noch ein Untertan seinem

William Warham (1450–1532), Erzbischof von Canterbury, Lordkanzler, Freund von Erasmus und Thomas More, zeigte in des Königs »großer Angelegenheit« wenig Profil.

Thomas Cranmer (1489–1556), Nachfolger Warhams, dem König ergeben, wurde unter Königin Mary verhaftet und verbrannt.

Fürsten gegenüber so verräterisch benommen habe wie er.« Damals wussten alle Großen Englands, dass »der Zorn des Königs Tod bedeutet«, und im König sah man die Autorität Gottes auf Erden. Heinrich VIII. zweifelte vor sich selbst nicht daran, dass ihm widerstehen, Gott widerstehen hieße, und aus dieser Überzeugung schöpfte er Selbstbewusstsein und Kraft.

Um den Papst unter Druck zu setzen, zwang Heinrich 1531 die englische Kirche, seine eigene Autorität in allen Kirchenbelangen anzunehmen. Daraufhin schlug der Erzbischof von Canterbury, *William Warham*, der Kirchenversammlung vor anzuerkennen, dass der König »ihr einziger Beschützer, ihr einziger und höchster Herr sei und auch ihr oberstes Haupt«, jedoch schaffte es John Fisher, die Vorbehaltsklausel einzufügen »soweit das Gesetz Christi es erlaubt«. Thomas More verdross das Vorgehen des Klerus, dem König diesen Titel zu verleihen, doch verhielt er sich in seinen öffentlichen Äußerungen sehr vorsichtig. Sein Widerstand gegen die Scheidung blieb allerdings nicht geheim. Sogar Karl V. schrieb persönlich an More, doch weigerte sich dieser, den Brief des Kaisers anzunehmen, um nicht des Königs Feinden zugerechnet zu werden. Heinrich aber tat einen weiteren Schritt. Er ließ dem Unterhaus verkünden:

Geliebte Untertanen, wir haben geglaubt, dass die Kleriker unseres Reiches ganz und gar unsere Untertanen seien; aber jetzt haben wir wohl gemerkt, dass sie nur zur Hälfte unsere Untertanen sind – ja überhaupt kaum unsere Untertanen. Denn alle Prälaten legen bei ihrer Weihe einen Eid auf den Papst ab, der dem Eid, den sie auf uns ablegen, durchaus widerspricht, so dass sie seine und nicht unsere Untertanen zu sein scheinen.

Am 15. Mai 1532 kapitulierte die Geistlichkeit vor Heinrich. Im Hinblick auf seine »vorzügliche Weisheit und seinen glühenden Eifer« erkannten sie seine Autorität als Oberhaupt der Kirche von England endgültig an. Am Tag darauf trat Thomas More von seinem Amt als Lordkanzler zurück.

Der König nahm den Rücktritt an und versicherte, er werde ihm ein guter und gnädiger Herr bleiben. Sein Nachfolger als Kanzler war *Thomas Cromwell*, »der Hammer der Mönche«. Er zog in der Folgezeit den riesigen Klosterbesitz ein, um seinen Herrn »zum reichsten König der Christenheit« zu machen. Im Mai 1533 erklärte *Thomas Cranmer*, den Heinrich inzwischen zum Erzbischof von Canterbury gemacht hatte, die Ehe zwischen Katharina und Heinrich für nichtig, fünf Tage später die Ehe zwischen Heinrich und Anna Boleyn für gültig. Am 1. Juni wurde Anna Boleyn zu Westminster gekrönt. Widerstand regte sich nur bei den Kartäusern und Franziskanern. Der Papst exkommunizierte Heinrich im Juli 1533.

Thomas Cromwell (um 1485–1540), englischer Staatsmann. Er reiste in jungen Jahren längere Zeit durch Italien, trat danach (um 1525) in die Dienste des Kardinals Wolsey und gewann nach dessen Sturz die Gunst Heinrichs VIII. Er wurde im Juli 1536 zum Staatssekretär und Lordsiegelbewahrer ernannt und als Generalvikar Stellvertreter des Königs mit absoluter Gewalt über die Kirche, deren Umwandlung in die englische Staatskirche er durchführte. Sein Vorgehen gegen die Klöster verschaffte ihm den Beinamen »Hammer der Mönche«.

Cromwell wurde der Führer der protestantischen Partei am Hofe Heinrichs und vermittelte dessen Ehe mit Anna von Kleve, um dadurch Verbindungen mit den deutschen Protestanten anzuknüpfen. Die Intrigen der katholischen Partei sowie des Königs Widerwille gegen die ihm von Cromwell aufgedrungene Ehe führten den Sturz des Ministers herbei. Cromwell wurde des Hochverrats und der Ketzerei angeklagt, zum Tode verurteilt und am 28. Juli 1540 hingerichtet.

Der Tower wurde um 1078 nördlich der Themse von Wilhelm dem Eroberer als Schutz und Kontrollfestung erbaut und in späteren Jahrhunderten erweitert. Er diente als Königspalast, Gefängnis, Münzstätte und Schatzkammer. Hier verbrachten bedeutende Menschen dunkle Kerkerjahre; viele wurden im Tower hingerichtet oder ermordet. Der Hinrichtung des ehemaligen Lordkanzlers More folgte schon bald die Vollstreckung der Todesurteile gegen die Königinnen Anna Boleyn (1536) und Catherine Howard (1542); wegen der vermittelten Heirat mit Anna von Kleve, die Heinrich enttäuschte, wurde Thomas Cromwell 1540 geköpft.

Mit einem Themse-Boot wurde Thomas More am 17. April 1534 zum vergitterten »Traitors' Gate« in den Kerker gebracht. Zeichnung von Anthonis van den Wyngaerde (um 1510–1572).

Prozess und Hinrichtung

Der Bruch mit der römischen Kirche wurde endgültig, als 1534 ein Gesetz den König zum Oberhaupt der englischen Kirche erklärte und von allen Beamten einen Treueid auf dieses Gesetz (Suprematsakte) verlangte. Auch Thomas More wurde vorgeladen, den Eid abzulegen. Er weigerte sich, weil die Eidesformel die Stellung des Papstes als Oberhaupt der Kirche leugnete. So wurde er gefangen genommen und in den Tower gebracht. Gleich ihm erging es den Kartäusern von London und Bischof John Fisher. Ein Gesetz vom 1. Februar 1535 erklärte jeden, der den König nicht als Oberhaupt der Kirche anerkennen wollte, zum Staatsverräter. Tod durch Bauchaufschlitzen war als Strafe vorgesehen. Zu dieser Zeit saß More bereits seit Monaten in Haft.

Als der Papst John Fisher am 20. Mai zum Kardinal ernannte, um ihm internationale Rückendeckung zu geben, steigerte er nur des Königs Zorn:

*I*ch will dafür sorgen, dass er, wenn er den Kardinalshut trägt, ihn auf seinen Schultern tragen und keinen Kopf haben wird, auf den er ihn setzen könnte.

Sir Thomas' Frau Alice und Margarete, die älteste Tochter, haben es bei ihren Besuchen im Tower nicht unterlassen, auf die erdrückende Mehrheit der englischen Kirche hinzuweisen, die dem König zustimmte. Sollten sie alle gewissenlos sein? Konnte More sich nicht auf deren Zeugnis berufen? Aber Thomas More suchte keine Finessen zur Entlastung seines Gewissens: Er war durch niemanden um-zustimmen, selbst nicht durch die Tränen seiner Familie, an der er sehr hing.

Als Thomas More vor seinen Richtern stand, sagte er:

Ihr müsst verstehen, dass in Dingen, die das Gewissen berühren, jeder ... zu höherer Ehrfurcht verpflichtet ist als vor allem anderen in der Welt ... Ich bin nicht verpflichtet, mein Gewissen gegen das allgemeine Konzil der Christenheit dem Konzil eines einzelnen Reiches anzupassen ... Ich werde recht von Herzen beten, dass wir, obwohl ihr, meine Lords, jetzt auf Erden meine Richter seid und mich verurteilt, dennoch später im Himmel einander fröhlich begegnen werden, zu unserer ewigen Erlösung.

Das Urteil gegen Thomas More lautete auf Tod durch Bauchaufschlitzen. Das gleiche Urteil war schon vorher gegen die Kartäuser und Bischof John Fisher gesprochen worden. Fisher und More wurden vom König zum Tode durch Enthauptung begnadigt. Bevor More am 6. Juli 1535 seinen Hals auf den Block legte, sagte er: »I die ..., the King's good servant, but God's first.«

»Ein Mann kann seinen Kopf verlieren, ohne an seiner Seele Schaden zu leiden«, hatte Thomas More einmal gesagt. Die Beschäftigung mit ihm kann Anlass sein, nach Biographien weiterer Menschen zu fragen, die in ähnlicher Klarheit ihrem Gewissen gegen allen Druck von außen gefolgt sind. Die deutsche Geschichte bietet dafür im 20. Jahrhundert große Beispiele: Männer vom Aufstand gegen Hitler am 20. Juli 1944, Kriegsdienstverweigerer, Männer und Frauen aus dem Widerstand. Das Wissen um sie ist um unserer selbst und um unserer Zukunft willen wichtig.

In seiner Zelle, damals noch fensterlos, schrieb Thomas More sein letztes Buch »Trost im Leid«. Es wird bis zum heutigen Tage gelesen.

Textverzeichnis

R = Randspalte

8R Werner Müller, Geliebte Erde, Bonn 1979, S. 9.

8-9 Dem Bericht von M. R. Gilmore (1925) nach Werner Müller, Geliebte Erde, Bonn 1979 nacherzählt.

10 Carlos Castaneda, Reise nach Ixtlan. Die Lehre des Don Juan, © S. Fischer Verlag, Frankfurt a. M., 1975, S. 71, 78.

11 Schwarzer Hirsch, Ich rufe mein Volk. Leben, Visionen und Vermächtnis des letzten großen Sehers der Ogalallah-Sioux, Walter Verlag, Olten 41978, S. 17.

12R T. C. McLuhan, ...wie der Hauch eines Büffels im Winter, Indianische Selbstzeugnisse, © Hoffmann und Campe Verlag, Hamburg 1979, S. 51.

12 Rede des Häuptlings Seattle, in: The Washington Historical Quartery 22, Nr. 4, Oktober 1931. Washington University State Historical Society, Seattle, Washington. Der Text wurde besorgt durch die Dedo Weigert Film GmbH, München und basiert auf einer von William Arrowsmith adaptierten Fassung der Originalrede.

13 John (Fire) Lame Deer/Richard Erdoes, Tahca Ushte, Medizinmann der Sioux, übers. V. Claus Biegert, List Verlag, München 1979, S. 177ff.

15 J. R. Walker, Die Metaphysik der Oglala, in: Über den Randd des tiefen Canyon, Lehren indianischer Schamanen, hrsg. V. Dennis u. Barbara Tedlock, übers. v. Jochen Eggert, © Diederichs Verlag, Köln 61989, S. 190f.

16-17 Zit. Nach: Werner F. Bonin, Die Götter Schwarzafrikas, Verlag für Sammler, Graz 1979, S. 16f.

18 Lukian von Samosata, zit. Nach: Eric Hornung, Der Eine und die Vielen. Ägyptische Gottesvorstellungen, übers. V. Martin Kaiser, Wissenschaftliche Buchgesellschaft, Darmstadt 31983, S. 1

23R Nelly Sachs, Das Leiden Israels, © Suhrkamp Verlag, Frankfurt a. M. 1962, S. 123f.

27 Rose Ausländer, Der Report, Dortmund, 01.06.1978

40 Martin Buber, Stechbremsen, in: Ders., Der Jude und sein Judentum, © Gütersloher Verlagshaus, Gütersloh.

41 Günter Grass, Prophetenkost, in: Ders., Gedichte und Kurzprosa, Werkausgabe Bd. 1, © Steidl Verlag, Göttingen 1997

59 Flavius Josephus, Jüdische Altertümer (2,9), übers. U. mit Einleitung und Anmerkungen versehen von Dr. Heinrich Clementz, o.J.

67R Theodor Schneider, Was wir glauben. Eine Auslegung des Apostilischen Glaubensbekenntnisses, Patmos Verlag, Düsseldorf 31988, S. 225ff.

68-69,73 Bartolomé de las Casas, Kurzgefasster Bericht von den Verwüstungen der Westindischen Länder, dt. v. D.W. Andrea, Berlin 1790, © Insel Verlag, Frankfurt a. Main.

74R Mariano Delgado, Gott in Lateinamerika, Patmos Verlag, Düsseldorf 1991, S. 108f., übers. v. Bruno Pockrandt.

76-77 Michael Ende, Die unendliche Geschichte, Thienemann Verlag, Stuttgart 1979, S. 8-10.

78-79R Nach Wilhelm Willms, aus der luft gegriffen, Butzon & Bercker, Kevelaer ²1978, S. 20f.

81-82 Tilman Moser, Gottesvergiftung, Suhrkamp Verlag, Frankfurt a.M. 1976.

82R Martin Gutl, Nachdenken mit Martin Gutl. Texte, Meditationen, Gebete, Styria Verlag, Graz 1985, S. 200. Brigitte Schwaiger, mit einem möcht' ich leben, Heyne Verlag, München 1987, S. 20.

84R Hilde Domin, Rückkehr der Schiffe, Gedichte, S. Fischer Verlag, Frankfurt a. M. 1962.

84-85R Nach Wilhelm Willms, a.a.O., S. 33ff.

86R Aus: Hans-Joachim Gelberg (Hrsg.), Großer Ozean, Gedichte für alle, Beltz & Gelberg, Weinheim-Basel 2000, S. 29.

87-91 Aus: Christine Nöstlinger, Oh du Hölle, Julias Tagebuch, Beltz & Gelberg, Weinheim (i.A.).

89R Aus: Hans-Joachim Gelberg, a.a.O., S. 76.

90 Robert Gernhardt, Gesammelte Gedichte, 1954-2004, S. Fischer Verlag, Frankfurt a. M., 2004, S. 290.

91R Aus: Hans-Joachim Gelberg, a.a.O., S. 162

91R Aus: Hans-Joachim Gelberg, a.a.O., S. 79.

92R Bertolt Brecht, aus: Gesammelte Werke in 20 Bänden, Edition Suhrkamp, Werkausgabe, Suhrkamp Verlag, Frankfurt a. M. 1968.

93R James Krüss, Der wohltemperierte Leierkasten, Bertelsmann Jugendbuchverlag in der Verlagsgruppe Random House, München 1961.
Masha Kaléko, Vierundzwanzig Stunden täglich, in:

Die paar leuchtenden Jahre, dtv, München 2003, S. 192.

98 Aus einem Brief König Heinrichs IV. an Papst Gregor VII., 24.01.1076 (aus dem »Buch der Sachsenkriege« des Merseburger Klerikers Bruno). Gebet des Papstes Gregor VII. auf der römischen Fastensynode, 15.02.1076 (Mon. Germ. Hist. Epist. Select. II, 1; 1920, 270).

100 Wilhelm von Tyrus (gest. 1185), Historia in partibis transmarinis gestarum.

101 (Aus dem Tagebuch eines anonymen normannischen Ritters) Zit. Nach: Régine Pernoud, Die Kreuzzüge in Augenzeugenberichten, Karl Rauch Verlag, Düsseldorf 1961.

143 Die Äußerung Spellmans ist wiedergegeben bei: Vilma Sturm, in: Werkhefte, Zeitschrift für Probleme der Gesellschaft und des Katholizismus 21 (1967), S. 146.

152-153 Knud Rasmussen, Die Gabe des Adlers, Eskimoische Märchen aus Alaska, übers. U. bearb. V. Aenne Schmücker, Verlag Kurt Schütte, Frankfurt a. M. o. J., 11-17 (i.A.)

155 Chandogya-Upanishad 6, nach Paul Thieme, Upanishaden, Reclam Verlag, Stuttgart 1974, S. 52f.

156 Sarvepalli Radhakrishnan, Weltanschauung der Hindu, Holle Bücherei, Baden Baden 1961, S. 78f.

156R Suniti Namjoshi, Der Brahmane und seine Tochter, in: Dieter Riemenschneider (Hrsg.), Shiva tanzt. Das Indien-Lesebuch, Unionsverlag, Zürich 1986, S. 185.

157-158 Zit. Nach: Krisnalal Sridharani, The Mahatma and the World, übers. v. Fritz Kraus, Vom Geist des Mahatma. Ein Gandhi-Brevier, © Holle Verlag, Baden-Baden 1957, S. 226f.

160R Gopi Krishna, in: Carl Friedrich von Weizsäcker, Die Sterne sind glühende Glaskugeln, und Gott ist gegenwärtig. Über Religion und Naturwissenschaft, (Herder Spektrum 4077), Freiburg/Basel/Wien 1992, S. 53f (i.A.).

162-163 Ramakrishna, Leben und Gleichnis. Auswahl und Übersetzung von Ursula von Mangoldt, © der deutschen Übersetzung by Scherz Verlag Bern/München 1975, S. 108, 131f.

170-171 Knud Rasmussen, Die Seele des Wals und das brennende Herz, in: Die Gaben des Adlers. Eskimoische Märchen aus Alaska, übers. u. bearb. v. Aenne Schmücker, Verlag Kurt Schütte, Frankfurt a. M. o.J., S. 187-190.

176-177 Fridolin Stier, Vielleicht ist irgendwo Tag, Kerle Verlag, Heidelberg 51986, S. 16f.

177 Tilman Moser, Gottesvergiftung, © Suhrkamp Verlag, Frankfurt a. M. 1976, S. 13.
»Bei einem Nachbarn«: Quelle unbekannt.

177R Die gute Gottesleugnung: Martin Buber, Die Erzählungen der Chassidim, Manesse Verlag, Zürich 1949, S. 538f.

179-180 Elie Wiesel, Die Nacht, © Herder Verlag, Freiburg 1996, S. 152f., 56.

181 Harold S. Kushner, Wenn guten Menschen Böses widerfährt, aus dem Amerikanischen von Ulla Galm-Friboes, © Tomus Verlag, München 1983, S. 128, 132 (i.A.).

195-198 Eigene Bearbeitung von Mme. Leprince de Beaumont, Die Schöne und das Tier. Stuttgart 1986.

210 Wilhelm Willms, der geerdete himmel, © Butzon & Bercker, Kevelaer 1974, Nr. 8.1.

212-223 Die Darstellung beruht auf drei Bänden der Reihe »Lebenswege«:
Michael Albus, Paulo Evaristo Arns. Ich trage keinen Purpur, Patmos Verlag, Düsseldorf 3/1989.
Michael Albus, Ruth Pfau. Ein Leben gegen den Aussatz, Patmos Verlag, Düsseldorf 3/1988.
Michael Albus, Lucien Bidaud. Das verschwendete Leben, Patmos Verlag, Düsseldorf 1984.

224R Walther Petri, aus: Hans-Joachim Gelberg, a.a.O., S. 97, Martin Auer, aus: Hans-Joachim Gelberg, a.a.O., S. 96.

225R Günter Ullmann, aus: Hans-Joachim Gelberg, a.a.O., S. 102.

229R Christine Nöstlinger, aus: Hans-Joachim Gelberg, a.a.O., S. 230.

230R Christine Nöstlinger, aus: Hans-Joachim Gelberg, a.a.O., S. 23.

231R Hans Manz, aus: Hans-Joachim Gelberg, a.a.O., S. 153.

232R Khalil Gibran, Der Prophet, aus dem Englischen von Karin Graf, Patmos Verlag, Düsseldorf 2006, S. 15. Kurt Sigel, aus: Hans.Joachim Gelberg, a.a.O., S. 66.

Frantz Wittkamp, aus: Hans-Joachim Gelberg, a.a.O., S. 70.

234 Heinz J. Zechner, aus: Hans-Joachim Gelberg, a.a.O., S. 148.

235 Fredric Vahle, Aus: Hans-Joachim Gelberg, a.a.O., S. 62.

260-261 R. W. Chambers, Thomas More. Ein Staatsmann Heinrich des Achten, London 1935, übers. v. J. E. Nenninger, Kösel-Verlag, München 1946, S. 26f.

262-263 Ebd., S. 88; 106

264-265 Ebd., S. 124; 280.

266-267 Ebd., S. 286; 276.

268-269 Ebd., S. 419; 425f.

Abbildungsverzeichnis

(u.) Die Kuppel des Pantheon, Rom. Foto: Gemeinnützige Stiftung Leonard von Matt.

240 Giovanni Paolo Pannini, Das Langhaus von St. Peter (Ausschnitt), 1735.

241 Kuppel von St. Peter. Foto: Scala, Firenze.

242 Stich von Giovanni Battista, Falda um 1670.

243 (o.) Kuppel des Kapitol, Washington. Foto: The Telegraph/Gettyimages.
(u.) Corbis.

245 (o.) Wallfahrer am Grab eines Heiligen in Italien. Meister v. S. Sebastian, 16. Jh. Palazzo Barberini, Rom. Foto: Scala, Firenze.

(u.) Flagellantenzug in Flandern, flämisches Stundenbuch um 15.00. Sir John Soane's Museum, London.

251 (o.) Barent von Orley, Karl V., 1521.
(u.) Albrecht Dürer, Kurfürst Friedrich der Weise, 1524.

255 (u.l.) Heinrich Aldegrever, Bernd Knipperdolling, 1536.
(u.r.) Wiedertäuferkäfige am Kirchturm von St. Lamberti, 1535 in Dortmund angefertigt durch Meister Bertold Smit von Lüdinghausen.

257 Taufgottesdienst in der Paradies-Kirche der Calvinisten von Lyon. Diese wurde 1564 aus einem Bürgerhaus umgestaltet. Gemälde von Jean Perissin. Universitätsbibliothek, Genf.

259 Foto: Kapuzinerkloster Stans/Schweiz.

262 Illustration von Nathaële Vogel. Nach: Hans Holbein d. J. (1497/8–1543). Die Familie des Sir Thomas More. Porträtskizze. Kunstmuseum Basel. © Union Verlag, Stuttgart.

268, 269 Foto: Quelle unbekannt.

Zeichnungen und Karten: Annemarie und Josef Schelbert, Olten

Religionsbuch für das 7./8. Schuljahr

erarbeitet von Hubertus Halbfas

Redaktion: Berthold Frinken
Umschlaggestaltung: Gesine Beran, Düsseldorf
Layout und
technische Umsetzung: Ansgar und Ina Halbfas, Drolshagen/Köln

www.cornelsen.de

1. Auflage, 3. Druck 2021

Alle Drucke dieser Auflage sind inhaltlich unverändert
und können im Unterricht nebeneinander verwendet werden.

Zugelassen als Lehrbuch für den katholischen Religionsunterricht von
den Diözesanbischöfen von Aachen, Berlin, Dresden, Erfurt, Essen, Görlitz,
Hamburg, Hildesheim, Köln, Limburg, Magdeburg, Mainz, Münster,
Osnabrück, Paderborn, Speyer und Trier.

© 2010 Bayerischer Schulbuch Verlag GmbH, München
© 2017 Cornelsen Verlag GmbH, Berlin

Druck: Athesiadruck GmbH

ISBN 978-3-7627-0360-0